Thomas Hornung/Gisela Goblirsch

Energiewende in Kommunen

Trends, Praxisbeispiele und Geschäftsmodelle für kommunale Energieversorgung

1. Auflage

Haufe

Bibliografische Information der Deutschen Nationalbibliothek

Die Deutsche Nationalbibliothek verzeichnet diese Publikation in der Deutschen Nationalbibliografie; detaillierte bibliografische Daten sind im Internet über http://dnb.dnb.de/ abrufbar.

Print: ISBN 978-3-648-19349-5 Bestell-Nr. 12273-0001
ePub: ISBN 978-3-648-19350-1 Bestell-Nr. 12273-0100
ePDF: ISBN 978-3-648-19351-8 Bestell-Nr. 12273-0150

Thomas Hornung/Gisela Goblirsch
Energiewende in Kommunen
1. Auflage, Juni 2026

Munzinger Str. 9, 79111 Freiburg
www.haufe.de | info@haufe.de

Bildnachweis (Cover): © ollo, iStock

Produktmanagement: Dipl.-Kfm. Kathrin Menzel-Salpietro
Lektorat: Juliane Sowah

Energiewende in Kommunen

Inhaltsverzeichnis

Gedanken

Die Kommunen stehen vor einer gigantischen Aufgabe. Sie sind gezwungen, umzusetzen, was Bundespolitik, Klima und Finanzen ihnen vorschreiben. Mit anderen Worten: In einer Zeit, in der die Finanzdecke dünner wird, die Wirtschaft schwächelt und die Notwendigkeit der Reaktion auf klimatische Veränderungen nicht mehr beiseitezuschieben ist, müssen der breiten Bevölkerung Lösungen für alle drängenden Fragen angeboten werden.

Auf den Kommunen, den Städten und Landkreisen lasten hohe Anforderungen. Die Energiekrisen – verbunden mit Kriegen und Abhängigkeiten von Energielieferanten – nehmen zu. Und die Bevölkerung tut sich noch schwer damit, Wandel – und zwar einschneidende Veränderungen aller Art – zu akzeptieren und mitzutragen.

Gerade das Thema Energieversorgung ist geprägt von Ängsten, Lobbyismus und Desinformation. Tatsächlich ist die Verwirrung weitgehend dadurch entstanden, dass unterschiedliche Lobbyverbände, große Energiekonzerne, die Politik und viele vermeintliche »Experten« divergierende Aussagen in die Öffentlichkeit transportieren. Die Medien und die sozialen Netzwerke haben ihren Beitrag dazu geleistet. Allein: Eine Lösung haben auch sie nicht im Angebot.

Vielleicht ist es an der Zeit, Ingenieure sprechen zu lassen und vor allem damit aufzuhören, in winzigen Schritten vorzugehen und Insellösungen in Betracht zu ziehen. Das Thema ist so wichtig, so umfassend und so teuer, dass wir uns die Zeit nehmen müssen und die Energieversorgung einer Kommune vollständig durchdenken, bevor erste Schritte unternommen werden.

Natürlich machen Aktivisten Druck. Für sie geht alles nicht schnell genug. Ebenso klar ist es, dass diejenigen, die eine Energiewende finanzieren müssen, erst einmal bremsen.

Dieses Buch möchte einen Beitrag zu einer durchdachten Gesamtlösung für das Gemeinwohl leisten. Es zeigt auf, welche Dinge durchdacht werden müssen, damit eine Planung und Umsetzung erfolgreich sein kann. Und es stellt anhand validierter Berechnungen dar, an welchen Stellen es sich für Kommunen lohnt, die Energiewende bürgerfreundlich zu gestalten.

Hinweis: Aus Gründen der besseren Lesbarkeit wird bei Personenbezeichnungen und personenbezogenen Hauptwörtern in diesem Buch das generische Maskulinum verwendet. Entsprechende Begriffe gelten im Sinne der Gleichbehandlung grundsätzlich für alle Geschlechter. Die verkürzte Sprachform hat nur redaktionelle Gründe und beinhaltet keinerlei Wertung.

Hinweis Grafiken: Alle Grafiken sind von den Autoren selbst erstellt. Sie sind gekennzeichnet als th (Thomas Hornung) und ggb (Gisela Goblirsch)

1 Dimension der Energiewende

Ja, es gibt ihn durchaus - den Zusammenhang zwischen Energiepreisen und Wohlstand: Niedrige Energiepreise fördern in der Regel den wirtschaftlichen Aufschwung und steigern den Wohlstand einer Gesellschaft. Hohe Energiepreise dagegen, wirken negativ auf die wirtschaftliche Entwicklung und können soziale Ungleichheiten verstärken. Energie ist daher weit mehr als nur ein Konsumgut - sie ist das Fundament moderner Volkswirtschaften.

Die jüngste Vergangenheit hat gezeigt, wie deutlich die deutsche Wirtschaft auf die Verknappung von Energie und die damit verbundenen Preissteigerungen reagiert. Dies schlägt nicht nur in den Unternehmen, sondern auch - und zwar sehr viel mehr - bei jedem Verbraucher zu Buche. Steigende Energiepreise sind ein Garant für Unzufriedenheit in der ganzen Bevölkerung. Damit wird auch klar, dass die Versorgung mit Energie innenpolitische Relevanz besitzt.

Die Bedeutung einer sicheren und unabhängigen Energieversorgung rückt angesichts geopolitischer Krisen zunehmend in den Fokus. Und es zeigt sich, dass globale Energiesysteme extrem verletzlich sind. Jeder politische Konflikt bietet über die Abhängigkeiten von Energieimporten oder -exporten Einflussmöglichkeiten auf politische Regime. Dies gilt insbesondere für jene Konflikte, die Kriegsgeschehen nach sich ziehen. Lieferengpässe machen nicht nur Regierungen gefügig, sondern ziehen gesamtpolitische Veränderungen nach sich, die wiederum Abhängigkeiten anderer Art schaffen. Der Kampf um begrenzte Ressourcen fördert sicherlich kein partnerschaftliches Miteinander in einer stetig enger werdenden Welt. Gleichzeitig wächst der Energiebedarf kontinuierlich, angetrieben durch den Anstieg der Weltbevölkerung und den steigenden Lebensstandard vieler Länder. Der Klimawandel bringt zusätzlich nicht nur ökologische Herausforderungen mit sich, sondern verschärft ebenso geopolitische Instabilitäten.

Der tägliche Pro-Kopf-Energieverbrauch in Deutschland beträgt etwa 100 kWh Primärenergie und diese umfasst sämtliche Lebensbereiche: private Haushalte, Industrie, verarbeitendes Gewerbe, Verkehr, Handel, Dienstleistungen. Dabei ist die Umwandlung und Nutzung aller Energieträger wie Steinkohle, Braunkohle, Mineralöle, Gase, Kernenergie und erneuerbare Energien (EE) in diesen 100 kWh enthalten.

Primärenergie

Als Primärenergie wird die Energieform bezeichnet, die in der Folge eine Umwandlung (Veredelung) erfährt, damit sie als sogenannte Endenergie vom Verbraucher besser genutzt werden kann.

So entstehen aus Gas, Kohle, Öl, Holz, Kernspaltung oder Sonnenenergie durch Umwandlung Strom, Fernwärme oder Kraftstoffe. Bei jeder Umwandlung geht Energie verloren. Der Endenergieverbrauch berücksichtigt lediglich den Energieverbrauch der Anwendung selbst, beispielsweise den Stromverbrauch einer elektrischen Maschine. Die Energieverluste der Umwandlung werden in der Berechnung der Primärenergie berücksichtigt, da sie de facto eingesetzt werden muss. Tatsächlich ist sogar ein noch höherer Energieverbrauch erforderlich, wenn die Vorkette, d. h. die Förderung und Gewinnung fossiler Energien, berücksichtigt wird.

Zum Vergleich: Nur etwa drei kWh (Kilowattstunde) pro Tag und Kopf entfallen auf den Stromverbrauch im Haushalt (Endenergie). Das entspricht lediglich drei Prozent des gesamten Primärenergieverbrauchs pro Kopf und Tag in Deutschland. Dies verdeutlicht, dass Maßnahmen zur Einsparung von Haushaltsstrom zwar wichtig sind, tatsächlich aber nur ein kleiner Teil der Lösung. Die Herausforderung liegt darin, die restlichen 97 Prozent des Primärenergieverbrauchs effizienter und nachhaltiger zu gestalten (vgl. Abb. 80, 81, Kap. 11).

Die Energieversorgung in Deutschland steht vor erheblichen strukturellen Herausforderungen. Im Jahr 2023 basierte sie noch zu rund 80 Prozent auf fossilen Energieträgern wie Kohle, Öl und Gas (Umweltbundesamt, 2025 A). Diese dominierende Rolle fossiler Energien bedeutet, dass Deutschland den weit überwiegenden Teil seiner Energieversorgung auf umweltbelastenden Ressourcen aufbaut, anstatt regenerative, leicht zugängliche Ressourcen zu nutzen.

Besonders kritisch ist die hohe Importabhängigkeit: Etwa 70 Prozent der in Deutschland genutzten Energie werden aus dem Ausland bezogen. Dies macht das Land in hohem Maße von Drittstaaten abhängig, darunter jene, die durch politische Instabilität oder autokratische Regime gekennzeichnet sind. Diese Abhängigkeit birgt Risiken, die sich in Lieferengpässen oder Preissprüngen aufgrund geopolitischer Konflikte oder internationaler Sanktionen äußern.

Die derzeitige Struktur der Energieversorgung ist daher nicht nur klimapolitisch problematisch, sondern auch sicherheitspolitisch fragil. Aus Sicht der Bevölkerung muss zusätzlich von volatilen Preissprüngen bei fossilen Energieträgern ausgegangen werden. Dies bedeutet, dass keine verlässliche Preisplanung für den Bürger und für Unternehmen mehr möglich ist. Die Schwankungsbreite der Preise ist nicht vorhersehbar. Einzig verlässlich dürfte die Vermutung sein, dass die Preise – ohne staatliche Unterstützung – nicht stabil bleiben.

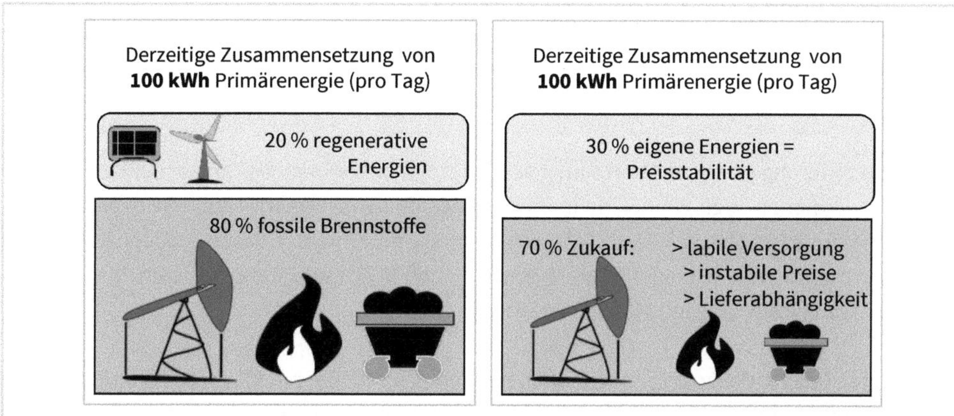

Abb. 1: Aufteilung fossiler und regenerativer Endenergie und Abhängigkeit der deutschen Wirtschaft und Gesellschaft von zugekaufter Energie *(Grafik: ggb)*

Die Abbildung zeigt auf der linken Seite die Ausbeutung der fossilen Ressourcen, auf der rechten die hohe Abhängigkeit der Energieversorgung in Deutschland von Zukäufen und den geringen Anteil an stabiler Eigenenergieversorgung. Im Jahr 2023 zahlte Deutschland nach der Berechnung »Einfuhren minus Ausfuhren« für fossile Brennstoffen 80.700.000.000 Euro. Im Jahr 2022 (das Jahr der Energiekrise) betrug diese Summe sogar 137.300.000.000 Euro. Die Zahlen bewegen sich jenseits aller Vorstellungskraft und bilden tatsächlich nur einen Bruchteil der Gewinne der Energieverkäufer ab.

Eine intelligente Infrastruktur für die stabile Versorgung der Bevölkerung mit regenerativen Energien, die sich zu einem bestimmten Maß aus sehr vielen kleinen Energieerzeugern speisen, muss in die Energiewende eingerechnet werden. An die Stelle von Großkraftwerken könnten in Zukunft vernetzte kleinere Stromerzeuger treten: von Photovoltaik (PV) und Windkraft bis Bioenergie- und KWK-Anlagen (Kraft-Wärme-Kopplung). Damit würde die Bevölkerung nicht nur einen entscheidenden Beitrag zur Eigenverantwortung übernehmen. Ein verlässliches Netz kleiner Energielieferer würde deutliche Unabhängigkeit für das ganze Land bedeuten und die Wertschöpfung könnte vor Ort erfolgen.

Wohin fließen aktuell die Gewinne aus dem Handel mit Energie? Eines ist sicher: Für die Kommunen in Deutschland liegt die Wertschöpfung aus dem Handel mit fossilen Energien in einem minimalen Bereich. Das bedeutet, dass auch die kommunalen Eigenbetriebe und in der Folge die lokale Wirtschaft am unteren Rand der Wertschöpfungskette stehen.

Der Handel mit fossilen Energien wie Öl und Gas generiert erhebliche Gewinne, die sich entlang der gesamten Lieferkette verteilen. Bereits beim Einkauf und der Förderung von Rohöl und Erdgas entstehen beträchtliche Erlöse. Internationale Unternehmen wie ExxonMobil schöpfen diese Gewinne ab, indem sie die Preise im Grunde frei bestimmen können. Diese Konzerne profitieren insbesondere von den in der Vergangenheit stetig steigenden Weltmarktpreisen, die durch geopolitische Krisen und die begrenzte Verfügbarkeit fossiler Energieträger zusätzlich in die Höhe getrieben werden. Und diese Konzerne haben kein Interesse daran, dass ihr wohlbestellter Markt durch die Konkurrenz alternativer Energiegewinnung leidet.

Nach der Förderung erfolgt die Verteilung der Rohstoffe über Pipelines, Tankschiffe und Frachtzüge. Hier verdienen Logistikunternehmen und Betreiber von Infrastrukturen wie LNG-Terminals (LNG = Liquefied Natural Gas, dt. Flüssigerdgas) und Pipelines durch Transportgebühren und Lagerung. Auch diese Logistikschwergewichte haben großes Interesse daran, ihre Anlagen über einen möglichst langen Zeitraum zu betreiben.

Ein weiterer Teil der Wertschöpfung entfällt auf den Großhandel mit Energie, bei dem Rohstoffe an Raffinerien, Energieversorger und Endverbraucher weiterverkauft werden. Händler und Großhandelsunternehmen erzielen in diesem Prozess erhebliche Margen, vor allem in Zeiten knapper Ressourcen. Schließlich endet die Lieferkette bei Tankstellen und Vertriebsstellen, die durch den Verkauf von Benzin, Diesel und Heizöl direkt von hohen Energiepreisen profitieren. Auch hier steigen die Margen in Krisenzeiten, da Preissteigerungen häufig direkt an die Verbraucher weitergegeben werden.

Die großen Energiekonzerne erzielen aus dem fossilen Energiehandel beachtliche Gewinne. ExxonMobil beispielsweise verzeichnete 2022 einen Rekordgewinn von rund 56 Milliarden US-Dollar (Handelsblatt 2023). In Deutschland gehören Unternehmen wie RWE, E.ON und Uniper zu den bedeutenden Akteuren im Energiemarkt. Auch sie erzielen durch den Handel mit fossilen Energien erhebliche Einnahmen – insbesondere durch die Strom- und Wärmeproduktion auf Basis fossiler Brennstoffe. Diese Gewinne stehen häufig in der Kritik. Ein Grund dafür ist, dass diese Konzerne staatlicherseits gestützt werden, wenn sie in Krisen geraten (siehe Uniper), die Kunden jedoch weiterhin hohe Kosten tragen müssen.

Die Energiekonzerne selbst haben sich inzwischen von der Kernenergie abgewendet und stehen einem »Wiedereinstieg« ablehnend gegenüber. Doch immer wieder ist zu lesen, dass es für diese fossile Energiegewinnung und Energieverteilung im Grunde keine Alternative gebe. Das Gespenst Kernenergie taucht immer wieder aus der Versenkung auf – ungeachtet der Tatsache, dass die Endlagerung atomaren Abfalls in den vergangenen 40 Jahren weder abschließend entschieden wurde noch zu allgemeiner Zufriedenheit realisiert ist. Wir wissen weiterhin nicht, wo der radioaktive Abfall in den kommenden Jahrtausenden – für die Bevölkerung schadlos – gelagert werden könnte.

Im Gegensatz dazu ist die Wertschöpfung für Kommunen vergleichsweise gering. Auch die örtliche Geschäftswelt hat keinerlei nennenswerte Vorteile. Lokale Energieversorger und kleine Betriebe profitieren nur marginal von fossilen Energieträgern, da der Großteil der Gewinne von multinationalen Konzernen abgeschöpft wird. Dennoch wird häufig in den Diskussionen mit den an diese fossilen Brennstoffe gekoppelten Arbeitsplätzen gepokert. Doch es bleibt die Frage offen, wie viele Arbeitsplätze in Deutschland tatsächlich unwiederbringlich verloren gingen, wenn regenerative Energien weiter ausgebaut würden. Jedenfalls gäbe es einen Ausgleich zwischen wegfallenden Arbeitsplätzen der fossilen Energiewirtschaft und den neu entstehenden Arbeitsplätzen in der Schaffung und Verteilung regenerativer Energiequellen.

Neben der geringen kommunalen Wertschöpfung fallen insbesondere die unvorhersehbar schwankenden und zunehmend steigenden Energiepreise ins Gewicht. Lokale Betriebe, Kommunen und kommunale Eigenbetriebe sehen sich seit langer Zeit steigenden Energiepreisen gegenüber, die ihre Betriebskosten erheblich beeinflussen und damit direkten Einfluss auf steigende Verbraucherpreise haben. Dies wiederum schadet der heimischen Wirtschaft.

1.1 Energieversorgung und Klima

Die Energieversorgung einer Volkswirtschaft steht in direkter Abhängigkeit zur Belastung des Klimas. Das gilt weltweit und selbstverständlich auch für Deutschland. Rund 79 Prozent der gesamten Treibhausgasemissionen Deutschlands des Jahres 2023 waren auf den Energieverbrauch zurückzuführen (energiebedingte Emissionen von Klimagasen). Dazu zählen die Emissionen aus den Sektoren Energiewirtschaft, Verkehr, Gebäude und Industrie. Diese Zahlen verdeutlichen, dass der Energiesektor nicht nur der Motor der Wirtschaft, sondern auch der Hauptverursacher von Treibhausgasen ist.

Deutschland hat sich ehrgeizige Klimaziele gesetzt: Bis zum Jahr 2045 soll das Land klimaneutral werden. Dieses Ziel erfordert eine umfassende Transformation aller Wirtschafts- und Lebensbereiche, insbesondere eine weitgehende Umstellung auf erneuerbare Energien und deren inzwischen durchaus etablierte und rentable Technologien. Baden-Württemberg, Bayern und Rheinland-Pfalzstreben sogar an, die Klimaneutralität bis zum Jahr 2040 zu erreichen. Dieses Ziel scheint jedoch aktuell – während dieses Buch entsteht – zumindest in Bayern wieder gekippt zu werden. Tatsächlich können unsere Kinder und Enkel nur hoffen, dass die entsprechenden Gerüchte ausschließlich dem politischen Gerangel der nahenden Wahl zu verdanken sind.

Die aktuelle Bundesregierung hat im Dezember 2024 zudem ein Zwischenziel für das Jahr 2030 definiert: Die Treibhausgasemissionen sollen bis dahin im Vergleich zu 1990 um mindestens 65 Prozent reduziert werden. Diesen Wert zu erreichen, erscheint angesichts der steigenden Extremwetterlagen und den Umweltveränderungen mehr als notwendig.

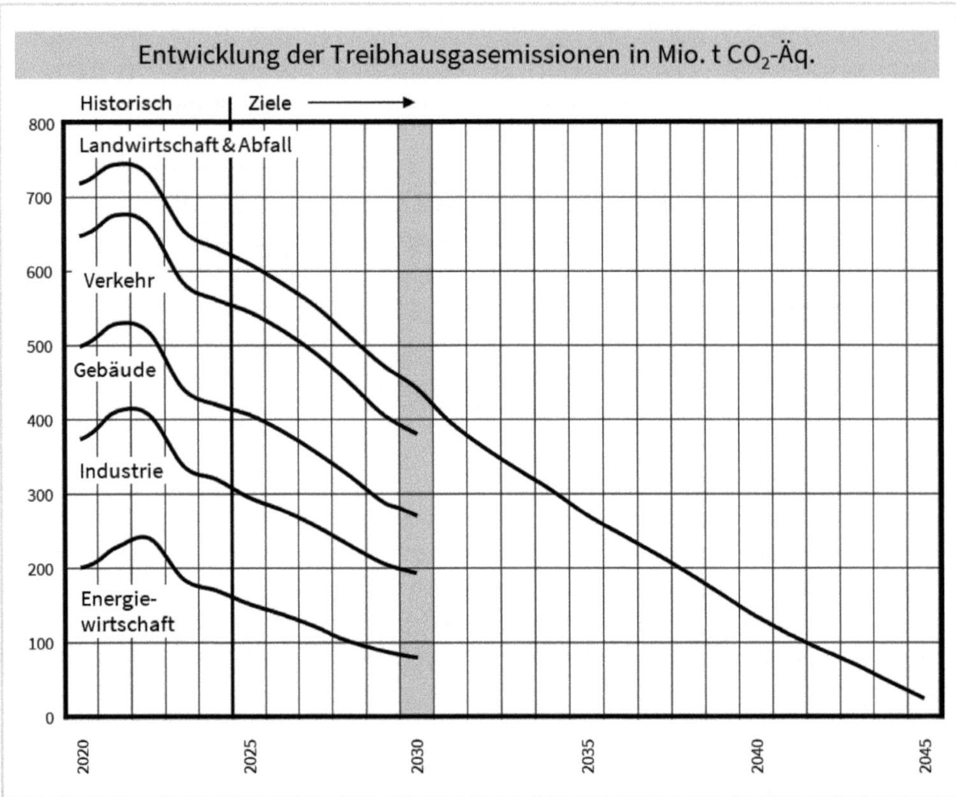

Abb. 2: Reduzierung von Treibhausgasen *(Grafik: th)*

Die Erreichung dieser Zwischen- und Langfristziele ist entscheidend, um den Klimaschutz voranzutreiben. Die Terminbindungen des Pariser Abkommens wären im Jahr 2045 allerdings bereits überschritten. Gerade deshalb sind größere Anstrengungen zur Vermeidung von CO_2-Emissionen notwendig. Doch dies erfordert erhebliche Investitionen, politische Entschlossenheit und die aktive Mitwirkung von Wirtschaft und Gesellschaft.

Exkurs

Die Volkswirtschaften – nicht nur in Europa – schwächeln. Wir leben in Zeiten knapper Kassen, was besonders die Kommunen und Gebietskörperschaften erheblich zu spüren bekommen. Diese Situation macht es den Kommunen schwer, in eine langfristige Verbesserung der Energieversorgung zu investieren. Wohl auch deshalb geht die Politik nicht mit klaren Worten gegen den verwirrenden Diskurs um die Notwendigkeit der Energiewende vor. Diejenigen, die aus Eigeninteressen und zur Sicherung des Status quo die durchaus gut angelaufene Umsetzung des Ausbaus regenerativer Energie stoppen wollen, geben tatsächlich momentan Wasser auf die Mühlen derer, die mit wenig Geld ein Gemeinwesen funktionsfähig halten müssen.

Die Wirtschaft hingegen sieht den Ausbau regenerativer Energien durchaus positiv. Das zeigte der Versuch einer Windparkinstallation auf dem Boden der bayerischen Staatsforsten im Raum Altötting (Bayern). Über die Vorgänge dort informierten überregionale Medien ausführlich (Tagesschau 2024, Sebald 2023). Das »Chemiedreieck« der Region benötigt rund acht Prozent des bayerischen Stromverbrauchs, weshalb im Jahr 2023 ein Windpark mit 40 Windkraftanlagen geplant war, der etwa zehn Prozent dieser Verbrauchsmenge liefern sollte. Deshalb hatten sich die Firmen der Region für die Windenergie ausgesprochen. Eine Bürgerinitiative argumentierte gegen das Projekt. Sie erzwang einen Bürgerentscheid, für den neben durchaus nachvollziehbarer Kritik (»Die Windräder stellen einen gravierenden Eingriff in die Natur dar und beeinträchtigen das Landschaftsbild«) auch viele unbelegte Behauptungen (»Die Anlagen könnten zu einer Austrocknung der Umgebung führen und schaden der Artenvielfalt«) ins Feld geführt wurden. An diesem Beispiel wird deutlich, dass eine sinnvolle Energiewende tatsächlich nicht durchführbar ist, wenn die größte und wesentliche »Stakeholdergruppe« – die Gesellschaft – deren Sinn nicht verstanden hat.

Wohin geht nun die Reise der Energiegewinnung und Energieversorgung? Man kann heute generell sagen, dass elektrische Energie, sprich Strom, die neue Wärme ist und zugleich die neue Mobilität und zukunftssichere Energie zur Herstellung grüner Gase wie Wasserstoff. Darüber hinaus hat elektrische Energie in die Erzeugung von Haushaltsstrom längst Einzug gehalten und liefert erfolgreich die mechanische Energie für Industrie und Gewerbe.

Woran liegt das? Inzwischen ist klar geworden, dass Strom tatsächlich günstiger, sauberer und sicherer hergestellt werden kann als jede andere Energieart. Die Effizienz und Ökonomie stromgeführter Technologien ist unschlagbar und revolutioniert gerade die Energiewelt. Rund um den Globus hat ein Run auf die grüne Technologie eingesetzt.

Das hat zwei herausragende Gründe. Zum einen wird die Erschließung fossiler Energiequellen immer aufwendiger. Die Zerstörung der Natur durch den Abbau fossiler Energieträger – mit all seinen Nebenwirkungen – wird zunehmend deutlicher und die politischen Rangeleien um Abbaugebiete sind vorprogrammiert. Zum anderen geht die Entwicklung von PV- und Batterietechnologien in rasantem Tempo weiter. So wird die Frage der Energieerzeugung und -speicherung stetig besser und zuverlässiger beantwortet. Die große Herausforderung, vorhandene Solar- oder Windenergie in großer Menge zu konservieren und nach Bedarf abzurufen, rückt in greifbare Nähe.

Ein eindrucksvolles Beispiel liefert Saudi-Arabien: Das Land, bekannt als eine der größten Erdölfördernationen der Welt, investiert seit Jahren in Solarenergie. Es nimmt ein Solarkraftwerk nach dem anderen in Betrieb. Das hat nur zum Teil damit zu tun, dass die fossilen Brennstoffe allmählich zur Neige gehen. Saudi-Arabien stellt sich bereits jetzt für die Herstellung und die sinnvolle Nutzung von Solarenergie auf (Kahle, 2024; Enkhardt, 2024) – ein richtungsweisendes Zeichen dafür, dass Solarenergie leichter und billiger zu haben ist als die Förderung und das Verbrennen von Öl für die Erzeugung von Strom.

Und die Realität der Energiebranche macht auch vor anderen Ländern nicht Halt, denn die Preise an Standorten mit hoher Solarstrahlung liegen bei deutlich unter 2 Cent/kWh (Saudi-Arabien: 0,87 Cent/kWh; Portugal: 1,12 Cent/kWh).

Zum Vergleich: Selbst in Deutschland mit deutlich niedrigerer Solarstrahlung liegen die Preise von großen Solarkraftwerken heute schon bei 4 bis 6 Cent/kWh. Dachanlagen können für 6 bis 13 Cent/kWh Strom produzieren.

Kompakt

Strom ist die neue Wärmequelle, die treibende Kraft für Mobilität, der Energieträger für grüne Gase wie Wasserstoff und eine flächendeckende Versorgung von Haushalten, Gewerbe und Industrie.

Die elektrischen und batterieelektrischen Anwendungen sind unendlich vielfältig. Wärmepumpen sind heute schon Standard. Die elektrifizierte Mobilität bei Autos und Industriefahrzeugen steigert sich zunehmend von Ausnahmeerscheinungen hin zur Normalität. Und die Entwicklungen werden weitergehen.

Nutzfahrzeuge und elektrische Baumaschinen stehen am Start. Schifffahrt mit elektrisch betriebenen Fähren und Containerschiffen ist in der Entwicklung. Robotertechnologie wird universell einsetzbar – beispielsweise für elektrische Robotaxis, Landwirtschaftsroboter oder elektrische Bauroboter. Die Luftmobilität mit elektrischen Fracht- oder Rettungsdrohnen ist keine Zukunftsmusik mehr, im Luftsport sind bereits PV-getriebene Fluggeräte im Einsatz.

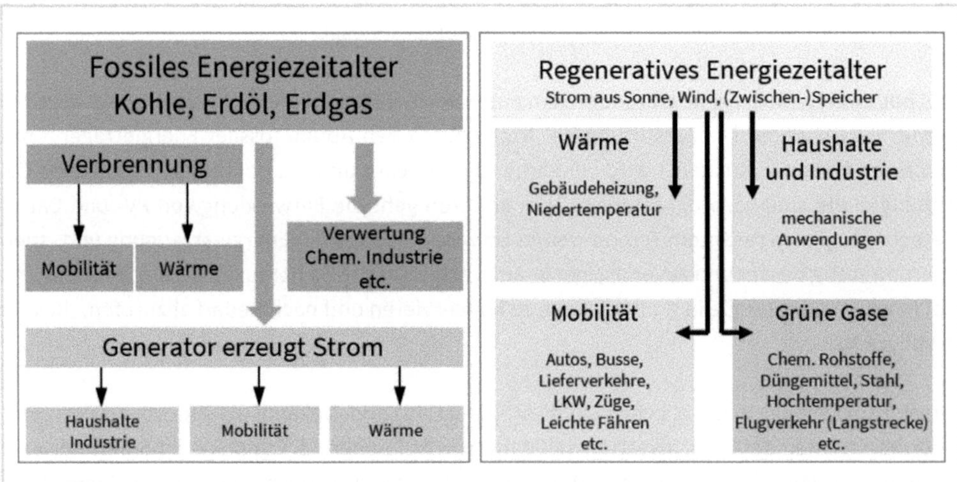

Abb. 3: Fossiles Energiezeitalter versus regeneratives Zeitalter *(Grafik: ggb)*

Das fossile Energiezeitalter ist ein Auslaufmodell. Das liegt an den vielen Umwandlungsschritten und enorm hohen Energieverlusten der Umwandlung in nutzbare Energieformen. Das Zeitalter regenerativer Energieerzeugung aus Wind und Sonne mit minimalen Wandlungsverlusten ist bereits angebrochen und strombetriebene Technologien werden – so unsere Überzeugung – in vielen, wenn nicht allen Endanwendungen Einzug finden.

Die Ablöse des fossilen Energiezeitalters durch ein Zeitalter der regenerativen Energien wird durch die enorme Effizienz und die sinkenden Kosten erneuerbarer Energien vorangetrieben. Strom aus Solar- und Windkraft ist heute günstiger als fossile Alternativen. Die Investitionen in Photovoltaik, Windenergie und Batteriespeicher profitieren von einer steilen Lernkurve in diesen Bereichen, was die Produktionskosten kontinuierlich senkt. Und da die Entwicklung stetig weitergeht, ist der Tiefpunkt der Produktionskosten noch lange nicht erreicht.

Exkurs

Vermutlich ist dieser Zustand der stetigen Verbilligung beziehungsweise der stetigen Leistungssteigerung der Technologie heute der größte Hemmschuh bei denjenigen, die sich über die Vorteile der regenerativen Energiegewinnung und -nutzung im Klaren sind. Viele Privatpersonen – und leider auch Kommunen – steigen nur deshalb (noch) nicht auf die Technik ein, weil sie warten wollen, bis die Angebote der Technikhersteller noch günstiger werden. Das lässt die Flächenwirkung regenerativer Energien in der Bevölkerung stagnieren. Die Tatsache also, dass sich praktisch alle Bestandteile der Erzeugung und Speicherung von E-Energie sichtbar verbessern und verbilligen, führt zu dem paradoxen Effekt, sie noch nicht einzusetzen.

Das ist jedoch kurz gedacht. Der Einstieg lohnt sich bereits jetzt, da fossile Energieträger heute schon teurer sind und sich weiter verteuern werden.

Die geschilderte Lernkurve der Technologien geschieht so rasant, weil auf der einen Seite erneuerbare Energien leicht installierbar und modular skalierbar sind. Im Vergleich dazu schneiden die zu groß angelegten Kohlekraftwerke schlecht ab. Sie sind auf Abbaugebiete, Transportstrecken und Großkraftwerke angewiesen. Zudem müssen sie auf steigende Immissionsauflagen Rücksicht nehmen und die Erschließung von Öl- und Gasvorkommen wird immer aufwendiger.

Der Umstieg bietet darüber hinaus weitreichende gesellschaftliche Vorteile: Er verbessert die Luftqualität, schützt die Gesundheit der Bevölkerung und trägt maßgeblich zur Bewältigung der Klimakrise bei. In dem Zusammenhang muss auf die essenzielle Bedeutung der Kommunikation zum Thema »Wandel der Energiezeitalter« hingewiesen werden. Denn die Kommunikation und die Lernbereitschaft der Bevölkerung in Deutschland und Teilen Europas hinken deutlich hinter den Möglichkeiten der voranstrebenden Technologieentwicklung hinterher.

1.2 Kommunale Erzeugung und Vermarktung von Energie

Zwei Bereiche sind in Zukunft wesentlich für den finanziellen Erfolg und die gelingende Energietransformation von Kommunen: die Energieerzeugung – damit einhergehend die Energiespeicherung – und die Energievermarktung. Dies ist nur möglich, wenn strategisch entschieden und proaktiv gehandelt wird. Beide sind Voraussetzungen, um sich langfristig wirtschaftliche Vorteile zu sichern.

Wenn sich Kommunen tatsächlich einer Energiewende widmen wollen, so müssen sie zwangsläufig die Basis dafür legen, indem sie sich geeignete Flächen für die Energieerzeugung sichern.

Kompakt

Wer die besten Flächen beziehungsweise Standorte für PV-Anlagen und Windräder in Händen hält, der steht auf vorderster Startposition der gesamten Wertschöpfungskette.

Hier können vor allem die ländlichen Kommunen profitieren, da sich die für regenerative Energien benötigten Flächen überwiegend im ländlichen Raum befinden. Gelingt es den Kommunen, diese Flächen zu erschließen, so haben sie die einmalige Chance, die Energie regional einzusetzen oder in die Ballungsräume zu verkaufen. Das bedeutet, dass sie sich an die Spitze der »Energie-Nahrungskette« setzen können – eine Position, die seit Beginn der Industrialisierung unangefochten von den Eigentümern fossiler Brennstoffvorkommen besetzt wird.

Kompakt

Wirtschaftlichen Erfolg hat derjenige, der seine alternativ erzeugte Energie schnell und zuverlässig mit guten Geschäftsmodellen auf den Markt bringt.

Das Wettrennen haben allerdings die großen Konzerne bereits begonnen und leider sehen die meisten Kommunen tatenlos zu, wie Flächen von den Konzernen übernommen werden. Ebendiese Konzerne haben auch bereits mit der profitablen Vermarktung begonnen.

Doch Kommunen haben weiterhin reale Chancen, auf dem Markt mitzuspielen. Die Nachfrage nach elektrischer Energie steigt stetig und immer mehr Anwendungen für elektrische Energie werden entwickelt. Auch Kommunen können die gesamte Wertschöpfungskette erschließen – vorausgesetzt, sie sind bereit, umgehend in eigene Vermarktungsstrukturen zu investieren. Dies wäre ein echter Booster für die regionale Wirtschaft und würde energietechnische Verlässlichkeit für Unternehmen bedeuten.

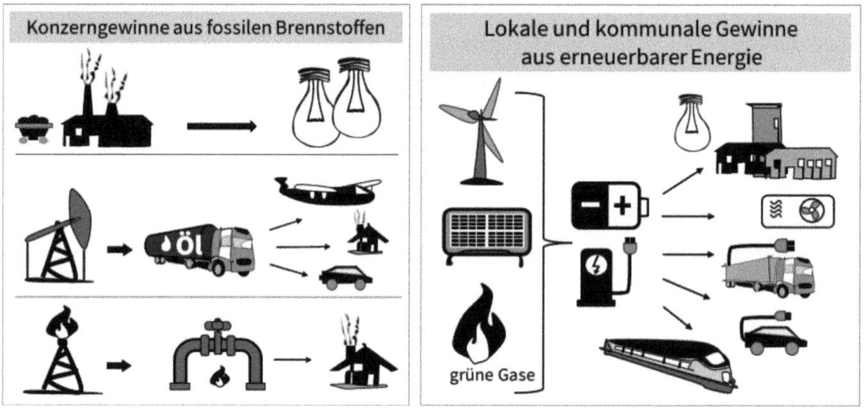

Abb. 4: Energieförderer, Transportunternehmer, Transformationsbetriebe und Netzbetreiber bekommen ihren Anteil am »fossilen Energiekuchen« ab, bevor der Endverbraucher die Zeche zahlt. Bei der Nutzung regenerativer Energien kann fast die gesamte Wertschöpfungskette in regionaler Hand abgebildet werden. Die Wertschöpfungskette ist deutlich kürzer und somit sind die Gewinne größer und der Endverbraucher spart Kosten. *(Grafik: ggb)*

Erzeugung, Verteilung und Vermarktung: Das sind die traditionell getrennten Bereiche des Stromenergiemarktes. Doch hier kündigen sich deutliche Veränderungen an. Diese drei werden in Zukunft näher zusammenrücken, denn sie können tatsächlich in einer Hand gebündelt werden. Viele Akteure aus der fossilen Wertschöpfungskette wie Transportunternehmen, Raffinerien und Netzbetreiber sind nicht mehr notwendig, wenn sich Kommunen frühzeitig in allen drei Bereichen positionieren. Dann nämlich gelingt es, Synergien zu nutzen, Kosten zu senken und die Wertschöpfungskette vollständig ausschöpfen. Die Gewinne verteilen sich deutlich gemeinwohlorientierter, was bedeutet, dass nicht nur die Erzeuger und Verteiler Gewinne abschöpfen, sondern vor allem die Verbraucher profitieren.

Kommunen, die jetzt aktiv werden, sichern sich eine führende Position in den neuen Märkten. Die Sicherung von Flächen und die Entwicklung neuer Geschäftsmodelle sind zentrale Aufgaben. Allerdings braucht es dafür Veränderungen in der inneren Struktur von Kommunalverwaltungen und Stadt- oder Gemeindewerken. Die bisherige Trennung beispielsweise zwischen Bauleitplanung oder Stadtentwicklung und Stadtwerken sollte kritisch beleuchtet werden. Für die vielen kleinen Gemeinden im ländlichen Raum kann es ein gutes Modell sein, sich zusammenzuschließen und eigene Energiegesellschaften – analog zu den Wasser- oder Abwasserzweckverbänden – zu gründen. Das Flächenmanagement würde zu einer zentralen Aufgabe der Verbände werden und die Frage nach der sinnvollen Nutzung geeigneter Energieflächen müsste bei den Kommunen in Flächennutzungspläne integriert werden. Wer allerdings noch lange zögert, wird den Anschluss verlieren. Der Mut zu Veränderung hingegen ist die große Chance für eine starke Positionierung und autarke (Energie-)Zukunft.

Mit Blick auf die Energievermarktung ist es sinnvoll, innerorts Energieaustauschflächen zu planen. Auch die gesamte Ladeinfrastruktur für E-Mobilität (Auto, Lkw, Rad, Bus) sollte in Zusammenarbeit mit den Stadt- oder Gemeindewerken strategisch entwickelt werden.

Der Einstieg in die Energieerzeugung ist entscheidend – und zugleich der am einfachsten realisierbare Schritt auf dem Weg in die Energiewirtschaft und damit zur Klimaneutralität. Sowohl Deutschland als auch die EU haben Ausbauziele zur Klimaneutralität in zwei Schritten (bis in die Jahre 2030 beziehungsweise 2045) festgelegt. Bis dahin soll die vollständige Dekarbonisierung und damit einhergehend die Klimaneutralität der europäischen Staaten erreicht sein. Das betrifft insbesondere den Bereich der Energiewirtschaft, der auf die Vermeidung von CO_2-Emissionen ausgerichtet ist.

Tatsächlich stehen die Chancen nicht schlecht, dass diese Vorgaben vor Fristablauf erfüllt werden können. Zum Beispiel wurde im Jahr 2024 das Ausbauziel für Photovoltaik übertroffen. Dies zeigt, dass die Wirtschaft schnell auf veränderte Rahmenbedingungen reagieren kann, die die Politik geschaffen hat. Außerdem waren auch die ansteigenden Energiepreise ein guter Grund, in rentablere Energieerzeugung zu investieren. Die breite Öffentlichkeit scheint die Ausbaugeschwindigkeit und Effizienz erneuerbarer Energien grundsätzlich noch zu unterschätzen.

Darüber hinaus stehen der Welt zunehmend klimatische Veränderungen – wenn nicht Katastrophen – und geopolitische Zwänge bevor, die die gesellschaftliche Transformation erheblich beschleunigen. Die Wirtschaft reagiert bereits auf viele der vorliegenden Effekte. Fest steht, dass ein Großteil der Anwendungen – nicht nur in der Automobilindustrie – elektrifiziert wird, was eine steigende Nachfrage nach günstigem Strom nach sich zieht. Der Umfang des Ausbaus von Energieerzeugungsanlagen (Windkraft, Photovoltaik und Speicher) lässt sich aktuell nicht exakt vorhersagen. Dies ist abhängig vom zukünftigen Verhalten der Verbraucher. Und dieses Verhalten ist gerade im Umbruch.

Wie werden sich Mobilität, Reisen, Konsum oder Wirtschaftsleistung entwickeln? Auch das lässt sich noch nicht genau abschätzen. Einerseits könnten die täglichen Fahrsituationen abnehmen, sofern Homeoffice als Standard im Berufsleben realisiert würde. Andererseits wird dadurch der Energieverbrauch in den Haushalten (Computer, Heizung, Licht) ansteigen. Auch der Energieverbrauch von Rechenzentren steigt.

Verschiedene Studien – herausgegeben unter anderem vom Fraunhofer Institut und der HTW Berlin – schätzen den zukünftigen Ausbau regenerativer Energiequellen relativ hoch ein. Er wird schlussendlich bei etwa dem Drei- bis Vierfachen des heutigen Bestands an Energieerzeugungsanlagen der Windkraft oder Photovoltaik liegen. Im Jahr 2045 ist mit einer installierten Leistung von 700 bis 800 Gigawatt (GW) zu rechnen.

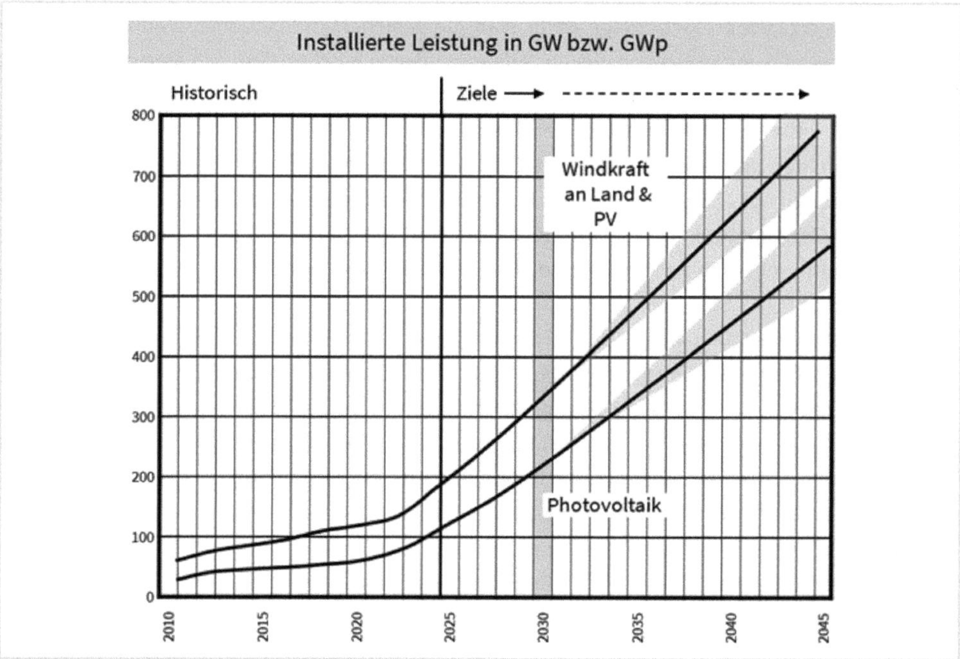

Abb. 5: Installierte Leistung – prognostiziert bis ins Jahr 2045 soll die Leistung von heute knapp 200 Gigawatt bis auf mindestens 800 Gigawatt ansteigen. *(Grafik: th)*

Die heutige Stromproduktion hätte sich damit mindestens verdreifacht. Der Effekt: Zukünftig können etwa Dreiviertel des gesamten (Primär-)Energiebedarfes durch Stromproduktion abdeckt werden.

Mehr zu diesem Thema: Für diese Szenarien gibt es bereits anschauliche Diagramme, die auf Studien des Fraunhofer Instituts und des Umweltbundesamtes zurückzuführen sind, vergleiche https://www.ise.fraunhofer.de/de/veroeffentlichungen/studien/wege-zu-einem-klimaneutralen-energiesystem.html (abgerufen am 09.02.2026).

1.3 Randbedingungen zum Ausbau erneuerbarer Energien

Der Ausbau erneuerbarer Energien wird sich vervierfachen, die Nachfrage nach Strom verdreifachen. Der Markt ist bereits da und er wird größer. Es ergibt somit Sinn, sich anzusehen, welche Rahmenbedingungen als Beschleuniger dieser Trends bisher gewirkt haben und noch wirken werden.

Förderung nach dem EEG

Die aktuelle Förderung nach dem Erneuerbare-Energien-Gesetz (EEG) ermöglicht es insbesondere kleineren Stadtwerken und Bürgergenossenschaften, in die Energieerzeugung einzutreten. Unverzichtbare Grundlage dafür sind die gesicherten Einspeisevergütungen. Diese festgelegten Vergütungen sichern die Einnahmen und ermöglichen dadurch eine solide Budgetierung von Projekten. So konnten hohe Investitionen abgesichert werden, was den Erfolg vieler Bürgergenossenschaften in Deutschland begünstigte. Im EEG 2023 hat die Bundesregierung das Ziel festgelegt, die gesamte installierte Photovoltaikleistung in Deutschland innerhalb von nur sieben Jahren auf 215 GW zu steigern. Hier zeigte sich, dass die vorgegebene Wachstumsrate bereits ein Jahr später in der Realität übertroffen wurde. Der Ausbaupfad im Bereich Photovoltaik erreichte schon im Jahr 2024 rund 100 GW installierter Leistung.

Im Bereich Windenergie hat die Bundesregierung das Ziel formuliert, die installierte Leistung von Windkraftanlagen an Land bis ins Jahr 2030 auf 115 GW zu erhöhen. Die »Wind-an-Land-Strategie« sieht vor, dass jährlich 10 GW hinzugebaut werden. Das Windenergieflächenbedarfsgesetz (WindBG) verpflichtet die Bundesländer zur Bereitstellung geeigneter Flächen. Bis Ende 2027 sollen die Länder durchschnittlich 1,4 Prozent und bis zum Jahr 2032 sogar zwei Prozent ihrer Landesfläche für Windkraftnutzung bereitstellen.

Daraufhin wurden in den Ländern über Regionalpläne »Vorranggebiete zur Nutzung der Windenergie« festgesetzt. Innerhalb nur eines Jahres haben die Genehmigungen für Windkraftanlagen einen neuen Rekord erreicht. Projekte mit 2.405 Windrädern und einer Gesamtleistung von 14 GW sind inzwischen genehmigt. Es ist also abzusehen, dass die Ausbauziele in den kommenden Jahren erreicht werden. Als Booster dafür gelten insbesondere die vereinfachten Genehmigungsverfahren (Bundesministerium für Wirtschaft und Energie, 2025; Bundesnetzagentur, 2024; Umweltbundesamt, 2023).

Es ist allerdings zu erwarten, dass bei Erreichung der Ausbauziele die Förderungen schrittweise reduziert werden, was die Sicherheit in der Projektfinanzierung in Zukunft verringert.

Energieerzeugungsflächen
Die Nachfrage nach Flächen für Windkraft- und Photovoltaikanlagen hat in den letzten Jahren stark zugenommen und wird weiter steigen. Investoren, Energieversorger und Projektentwickler konkurrieren zunehmend um die besten Standorte. Diese müssen eine Vielzahl technischer, wirtschaftlicher, ökologischer und rechtlicher Kriterien erfüllen. Dazu gehören eine energieeffiziente Topografie, der geeignete Abstand zu Wohngebieten, Einspeisepunkte in gut erreichbarer Nähe sowie genügend Abstand zu Schutzgebieten. Konkurrenz gibt es jedoch auch auf Seiten der Landwirtschaft, denn es zeichnen sich immer wieder Nutzungskonflikte um sonnenbeschienene Agrarflächen ab.

Ein weiterer wichtiger Faktor in der Energierechnung ist die Akzeptanz seitens der Bevölkerung. Die Nutzung jeglicher Flächen – egal ob dies freie Agrarflächen oder Waldflächen sind – bedeutet für viele Menschen einen Eingriff in ihre Heimat, in ihr Bedürfnis nach freier Natur, in ihre ethische Basis zum Schutz aller Lebewesen. Diese Sicht der Bewohner aus Stadt und Land lässt sich nicht ignorieren oder übergehen. Es ist unbedingt nötig, Menschen frühzeitig in diese Projekte einzubinden und die Effekte eines Projektes (oder die Effekte des Scheiterns eines Projektes) auf das Leben der Bevölkerung darzustellen.

Gerade Kommunen haben hier den größten Gestaltungsspielraum, denn ihr schlagendes Argument heißt »Energiegewinnung im Sinne des Gemeinwohls vor Ort«. Die frühzeitige Sicherung und gezielte Steuerung von Energieerzeugungsflächen im kommunalen Bereich ist daher von großer Bedeutung. Die besten – und in einer Bürgereinbindung als Konsens sich abzeichnenden – Standorte bieten nicht nur eine hohe Energieausbeute bei minimalen Kosten, sondern auch eine breite Akzeptanz in der Bevölkerung.

Da solche Flächen begrenzt sind, müssen Kommunen strategisch planen, um sicherzustellen, dass wirtschaftlich und ökologisch sinnvolle Projekte realisiert werden können. Bei rechtzeitiger Bürgereinbindung lassen sich konkurrierende Investoren, die den Landwirten für die Flächennutzung höhere Pachterträge bieten, in die Schranken weisen. Die Autoren haben tatsächlich schon erlebt, dass Investoren abwarten, bis ein Bürgerkonsens erreicht ist, um dann – an den kommunalen Planern vorbei – noch schnell die Flächen von Landwirten anzupachten. Damit ist für sie sichergestellt, dass sich aus der Bevölkerung keinerlei größerer Widerstand mehr formieren wird. Andererseits ist es fast schon die Regel, dass Energiekonzerne zunächst Pachtverträge für Flächen abschließen und danach Projekte in den Gemeinde- oder Stadtrat einbringen. Auch mit dieser Vorgehensweise sind die Kommunen aufs Abstellgleis geschoben.

Netzanschluss

Die Integration erneuerbarer Energien in das Stromnetz wird zunehmend schwieriger, wenn das Netz seine Kapazitätsgrenzen erreicht. Dies hat direkte Auswirkungen auf die Realisierung neuer Projekte und führt zu längeren Wartezeiten für Netzanschlüsse. Es kann sogar zu möglichen Abschaltungen bei Netzüberlastung führen oder die Energieerzeuger werden gezwungen sein, große Entfernungen zum nächsten Anschluss überbrücken zu müssen. Dies erschwert die Umsetzung vieler Vorhaben und kann sich negativ auf die Energieausbeute auswirken. Diese Gesamtsituation rund um die Energienetze könnte in den kommenden Jahren zu weiteren Herausforderungen führen. Für die Kommunen ist es ein Wettlauf mit der Zeit, um sinnvoll und produktiv in die Energieerzeugung einsteigen zu können.

Fazit

Die Flächensicherung und Flächenerschließung für regenerative Energie ist die Basis für Entwicklungsmöglichkeiten der Kommune. Angesichts der wachsenden Nachfrage nach erneuerbaren Energien und der damit verbundenen Ausbauziele müssen Kommunen in der Energiewirtschaft proaktiv handeln. Vorrangiges Ziel muss sein, Energieerzeugungsflächen dauerhaft zu sichern. Es ist davon auszugehen, dass diese Flächen nicht nur heute, sondern auch weit in der Zukunft benötigt werden. Wenn eine Umstellung der Energieversorgung auf regenerative Energien erfolgt ist, werden die Energieflächen auch in hundert Jahren noch gebraucht. Das bedeutet, dass eine einmal vergebene Fläche nicht so bald wieder zur Disposition stehen wird. Flächen können nur einmal angekauft, gepachtet und erschlossen werden und eine zukünftige Wiederaufnahme einer einmal erschlossenen, jedoch bisher nicht genutzten Fläche ist deutlich rentabler, als sich in weiterer Zukunft um die Erschließung weniger geeigneter Flächen bemühen zu müssen.

Abb. 6: Durch die Veränderung von Rahmenbedingungen im Laufe der kommenden Jahre, ist das Zeitfenster für Kommunen, sich im Energiemarkt zu etablieren, beschränkt. *(Grafik: ggb)*

Die Abbildung macht deutlich, dass es höchste Zeit ist, die kommunale Energieversorgung mit regenerativen Energien zu planen und Flächen zu sichern. Die Rentabilitätsgrenze kommt immer näher und die Konkurrenz wartet nicht. Jedoch wird der öffentliche Druck in Richtung Versorgungssicherheit steigen, weshalb die Preisgestaltung für Energie in kommunaler Hand liegen muss.

1.4 Kommunale Energiemodelle

Trotz der bisherigen Trennung der Stromenergiemärkte in die Bereiche Erzeugung, Verteilung und Vermarktung werden neue Geschäftsmodelle entstehen. Sie werden den dezentralen Energieerzeuger und den dezentralen Energievermarkter näher zusammenbringen und an dezentrale Abnehmer anschließen. Die ersten Schritte in diese Richtung sind gemacht und Lösungen auf dem Markt.

Somit entsteht ein beachtlicher Preisvorteil, da sich die Kosten für dezentrale Energieerzeuger und dezentrale Vermarkter deutlich reduzieren oder entfallen. Netzentgelte, Umlagen oder

Beschaffungskosten spielen je nach Geschäftsmodell dann eine untergeordnete Rolle. Die direkten Strombeschaffungskosten liegen folglich in kommunaler oder genossenschaftlicher Hand und fallen entsprechend niedriger aus.

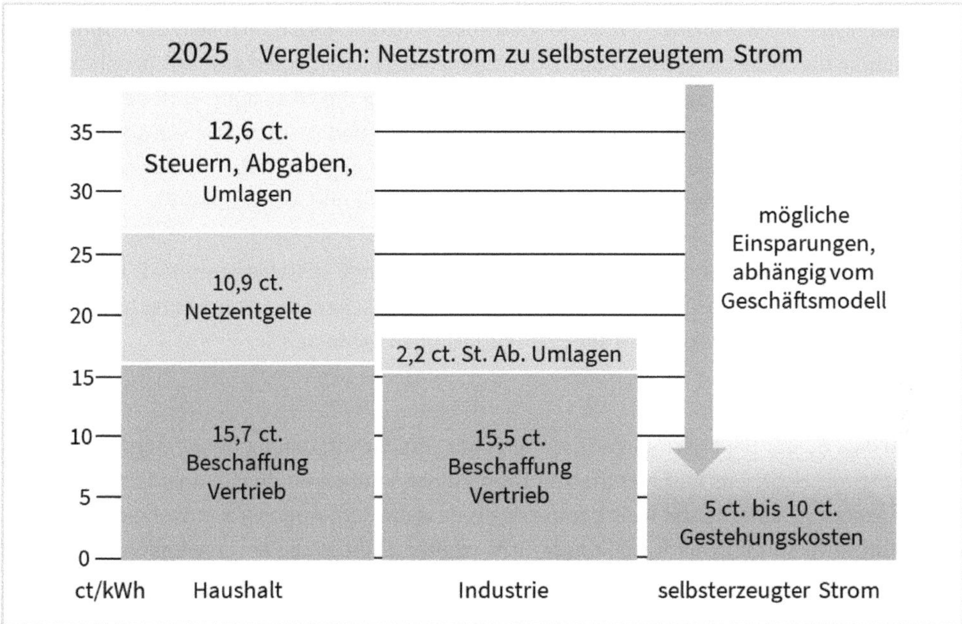

Abb. 7: Beschaffung und Vertrieb machen den größten Einzelposten des Energiepreises aus. Kommunen können diesen Anteil für sich nutzen, wenn sie in der Energieerzeugung tätig werden. Geschäftsmodelle, die diese Gewinnspanne berücksichtigen, werden überaus rentabel sein. *(Grafik: th)*

In Deutschland werden einige Modelle vereinzelt realisiert. Zu nennen sind hier unter anderem Energy Sharing, Energie Contracting, Mieterstrommodelle, gemeinschaftliche Gebäudeversorgung, regionale Stromtarife oder das Bilanzkreismodell. Diese Modelle sind zum Teil noch kompliziert in der Handhabung, doch kann man davon ausgehen, dass Deutschland die EU-Vorgaben aus dem Green Deal in den nächsten Jahren umsetzen wird.

Unsere Nachbarn in Österreich sind da bereits einen Schritt weiter. Gemeinschaftlich erzeugte Energie kann gemeinsam genutzt werden, was zu verringerten Netzgebühren führt. Konkret: Der Strom kann aus einer gemeinschaftlich betriebenen PV-Anlage über das öffentliche Stromnetz zu Kunden verteilt werden – und das zu verringerten Netzentgelten. Kommunen, die eigene Stadtwerke betreiben, können in diesem Modell durch geschickte Kombination von Netzausbau und Energievermarktung völlig neue Geschäftsfelder erschließen und geringere Energiepreise anbieten. Das schlägt sich beispielsweise in der Realisierung von Contracting-Modellen nieder. Hier werden Wärme oder Ladeinfrastruktur mit Bürgertarif, Batteriespeicher samt Netzmanagement sowie virtuelle Kraftwerke bereitgestellt. Schlagend sind die sektorübergreifenden Lösungen und die Bilanzkreismodelle (vgl. Kap. 11 und 12).

Solche Geschäftsmodelle sind zukunftsweisend. Kommunen haben die Aufgabe, diese Entwicklungen zu beobachten. Darüber hinaus sollten solche Modelle mit Fingerspitzengefühl, aber zeitnah in die kommunale Energieplanung eingebaut werden. Kommunale Projekte in dieser Art werden Resonanz in der Bevölkerung nach sich ziehen und wahrnehmbaren Einfluss darauf haben, wie die Bevölkerung die Energiewende vollzieht. Es ist auch kein Geheimnis, dass Kommunen, die diesen Weg einschlagen, der eigenen Wirtschaft einen großen Vorteil verschaffen. Das wiederum führt zu Standortvorteilen, die sich auf die Wirtschaftskraft der Kommune auswirken. Bürger, Gewerbetreibende, Industrie, Kliniken und Dienstleister werden in Zukunft ihre Standortwahl auch darauf ausrichten, wie günstig Energie zu haben ist. Denn am Strom hängen zukünftig alle Lebensbereiche wie Wärme, Mobilität und Arbeitsplätze.

Die Wirtschaftlichkeit von Energieerzeugungsanlagen hängt in steigendem Maß von der Vermarktung von Energie ab. Diese Abhängigkeit ist vorauszusehen, denn man muss heute bereits mit einer sukzessiven Rücknahme der EEG-Förderungen rechnen.

Fazit

Nach Artikel 83 der Bayerischen Verfassung gehört die Sicherstellung der Versorgung der Bevölkerung mit Licht, Gas und elektrischer Kraft zu den »Aufgaben der Gemeinden im eigenen Wirkungskreis«. Das bedeutet nichts anderes, als dass die Kommunen frei entscheiden können, wie sie diese Versorgung der Bevölkerung sicherstellen. Dabei muss keineswegs Gewinn erzielt werden. Wenn sich jedoch Gewinn erzielen lässt, kann die Sparte Energie einen wichtigen Beitrag zur Finanzierung anderer kommunaler Aufgaben leisten.

Es wäre fast sträflich, wenn sich die Kommunen diese Einnahmequelle nicht erschließen würden.

Die nächsten Schritte der Kommunen in Richtung »Energiezukunft« müssen also sein:

- Sichern von Energieaustauschflächen im gesamten Gemeindegebiet (Flächen für PV- oder Windkraftanlagen). Dabei sollten auch Flächen in Betracht gezogen werden, bei denen die Energieerzeugung eine Zweitnutzung darstellt (Hausdächer, überdachte Parkplätze, Gewerbeflächen etc.).
- Identifizieren aller geeigneten Standorte und Flächen zur Energievermarktung, zum Beispiel Anschlusspunkte im Bereich von Autobahnen, Energieverkauf an Raststätten und Parkplätzen, an Einkaufszentren, Bahnhöfen und in Gewerbegebieten. Hier liegt der Fokus der Planung auf dezentraler Erzeugung sowie Vermarktung von Energie, um Aufschläge wie Netzentgelte möglichst niedrig zu halten.
- Aufsetzen von Organisationsstrukturen, um diese Aufgaben erledigen zu können, zum Beispiel durch Gründen von GmbHs, kommunalen Eigenbetrieben oder kommunalen Genossenschaften.
- Sensibilisieren der Bevölkerung für die essenzielle Aufgabe der Energieversorgung. Hier sollten Kommunikationsmaßnahmen geplant und umgesetzt werden.

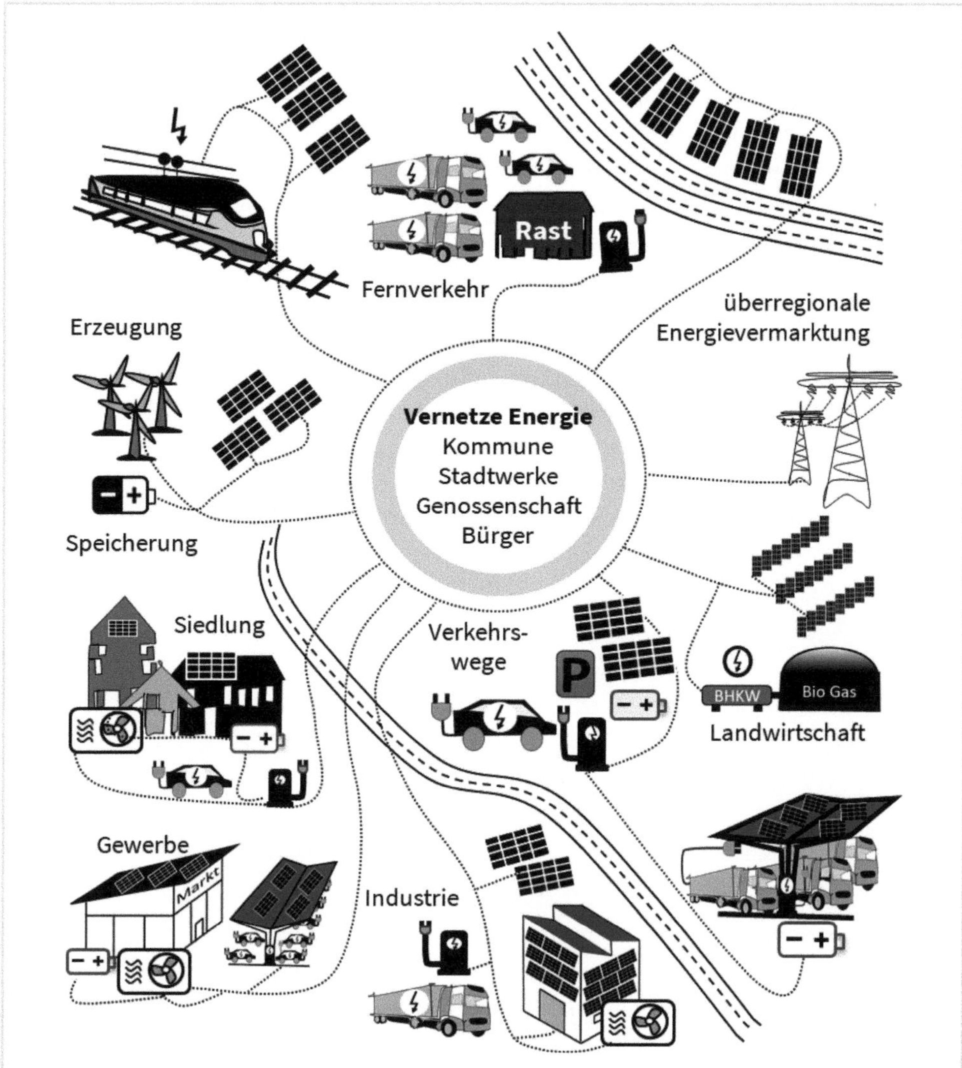

Abb. 8: Zielbild der kommunalen Energieversorgung – ein Beispiel *(Grafik: th)*

Eine Bemerkung zum Schluss

Die kommunale Neuausrichtung könnte sich ein Beispiel am »Cleverle« nehmen. Dieser baden-württembergische Ausdruck bezeichnet einen klugen Kopf, der einen Vorteil erkennt und danach handelt. Clevere Immobilieneigentümer haben inzwischen die PV-Anlage auf Hausdach oder Fassade sowie den Batteriespeicher im Keller installiert, die Wärmepumpe angeschlossen und das E-Auto in der Garage stehen. Dabei gehen viele Cleverles sukzessive vor und sanieren energetisch Stück für Stück, wenn gerade genug Geld auf der hohen Kante liegt. Mit PV-Anlagen holt man sich günstig Energie (10 bis 15 Cent/kWh) ins Haus, erspart sich Netzentgelte, Steuern und Abgaben und wird damit zum größten Teil unabhängig von volatilen fossilen Energieträgern.

Das Ziel dieser Vorgehensweise ist es, im ersten Schritt möglichst viel Flächen für die Energieerzeugung zu erschließen. Mit einem gewöhnlichen Anteil von Verbrauchsstrom (wie etwa Büro- und Wohngebäude oder Industriebauten durchschnittlich verbrauchen) rechnet sich fast jede Größe einer PV Anlage. Darauf aufbauend kann ein Verbraucher nach dem anderen elektrifiziert und Speichersysteme wie Batterien können installiert werden. Mit jedem Schritt sammelt man mehr Erfahrung und optimiert nebenbei das eigene Energiesystem in der Erzeugung ebenso wie im Verbrauch.

Zukünftig können dynamische Stromtarife (basierend auf dynamischen Energiepreisen und dynamischen Netzentgelten) für einen Endkunden mit flexiblen Verbrauchern lukrativ sein. Wer flexibel reagieren kann, wer zu günstigen Zeiten Waschmaschine und Trockner in Betrieb nimmt oder das Auto lädt, der kann sich seinen Strom aus günstigen erneuerbaren Energien (PV, Strom, Windkraft) ins Haus holen. Wer also mitdenkt beim Verbrauch von Strom, der kann seine Energiekosten um ein weiteres Stück reduzieren. Und ganz nebenbei entlastet die Nutzung dynamischer Stromtarife das Stromnetz, was wiederum die Kosten für die Allgemeinheit senkt.

2 Der Niedergang fossiler Brennstoffe

Es gibt gegenwärtig genügend fossile Brennstoffe. Gerade die über den Globus verteilten Kohlevorräte könnten den weltweiten Energieverbrauch noch über ein Jahrhundert decken. Grundsätzlich eine komfortable Situation – wenn nicht die Nebenwirkungen das Klima so schädigend beeinflussen würden.

2.1 Warum die Kosten für fossile Brennstoffe steigen

Die Erschließung, die Förderung und die weltweite Verteilung fossiler Brennstoffe wie Gas und Öl werden sich in den nächsten Jahren deutlich verändern. Nur wenige Länder wie Irak, Iran, Kuwait, Saudi-Arabien und die Vereinigten Arabischen Emirate sind heute noch in der Lage, relativ kostengünstig vor allem Öl zu fördern. Das wiederum wird die geopolitischen Abhängigkeiten von diesen wenigen rohstoffreichen Ländern steigern und für kontinuierlich steigende Energiepreise – resultierend aus der Förderung fossiler Energieträger – sorgen.

Die hohe Energiedichte fossiler Öle und Gase hat die Nachfrage in schwindelnde Höhen getrieben und die Suche nach neuen Vorräten angekurbelt. Die Vorkommen in den USA, Europa und Asien sind nach heutigem Stand immer aufwendiger zu erschließen und voraussichtlich als Erste erschöpft. Die USA setzen bereits extrem komplexe und teure Förderverfahren ein, um auch das letzte Quäntchen an Energieträgern aus dem Boden zu holen. Dabei greifen sie auf wenig ergiebige, nicht konventionelle Vorkommen zu, die eine Reihe unvorhersehbarer Gefahren für die Umwelt bergen.

Zwei Beispiele: das sogenannte Fracking-Verfahren, bei dem Schiefergas und -öl aus kleineren Hohlräumen in tiefen Gesteinsschichten gefördert werden, und das Lösen von Öl aus Teersanden. Erschreckend sind die Prognosen von Experten: Um einen Liter Öl an die Tankstelle liefern zu können, braucht man beim Fracking tatsächlich rund zwei Liter Öl. Will man einen Liter Öl aus Teersanden gewinnen, so sind dafür fast drei Liter Öl notwendig (Fichtner, 2019). Letztendlich ist diese Form der Förderung fossiler Energieträger ein eindeutiges Minusgeschäft.

Solche Verfahren benötigen aufwendige Technologien, was mit einem enormen Material- und Energieaufwand verbunden ist – ganz zu schweigen von den Folgen für Umwelt und Natur. Ohne staatliche Subventionen und kaum nachvollziehbare Sondergenehmigungen wären die entsprechenden Energiekonzerne wirtschaftlich längst am Ende. Staatliche Subvention aber bedeutet, dass Steuergeld dort in die Energiegewinnung fließt. Mit anderen Worten: Hier zahlt der Steuerzahler bereits bei der Energiegewinnung drauf. Also müssten solche Subventionen auf die Energiekostenrechnung aufgeschlagen werden.

All dies geschieht, um die Abhängigkeit der amerikanischen Industrie von Energieimporten zu verringern. Zu welchen politischen Mitteln der derzeitige US-amerikanische Präsident beim Thema Energie- und Rohstoffsicherung greift, hat sich bereits in den ersten Wochen seiner Amtszeit gezeigt.

Doch nicht allein die Förderung verschlingt riesige Energiemengen. Die Verluste während des Transports und der Verteilung flüssiger oder gasförmiger fossiler Energieträger variieren je nach Versorgungskette und damit nach Infrastruktur oder angewandter Technologie.

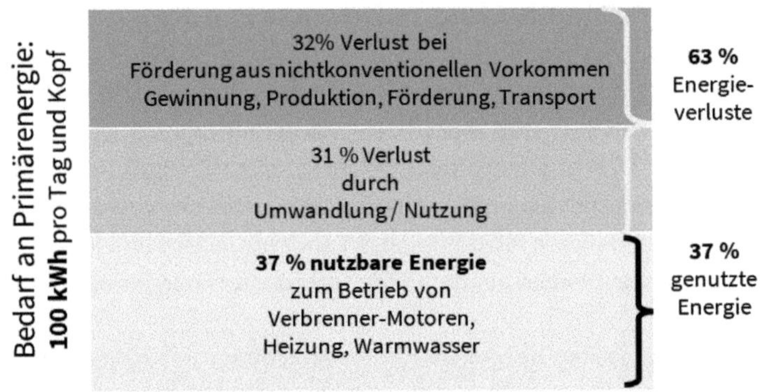

Abb. 9: Fossiles Energiezeitalter – Die Nutzung von Energieträgern aus nicht konventionellen Vorkommen ist verbunden mit hohen Verlusten. *(Grafik: ggb)*

Die nicht konventionellen Förderungen werden aufgrund der Ausbeutung konventionell erschlossener Vorkommen immer häufiger eingesetzt. Sie führen zu erhöhten Energieverlusten. Schon im Jahr 2019 kamen von 100 Prozent der weltweit geförderten Primärenergie nur 68 Prozent beim Kunden an (Endenergie). Im Zuge der Nutzung entstehen weitere Verluste von 31 Prozent, sodass dem Kunden gerade mal 37 Prozent der ursprünglich geförderten Energie zur Verfügung steht. Etwa zwei Drittel der Energie geht verloren. Die Ineffizienz steigt an. (EMBER, 2025)

Exkurs

Eine Dokumentation der wissenschaftlichen Dienste des Deutschen Bundestags aus dem Jahr 2018 beschäftigt sich mit den Methanverlusten entlang der Prozesskette von Flüssiggas (LNG). Kurz zusammengefasst heißt es dort: LNG besteht aus etwa 90 Prozent Methan (CH_4), das als Treibhausgas etwa 25-mal so klimawirksam ist wie Kohlendioxid (CO_2), allerdings auch deutlich kürzer in der Atmosphäre verbleibt als CO_2. Hauptnutzungsart von LNG ist derzeit die stationäre Energieerzeugung, insbesondere überall dort, wo Verbraucher nicht über Pipelines mit dem Gas beliefert werden können (Deutscher Bundestag, 2018).

Verwendung findet LNG als Treibstoff auf Schiffen ebenso wie für Lkw, Busse oder Pkw. Innerhalb der gesamten Prozesskette kommt es zu Methanverlusten verschiedener Art, z. B.

Umwandlungsverluste oder Leckagen an den Pipelines, Tanks oder Ventilen. Nicht nur die Förderung, sondern auch der Bunkervorgang, das Beladen, ist anfällig für unbeabsichtigt entweichendes Methan. Unbestritten ist, dass tagtäglich enorme Mengen an Methangas in die Atmosphäre unseres Planeten geleitet werden.

Die Versorgungskette von Erdgas weist höhere Verluste auf als die von Erdöl. Rund zehn Prozent der gewonnenen Energie verpufft bei Erdgas auf dem Weg zum Verteilungszentrum beziehungsweise zur Zapfsäule. Darüber hinaus sind auch in der Endanwendung, also in der Nutzung ab der Tankstelle, enorme Verluste zu verzeichnen. Wird Erdgas zur Wärmeerzeugung genutzt – beispielsweise für Heizung –, liegen die Verluste nochmals bei 10 bis 20 Prozent der ursprünglich geförderten Gasmenge. Bei der Umwandlung der Endenergie in mechanische Energie – zum Beispiel um Verbrennermotoren zu betreiben – gehen sogar rund 60 Prozent der Energie verloren. Vgl. Kap. 3.

Exkurs

Seit vielen Jahrzehnten gibt es unterschiedliche Prognosen darüber, wann die weltweiten Öl- und Gasvorkommen erschöpft sind. Unabhängig vom Zeitpunkt – er wird häufig auf 30 bis 50 Jahre oder mehr geschätzt –, sollte sich die Diskussion heute viel mehr um die Unsicherheit und Instabilität dieser fossilen Energiequellen drehen. Insbesondere die extreme Preisvolatilität macht sie zu einem riskanten Bestandteil unserer Energieversorgung. Die zentrale Frage ist also nicht, wie lange diese Ressourcen noch verfügbar sind, sondern zu welchem Preis sie in Zukunft erworben werden können. Dabei spielen mehrere Faktoren eine Rolle: geopolitische Konflikte, die Verlagerung von Förderkapazitäten, der steigende globale Energiebedarf und der Wettbewerb mit Industriezweigen wie der Petrochemie.

Wirft man einen Blick auf die Uranvorkommen, so stellt sich die Situation nicht weniger problematisch dar. Im Gegensatz zu Erdöl oder Erdgas lassen sich die Uranvorkommen relativ gut abschätzen. Ihre Strahlung macht die Lokalisierung einfach. Das World Energy Council gab 2022 die Menge vorhandener, sinnvoll abbaubarer Uranressourcen mit 2,1 Millionen Tonnen an. Geht man von einem derzeitigen Verbrauch von 55.000 Tonnen jährlich aus, sind die Vorkommen bereits in 38 Jahren erschöpft. Angesichts dieser Prognosen sind alle politisch motivierten Aussagen, zur Atomenergie zurückzukehren, schlicht unsinnig.

2.2 Weshalb der CO_2-Preis an der Klimadiskussion hängt

Der CO_2-Zertifikate-Handel soll die Reduktion von Treibhausgasemissionen bewirken. Er setzt bei Verursachern ökonomische Anreize, Emissionen zu vermeiden. Sowohl die EU als auch deren Mitgliedsstaaten legen eine Obergrenze für den maximal erlaubten CO_2-Ausstoß für einen bestimmten Zeitraum fest und verkaufen eine begrenzte Anzahl von Emissionszertifikaten an Unternehmen. Verursacher müssen ausreichend Zertifikate in Höhe ihrer Emissionen vorlegen.

Haben Unternehmen weniger CO_2-Ausstoß erzeugt, als sie Zertifikate angekauft hatten, können sie diese auf dem freien Markt verkaufen. Bei überschüssiger Emission können dort Zertifikate nachgekauft werden.

Emissionshandel in der EU

Die zentrale Aufgabe der Energiewende liegt darin, die Treibhausgasemissionen der Energieversorgung zu reduzieren. Die rechtlichen Grundlagen für den Europäischen Emissionshandel (EU-ETS) wurden bereits im Jahr 2005 gelegt und im Jahr 2023 grundlegend überarbeitet. Erst dann konnte sich die Europäische Gemeinschaft auf gemeinsame Klimaziele festlegen.

27 Mitgliedstaaten und zudem Norwegen, Island und Liechtenstein nehmen am EU-ETS teil. Gemeinsame Basis des Beschlusses war es, die Treibhausgas-Emissionen bis ins Jahr 2030 um insgesamt 55 Prozent gegenüber dem Wert aus dem Jahr 1990 zu verringern. Die vollkommene Klimaneutralität soll bis zum Jahr 2050 erreicht sein. Ein wichtiges Instrument auf dem Weg dorthin ist der geplante CO_2-Zertifikate-Handel. Basis des Emissionshandels ist die Festlegung einer Obergrenze für die Freisetzung von Treibhausgasen verschiedener Industrien. Als Vergleichsgröße wurden sogenannte CO_2-Äquivalente festgelegt. Im selben Atemzug wurden diejenigen Industrien benannt, die reguliert werden sollen.

EU-ETS 1: Dazu gehören Betreiber von Energieanlagen, Luftfahrzeugen, Schifffahrtsunternehmen (seit 2024), Industrie-Zementklinker sowie Papier und Zellstoffe, chemische Industrie, Raffinerien und mineralverarbeitende Industrie. Die EU gibt die Obergrenzen für die Treibhausgas-Emissionen vor und reduziert diese schrittweise nach Ablauf einer gewissen Zeit. Die Unternehmen müssen die Immissionsberechtigungen am Markt oder an der Börse erwerben. Sie zahlen daher eine Art Zoll auf den Ausstoß von Treibhausgasen.

Unternehmen, die zu viel Ausstoß erzeugen, müssen sich dafür Berechtigungen an europäischen Handelsplätzen kaufen. Im Gegenzug können überproportional eingesparte Volumina in Form von Zertifikaten verkauft werden. Durch das allmähliche Absenken der CO_2-Obergrenzen wird auch die Anzahl der Berechtigungszertifikate reduziert. Das wiederum verteuert die auf dem Markt erhältlichen Zertifikate, was dazu führt, dass der Druck auf die Transformation der Industrien hin zur Nutzung erneuerbarer Energie stetig steigt. Damit soll eine nachhaltige Veränderung der Energieversorgung europäischer Industrieunternehmen vorangetrieben werden.

EU-ETS 2: Im Jahr 2023 erfolgte eine Erweiterung des Emissionshandels auf jene Bereiche, die ebenfalls Treibhausgase ausstoßen, jedoch aufgrund ihrer Volumina nicht innerhalb des EU-ETS 1 abgebildet wurden. Das neu aufgelegte Emissionshandelssystem EU-ETS 2 gilt für den Straßenverkehr, für Gebäude und Industrie- sowie Energieanlagen. Es verfolgt den sogenannten Upstream-Ansatz, der beim Endverbraucher deutlich massivere Spuren hinterlassen wird.

Zum Kauf von Zertifikaten sind Erdgaslieferanten auf der letzten Handelsstufe verpflichtet. Das sind die Unternehmen, die dem verbrauchenden Unternehmen oder Endverbraucher das Erdgas liefern. Bei Mineralölprodukten trifft die Regelung die Produzenten oder Importeure. Wer Brennstoffe in den Umlauf bringt, muss verpflichtend für die in den Brennstoffen enthaltenen Emissionen Berechtigungen erwerben und nachweisen. Verbraucher von Brennstoffen müssen dagegen keine Zertifikate kaufen. Doch im Upstream-Ansatz können die Anbieter fossiler Energie die dadurch anfallenden Kosten direkt an den Endverbraucher weitergeben. Für jeden Endverbraucher, der fossile Energieträger kauft und nutzt, bedeutet diese Vorgehensweise eine klare Steigerung der Kosten. Das wird sich sowohl im Betrieb von Verbrennermotoren als auch in der Nutzung von Heizöl oder Gas niederschlagen.

> *»Die erhöhten Preise bei den Endverbrauchern setzen Anreize, Brennstoffe einzusparen und emissionsärmere Technologien einzusetzen, sodass die Nachfrage nach fossilen Brennstoffen und damit Treibhausgasemissionen sinken.«*
>
> (Umweltbundesamt, 2023 C)

Ursprünglich sollte der EU-ETS 2 im Jahr 2026 starten. Inzwischen ist es beschlossene Sache, dass er am 01.01.2028 eingeführt wird. Der Handel mit den Emissionsberechtigungen unterliegt dann keinem Preisrecht mehr. Das bedeutet, dass je nach Angebot und Nachfrage an Emissionsberechtigungen deutliche Preissignale in den Markt geleitet werden. Allerdings sollen Ungleichgewichte zwischen Angebot und Nachfrage im Emissionshandel durch eine Marktstabilitätsreserve abgeschwächt werden. Das könnte allzu große Preissprünge abfedern, doch letztendlich bleibt der Effekt bestehen, dass beim Tanken oder Heizen eine deutliche Preissteigerung zu erwarten ist.

Exkurs

Die Gewinne aus dieser Verteuerung sollen anteilig (unter anderem) einem Klimasozialfonds zugeschlagen werden, aus dem die Länder eine Abmilderung der zu erwartenden Verteuerungen für einkommensschwache Haushalte schaffen können.

In Deutschland ist zu diesem Zweck aktuell ein sogenanntes Klimageld im Gespräch. Wie dieses ausgegeben werden soll und ob es überhaupt möglich ist, einkommensschwache Haushalte gegenüber einkommensstarken Haushalten bei der Ausschüttung zu bevorzugen, wird die aktuell geführte Diskussion zeigen. Nur über die Art und Weise der Ausschüttung lassen sich Effekte beim Verbraucher erzeugen. Es steht außer Frage, dass die finanziell bessergestellten Haushalte mehr Geld für die Umsetzung der Klimaneutralität aufbringen müssen. Ob dies politisch durchsetzbar ist, hängt im Wesentlichen an der Kommunikation bezüglich dieser Verantwortung.

Für die kommunale Energiewende bedeutet dies: Solange dieses Thema nicht geklärt ist, liegt noch wesentlich mehr Druck auf einer verantwortungsbewussten Planung des Einsatzes regenerativer Energien.

Nationaler Emissionshandel (nEHS)
Gas-, Kohle, und Mineralöllieferanten sowie Abfallverbrennungsanlagen sind Unternehmen, die dem nationalen Emissionshandel (nEHS) unterliegen. Der Preis für die Zertifikate war während der Einführung bis zum Jahr 2025 festgelegt. Seit dem Jahr 2026 erfolgt auch auf nationaler Ebene ein freier, marktwirtschaftlich orientierter Handel, wobei zunächst ein Preiskorridor gilt. Der nationale Handel verfolgt – wie auch der EU-ETS2 – den Upstream-Ansatz. Die finanziellen Belastungen werden also an die Endverbraucher weitergegeben. Im Grunde wird das System nur übergangsweise funktionieren, denn ab dem Jahr 2028 geht der nationale im europäischen Emissionshandel auf.

Nach Schätzung der Bundesregierung werden in dieser Übergangszeit insgesamt etwa 4.000 Unternehmen am nationalen Zertifikate-Handel in Deutschland teilnehmen.

2.3 Der Emissionshandel lässt sich nicht umgehen

Natürlich suchen Unternehmen nach Möglichkeiten, keine Zertifikate ankaufen zu müssen. Und es gibt technische Möglichkeiten, doch eine Umgehung des EU-ETS und des nEHS wird auch in Zukunft keine Alternative sein. Das liegt vor allem daran, dass eine mögliche Abscheidung und Speicherung von Kohlenstoff (Carbon Capture and Storage, CCS) mit einer sehr kostspieligen Technologie verbunden ist. Einerseits verschlingen CCS-Anlagen hohe Investitions- und Betriebskosten, andererseits ist der Zugang zu geeigneten geologischen Speichern begrenzt. Außerdem sind die Regeln für eine derartige CO_2-Speicherung noch nicht gesetzt und die gesellschaftliche Akzeptanz ist – zumindest innerhalb Europas – vielerorts eher gering.

Tatsache ist, dass CCS in wenigen, nicht dekarbonisierbaren Industrien (z. B. der Zementindustrie) eingesetzt werden muss. Allein dieser Zwang führt zu einer Verknappung der begrenzten geologischen Speicher. Weitere Industrien müssten folglich mit solchen Industrien in Konkurrenz um die Lagerstätten gehen. An dieser Stelle muss auf die Verantwortung gegenüber den kommenden Generationen hingewiesen werden. Wenn der Baustoff Zement in Zukunft noch zur Verfügung gestellt werden soll und die Herstellung in erheblichem Maß CO_2 erzeugt, dann ist es nur logisch, dass diese CO_2-Mengen vorrangig in geologische Speicher verpresst werden müssen. Diejenigen CO_2-Emittenten, die problemlos Treibhausgase vermeiden können, stehen in der Pflicht, dies auch zu tun, um die ohnehin knappen Lagerstätten nicht zusätzlich in Beschlag zu nehmen. Da ist es eher sinnvoll, Zertifikate anzukaufen beziehungsweise die Produktion langfristig zu dekarbonisieren.

Was kommt auf die Bürger zu?
Werden die Treibhausgase tatsächlich bis zum Jahr 2030 um insgesamt 55 Prozent reduziert, kommen deutliche Preissteigerungen beim Bürger an. Dazu gibt es sehr genaue Studien, die von Finanztip.de veröffentlicht wurden. Auch eine gute Zusammenfassung der Folgen findet man dort: »*Rechne damit, dass Benzin, Diesel, Erdgas und Heizöl in ein paar Jahren deutlich teurer werden. Je früher Du davon wegkommst, desto geringer ist Dein Kostenrisiko.*« (Weigl, 2026)

Das Onlineportal geht davon aus, dass allein die CO_2-Kosten für die Gasheizung in einem Einfamilienhaus bei einem Jahresverbrauch von 20.000 kWh deutlich steigen werden.

55 Euro werden derzeit pro Tonne Co_2 fällig. Das schlägt sich im Jahr 2025 mit rund 238 Euro auf die Gasrechnung nieder. Im Jahr 2030 fallen je Tonne CO_2 bereits 120 Euro an. Hochgerechnet auf unser Muster-Einfamilienhaus kommen pro Jahr 518 Euro dazu.

Gas 2025: 55 €/t = 238 €/Einfamilienhaus

Gas 2030: 120 €/t = 518 €/Einfamilienhaus

Der CO_2-Kostenanteil für eine Ölheizung bei einem Verbrauch von etwa 2.000 Liter Heizöl würde sogar auf rund 764 Euro steigen. Im Jahr 2025 lag dieser Anteil bei gerade einmal 350 Euro.

Öl 2025: 55 €/t = 350 €/Einfamilienhaus

Öl 2030: 120 €/t = 764 €/Einfamilienhaus

In der Folge steigen auch die Preise an den Tankstellen an. Während der Verbraucher bis ins Jahr 2023 relative stabile Bruttopreise für CO_2-Ausstoß bei Benzin zahlen musste, stieg der CO_2-Steueranteil von 8,55 Cent/l (2023) auf 15,67 Cent/l (2025) an. Basierend auf diesen Zahlen müssen Verbraucher bis ins Jahr 2030 etwa 34,19 Cent/l allein als CO_2-Preisanteil auf den Benzinpreis draufzahlen. Der CO_2-Preisanteil auf Diesel wird sich noch deutlicher erhöhen und bei etwa 38,22 Cent/l landen (Weigl, 2026).

Die von Weigl aufgeführten Berechnungen berücksichtigen eine angekündigte Preisbremse die als Gesetz noch nicht beschlossen ist. Ohne diese Preisbremse veröffentlichte Weigl im März 2025 folgende Zahlen:

Gas 2030: 275 €/t = 1.187 €/Einfamilienhaus

Öl 2030: 275 €/t = 1.752 €/Einfamilienhaus

Benzin 2030: 275 €/t = 78,35 Cent/l

Diesel 2030: 275 €/t = 87,58 Cent/l

Exkurs

Da der CO_2-Preis auf die jeweiligen fossilen Energieträger aufgeschlagen wird, hat sich umgangssprachlich der Begriff »CO_2-Steuer« etabliert. Tatsächlich ist das jedoch keine Steuer, sondern eine Abgabe.

Das Brennstoffemissionshandelsgesetz (BEHG) bezieht sich mit seiner Abgabenordnung auf alle fossilen Energieträger wie Heizöl, Erdgas, Flüssiggas, Benzin, Diesel und Flugbenzin sowie Kohle. Außerdem gehören seit dem Jahr 2024 auch Abfälle (Entsorgung durch Verbrennung) und sogar Fernwärme dazu – sofern zur Wärmeherstellung Öl oder Gas verbrannt werden.

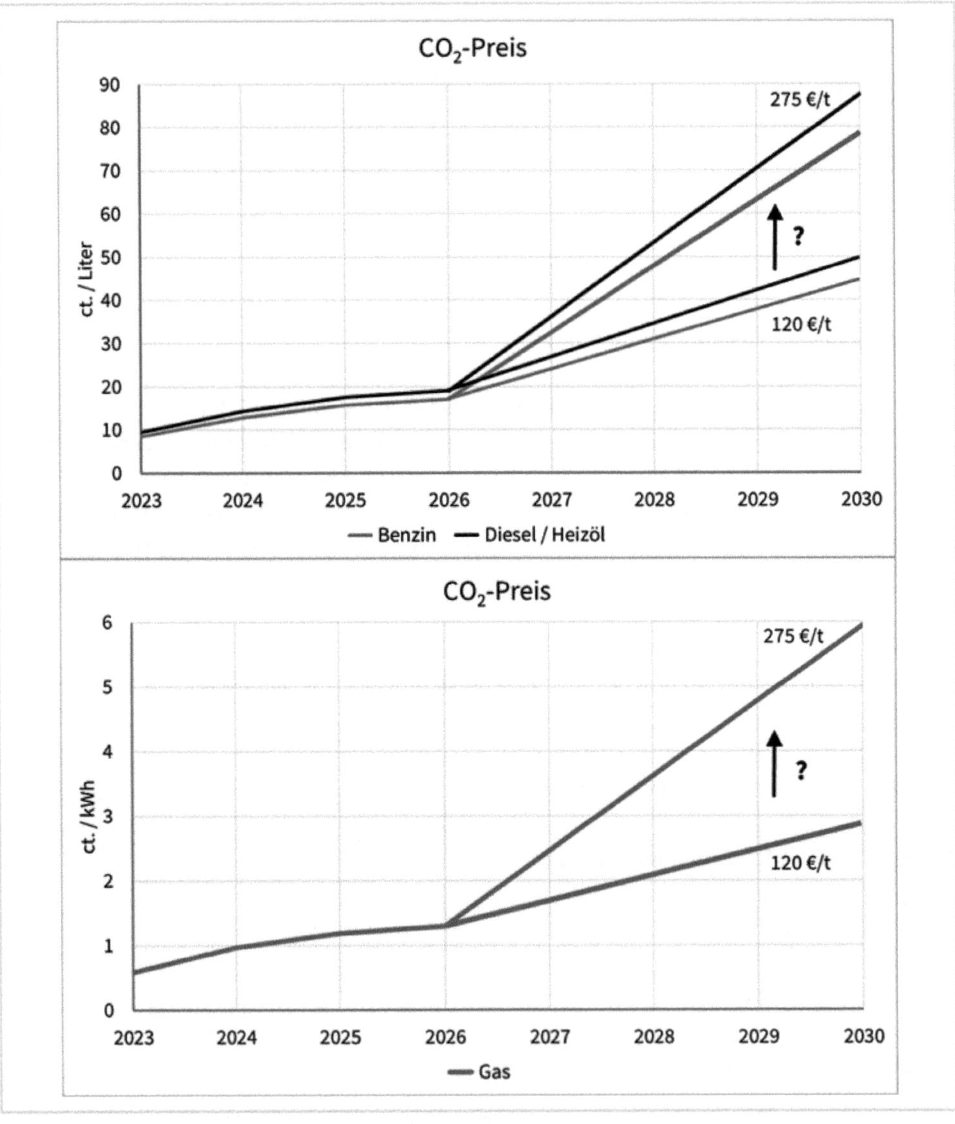

Abb. 10: Der Verbraucher wird zusätzlich zu den steigenden Kosten für Erdgas oder Erdöl den ansteigenden CO_2-Preisanteil tragen müssen. *(Grafik: th)*

Das Kopernikus-Projekt Ariadne hat in der gleichnamigen Studie im Jahre 2024 die Heizkosten und Treibhausgasemissionen in Bestandsgebäuden bis in das Jahr 2045 mit verschiedenen Heizungssystemen berechnet (vgl. Kap. 9, 10, 11). Für ein Haus mit einem Wärmebedarf von 20.000 kWh entwickeln sich die jährlichen Kosten für die Heizenergie im Vergleich einer Wärmepumpe mit einer Jahresarbeitszahl von 4 und einer Gas- und Ölheizung mit einem Wirkungsgrad von 90 Prozent wie folgt:

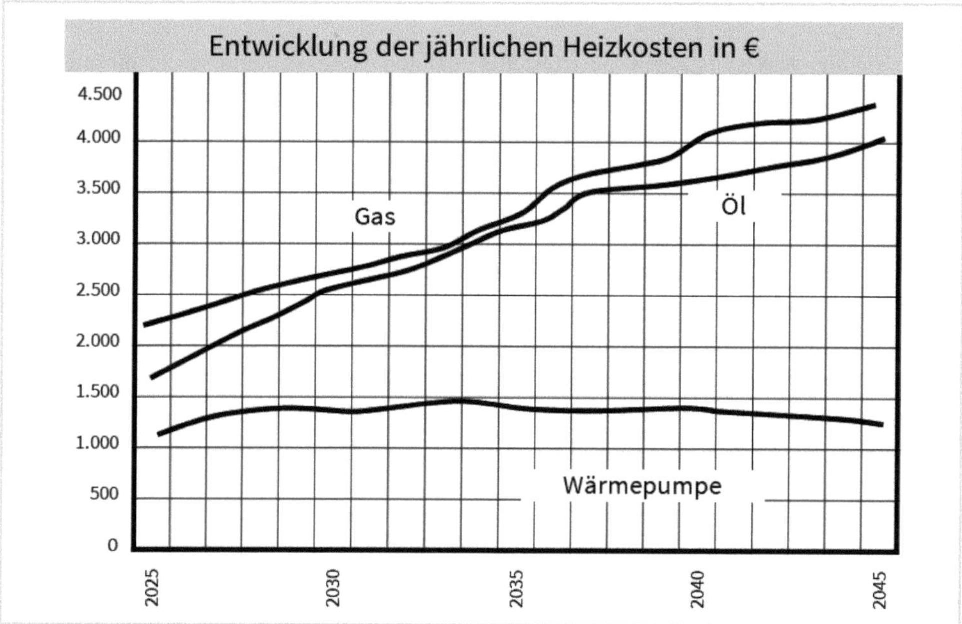

Abb. 11: Die Kosten für fossile Brennstoffe steigen. Die Energiekosten für fossil betriebene Heizungen werden in naher Zukunft zwei- bis dreimal so hoch sein wie die für Wärmepumpen. Energiekosten für Wärmepumpen unterliegen nahezu keiner Preissteigerung. *(Grafik: th)*

Fazit

Klimaschutz und Emissionshandel hängen eng zusammen. Die Einnahmen aus dem Emissionshandel fließen in den Klima- und Transformationsfonds der Bundesregierung. Aus diesem Fonds wird der Umbau verschiedener Wirtschaftssektoren hin zu erneuerbaren Energien finanziert. Zudem steht auf der politischen Agenda, die Transformation sozial verträglich zu gestalten. An dieser Stelle ist es angebracht, darauf hinzuweisen, eine inflationäre Ausgabe von CO_2 Zertifikaten – wie dies auf politischer Ebene angedacht ist, das grundsätzliche Problem keineswegs löst, sondern verschärft.

Exkurs

Dies wird sicherlich eine Herkulesaufgabe, da auch der ETS-2 ab dem Jahr 2028 den CO_2-Preis deutlich erhöht. Ökonomen und Wissenschaftler warnen schon seit mehreren Jahren, dass Bürger ungebremst in eine gefährliche Preisfalle laufen. Sollte diese Gefahr nicht abgewendet werden, könnten Einkommensschwache in eine Art Energiearmut fallen, was soziale Verwerfungen nach sich zöge.

Der richtige Weg ist es, die Bürger frühzeitig über geeignete Technologien zu informieren. Es muss transparent werden, welche Möglichkeiten es gibt, Energie und Wärme herzustellen, ohne auf fossile Energieträger zurückzugreifen. Deshalb kommt der kommunalen Wärmeplanung eine so große Bedeutung zu.

Unabhängig davon, wie Treibhausgase von der EU oder einzelnen Staaten bepreist werden, bleibt eines klar: CO_2 und andere Treibhausgase benötigen auch in Zukunft einen Preis, der ihre tatsächlichen gesellschaftlichen und ökologischen Kosten widerspiegelt. Der Emissionshandel gilt dabei als das derzeit effektivste Instrument, um dieses Ziel zu erreichen. Dies wird zwangsläufig zu einer erheblichen Verteuerung fossiler Brennstoffe führen und gleichzeitig den Einsatz erneuerbarer Energien und elektrifizierter Anwendungen begünstigen. Aktuell versucht die EU eine Preisbremse zu realisieren, um dieser Entwicklung entgegenzuwirken. Ob dies möglich ist, bleibt abzuwarten.

2.4 Die Rolle der Gasnetze und deren Betreiber

Fakt ist: Die Erdgasversorgung für Deutschland basiert auf Importen. Mehr als 95 Prozent der benötigten Erdgasmenge kommen aus dem Ausland. Etwa die Hälfte der 42 Millionen Wohnungen in Deutschland werden mit Erdgas beheizt. Dabei gibt es große Unterschiede in den Bundesländern. Rund 70 Prozent der Haushalte in Niedersachsen beziehen Erdgas, in Baden-Württemberg sind es knapp 40 Prozent. Nahezu jeder Haushalt bezieht das Gas über die Netze der Gasnetzbetreiber. Die privaten Haushalte verbrauchen für die Wärmeerzeugung in den Wohnräumen etwas weniger als ein Drittel des gesamten Erdgasverbrauchs in Deutschland (Zandt, 2023; Brand, 2024). Der Altersdurchschnitt deutscher Gasheizungen liegt bei rund 35 Jahren, was bedeutet, dass sie zumeist in den 1990er-Jahren installiert wurden. Das wiederum bedeutet, dass dort bald eine Investitionsentscheidung ansteht. Die Weichenstellung seitens der Kommunen ist mehr als überfällig.

In den letzten Jahren – vor allem seit dem Angriffskrieg Russlands auf die Ukraine – ist der Erdgasverbrauch in Deutschland rückläufig. Dies liegt nicht nur an den ausgegebenen Klimazielen, sondern in hohem Maße auch an den unvorhersehbaren Preissprüngen auf den Erdgasmärkten.

Schon heute zeigt sich ein deutlicher Rückgang des Gasverbrauchs in verschiedenen Sektoren – vor allem bei Gebäuden und Industrie. Aktuelle Prognosen gehen davon aus, dass dieser Trend andauern wird. Über alle Sektoren hinweg wird für Deutschland bis zum Jahr 2030 ein Rückgang des Gasverbrauchs von 30 bis 40 Prozent prognostiziert, bis zum Jahr 2035 sogar von 50 bis 70 Prozent (Bundesverband der Energie- und Wasserwirtschaft e.V., 2025).

Was bedeutet das für die Gasnetze und für deren Betreiber? Konsequenzen für die Erdgasnetze sind die natürliche Folge des Trends. In Deutschland werden über elf Millionen Erdgasverbraucher versorgt. Um sie zu erreichen, sind 570.000 km Erdgasleitungen angelegt. Rund 600 Verteilernetzbetreiber bewirtschaften dieses Netz und verdienen daran. Fast 300 Milliarden Euro hat Deutschland bisher in die Erdgasinfrastruktur investiert. Der Bundesnetzagentur – und auch den Gasnetzbetreibern – ist durchaus bewusst, dass ein sehr großer Teil des Gasnetzes in einem klimaneutralen Energiesystem höchstwahrscheinlich nicht mehr benötigt werden (Expertenkommission zum Energiewende-Monitoring, 2024).

Dennoch müssen zumindest für alle jene, die zukünftig an ihren Gasheizungen und Gasherden festhalten, die Netze erhalten bleiben. Man kann sie nicht einfach abbauen, wenn der überwiegende Anteil an Nutzern wegfallen wird. Planerisch, regulatorisch und wirtschaftlich entstehen somit große Herausforderungen für die kommenden Jahre. Die Gasversorgung muss noch eine Weile sichergestellt werden. Andererseits benötigt auch die Stilllegung von Erdgasinfrastrukturen einen Vorlauf. Jedenfalls müssen Lösungen her, um die vorhersehbaren Kostenbelastungen für Verbraucher zu reduzieren. Dies gilt auch für die Gasnetzbetreiber – oft kleinere Stadtwerke in kommunaler Hand.

Die große Aufgabe für Betreiber von Gasnetzen liegt darin, die laufenden Kosten ihrer Netzbetriebe drastisch zu senken, um die verminderten Einnahmen auszugleichen und einen sprunghaften Anstieg der Kosten pro verkaufter Energieeinheit zu verhindern, um nicht noch mehr Kunden in noch schnellerer Zeit zu verlieren.

Außergewöhnliche Maßnahmen sind gefragt – denn es ist vorherzusehen, dass die jetzigen Netze eine verkürzte Restlaufzeit von 10 bis maximal 20 Jahren haben und die Kosten zur Erhaltung dieser Netze auf eine stetig schrumpfende Anzahl an Kunden zu verteilen sind. Im Grunde stehen die Gasnetzbetreiber vor der Aufgabe, die Quadratur des Kreises zu erfinden.

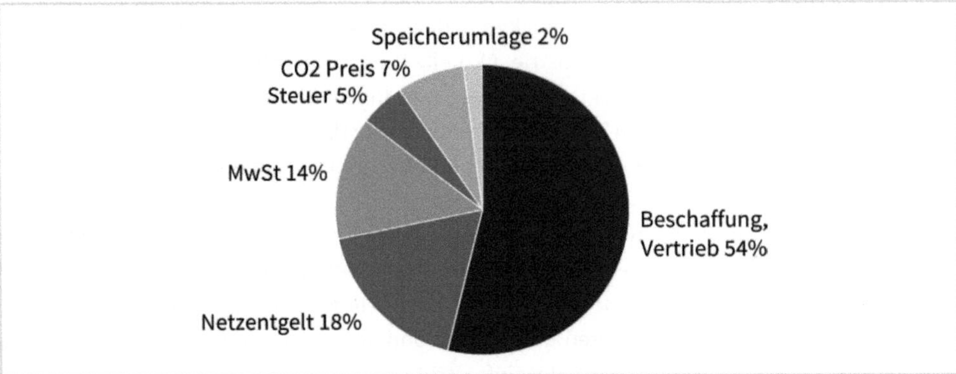

Abb. 12: Gaspreiszusammensetzung für den Endverbraucher aus dem Jahr 2024 – Für die Industrie gelten aufgrund von Subventionierungen und politischen Interaktionen andere Preiszusammensetzungen. Die Tendenz ist ähnlich gelagert. *(Grafik: th)*

2.4.1 Gaspreise: Zusammensetzung und Entwicklung

Netzentgelte

Viele Gasnetzbetreiber verfolgen seit Jahren das Ziel, langfristige Abschreibungs- und Nutzungsdauern für die Netze zu veranschlagen. Eine Nutzungsplanung von bis zu 55 Jahren ist keine Seltenheit. Doch die Ausgangslage hat sich geändert. Geht man von einer maximalen Nutzungsdauer von zwanzig Jahren (ab dem Jahr 2025) für die Gasnetze aus, steht die Aufgabe an, die Kosten innerhalb der Restlaufzeit gleichmäßig auf den Energiepreis und damit auf die Kunden zu verteilen, damit die Belastungen insgesamt erträglich bleiben. Dazu ist ein Wechsel in den Abschreibungsmodellen notwendig, allerdings unterziehen sich nicht alle Energieversorger dieser fürsorglichen Umplanung für ihre Abnehmer. Wer für seine Kunden in die Zukunft denkt, der muss mit einer Verkürzung der Nutzungsdauer rechnen und die Einführung degressiver Abschreibungen für Gasnetze umsetzen.

Das Prinzip der »Nettosubstanzerhaltung« verpflichtet die Netzbetreiber seit jeher, regelmäßig in die Gasnetze zu investieren. Diese Verpflichtung erhöht weiterhin den finanziellen Aufwand für Gasnetze, die vorhersehbar in großen Teilen stillgelegt werden.

Zusätzlich legen die Netzbetreiber die Kosten für Umlagen und Abgaben auf den Endkunden um. Beispielhaft seien hier die die Konzessionsabgaben genannt, die der Netzbetreiber dafür zahlt, dass er die kommunalen Flächen für das Gasnetz nutzen darf. Auch die Gasspeicherumlage spielt eine Rolle. Die Umlage basiert auf dem Energiewirtschaftsgesetz (EnWG) und stellt sicher, dass die Gasspeicher zu einem festgelegten Prozentsatz gefüllt bleiben – und zwar überregional von den sogenannten Marktgebietsverantwortlichen. Um den für die Netzbetreiber notwendigen Füllstand zu erreichen oder zu halten, müssen die Verantwortlichen notfalls auch Erdgas zu höheren Preisen zukaufen. Die entstehenden Kosten werden per Umlage weitergegeben.

Exkurs

Während dieses Buch entstand, wurde von Union und SPD die Gasspeicherumlage gestrichen. Sie hat sich offenbar als Kostentreiber entpuppt. Als Folge der Streichung dieser Umlage wird zukünftig jeder einzelne Steuerzahler für die Kosten aufkommen müssen. Die Kostenlast wird also auf alle Bürger umgelegt.

Solche Netzentgelte, die durchschnittlich knapp ein Fünftel des Gaspreises ausmachen, werden vom Netzbetreiber erhoben und variieren je nach Region. In Großstädten sind die Netzentgelte aufgrund einer höheren Bewohner- und Abnehmerdichte tendenziell niedriger, in gering verdichteten Siedlungsgebieten höher.

Netzbetreiber in Regionen mit niedriger Abnehmerdichte und großen Versorgungsgebieten werden voraussichtlich als Erste gezwungen sein, ihre Netzentgelte deutlich zu erhöhen. Mit anderen Worten: Der ländliche Raum und Gemeinden mit vielen Ortsteilen werden als Erste spüren, dass sich die Situation der Versorgernetze verändert.

All dies schlägt sich unvermeidbar auf die Energiekosten der Verbraucher nieder. Dazu kommen zum einen die Stilllegungs- und Umbaukosten des bestehenden Gasnetzes. Zum anderen müssen die Kunden der Energieversorger und die Wähler der Politiker gleichermaßen gut und verlässlich informiert werden, was wiederum Kosten für die Betreiber nach sich zieht.

Die Folgen der Preisspirale

Wie zuvor ausgeführt, spielen die steigenden CO_2-Preise (bis zum Jahr 2030 und darüber hinaus) und die durchaus sinnvolle und wirtschaftlich getriebene Abkehr der Verbraucher von fossilen Energieträgern gemeinsam zum jetzigen Zeitpunkt eine unglückliche Rolle in der Preisentwicklung. Denn nun gerät eine sich selbst verstärkende Kostenspirale in Bewegung. Im Grunde ist sie bereits in Betrieb und die Folgen sind spürbar. Am Beispiel der Netzentgelte sieht diese Entwicklung folgendermaßen aus:

- Immer mehr Haushalte schwenken auf erneuerbare Energien um und verzichten daher auf die Nutzung der Gasnetze.
- Dadurch sinken die Einnahmen der Gasnetzbetreiber und der Gasversorger. Oftmals sind das die örtlichen Stadt- oder Gemeindewerke, deren Gewinne dahinschmelzen.
- Da die Fixkosten für Netze bestehen bleiben, müssen sie auf weniger Kunden verteilt werden.
- Gleichzeitig entstehen Mehrausgaben beispielsweise wegen der Rückabwicklung der Netze.
- Das lässt die Grundkosten – und im Nachgang die Betriebskosten – steigen.
- Gleichzeitig sind die hohen Abschreibungen der Netzanlagen noch vorhanden.
- Die steigenden Kosten veranlassen immer mehr Kunden, von der Gasversorgung auf erneuerbare Energie umzusteigen.
- Das wiederum zwingt die Netzbetreiber dazu, ihre Versorgungsnetze stillzulegen oder zurückzubauen.
- Und wieder steigen die Kosten für die verbleibenden Kunden.

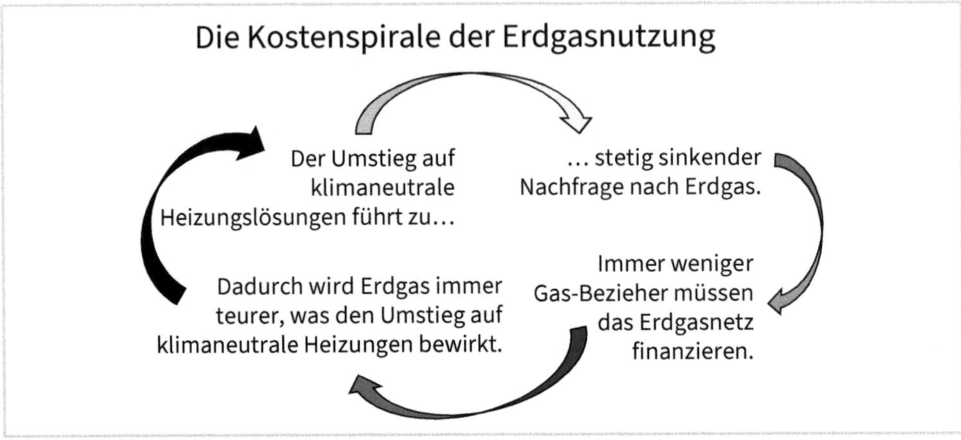

Abb. 13: Sinkende Nachfrage und steigende Preise befeuern sich gegenseitig. So entsteht eine sich selbst antreibende Kostenspirale. *(Grafik: ggb)*

Die Kostenspirale dreht sich immer schneller, denn sie wird nun durch den Endverbraucher selbst verstärkt. Gleichzeitig wollen die Bürger fortlaufend über die Kostenentwicklung fossiler Brennstoffe informiert werden. Verbraucherzentralen, Plattformen wie Steuertip.de und nicht zuletzt auch die Kommunen kommen dieser Forderung der Bevölkerung nach. Die Folge: Das Thema bleibt ein ständiger Begleiter im Alltag der Menschen. Und so prägen sich die ständigen Preissteigerungen und Abhängigkeiten in den Köpfen ein.

Allein die Tatsache, dass die Kommunen im Rahmen der kommunalen Wärmeplanung aktiv werden müssen, erzeugt bereits eine hohe Informationswelle, die von Medien unterstützt wird. Städte bis 100.000 Einwohner haben die kommunale Wärmeplanung bis spätestens Ende Juni 2028 aufzustellen. Die größeren Städte müssen eine Lösung für die Wärmeversorgung ihrer Bevölkerung schon zwei Jahre früher – bis Ende Juni 2026 – vorlegen.

Vor dem geistigen Auge entwickelt sich ein fast schon apokalyptisches Bild: Im aktuellen Ordnungsrahmen wäre es denkbar, dass der letzte verbleibende Netzanschlusskunde die gesamten Netzkosten tragen muss. Doch so weit wird es nicht kommen, denn die Endverbraucher selbst werden den Umstieg auf klimaneutrale Heizsysteme vorantreiben. Erste Entwicklungen sind bereits zu erkennen.

Auch Kraft-Wärme-Kopplungs-Anlagen und Blockheizkraftwerke (BHKW) sind betroffen. Durch die prognostizierte Entwicklung werden auch die an das Gasnetz angeschlossen Kraft-Wärme-Kopplungs-Anlagen und Blockheizkraft betroffen sein. Das in den letzten 40 Jahren etablierte Kraftwerk-Wärme-Kopplungs-Modell wird sich grundlegend verändern müssen. Bis dato ist es so, dass ein Kraftwerk – bspw. ein Verbrennungsmotor – einen Generator antreibt. Hier wird gleichzeitig Strom und Wärme produziert. Diese Kraftwerke müssen möglichst im Dauerbetrieb laufen, um den wirtschaftlichen Betrieb zu gewährleisten.

Doch das Geschäftsmodell wird durch die erhöhten Gaspreise zunehmend unwirtschaftlicher. Viele Wärmenetze in Deutschland basieren darauf, dass die Abwärme des Verbrennungsmotors in das Wärmenetz eingespeist wird, während der erzeugte Strom vermarktet wird. Doch durch die erhöhten Energiebezugspreise werden die Erlöse sowohl auf der Wärme- als auch auf der Stromseite deutlich geringer. Wirtschaftlich ist das nicht mehr.

Und Biogase werden die Lücke nicht schließen
Derzeit werden in Deutschland etwa 850 Terrawattstunden (TWh) Gas pro Jahr verbraucht. Ein TWh entspricht einer Milliarde Kilowattstunden. Im Gegensatz finden nur rund elf TWh Biogas den Weg ins Erdgasnetz, was ein mageres Prozent des gesamten Gasverbrauchs ausmacht. Zusätzlich werden etwa 90 TWh Energie in Form von weniger qualitativem Rohbiogas hergestellt. Diese Menge wird heute überwiegend in Kraft-Wärme-Kopplungs-Anlagen in Strom verwandelt. Selbst wenn dieses Rohbiogas auf Biogasqualität aufbereitet würde, könnten nur etwa zehn Prozent des Energiebedarfs gedeckt werden – wenn man die Umwandlungsverluste ehrlich mitrechnet. Außerdem ist Biogas aus Energiepflanzenanbau teuer. Eine signifikante Steigerung der Biomassenutzung ist nicht realistisch, da bereits Diskussionen darüber geführt werden, ob wertvoller Ackerboden eher zur Nahrungsmittelherstellung oder zur Energiepflanzenzucht dienen sollte. Bevölkerung und Landwirte sind da jedoch durchaus geteilter Meinung.

Daher wird Biogas bestenfalls Nischenprodukt bleiben. Denkbar wäre eine andere Funktion im Energiesystem, bspw. zur Deckung von Spitzenlasten und zum Ausgleich von Schwankungen bei Wind- und Solarstrom.

Gasnetzumbau am Beispiel Mannheim
Die *MVV Energie AG*, der Mannheimer Energieversorger, nimmt eine Vorbildrolle für viele Energieversorger in Deutschland ein, denn das Gasnetz in Mannheim wird bis zum Jahr 2035 stillgelegt. Auf der Webseite des Unternehmens ist zu lesen: *»Wir sind Vorreiter bei der Energiewende und haben uns mit unserem Mannheimer Modell einem strategischen Weg verpflichtet, mit dem wir als eines der ersten Energieunternehmen Deutschlands bis 2035 #klimapositiv werden. Dabei setzen wir konsequent auf die Wärmewende, die Stromwende und den damit verbundenen Ausbau erneuerbarer Erzeugungsmethoden sowie auf grüne Kundenlösungen.«* (MVV Energie AG, 2026) Dieser Schritt betrifft rund 24.400 Haushalte der Stadt und insgesamt etwa 56.000 im gesamten Versorgungsgebiet.

Interessant ist die Tatsache, dass die *MVV Energie AG* gleich mehrere Faktoren für die Entscheidung nennt:

1. **Klimaneutralität**: Die Nutzung von Erdgas führt zu CO_2-Emissionen, die vermieden werden sollen, um Klimaziele zu erreichen.
2. **Wirtschaftlichkeit**: Steigende CO_2-Preise und sinkende Nutzerzahlen machen den Betrieb des Gasnetzes zunehmend unrentabel.
3. **Zukunftsperspektive**: Alternativen wie Wasserstoff stehen in absehbarer Zeit nicht in ausreichenden Mengen zur Verfügung und sind primär für die Industrie vorgesehen.

Schon ab Mitte 2027 wird der Konzern erste kleinere Leitungsabschnitte in Straßen mit doppelter Wärmeversorgung stilllegen. Das bedeutet, dass Straßen, die bislang sowohl über Gasnetz als auch über Fernwärme versorgt werden, nur noch die Fernwärmeversorgung behalten. Dies wird betroffene Haushalte animieren, frühzeitig auf alternative Heizformen umzusteigen. Das Unternehmen verspricht sich davon, dass ein zügiger Rückbau der Gasnetze möglich wird. Die Versorger lassen ihre Kunden allerdings nicht allein: Beratungen zu klimaneutralen Wärmelösungen wie Fernwärme und Wärmepumpen werden ebenso angeboten wie Informationen zu Fördermöglichkeiten für den Umstieg.

Reaktionen der Bevölkerung

Verständlicherweise hat die Ankündigung bei vielen Bürgern Besorgnis ausgelöst. Es gab Informationsveranstaltungen, bei denen Betroffene ihre Sorgen äußerten, insbesondere hinsichtlich der Kosten für neue Heizsysteme und der Verfügbarkeit von Fernwärme in bestimmten Stadtteilen. Zudem haben Initiativen wie *Mannheim gibt Gas* gegen die Pläne protestiert und ein Umdenken seitens der MVV gefordert. Dennoch ist die geplante Stilllegung des Gasnetzes in Mannheim ist ein bedeutender Schritt – nicht nur in Richtung Klimaneutralität, sondern auch in Richtung Versorgungssicherheit und Preisstabilität.

2.4.2 Wirtschaftlichkeitsberechnungen für fossile Energiesysteme sind überholt

Gemäß den Lehrbüchern der Heizungs- und Lüftungsbauer ist es möglich, Heizungen für entsprechende Anforderungen zu dimensionieren. Ingenieure planen anforderungsgemäß und führen auch aus. Das Problem entsteht an der Schnittstelle zwischen Ingenieur und Kaufmann. Denn es sind die Kaufleute, die auf den Planungen der Ingenieure die Wirtschaftlichkeit errechnen. Betriebskosten, Wartung und ähnliches lassen sich fast punktgenau berechnen, doch der gedankliche Fehler liegt in einer Grundannahme: Die meisten Kaufleute gehen bei der Betrachtung des Gaspreises weiterhin von überschaubar geringen Kostensteigerungen für die kommenden zehn bis zwanzig Jahre aus. Das ist eine kapitale Fehleinschätzung!

Darüber hinaus basieren die meisten Wirtschaftlichkeitsberechnungen auf der Annahme, dass es auch in ferner Zukunft eine stabile Gasversorgung gebe. Das führt dazu, dass die Abschreibungszeiträume auf rund 20 Jahre gerechnet werden. Wenn sich der aktuelle Trend zur Abkehr von der Gasversorgung aber fortsetzt, dann wird es innerhalb dieses Zeitraums keine Gasversorgung im herkömmlichen Sinne mehr geben.

Heizungsneubau oder Sanierung?

Wer sich in der momentanen Situation überlegt, zu sanieren und eine bestehende fossile Heizung zu erneuern oder stattdessen komplett auf Wärmepumpe umzusteigen, bekommt oft Aussagen wie: »Wenn Sie bedenken, dass ein Umstieg auf eine Wärmepumpe mindestens 10.000 Euro mehr kosten wird als die Sanierung der fossilen Heizung, dann können Sie für dieses Geld noch sehr viele Jahre mit Gas oder Öl heizen.« Das ist beim schnellen Hinsehen durchaus plausibel – nur berücksichtigt diese Kalkulation nicht, dass die Preise für fossile Energie massiv steigen werden. Vgl. Kapitel 10 und 11.

Zudem spielen die Dekarbonisierungsziele der EU und die Stilllegungspläne der Gas-Netzbetreiber eine Rolle. Ignoriert man diese neue Situation, kann es passieren, dass die Finanzierungskosten in die Zukunft verschoben werden – vielleicht sogar weit über die Betriebszeit hinaus. Insgesamt ergibt das eine riskante Kostenkombination, die zu erheblichen wirtschaftlichen Problemen führen kann.

Fazit

Das bewährte Vorgehen und die bisher sinnvollen Wirtschaftlichkeitsberechnungen gehen nicht mehr auf. Die Kosten für fossilen Brennstoff sind inzwischen weder vorhersehbar noch verlässlich kalkulierbar. Jede langfristige Wirtschaftlichkeitsberechnung von fossil betriebenen Verbrennungsanlagen ist somit obsolet. Wenn die Kosten für Brennstoffe nicht gesichert sind, gibt es auch keine Grundlage für eine Investitionsentscheidung.

Zukunftsfähige Investitionsentscheidungen hängen von der Verfügbarkeit und dem Preis der Ressourcen Erdgas oder Erdöl ab – und beides lässt sich für die kommenden zwanzig Jahre kaum vorhersehen. Wer dies nicht berücksichtigt, gerät schnell in eine Kostenfalle. Die Energiepreise von regional bezogenem oder direkt verbrauchtem Strom aus Windkraft und Photovoltaik können dagegen mit einer geringen Schwankungsbreite kalkuliert werden. Mit einer Investition in diese Energieerzeugungsformen sind die Energiekosten über 20 bis 30 Jahre kalkulierbar. Sie sind weitgehend stabil. Als Folge davon ist das Investitionsrisiko äußerst gering.

3 Elektrische Energie ist die Zukunft

Wir bieten zunächst eine kurze Einleitung ins Thema Energieformen. Das dient lediglich der Einordnung und dem Überblick über die auf der Erde existierenden Energieformen. Diese Basis führt zu der Erkenntnis, weshalb es für die Zukunft sinnvoll ist, sich mit Alternativen zu fossiler oder atomarer Energie zu beschäftigen.

Betrachtet man Energie als eigenständiges System, so sind zwei Energieformen hervorzuheben:

1. die Energie chemischer Stoffe in den Aggregatzuständen fest, flüssig oder gasförmig,
2. die elektrische Energie.

Aggregatzustand

Aggregatzustände beschreiben den physikalisch vorliegenden Zustand eines Stoffes, beziehungsweise seine Erscheinungsform, abhängig von äußeren Faktoren. Nahezu alle Stoffe existieren in festem, flüssigem und gasförmigem Aggregatzustand, sofern die erforderlichen äußerlichen Bedingungen herrschen. Maßgebliche Einflüsse auf den Aggregatzustand von Stoffen haben Temperatur, Druck und Volumen.

Grob skizziert gibt es auf der Erde folgende Energieformen:

- die »innere Energie«, die in den aus der Erde hervortretenden Energieträgern gebunden ist. Dazu zählen chemische Stoffe wie Erdöl und Erdgas, Kohle und die in der Nahrung für den Menschen gebundene Energie.
- die thermische Energie in Form von Vulkanen oder heißen Quellen.
- die in der Kernphysik nutzbare Atomenergie.

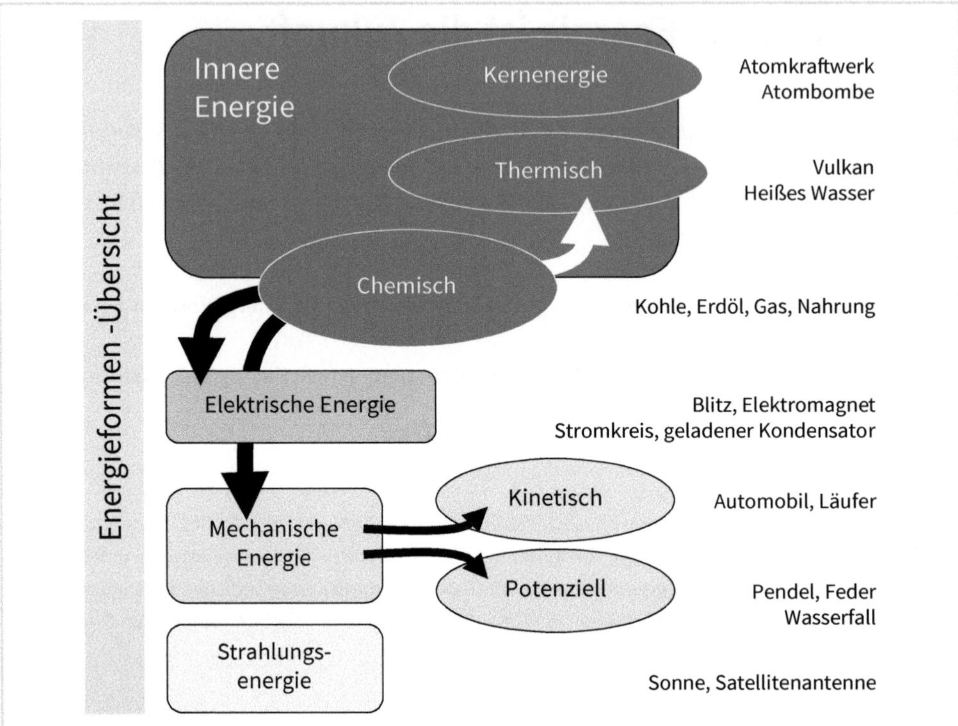

Abb. 14: Chemische Energie lässt sich leicht in thermische, elektrische und mechanische Energie verwandeln. Die chemische Energie war seit jeher Ausgangsmaterial für Wärme (Holz, Torf oder Holzkohle) und seit der Industrialisierung die gängige Energieform. *(Grafik: ggb)*

Bis vor wenigen Jahren wurden atomare oder fossile Energieträger genutzt, um Wärme, Licht und Bewegung zu erzeugen. Doch die chemischen Energieträger sind begrenzt und vor allem teuer. Atomare Energie ist zusätzlich in vielerlei Hinsicht problematisch. So ist der Mensch gezwungen, sich mit anderen nützlichen Energieformen auseinanderzusetzen.

3.1 Energieformen und ihre Umwandlungsmöglichkeiten

Als chemische Energieträger gelten hauptsächlich fossile Energieträger wie Kohle (fester Stoff), Erdöl (flüssiger Stoff) und Erdgas (gasförmiger Stoff). Sie müssen in andere Energieformen umgewandelt werden, um für diverse Anwendungen nutzbar zu sein. Kohle- oder Gaskraftwerke sowie Blockheizkraftwerke wandeln die chemischen Substanzen in elektrische Energie um. Verbrennungsmotoren erzeugen aus dem gleichen chemischen Grundstoff mechanische Energie zur Fortbewegung von Kraftfahrzeugen oder Flugzeugen. Gas- oder Ölheizungen erzeugen thermische Energie.

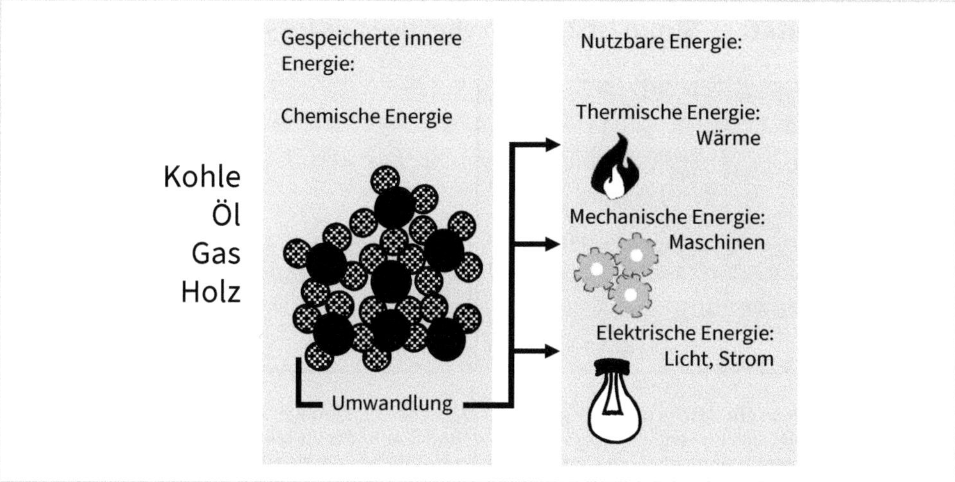

Abb. 15: Nutzbare Energie aus chemischen Energieträgern – Erdöl, Gas, Kohle und Holz sind chemische Stoffe, die sich zur Energieumwandlung eignen. Die dort gespeicherte innere Energie muss in nutzbare Energie für verschiedene Anwendungen transferiert werden. *(Grafik: ggb)*

Im Zuge dieser Umwandlung von chemischer in nutzbare Energie sind die Verluste beachtlich hoch. Bei Verbrennungsmotoren bspw. verliert die eingesetzte Energie etwa 60 bis 70 Prozent ihres ursprünglichen Umfangs. Folglich werden nur etwa 30 bis 40 Prozent der chemischen Energie tatsächlich mechanisch nutzbar gemacht. Bei Öl- und Gasheizungen fallen die Umwandlungsverluste von chemischer zu thermischer Energie geringer aus. Etwa 10 bis 20 Prozent der chemischen Energie gehen dabei verloren.

Kompakt

Elektrische Energie ist hoch effizient nutzbar und hat sehr geringe Umwandlungsverluste.

Wollte man ein Ranking der Energieformen aufstellen, würde elektrische Energie unangefochten auf Platz eins stehen. Sie überragt die chemische Energie um ein Vielfaches. Ihre Wertigkeit besteht in ihrer enormen Effizienz und den schier endlosen Nutzungsmöglichkeiten.

Mithilfe elektrischer Bauteile kann sie ohne größere Verluste problemlos in andere Energieformen und damit in praktisch alle Endanwendungen überführt werden. Mit elektrischer Energie können mechanische und thermische Anwendungen betrieben werden und auch die Umwandlung in Licht ist seit der Erfindung der Glühbirne im 19. Jahrhundert kein Geheimnis mehr. Von elektrischen Geräten in Badezimmern und Küchen bis zur Ausstattung von Arbeitszimmern – und in besonderer Anwendung in der Robotik – ist elektrische Energie aus dem täglichen Leben nicht mehr wegzudenken. Dabei geht fast keine Energie verloren, was z. B. in der Automobilindustrie höchste Wirkungsgrade hervorbringt.

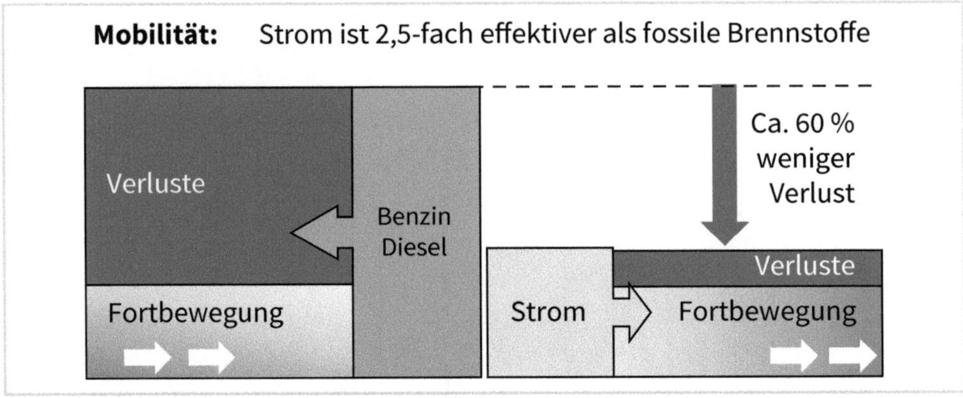

Abb. 16: Wandelt man chemische beziehungsweise elektrische Energieträger in kinetische Energie (Fortbewegung) um, zeigt sich im Vergleich von Verbrenner- und E-Auto der Vorteil der E-Mobilität. Rund 60 Prozent weniger Energie sind notwendig, um die gleiche kinetische Energie zu erzeugen. Bei gleicher Fortbewegung ist die E-Mobilität um das 2,5-Fache effektiver. *(Grafik: ggb)*

Die effizientesten Elektromotoren wandeln elektrische Energie zum Beispiel mit einem Wirkungsgrad von über 90 Prozent in mechanische Energie um. Im Bereich der stationären industriellen Anwendungen gewinnen die elektrifizierten Prozesse einen immer höheren Anteil und sind nicht mehr wegzudenken.

Zur Liste der Vorteile gehören auch folgende Details: Elektrische Geräte und Bauteile haben enorm lange Lebenszyklen. Sie unterliegen geringerem Verschleiß und sind sauber und emissionsfrei in der Nutzung. Durch Leitungsregelung und Frequenzsteuerung sind sie exakt steuerbar und meist auch sehr leise. Die mit Strom betriebenen Geräte sind in der Größe nahezu variabel skalierbar und zudem vibrationsarm.

Der Siegeszug elektrisch geführter Geräte ist unaufhaltsam. Der weltweite Bestand an digitalen und automatisierten Geräten verdoppelt sich alle zwei Jahre. Ein Effekt: Innovative Industriestaaten wie China weisen allein im letzten Jahrzehnt eine Elektrifizierungsrate ihrer Industrie von über zehn Prozentpunkten auf (EMBER, 2025).

Dieser Lobpreisung des Stroms muss allerdings ein kleiner Dämpfer versetzt werden. Denn der große Nachteil von Strom als Energieträger besteht darin, dass er in dem Moment verbraucht werden muss, in dem er erzeugt wird. Im Gegensatz zu chemischer Energie, das heißt festen, flüssigen oder gasförmigen Brennstoffen, die einfach gelagert werden können, ist die Speicherung von Strom eine große Herausforderung. Genau damit beschäftigen sich Experten seit vielen Jahren.

Elektrizität erfordert eine ständige Balance zwischen Erzeugung und Verbrauch im Stromnetz. Und was noch vor Jahren schwierig war, gelingt immer besser, nämlich diese Balance aufrechtzuerhalten. Kombiniert man flexible, dezentrale Erzeuger, gut steuerbare Verbraucher – wie etwa Ladezyklen bei E-Autos oder den Abruf von elektrischer Energie zu dem Zeitpunkt, an dem sie im Überfluss zur Verfügung steht – sowie entsprechende Speicher in einem größeren Verbund, lässt sich dieser Nachteil relativ leicht kompensieren.

3.1.1 Strom wird »mobil« – Batterien werden leistungsfähiger

Batterien erobern in Technologie- und Industriezweigen immer mehr Sektoren und werden zunehmend zu einer Schlüsseltechnologie. Sie können Energie nahezu beliebig oft mit wenigen Umwandlungsverlusten zwischenspeichern, bei Bedarf wieder abgeben und sind mobil einsetzbar. Gerade diese Funktionalität macht Batterien so attraktiv und besonders wertvoll für verschiedenste Anwendungen. Tragbare elektronische Geräte gehören ebenso dazu wie Großspeicher, elektrische Maschinen und Verkehrsmittel, z. B. autonome E-Feldroboter, E-Bergbaugeräte, E-Stapler und Drohnen.

Exkurs

Ein Beitrag des MDR vom 15. April 2025 beschäftigte sich ausführlich mit dem Thema Energiespeicherleistung in Großspeichern. *»Dank rasend schnell fallender Preise für Lithium-Ionen-Batterien lohnt sich seit Kurzem der Bau von Batterien, die mitunter über 100 Megawatt Leistung bringen und bis zu 275 Megawattstunden Strom speichern könnten – genug, um eine Million Haushalte eine Stunde mit Strom zu versorgen, wie das Portal ingenieur.de vorrechnet. Landauf, landab kalkulieren Investoren neue Projekte durch und stellen Anfragen für den Anschluss von Batterien an das Stromnetz. Bei den (deutschen) Netzbetreibern lagen laut dem Photovoltaik-Magazin im Januar 2025 über 650 Anfragen für Großspeicher vor, die, würden sie alle gebaut, auf eine Gesamtleistung von 226 Gigawatt kämen.«* (Haug, 2025)

Um diese Anschlussleistung von 226 Gigawatt (GW) einordnen zu können, muss man wissen, dass der derzeit weltgrößte Atomreaktor in China – »Taishan 1« – die Schwelle von 1,75 GW erreicht hat.

Vermutlich werden nicht alle beantragten Großspeicher gebaut werden, denn hier wurden viele Anträge vorsorglich gestellt, um schnellstens in die Durchführung der ersten Projekte zu gelangen. Angenommen, nur die Hälfte der in Deutschland beantragten Großspeicher würde gebaut werden, so würde deren Output die Leistung der inzwischen abgeschalteten Kernreaktoren um mehr als das Doppelte übertreffen.

Batterie ist nicht gleich Batterie. Denn für ein Smartphone ist sie ganz anders konzipiert als für ein E-Auto oder eine Akkubohrmaschine. Batterien können inzwischen so hergestellt werden, dass sie exakt für das Einsatzgebiet passen. In ihrem Aufbau gibt es viele Variationen der chemischen Zusammensetzung, des Zellaufbaus und der verwendeten Materialien im Plus- und Minuspol. So werden bei Formel-E-Rennwagen die Batterien mit sehr hohen Entladeströmen und extremen Vibrationen belastet. Batterien in Hochleistungs-Militäranwendungen, beispielsweise in Torpedos, unterliegen extremen Temperaturen und hohen mechanischen Belastungen bei gleichzeitig schneller Energiefreisetzung. Batterien in Wetterstationen an den Polen der Erde haben Umgebungstemperaturen von bis -80 °C zu überstehen. Es ist faszinierend, dass Batterien all diesen Anforderungen entsprechen können.

»Mobile Anwendungen« – Elektromotoren und ihre Batterien
Der Durchbruch der Batterietechnologie – insbesondere im Pkw-Bereich – gelang vor etwa zehn Jahren. Er beruht auf zwei entscheidenden Faktoren: Durch Serienproduktion und Skalierungseffekte sind die Batteriekosten um 90 Prozent gesunken, wodurch die Elektromobilität wettbewerbsfähig wurde. Gleichzeitig hat sich die Speicherkapazität der Batterien im gleichen Zeitraum verdoppelt. So konnte die Autoindustrie größere Reichweiten und eine breitere Anwendungsvielfalt anbieten. Die Vorteile von Batteriespeicher und Elektromotoren für den Endkunden haben sichtbar zugenommen.

Eine Hürde konnte bis heute allerdings noch nicht überwunden werden: Batterien für die Autoindustrie sind schwer und brauchen viel Platz. Vergleicht man die Speicherkapazität einer Batterie pro Volumen oder pro Masse mit der Energiespeicherleistung chemischer Energieträger, schneidet die Batterie noch schlecht ab. Benzin oder Diesel speichern etwa 50-mal mehr Energie pro Kilogramm Masse. Die Batterie liegt derzeit bei rund 200 bis 300 Wattstunden pro Kilogramm (Wh/kg), während der fossile Treibstoff 11.000 bis 12.000 Wh/kg speichert. Doch die Effizienz von E-Motoren wiegt etwa die Hälfte dieses Ungleichgewichts wieder auf. Darüber hinaus haben sich die Autobauer weitere Kompensationen dieses Nachteils überlegt.

Autos mit E-Motoren und Batterien sind anders aufgebaut. Sie haben deutlich weniger Bauteile, eine geringere Komplexität sowie höhere Effizienz und eine neue Technologie. All das kompensiert das hohe Gewicht der Batterie und ist ein Grund dafür, dass E-Autos kaum mehr mechanisch zu bedienende Teile besitzen. Batterien in Kombination mit Elektromotoren sind weniger komplex: Ein Verbrennerauto besitzt etwa 1.300 bewegte Teile, ein batterieelektrisches Fahrzeug lediglich 40, was sie langlebiger und wartungsärmer macht.

Einen weiteren Pluspunkt erzielen die modernen Batterien. Eine moderne E-Autobatterie kann bis zu 2.000 Vollladezyklen absolvieren. Das bedeutet, dass ein Elektrofahrzeug mit einer Reichweite von 500 Kilometern pro Ladung eine Gesamtlaufleistung von einer Million Kilometern erreichen kann, bevor die Batteriekapazität auf 80 Prozent ihres ursprünglichen Werts sinkt. Diese 80-Prozent-Schwelle gilt als Richtwert für das Lebensende der Batterie im Fahrzeugbetrieb. Allerdings ist die Batterie nach diesem Punkt keineswegs unbrauchbar. Aufgrund der weiterhin vorhandenen Speicherkapazität kann sie noch für viele Jahre in stationären Energiespeichersystemen genutzt werden.

Kompakt

Die Zyklenfestigkeit (Anzahl der Vollladezyklen) und die Degradation (möglicher Verlust an Speicherkapazität) von Batterien haben sich in den letzten Jahren erheblich verbessert.

Auch die Ladeleistung von Batterien konnte erheblich gesteigert werden. Moderne Elektroautos in China erreichen heute Ladeleistungen von bis zu »4C« oder »6C«, was bedeutet, dass sie innerhalb einer Stunde viermal beziehungsweise sechsmal vollständig aufgeladen werden können. Je nach Modell lassen sich in nur zehn Minuten Ladezeit etwa 400 oder 700 Kilometer Laufleistung aufladen.

Wie rasant die Entwicklungsschritte sind, zeigt CATL. Der chinesische Weltmarktführer in der Batterieherstellung stellte im Frühjahr 2025 mit der »Freevoy Dual Power Battery« ein Produkt vor, das eine Reichweite von 1.500 km ermöglich. Zudem kündigte CATL bis Ende 2026 eine Batterie an, die eine Ladeleistung von 12C besitzt – dann können in fünf Minuten 500 km geladen werden.

An der Spitze der Effizienz bei der elektrischen Mobilität steht – wer hätte das gedacht – der E-Lkw. Vergleicht man die nötige Energie, um 100 kg 100 km weit zu transportieren, ist der E-Lkw nochmal um das 3-Fache ökonomischer als das ohnehin schon effiziente E-Auto. Dieses benötigt 1 kWh, der E-Lkw hingegen nur 0,3 kWh.

Durch diesen Effizienzvorteil der Elektromobilität im Nutzfahrzeugsegment wird sich die Elektrifizierung deutlich schneller durchsetzen, denn im Transportsektor zählt jeder Cent pro gefahrenem Kilometer, um im Wettbewerb bestehen zu können.

3.1.2 Wärmepumpe – aus Strom werden günstige Wärme und Kälte

Technologien, um aus Strom Wärme oder Kälte zu produzieren, gibt es schon lange. Die erste Wärmepumpe wurde 1877 in Betrieb genommen. In Deutschland denkt man in aller Regel zunächst an Wärme, die erzeugt werden soll, doch der Klimawandel wird Europa schon bald vor die Aufgabe stellen, Temperaturen ebenso sicher und effizient nach unten zu korrigieren.

Wärmeerzeugung

Für die Wärmeerzeugung ist die Wärmepumpentechnologie eine bewährte und sichere Möglichkeit, um aus elektrischer Energie effizient thermische Energie herzustellen. Das Temperaturniveau von bis zu 60 oder 70 °C ist für die heutigen Wärmepumpen am wirkungsvollsten. Damit gemeint ist, dass eine Energiesteigerung von etwa 300 Prozent sowohl technisch möglich ist als auch wirtschaftlich leicht erreicht werden kann. Das Temperaturniveau bis 120 °C ist heute schon durch Wärmepumpen mit geringerer Energiesteigerung technisch erschlossen. Dafür sind bereits anwendungsreife Produkte auf dem Markt. Doch das ist lange noch nicht das

Ende der Möglichkeiten. Derzeit wird an Hochtemperatur-Wärmepumpen geforscht. Sie sollen im Temperaturniveau von 140 bis 200 °C eingesetzt werden, was ein weites Feld der thermischen Industrieprozesse erschließen kann.

Exkurs

Das Temperaturniveau bei Wärmepumpen bezieht sich auf das spezifische Temperaturniveau der thermischen Energiequelle beziehungsweise der Energiesenke (beispielsweise die gewünschte Zieltemperatur), mit der die Wärmepumpe arbeitet. Sie nutzt das Prinzip der Wärmeübertragung, um Wärme von dem niedrigeren Temperaturniveau der Energiequelle auf ein höheres Temperaturniveau zu übertragen.

Das niedrige Temperaturniveau stellt die Quelle dar. Das kann die Temperatur der Außenluft, des Erdreichs oder des Grundwassers sein. Das hohe Temperaturniveau stellt die Senke (zum Beispiel die Zieltemperatur) dar, an die die Wärmepumpe die Wärme abgibt. In einem Haushalt wäre das der Heizkörper. **Das hohe Temperaturniveau** wird so gewählt, dass eine ausreichende Wärmeabgabe gewährleistet ist. Je höher das gewünschte Temperaturniveau ist, desto mehr Energie benötigt die Wärmepumpe, um diese Anforderung zu erfüllen.

Die Wahl des Temperaturniveaus hat einen direkten Einfluss auf die Effizienz und die Leistung der Wärmepumpe. Eine Wärmepumpe, die auf einem niedrigen Temperaturniveau arbeitet, erreicht in der Regel einen höheren Wirkungsgrad, da weniger Energie benötigt wird, um die Wärme von einem niedrigeren auf ein höheres Temperaturniveau zu übertragen.

Will man Gebäude beheizen oder mit Warmwasser versorgen, sind Wärmepumpen bis zu einem Temperaturniveau von 60 bis 70 °C erheblich effizienter als der Einsatz chemischer Energieträger wie Gas oder Öl. Die modernen Wärmepumpen erzeugen aus einer Energieeinheit Strom mit Hilfe der Umweltwärme aus Luft oder Erdwärme vier Energieeinheiten thermische Energie. Die Jahresarbeitszahl liegt dementsprechend bei vier (JAZ = 4).

Die Effizienz dieser Technologie kann man steigern, indem man den »Temperaturhub« reduziert. Das bedeutet, dass der Hub zwischen Quelltemperatur und Zieltemperatur (in diesem Fall die Vorlauftemperatur des Heizkreises) möglichst verkleinert wird. Eine niedrigere Zieltemperatur bedeutet aber auch, dass die wärmeabgebende Fläche vergrößert werden muss, um die Raumtemperatur auf ein angenehmes Maß zu bringen. In Bestandsgebäuden könnten beispielsweise die Heizkörper vergrößert werden. Die dort eingespeiste Warmwassermenge durchläuft dann eine größere Fläche und gibt dadurch mehr Wärme an den Raum ab. So kommt tatsächlich eine JAZ = 4 zustande.

Neben dem veränderten Temperaturhub führt auch die Weiterentwicklung der Wärmepumpentechnologie zu verbesserter Leistung. Im letzten Jahrzehnt ist die Effizienz bei Wärmepumpen um 30 bis 50 Prozent (der SCOP-Wert liegt bei Spitzenmodellen schon bei 5,9) gestiegen (Ostschweizer Fachhochschule, 2026). Dazu beigetragen haben unter anderem eine verbesserte Verdichtertechnologie, der Einsatz effizienterer Kältemittel und optimierte Steuerungssysteme.

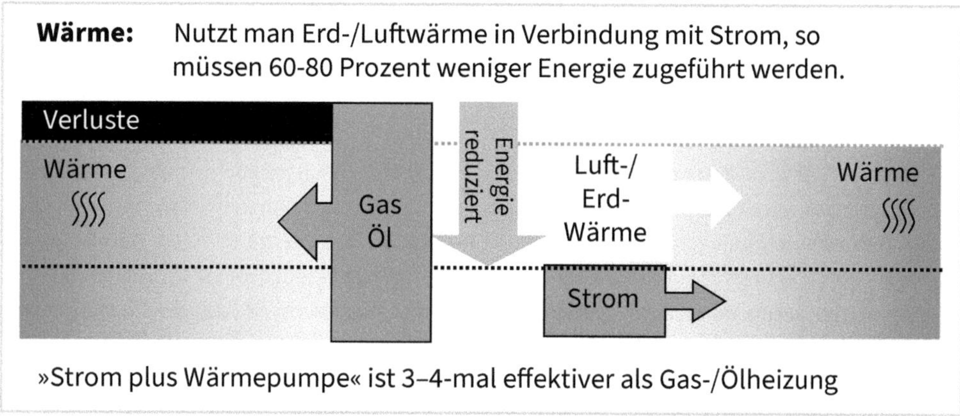

Abb. 17: 60 bis 80 Prozent der Primärenergie können eingespart werden, wenn kein Gas oder Öl, sondern Strom in Verbindung mit dem Einsatz von Wärmepumpen mit Luft- oder Erdwärme genutzt wird, um Gebäude zu heizen. *(Grafik: ggb)*

Kälteerzeugung

Wärmepumpen können auch zur Kühlung von Räumen eingesetzt werden. Auch diese Nutzung unterliegt einer vergleichbaren Einsparung von Primärenergie. Je nach Quelltemperatur können im Kühlbetrieb aus einer Energieeinheit elektrischen Stroms drei bis sechs Energieeinheiten thermische Energie zum Kühlen erzeugt werden. Noch ist diese Nutzung nicht ins Bewusstsein der Bevölkerung eingedrungen, da private Räume in Deutschland bisher nur selten gekühlt werden mussten.

Gewerbebauten jedoch – besonders diejenigen, die mit großflächigen Glasfassaden ausgestattet sind – konnten in den Sommermonaten bisher nur auf erträglichen Temperaturen gehalten werden, weil Klimaanlagen ihre Dienste tun. Es ist anzunehmen, dass sich die Notwendigkeit zur Kühlung der Räume aufgrund ansteigender Außentemperaturen verstärken wird.

3.1.3 Photovoltaik und Windkraft minimieren die Energieverluste

Wird Strom aus Photovoltaik und Windkraft gewonnen und direkt genutzt, ist die Effizienz nicht zu toppen. Die Umwandlungsverluste zwischen Gleich- und Wechselstrom beziehungsweise Trafoverluste für verschiedene Spannungsebenen sind praktisch zu vernachlässigen.

Diese Erfahrung ist inzwischen in der Bevölkerung angekommen. Ein sicheres Zeichen dafür ist die steigende Zahl an PV-Anlagen auf privaten Gebäuden sowie an Balkonen.

Wie effizient PV und Windkraft sind, zeigt sich im Vergleich mit der Stromerzeugung aus chemischer Energie. Während bei dem Einsatz von Kohle und Gas im Umwandlungsprozess mit Energieverlusten von rund 60 Prozent gerechnet werden muss, tendieren diese Verluste bei Einsatz von PV und Windkraft gegen Null. Nahezu die gesamte erzeugte Sonnen- und Windenergie geht problemlos in Elektrizität über.

Exkurs

Wird die Elektrizität in Kraftwerken erzeugt, muss sie im nächsten Schritt zusätzlich an die Abnehmer verteilt werden. Die überwiegend mit Kohle betriebenen Kraftwerke sind in aller Regel zentral gelegen und die Verteilung muss über lange Wege erfolgen. Dabei kommt es zu Übertragungsverlusten, was den Bezug von zentral erzeugtem Strom verteuert. Strom, der dezentral erzeugt, gespeichert und verbraucht wird, ist dagegen hoch effizient und benötigt einen geringeren Netzausbau.

In vielen Städten sind bereits dezentrale Blockheizkraftwerke vorhanden. Sie kompensieren einen Teil der Verluste, indem sie Wärme für die Endanwendung nutzbar machen. Damit gelingt ein gewisser Effizienzgewinn. Übermäßig hoch fällt er jedoch nicht aus.

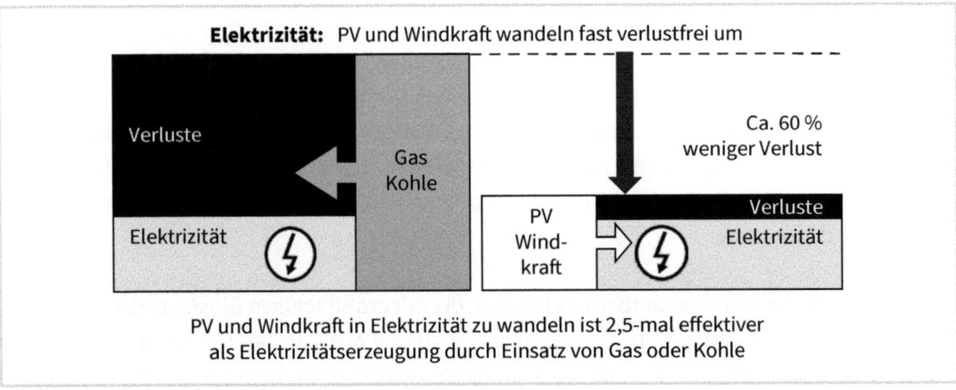

Abb. 18: PV und Windkraft in Elektrizität zu verwandeln, ist im Vergleich zum Einsatz von Kohle und Gas zum selben Zweck mehr als doppelt so effektiv. *(Grafik: ggb)*

Elektrische Energie lässt sich in viele Anwendungen umwandeln. Wärme, Kälte, kinetische und potenzielle Energie, Licht und Mobilität lassen sich damit hervorragend erzeugen. Direkte elektrische Verbraucher sind leicht anzukoppeln und die Energiespeicherung schreitet mit großen Schritten voran. Das eröffnet den Weg zu verschiedenen Anwendungs- und Nutzungssektoren.

Die große Aufgabe der nächsten Jahre wird es sein, diese Sektoren zu koppeln und zu vernetzen. Die Stromnutzung in den Sektoren Industrie, Verkehr und Wärme intelligent und flexibel zu handhaben, ist der Schlüssel zu einer effizienten Wirtschaftlichkeit. In Zeiten hoher Energieproduktion – und damit günstiger Preise – können diese drei Sektoren ein Maximum an Wirtschaftlichkeit erreichen.

Koppelt man die Sektoren Batteriespeicher, Pumpspeicher und variable Verbraucher, so ist es durchaus möglich, den Nachteil nahezu vollständig ausgleichen, dass Strom zum Zeitpunkt der Erzeugung auch verbraucht werden muss. Die Wirtschaftlichkeit wird mit jedem flexiblen Verbraucher und Erzeuger zunehmend größer. Dies führt zu einer sich selbst verstärkenden Dynamik.

Die Herausforderung ist es, solche Prozesse und Sektorenkoppelungen zu durchdenken und entsprechende technische Lösungen dafür zu finden. Wer hier die Nase vorn hat und gemeinschaftlich über viele Sektoren und Erzeuger sowie Verbraucher hinausdenkt, kann viele neue Geschäftsmodelle ableiten, die aktuell utopisch klingen mögen. Mit anderen Worten: **Wer Sektorenkopplung beherrscht, der macht das Geschäft.**

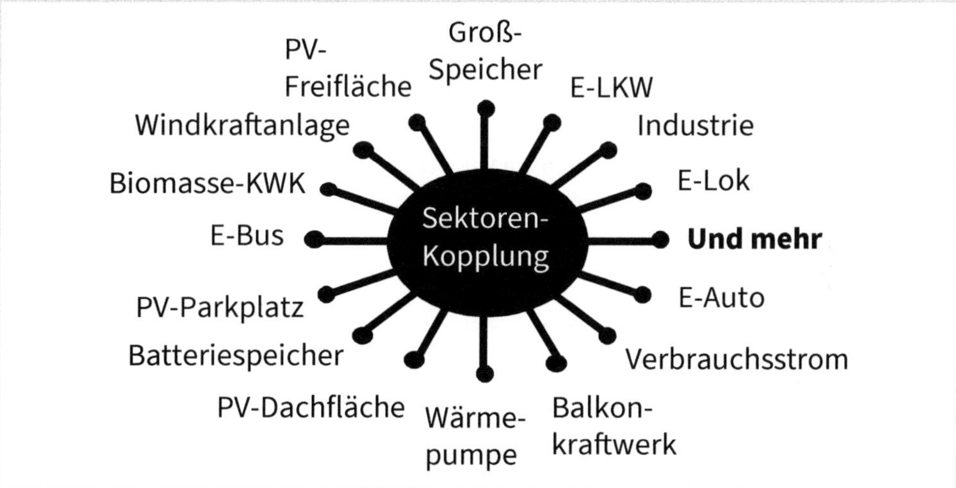

Abb. 19: Je mehr Produktion und Anwendung vernetzt und verbunden ist, desto höher die Wirkung der Nutzung elektrischer Energie. Werden möglichst viele der Sektoren gekoppelt genutzt, so ergeben sich gewinnbringende Möglichkeiten – auch für Staat und Kommune. *(Grafik: ggb)*

Gelingt dies auf breiter Basis, winkt eine zielorientierte und äußerst effiziente Energiewende für Deutschland. Denn durch die Umstellung auf solche elektrischen Prozesse kann der Primärenergiebedarf von Deutschland von 3.600 auf 1.700 TWh reduziert werden.

3.1.4 Fazit: Elektrische Energie ist sehr effizient

Elektrische Energie ist eine äußerst nachhaltige Energieform. Ihre Umwandlung in die wichtigsten Energieformen zur Nutzung für Wärme, Kälte und Mobilität ist einfach und ohne große Verluste realisierbar. Zudem haben elektrische Geräte und Bauteile wesentlich längere Lebenszyklen. Sie verschleißen weniger, sind sauber und emissionsfrei zu nutzen, sind leise und exakt steuerbar. Solche Geräte sind in der Größe nahezu variabel skalierbar, vibrationsarm und haben viele weitere Vorteile:

- ☑ In der stationären Anwendung ist die Umwandlung von elektrischer in kinetische Energie nahezu verlustfrei. Batterien sind durch die schnelle technologische Entwicklung der Speicherkapazität in mobilen Anwendungen konkurrenzfähig gegenüber fossilen Energieformen. In einigen Anwendungen – zum Beispiel bei handwerklichen Geräten – ist die Batterienutzung nicht mehr wegzudenken.
- ☑ Mit der Technologie der Wärmepumpen kann ein großer Teil der thermischen Anwendungen hoch effizient abdeckt werden. Dazu gehören die Wärmebereitstellung für Gebäude (bis 70 °C) und zukünftig auch der Einsatz für Industrieprozesse. Dafür stehen jetzt schon Hochtemperatur-Wärmepumpen zur Verfügung, die mit einem Temperaturniveau bis 200 °C arbeiten können.
- ☑ Unschlagbar ist die direkte Nutzung von Strom aus Photovoltaik und Windkraft. Bereits heute wird die Energie dezentral erzeugt. Das minimiert Übertragungs- und Umwandlungsverluste und wirkt sich positiv auf die Kosten aus.
- ☑ Die elektrische Energie ist im Vergleich zu chemischen (fossilen) Energieträgern nachhaltiger und leichter anwendbar. Durch die Vernetzung der Sektoren Industrie, Verkehr und Gebäude werden Effizienz und Wirtschaftlichkeit nochmals gesteigert. Damit einher geht auch die Versorgungssicherheit.

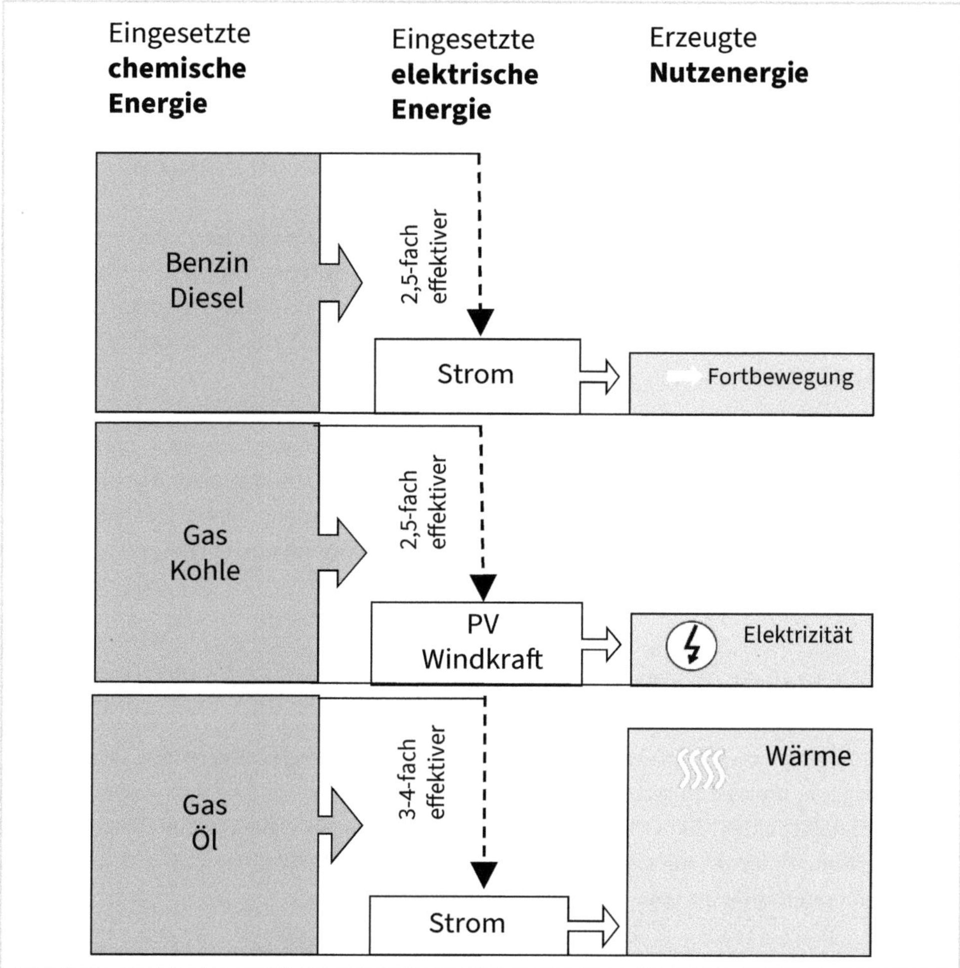

Abb. 20: In der Gegenüberstellung verschiedener Anwendungen zeigt sich der Vorteil der elektrischen Energie. Vergleicht man die Menge der eingesetzten Energie (chemische sowie elektrische) mit dem Output an Nutzenergie, zeigt sich klar der Vorteil elektrischer Energie – allein durch die Minimalisierung der Energieverluste. *(Grafik: ggb)*

Exkurs

Wie ineffizient die Kohleverstromung ist, zeigte der Energieexperte Tim Meyer mit einem eindrucksvollen Rechenbeispiel. Dazu zog er als Basis eine Grafik der Internationalen Energieagentur IEA heran, in der der Transportbedarf fossiler Energieträger mit dem von Solarenergie verglichen wurde (Meyer, 2025).

Er ging von einem Containerschiff aus, beladen mit erneuerbarer Energie:

- 2 Gigawattpeak (GWp) Solarmodule (4.700 Container, je 850 Module à 500 W),
- 2.000 Batteriecontainer mit zusammen 5 GW/10 GWh,
- In Deutschland aufgebaut und über 25 Jahre betrieben, erzeugt diese Ladung insgesamt 50 TWh Strom – kostengünstig, krisensicher, CO_2-neutral und sauber.

Zum Vergleich: Um die gleiche Energiemenge in Form von Strom durch Kohleverstromung zu erzeugen, müssten 175 Massengutfrachter mit je 80.000 Tonnen Kohle über die Weltmeere fahren. Davon sind allein 98 Schiffe reiner Verlust – sie transportieren Kohle, die anschließend nur als Abwärme aus dem Schornstein verschwindet. Man darf sie als »Geisterfrachter« bezeichnen.

Der Vergleich mag leicht hinken – zeigen soll er: Solarenergie entsteht vor allem tagsüber und im Sommer, während Kohlekraftwerke nach Bedarf liefern. Doch in diesem Beispiel geht es nicht um Systemverfügbarkeit, sondern um die hohe Ineffizienz und die riesigen Massenströme, die fossile Energien erfordern. Selbst bei LNG oder Erdöl sind noch immer riesige Flotten nötig.

3.2 Was elektrische Energie kostet

Ob eine Energieart am Markt angenommen wird, liegt vorwiegend an ihrem Preis. Weniger die Vorstellung, die Umwelt zu retten, treibt Menschen an, sich für die eine oder andere Art von Energie zu entscheiden. Sicherheit, Preisstabilität und Unabhängigkeit geben den Ausschlag. Privatleute und Unternehmer schauen auf den Geldbeutel und kalkulieren, bei welcher Art von sicherer Versorgung sie am wenigsten zahlen müssen.

Tatsache ist, dass eine Energieart, die schon bei der Herstellung teurer ist als die Konkurrenz, kaum Chancen auf dem Markt hat. Die Frage ist also: Wie hoch sind die Stromgestehungskosten der unterschiedlichen Energieträger oder Kraftwerkstypen?

3.2.1 Energie- und Stromgestehungskosten

Stromgestehungskosten

Sie umfassen sämtliche Kosten für Herstellung einer Stromeinheit – ohne Berücksichtigung der Kosten für Verteilung oder externe Speicherung. Auch Steuern – meist nach LCOE-Berechnungsmethode, Levelized Cost of Energy – spielen bei den Gestehungskosten keine Rolle. Für Kraftwerksbetreiber sind die Gestehungskosten eine Kennzahl für die durchschnittlichen Kosten der Stromerzeugung über die gesamte Lebensdauer eines Kraftwerks.

Diese Kennzahl ist auch entscheidend für alle privaten Stromerzeuger oder Genossenschaften, die Energieerzeugungsanlagen unterhalten.

Um diese Kennzahl zu ermitteln, werden die Kosten u. a. für Investition, Betrieb und Wartung Brennstoff bei fossilen Kraftwerken, Kapital und Finanzierung inkl. Abschreibung sowie Netzanschluss über die Lebensdauer der jeweiligen Anlage errechnet.

Das Fraunhofer Institut für Solare Energiesysteme (ISE) untersucht seit vielen Jahren die Stromgestehungskosten aus erneuerbaren Energien im Vergleich zu konventionellen Kraftwerken. Der Vergleich fällt zugunsten erneuerbarer Energien aus.

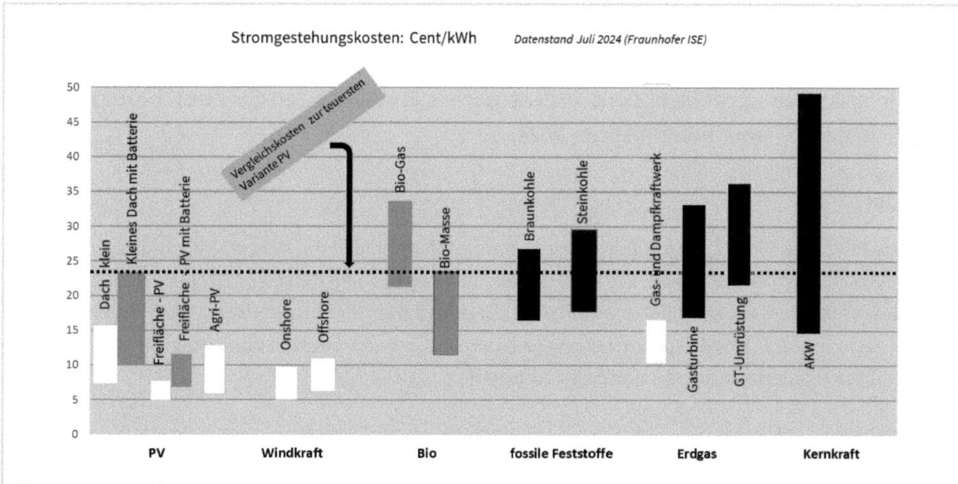

Abb. 21: In welchem Verhältnis stehen die Kosten der unterschiedlichen Energieerzeugungen? Der Vergleich zeigt, was es kostet Strom aus unterschiedlichen Quellen zu gewinnen. Dabei spielen zwei Vergleichsgrößen eine wichtige Rolle: Erstens die Vergleichsspannen zwischen allen Energieerzeugungen in Bezug auf die teuerste Variante (AKW). Der Durchschnitt liegt hier bei ca. 23 Cent pro Kilowattstunde. Die andere Vergleichsgröße sollte bei ca. 10 Cent/kWh liegen, denn das ist der Wert, der heute bereits von einigen Erzeugungsvarianten unterboten wird. *(Grafik: ggb)*

Schon heute ist die Stromgewinnung aus erneuerbaren Energien wie Photovoltaik (PV) und Windkraft im Mittel 5 bis 15 Cent/kWh günstiger als die Stromgewinnung aus konventionell betriebenen Kraftwerken (Fraunhofer-Institut, 2024).

Unter Einsatz fossiler Energien schafft man es auch im besten Fall nicht, Strom herzustellen, dessen Gestehungskosten nennenswert niedriger liegen als 10 Cent/kWh. PV-Freiflächenanlagen und Onshore-Windenergieanlagen erzeugen den Strom für 5 bis 10 Cent/kWh und sind damit unter allen Energieerzeugungsanlagen die wirtschaftlichste Technologie in Deutschland. PV-Freiflächenanlagen erreichen die günstigsten Energiegestehungskosten mit rund 5 Cent/kWh. Selbst kleine Photovoltaikanlagen erzeugen Strom für maximal 6 bis 15 Cent/kWh. Das liegt bereits in einem sehr akzeptablen Bereich der Stromerzeugung (Fraunhofer-Institut, 2024).

Solche Anlagen – betrieben von der öffentlichen Hand – entlasten Bürger und Gewerbetreibende deutlich spürbar bei den Energiekosten.

PV-Anlagen in Kombination mit Batteriespeichersystemen sind noch wesentlich interessanter für sinnvolle Investitionen. Diese Anlagen erzeugen nicht nur elektrische Energie, sondern speichern sie auch. Das macht den Betrieb äußerst wirtschaftlich. Bei großen PV-Freiflächenanlagen, die mit Großspeichern kombiniert sind, erhöhen sich die Stromgestehungskosten kaum. Die Kennzahl liegt trotz der Investition in die Großspeicher immer noch unter 10 Cent/kWh. So erreichen sie durchschnittlich ungefähr die gleichen Gestehungskosten wie Windkraftanlagen. Das bedeutet im Umkehrschluss, dass der Strom aus PV-Freiflächenanlagen, der nur tagsüber erzeugt werden kann, mithilfe der Batteriespeicher sehr günstig auch in der Nacht bereitgestellt werden kann. Das Tag-Nacht-Problem ist somit nicht nur technisch, sondern auch wirtschaftlich gelöst. Selbst kleine PV-Anlagen mit Batteriespeichersystemen liegen bei den Gestehungskosten von etwa 15 Cent/kWh deutlich unter den Kosten des Strombezugs aus dem öffentlichen Netz (Fraunhofer-Institut, 2024).

Kompakt

All diese Photovoltaikanlagen mit Batteriespeichersystemen sind in der dezentralen Anwendung äußerst wirtschaftlich und attraktiv. Die Netzentgelte und Abgaben für den Eigenstromverbrauch des Betreibers entfallen, ein erheblicher Anteil des Energiebedarfes für beispielsweise Wärmepumpe, Verbrauchsstrom oder E-Mobilität kann gedeckt werden und über die Laufzeit von 20 bis 30 Jahren sind stabile und kalkulierbare Energiepreise sichergestellt.

Stromgestehungskosten aus Biogasen
Sie liegen in allen technischen Variationen deutlich über 20 Cent/kWh. Damit sind sie deutlich abgeschlagen, gegenüber den erneuerbaren Energien.

Bei kleinen Kraft-Wärme-Kopplungs-Kraftwerken oder Blockheizkraftwerken (BHKW) muss man genau hinsehen. Hier liegen allein die Grundkosten bei rund 3 bis 5 Cent/kWh. Eingerechnet sind dabei Investition und Betrieb des BHKW mit 2 bis 3 Cent/kWh und die Anlagenteile inklusive der Ausstattung mit 1 bis 3 Cent/kWh. Zu diesen Grundkosten müssen die Brennstoffkosten addiert werden. Das bedeutet, dass selbst in Kläranlagen, in denen Biogase nahezu kostenlos zur Verfügung stehen, die Gestehungskosten für die Erzeugung elektrischer Energie höher liegen als die Gestehungskosten basierend auf PV-Anlagen. Im besten Fall sind die Gestehungskosten gleich hoch, nie aber niedriger.

Addiert man bei den BHKW den Gasbezugspreis von 6 bis 11 Cent/kWh oder die Anschaffungskosten von Biomasse zu den Grundkosten von 3 bis 5 Cent/kWh dazu, steigen die Gestehungskosten deutlich. Dazu kommen die Umwandlungsverluste, die bei den BHKWs nochmals rund 50 Prozent ausmachen. Schnell wird klar, dass die Stromgestehungskosten für diese Anlagen deutlich über 15 Cent/kWh liegen müssen. Der Abstand zu den Windkraft- oder Photovoltaikanlagen kombiniert mit Batteriespeichern wird zunehmend größer werden, denn solche Anlagen erreichen heute schon gesamte Gestehungskosten von nur 6 bis 11 Cent/kWh.

Im Ergebnis heißt dies, dass das jahrzehntelang praktizierte Geschäftsmodell der Kraft-Wärme-Kopplung deutlich an Attraktivität verliert. Ganz abgesehen davon, dass es immer schwieriger wird, die Ressource »Biomasse« in ausreichender Menge zu Verfügung zu stellen.

Windstrom

Beim Windstrom liegen die Gestehungskosten für Onshore-Windenergieanlagen in einem Bereich von 3,7 bis 7,9 Cent/kWh. Die Windräder an Land haben damit einen guten zweiten Platz bei den Gestehungskosten erreicht (Fraunhofer-Institut, 2024).

In der Wissenschaft besteht Einigkeit darüber, dass die Stromgestehungskosten aus erneuerbaren Energien wie Windkraft und Photovoltaik in der Vergangenheit stark gefallen sind. Heute liegen die Kennzahlen unter denen der konventionellen Kraftwerke. Vor allem PV-Anlagen stechen als kostengünstige Stromerzeuger hervor. Auch der Wissenschaftliche Dienst des Deutschen Bundestags kommt in einem richtungsweisenden Arbeitspapier zu entsprechenden Ergebnissen (Wissenschaftlicher Dienst, 2022).

Mehrere Studien verweisen darauf, dass sogar der Bau und der Betrieb von Wind-Photovoltaik-Batterie-Parks kostengünstiger sind als der Weiterbetrieb wirtschaftlich bereits abgeschriebener Kohlekraftwerke (vgl. IRENA, 2022; RMI, 2024).

Kompakt

Das Stromsystem der Zukunft braucht flexible Kraftwerke.

Das ist notwendig, weil einerseits die Stromnachfrage schwankt, andererseits auch die Stromerzeugung einer gewissen Variabilität unterworfen ist. Schon heute können Batterien kurzfristige Schwankungen – insbesondere im Tagesverlauf – gut ausgleichen. Dieses Potenzial wird zunehmend ausgebaut. Doch erneuerbarer Energie sind nun einmal wetterabhängig und somit nicht durchgehend verfügbar. Deshalb muss mit Phasen der Unterversorgung gerechnet werden. Genau an dieser Stelle sind flexible Kraftwerke nötig. Sie sind für eine durchgängige, vollständige Energieversorgung unverzichtbar, denn sie überbrücken Engpässe und gleichen Überschüsse aus. Die Stromgestehungskosten dieser flexiblen Kraftwerke sind aufgrund der niedrigen Betriebsstunden relativ hoch.

Zum Vergleich: Studien zeigen, dass bereits bestehende Erdgaskraftwerke, die voraussichtlich im Jahr 2035 zu Wasserstoffgasturbinen umgerüstet werden, die niedrigsten Stromgestehungskosten aufweisen. Diese liegen bei 13 bis 19 Cent/kWh. Neue Erdgasturbinen werden Strom zwischen 14 und 19 Cent/kWh herstellen können. Neue Wasserstoffkraftwerke dagegen liegen weit abgeschlagen zwischen 40 und 60 Cent/kWh. Ähnlich teuer wird der Strom bei der

Verwendung bestehender Biogasanlagen. Sie produzieren Strom für 30 bis 64 Cent/kWh. Neu zu errichtende Biogasanlagen kommen auf Stromgestehungskosten von 37 bis 132 Cent/kWh (Expertenkommission zur Energiewende-Monitoring, 2024).

Neben den monetären Bewertungen gilt es jedoch zu berücksichtigen, dass Biogasanlagen oder Wasserstoffkraftwerke (mit selbst produziertem Wasserstoff) die größte Unabhängigkeit ermöglichen. Zudem verbleibt die eigene Wertschöpfung im Lande.

Die tatsächlichen Stromgestehungskosten sind die Folge einer Summe aus verschiedenen Erzeugungsformen. Der größte Teil der Kosten stammt aus der Nutzung erneuerbarer Energien. Zusätzlich kommt ein Anteil an Deckung durch flexible Kraftwerke hinzu.

Wie hoch die Stromgestehungskosten tatsächlich liegen, hängt davon ab, wie flexibel die Nachfrage nach Strom – der sogenannte »Band« – gehandhabt werden kann. Wird Strom zu einer Zeit abgerufen, in der die Produktion durch erneuerbare Energie gewährleistet ist, dann sinkt der Preis. Wird er aber zu einer Zeit abgerufen, zu der ein Kraftwerk zur Stromerzeugung zugeschaltet werden muss, steigt der Preis.

Eine kluge Sektorenkopplung ist daher Voraussetzung für einen niedrigen Strompreis. Durch eine geschickte Kombination von Windkraft- und PV-Anlagen samt Batterieeinsatz und Nutzung flexibler Kraftwerke können die Stromgestehungskosten sehr niedrig gehalten werden. Ein möglicher Kostenanteil aufgrund des Einsatzes flexibler Kraftwerke kann dadurch deutlich unter 20 Prozent fallen (ScienceDirekt, 2018).

Zusammengefasst: Energie aus Windkraft und Photovoltaik inkl. Batterie ist günstig. Die Stromgestehungskosten von Wind-Photovoltaik-Batterie-Kraftwerken (WPB-Kraftwerke) sind in der Vergangenheit stark gesunken. In der Wissenschaft herrscht Einigkeit darüber, dass die Stromgestehungskosten weiter sinken werden. Schon heute liegen sie deutlich unter denen konventioneller Kraftwerke. Eine weitere Senkung der Stromkosten insgesamt ist durch eine intelligente Kombination von WPB-Kraftwerken auf der Erzeugerseite sowie durch Flexibilität und Sektorenkopplung auf der Verbraucherseite vorhersehbar.

3.2.2 Stromversorgung und -transport

Stromversorgung muss ganzheitlich betrachtet werden. Nicht nur die Erzeugung, Speicherung und Nutzung, sondern auch die Verteilung des Stroms spielen eine Rolle. Und hier hat das Stromnetz die Nase ganz weit vorn.

Kompakt

Im Vergleich zu Gas- oder Fernwärmenetzen bietet das Stromnetz entscheidende Vorteile. Dies muss betont werden, da die Öffentlichkeit immer wieder mit Horrormeldungen verunsichert wird. Vermutlich weil kaum jemand den Bereich der Stromnetze überblickt, fallen Meldungen von »Flatterstrom«, Blackout durch Netzüberlastung oder Misstrauen gegenüber der Netzstabilität auf fruchtbaren Boden.

Ein wesentlicher Pluspunkt ist die flächendeckend vorhandene Strominfrastruktur, die bereits heute eine stabile Energieversorgung in Deutschland gewährleistet:

- ☑ Das deutsche Stromsystem gehört zu den sichersten der Welt.
- ☑ Ein Jahr umfasst 525.600 Minuten und davon müssen die Bürger im Durchschnitt nur 13 Minuten ohne Strom auskommen.
- ☑ Stromnetze lassen sich technisch einfach erweitern und digital steuern. So ist es möglich, Batteriespeicher zur Netzstabilisierung (einerseits als Verbraucher, andererseits als Erzeuger) einzusetzen.
- ☑ Das Stromnetz in Deutschland ist hoch flexibel und redundant angelegt. Durch seine netzartige Struktur entstehen Ringleitungen, wodurch das Risiko eines Ausfalls einzelner Leitungsstränge minimiert wird.
- ☑ Strom fließt in beide Richtungen. Daher kann ein Stromkabel die Energie eines dezentralen Erzeugers bspw. einer PV-Anlage effizient zu zentralen Verbrauchern leiten und umgekehrt dezentrale Verbraucher wie ein E-Auto mit Strom versorgen.
- ☑ Das Risiko großflächiger Versorgungsausfälle ist erheblich reduziert, da auch eine starke europäische Vernetzung und eine Vielfalt von Erzeugungsquellen existieren.

Das Stromnetz hat auch unbestreitbare wirtschaftliche Vorteile: Die Investitionskosten sind im Vergleich zu Gasleitungen oder Fernwärmesystemen deutlich geringer. Der Leitungsbau ist kostengünstiger und um ein Vielfaches schneller. Zudem kann weitaus mehr Energie in einem kleinen Leitungsquerschnitt über große Entfernungen übertragen werden, was die Leistungsfähigkeit eines Netzes steigert. Außerdem können Batteriespeicher Lastspitzen deutlich reduzieren. Dabei arbeiten sie sehr wirtschaftlich. Durch ihren Einsatz erhöht sich die Leistungsfähigkeit eines Stromnetzes.

In Zukunft können sich diese Vorteile ausweiten, denn mit einer weitgehenden Elektrifizierung und einer modernen Sektorenkopplung (Strom, Wärme, Verkehr und Industrie) entfällt der Bedarf für den Bau und Betrieb an zahlreichen Infrastrukturen wie etwa für Gas oder Fernwärme.

3.2.3 Stromnetze und Energieverteilung

Stromnetze sind in verschiedene Spannungsebenen unterteilt, um elektrische Energie effizient über unterschiedliche Entfernungen zu transportieren und an die jeweiligen Verbraucher weiterzuleiten.

Auf oberster Ebene steht das **Höchstspannungsnetz** mit Spannungen zwischen 220 und 400 Kilovolt (kV). Es dient dem Transport großer Energiemengen über weite Strecken. Dafür sind hohe Spannungen notwendig, um Übertragungsverluste zu minimieren.

Die nächste Ebene bildet das **Hochspannungsnetz**, das meist mit 110 kV betrieben wird. Es verbindet das Übertragungsnetz mit den regionalen Verteilnetzen und versorgt gleichzeitig große Industrieanlagen mit hohem Energiebedarf.

Eine Ebene darunter liegt das **Mittelspannungsnetz** mit Spannungen zwischen 20 und 25 kV. Dieses Netz übernimmt die Versorgung von Stadtteilen, Gewerbegebieten oder ländlichen Regionen und stellt die Verbindung zwischen Hochspannungs- und Niederspannungsnetz her.

Das **Niederspannungsnetz** mit einer Spannung von 230 bzw. 400 Volt (V) bildet die letzte Stufe der Energieverteilung. Es versorgt Haushalte, kleinere Unternehmen und andere Verbraucher direkt mit elektrischer Energie, sozusagen bis zur Steckdose.

Zahlen aus dem Jahr 2014 besagen, dass das deutsche Stromnetz etwa 1,8 Millionen Kilometer lang war. In den vergangenen elf Jahren dürften einige Kilometer dazugekommen sein. Die Netzkilometer verteilten sich wie folgt (Wikipedia, 2025):

- 35.000 km Höchstspannungsnetz,
- 96.300 km Hochspannungsebene,
- 509.900 km Mittelspannung,
- 1.156.800 km Niederspannungsebene.

Das sichere deutsche Stromnetz muss aus zwei Gründen konsequent ausgebaut werden. Erstens, um die Energieversorgung von einer zentralisierten hin zu einer dezentralen Erzeugung mit lokalen Verbrauchern zu transformieren und dem erhöhten Strombedarf durch die zunehmende Elektrifizierung Rechnung zu tragen. Zweitens, um Windenergie aus dem Norden und Solarstrom aus dem Süden effizient in die Industriezentren in Deutschland zu transportieren.

Die Kosten für den Ausbau der Stromnetze bis zum Jahr 2045 werden derzeit auf rund 600 Milliarden Euro geschätzt (Hans Böckler Stiftung, 2024). Damit sind sowohl die Übertragungs- als auch die Verteilernetze gemeint. Diese langfristigen Planungen über 20 Jahre basieren jedoch auf zahlreichen Annahmen. Sie sind daher mit erheblichen Unsicherheiten behaftet, etwa in Bezug auf technologische Entwicklungen, Rohstoffpreise und regulatorische Rahmenbedingungen. Die größte Unsicherheit liegt bei der Schätzung der Verteilernetze, denn deren aktuelle Auslastung ist nicht genau bekannt, was die Aussagen zu den tatsächlichen Investitionsbedarfen äußerst unsicher macht.

Der VDE ETG (Verband der Elektrotechnik Elektronik Informationstechnik e. V. – Energietechnische Gesellschaft) ist zu entnehmen:

»Die geplante, statische und dynamische Höherauslastung von Betriebsmitteln (Stromnetze) – über den Bemessungsstrom hinaus – bietet sowohl Netzbetreibern als auch Errichtern neue Potentiale. Durch eine gezielte Auslastung können Engpässe im Netz teilweise kompensiert werden. Darüber hinaus wird der Netzanschluss deutlich größerer Leistungen von erneuerbaren Erzeugern möglich, trotz begrenzter Netzinfrastruktur.«

(VDE ETG, 2024)

Der Verband zeigt beispielhaft auf, welche technologischen Reserven und Einsparpotenziale bestehen, insbesondere durch eine optimierte Auslastung bestehender Netze. Diese Höherauslastung sollte jedoch stets kontrolliert erfolgen. Daher empfiehlt der VDE EGT ein individuell angepasstes Monitoring und eine umfassende Diagnose für jedes Betriebsmittel – idealerweise online in Echtzeit sowie ergänzend offline. Ziel ist es, die Belastung und den Zustand der Betriebsmittel präzise zu erfassen:

- Kabel können eine um bis zu 60 Prozent höhere Strombelastbarkeit erreichen.
- Bei Transformatoren ist eine Erhöhung um bis zu 50 Prozent möglich.
- Leiterseile können durch die Umstellung auf einen witterungsabhängigen Freileitungsbetrieb bis zu 58 Prozent mehr Belastung tragen. Das ist möglich, wenn Wetterdaten genutzt werden, um die aktuelle Strombelastbarkeit dynamisch zu berechnen und an die Leittechnik zu übermitteln.
- Bei Schaltanlagen liegt die zusätzliche Belastbarkeit bei etwa 15 Prozent, was durch verbesserte Kühlung oder den Einsatz digitaler Überwachungssensoren erreicht werden kann.

3.2.4 Die kommunalen Netze

Niederspannungsnetze stellen die zentrale Energieverteilung auf kommunaler Ebene dar. Deshalb haben sie essenziellen Anteil daran, ob die lokale Energiewende funktioniert – oder nicht. Die Niederspannungsnetze, zum Teil auch die Mittelspannungsnetze, verbinden viele kleine Erzeuger und Verbraucher, die gerade im ländlichen Bereich einen wichtigen Beitrag zur Energiewende leisten. Der Großteil der Transformation des Energiesystems findet tatsächlich in den Niederspannungsnetzen statt.

Rund 1,2 Millionen km Niederspannungsleitungen durchziehen Deutschland. Sie sind die Adern der Energieversorgung, doch ihre Auslastung ist meist nicht genau bekannt. Historisch gewachsen, sind sie oft doppelt und dreifach überdimensioniert, könnten also erheblich höhere Belastung aushalten. Jedoch sind Technik und Fahrweise in den Verteilnetzen oft veraltet. **Eine Digitalisierung ist notwendig, um die Reserven besser zu erkennen und auf kritische Netzzustände schneller reagieren zu können.**

Im konventionellen Energiesystem fungierten Niederspannungsnetze bisher vor allem für die Verteilung zentral erzeugten Stroms zu dezentralen Verbrauchen. Je mehr Dach-Photovoltaikanlagen und Wärmepumpen installiert werden, je mehr Elektrofahrzeuge genutzt werden, desto massiver ändert sich die Beanspruchung der Niederspannungsnetze. Deren Kapazität spielt eine immer wichtigere Rolle. Gerade die PV-Anlagen steigern den Stromfluss im Netz, wodurch es zu Rückflüssen ins Mittelspannungsnetz kommen kann. Bis ins Jahr 2045 erwarten die Netzbetreiber in Deutschland einen Anstieg der installierten Leistung durch Photovoltaik auf das Fünffache des heutigen Wertes. Statt 100 GW werden dann geschätzte 500 GW ans Netz gehen (Reibsch, 2024).

Die Betreiber der Übertragungsnetze gehen im selben Zeitraum von einer Zunahme der Wärmepumpen auf etwa 18 Millionen aus. Das entspricht dem Zehnfachen des heutigen Wertes. Noch höher ist die erwartete Steigerungsrate in der Mobilität von aktuell 1,5 Millionen auf bis zu 45 Millionen Elektroautos (Reibsch, 2024).

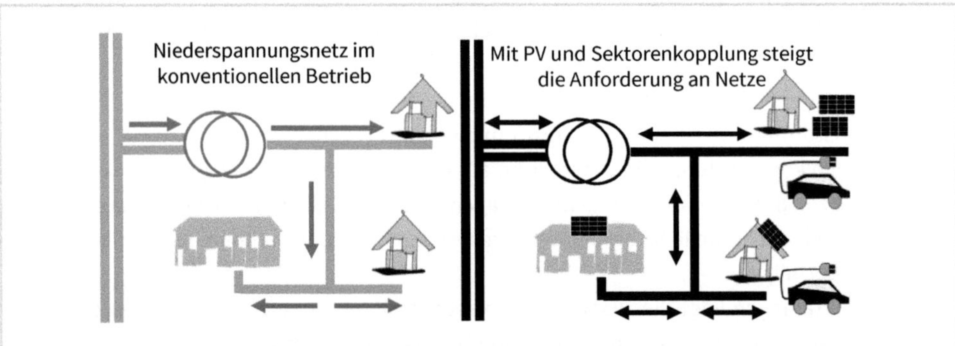

Abb. 22: Links: Niederspannungsnetz im konventionellen Betrieb – Rechts: Betrieb des Niederspannungsnetzes unter Einbeziehung erneuerbarer Energien und der damit verbundenen Sektorenkopplung. Verändert sich das Energiesystem, sind die Netze massiv davon betroffen. *(Grafik: ggb)*

Im ländlichen Raum ist das Potenzial für Photovoltaik deutlich größer als in städtischer Struktur. Auf dem Land bieten nicht nur großflächige landwirtschaftliche Felder, sondern auch Scheunen- und Hofdächer, Dächer von Einfamilienhäusern und kommunalen Gebäuden ausreichend Platz für die Installation von PV-Anlagen. Das dürfte auch ein Grund dafür sein, dass im ländlichen Raum mehr E-Kfz unterwegs sind als in der Stadt. Allerdings sind die Niederspannungsnetze (Leitungen und Transformatoren) im ländlichen Raum meist auf geringere Belastungen ausgelegt. Berechnungen zeigen (Reibsch, 2024), dass in einer Sommerwoche bis zu sechsmal mehr PV-Energie erzeugt werden kann, als elektrische Energie verbraucht wird. Deshalb ist das Aufkommen an PV-Strom zur Mittagszeit oft der höchste Bemessungslastfall für das Niederspannungsnetz. Vor allem Leitungen in der Nähe von Transformatoren sind von Überlastungen durch PV-Strom betroffen. In einer Winterwoche hingegen wird etwa viermal mehr elektrische Energie verbraucht, als erzeugt werden kann.

Die Lebensdauer eines Niederspannungsnetzes wird in der Regel auf mehrere Jahrzehnte ausgelegt. Durch Netzausbaumaßnahmen könnte die Übertragungskapazität um ein Vielfaches erhöht werden. Doch das ist nicht die beste Lösung. Klüger ist es, mehr Batteriespeicher zu verwenden sowie Wärmepumpen und Elektroautos flexibel zu nutzen. Dadurch kann man den Netzausbau reduzieren, Kosten senken und die Niederspannungsnetze entlasten.

Schon heute werden – zumindest im Sektor der Einfamilienhäuser – zu fast jeder PV-Dachanlage Heimspeicher installiert, die mit dem Niederspannungsnetz verbunden sind. Deren Kapazität liegt in Deutschland aktuell bei 15,7 GWh. Sie erbringen eine Leistung von 10 GW und verzeichnen sehr hohe Wachstumsraten. Jährlich werden es ca. 50 Prozent mehr (Reibsch, 2024)

In aller Regel dienen sie zur Eigenverbrauchsoptimierung. Das bedeutet, dass Energie gespeichert wird, sobald Überschussstrom vorhanden ist, und von der Batterie ins Haus zurückgeführt wird, sobald der Verbrauch höher ist als die Erzeugung. Durch diese Betriebsweise sind die Heimspeicher nicht optimal nutzbar. Im Sommer stehen hohe Ladezustände dem geringeren Verbrauch und im Winter niedrige Ladezustände einem höheren Verbrauch gegenüber.

Wird die Batterie konventionell genutzt, arbeitet der Batteriespeicher über zwei Drittel der Zeit nicht. Er ist ungenutzt. Außerdem können solche Batteriespeicher das Niederspannungsnetz nicht entlasten, da häufig zur PV-Mittagsspitze die Heimspeicher einen vollen Ladezustand aufweisen. Also ist eine Spitzenlastkappung notwendig. Durch sie wird die Einspeiseleistung zur Mittagszeit geringer, was die lokale Netzkapazität für andere Einspeiser erhöht.

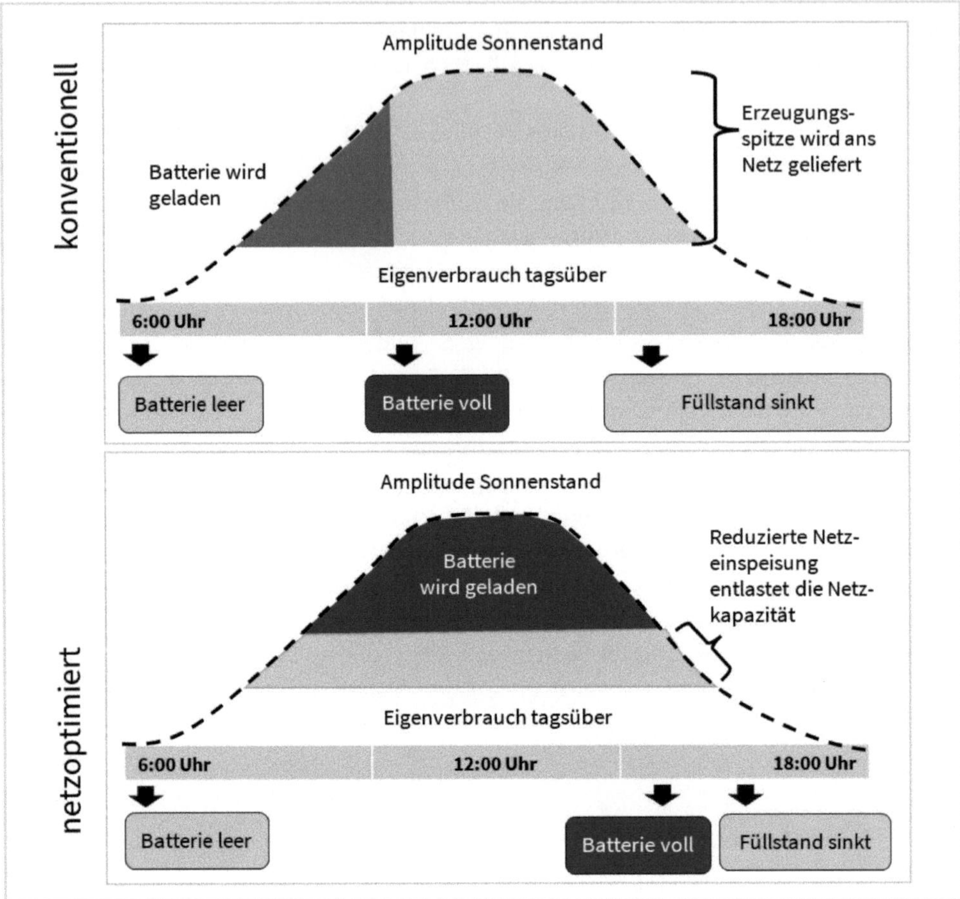

Abb. 23: Bei konventionellem Speicherbetrieb wird der Batteriespeicher zuerst geladen und ist meistens bereits am späten Vormittag gefüllt. Dadurch kann die Photovoltaikanlage am Mittag ihre volle Spitzenleistung ungebremst ins Netz einspeisen – genau dann, wenn ohnehin schon ein Überangebot an Strom vorhanden ist. Eine netzoptimierte Steuerung wäre besser: Der Speicher füllt sich kontinuierlich während der Mittagsstunden und nimmt die Lastspitze auf. So wird die Einspeisung gekappt, das Stromnetz entlastet und der Eigenverbrauch kaum gemindert. *(Grafik: ggb)*

Es braucht ein neues Denken in Bezug auf Batteriespeicher. Sowohl Heimspeicher als auch E-Autos werden heute noch nicht klug genutzt. Ihr Einsatzgebiet könnte weit über Eigenverbrauchsoptimierung oder Laden hinausreichen. Die ersten Wallboxen mit bidirektionaler Ladekapazität sind auf dem Markt. Noch hinken die Autohersteller aber hinterher. Wenn solche Batteriespeicher zu steuerbaren Verbrauchs- und Speichereinrichtungen werden, haben sie ein gewaltiges Potential zur Entlastung und Kapazitätssteigerung der Niederspannungsnetze. Mit anderen Worten: Batterien können netzdienlich betrieben werden. Zudem kann der Energiebezug aus übergeordneten Netzebenen (Mittelspannungsnetz) halbiert werden, was die übergeordnete Netzebene entlastet und die lokale Versorgung stärkt.

Was nötig ist: Durch eine clevere Anpassung des regulatorischen Rahmens können die Ausbaukosten der Niederspannungsnetze deutlich reduziert werden. Außerdem ist es möglich, Preissignale auszusenden und für diejenigen Bürger, die eine PV-Dachanlage mit Batteriespeicher betreiben, ökonomische Anreize zu setzen. Eine denkbare regulatorische Rahmensetzung sieht wie folgt aus:

- lokale Strom- und Flexibilitätsmärkte,
- Energy Sharing (Energieteilung),
- Vehicle-to-Grid (Strom vom E-Auto ins Netz),
- Vehicle-to-Home (Strom vom E-Auto ins Haus),
- dynamische Netzentgelte und dynamische Strompreise.

Der Staat und die Kommunen müssen mehr Flexibilität wagen. Die ersten derartigen Projekte werden im Ausland bereits sukzessive realisiert.

Fazit: Es gibt viele Wege zur Optimierung von Stromnetzen

Letztlich kommt es darauf an, ob es Politik und Gesellschaft gelingt, die Vorteile für die Wirtschaftlichkeit von Transformationspfaden und Stromnetzausbau zu erkennen. Die Stromnetzausbaukosten bis ins Jahr 2045 liegen bei rund 600 Milliarden Euro (Hans Böckler Stiftung, 2024). Dies erscheint aus mehreren Gründen unrealistisch. Zum einen stellt sich die Frage, wer eine solche Berechnung – mit vielen vermuteten Randbedingungen – über einen Zeitraum von 20 Jahren durchführen kann. Zum anderen scheint diese Kostenprognose deutlich zu hoch, da sie andere Möglichkeiten der Stromnetzoptimierung außen vor lässt.

Was sind die Alternativen? Im Vergleich zu den heutigen Energiebezugskosten für fossile Energien sind die prognostizierten Kosten relativ gering – vor allem wenn man bedenkt, dass sich diese prognostizierten 600 Milliarden Euro auf 20 Jahre verteilen. Das ergäben (im schlechtesten Fall) jährliche Kosten von 30 Milliarden Euro für ein nachhaltiges Stromnetz.

Im Vergleich dazu die außenwirtschaftlichen Energierechnungen des Jahres 2023: Sie lagen bei 80 Milliarden. Im Jahr 2022 – nachdem der Angriffskrieg auf die Ukraine begonnen hatte – hat Deutschland sogar 138 Milliarden für eine gesicherte Energieversorgung der Bevölkerung gezahlt. Dieses Geld ist jedes Jahr – im wahrsten Sinn des Wortes – verbrannt. Ein Stromnetz hingegen ist eine Investition in die Zukunft und kann über mehrere Generationen verlässlich Energie verteilen.

Zwei Rechenbeispiele

Unter der Annahme, dass der Stromnetzausbau tatsächlich 600 Milliarden Euro kostet und Deutschland sich die jährlichen außenwirtschaftlichen Energierechnungen (Einkauf) von 80 Milliarden pro Jahr erspart, ergibt sich ein Break-even-Point nach sieben Jahren bei sofortiger Einsparung. Folglich wäre der Stromnetzausbau bis ins Jahr 2032 vollständig bezahlt.

Würde ein kleiner Teil der genannten 80 Milliarden Euro für den heimischen Stromnetzausbau verwendet, dann wäre der Stromnetzausbau bei 20% pro Jahr im Jahr 2036, bei 10% pro Jahr im Jahr 2040, bei 5% pro Jahr im Jahr 2045 bezahlt.

Man kann die Rechnung auch von einer anderen Seite betrachten: Im Jahr 2024 wurden rund 500 Milliarden kWh Strom verbraucht. Nehmen wir an, dass sich der Stromverbrauch bis 2045 verdoppelt und die Umbaukosten von 600 Milliarden Euro vollständig auf den Strompreis (ohne Berechnung eventueller Abschreibungen) bis zum Jahr 2045 umgelegt werden. Dann würde die Kilowattstunde um 4 Cent teurer.

Dagegen muss man allerdings die Kostensenkung durch den Ausbau erneuerbarer Energien rechnen. Alleine der Windkraftausbau bis 2029 senkt den Strompreis um 2 Cent in den Gestehungskosten. Noch nicht eingerechnet sind hier die sinkenden Stromgestehungskosten durch PV-Anlagen. Ohne den Strom aus PV-Anlagen würde der heutige Strompreis ca. 25 Prozent höher liegen (Bundesverband Solarwirtschaft e.V., 2025; Agora Energiewende, 2025).

Mit anderen Worten: Allein durch den Umstieg auf erneuerbare Energien wird der Stromnetzausbau vollständig bezahlt.

Man muss das Stromsystem nicht neu erfinden. Die gezielte Weiterentwicklung des aktuellen Stromsystems wird eine kostengünstige, zuverlässige und dauerhafte Energieverteilung sicherstellen. Technologisch und ökonomisch ist dies durchaus machbar. Nur die regulatorischen Rahmenbedingungen werden – besser früher als später – gesetzt werden müssen. Die Netzausbaukosten können durch intelligente Marktanreize deutlich reduziert werden. Darüber hinaus sind die Netzausbaukosten deutlich geringer, als öffentlich suggeriert wird.

Strom wird zudem durch erneuerbare Energien extrem günstig. Man wird sich – so unsere Einschätzung – daran gewöhnen, dass der Strom in manchen Zeiträumen so extrem günstig ist, dass ein Abriegeln nicht schadet. Im Umkehrschluss heißt das: Das Abriegeln wird kein Geschäftsmodell zum Kippen bringen.

Warum die Politik handeln muss – und was sie tun kann

Die Kosten der Netzentgelte sind aktuell ungerecht verteilt. In Netzgebieten mit viel erneuerbaren Energien fallen oft hohe Netzkosten an. Warum ist das so?

Die Netzentgelte sind Teil des Endkundenstrompreises. Doch es ist ein Unterschied, wie die Kosten für die Großverteilung über Höchstspannungsnetze und die Kosten für die Verteilernetze auf die Kunden umgelegt werden. Die Kosten für die Übertragungsnetze werden gleichmäßig auf alle Anschlussnehmer in Deutschland verteilt. Die Kosten für die Verteilnetze dagegen (Hochspannung für Industrie, Mittelspannung für Gewerbe und Stadtteile, Niederspannung bis in die Haushalte) werden einem Netzgebiet direkt zugeordnet. Dadurch entstehen regionale

Unterschiede in den Netzentgelten. Je nach Verteilergebiet müssen die Kunden zwischen 5 bis 13 Cent pro kWh dafür zahlen.

Durch die Umstellung auf erneuerbare Energien und zunehmend lokaler Energieerzeugung ist der Status quo der Verteilung der Netzentgelte reformbedürftig. Die Bundesnetzagentur hat eine Reform der Netzentgelte bereits ab Anfang 2025 beschlossen. Dadurch konnte die Ungleichverteilung reduziert werden – doch das kann nur ein erster Schritt gewesen sein.

3.2.5 Lernrate, Skaleneffekte und die Zukunft

Was sich in den vergangenen zehn oder zwanzig Jahren im Fachbereich der Stromerzeugung getan hat, konnte niemand vorhersehen. International hat es Entwicklungen gegeben, die nicht vorstellbar waren – vielleicht auch, weil man nicht ahnen konnte, wie schnell Gesellschaft und Wirtschaft auf die veränderten Randbedingungen reagieren würden.

Ein verändertes Umweltbewusstsein scheint sich zu etablieren. Das liegt zum einen an den Auswirkungen der Klimaschädigungen, die inzwischen weltweit wehtun, zum anderen aber vor allem an den Kriegen die deutlich machen, wie sehr einzelne Nationen am Tropf der fossilen Energien und ihren Anbietern hängen.

In jedem Fall aber gibt es nachweislich Trends, dass die Energiewende schneller und sicherer vollzogen werden kann als gedacht.

Wenn der Umstieg auf Strom als wegweisende Energieform Erfolg haben soll, kommt es auf seinen Preis im Verhältnis zu den bestehenden (fossilen) Energieformen an. Aber wie entwickeln sich die einzelnen Technologien in Zukunft und, noch wichtiger, wie entwickelt sich der Preis pro Energieeinheit (kWh)? Es lohnt sich, die einzelnen Energieerzeugungsarten auf der Zeitachse zu vergleichen. So lassen sich Trends gut erkennen.

3.2.5.1 Lernrate und Skaleneffekte

Die folgende Darstellungsform (Abb. 24) stellt nicht nur Gestehungskosten im Verhältnis zu Mengeneinheiten dar, sondern bildet auch die zeitliche Entwicklung unterschiedlicher Produkte in diesem Raum ab: unterschiedliche Energiearten samt preislicher Entwicklung ihrer Gestehungskosten und installierter Leistung innerhalb von zehn Jahren.

Die Grafik zeigt die weltweit installierte Leistung (MW) auf der x-Achse und das Raster für die Gestehungskosten pro Energieeinheit (MWh) auf der y-Achse. Sie verdeutlicht, wie sich die Stromgestehungskosten (LCOE) im Verhältnis zur kumulierten installierten Leistung entwickelt haben. Die Skalierung beider Achsen ist logarithmisch, sodass die gestrichelte Linie die Erfahrungskurve und die abfallende Steigung der durchgezogenen Linie die Lernrate der jeweiligen Technologie darstellt. Je steiler diese abfallende Linie ist, desto schneller kommt die

Technologie voran. Der Vorteil dieser Darstellung: Die Gestehungskosten, alle Lernraten (Konzept-, Produktions- und Gebrauchswissen) und Skaleneffekte in der Massenproduktion sind berücksichtigt. Für eine direkte Vergleichbarkeit sind alle Preise ohne staatliche Subventionen gerechnet.

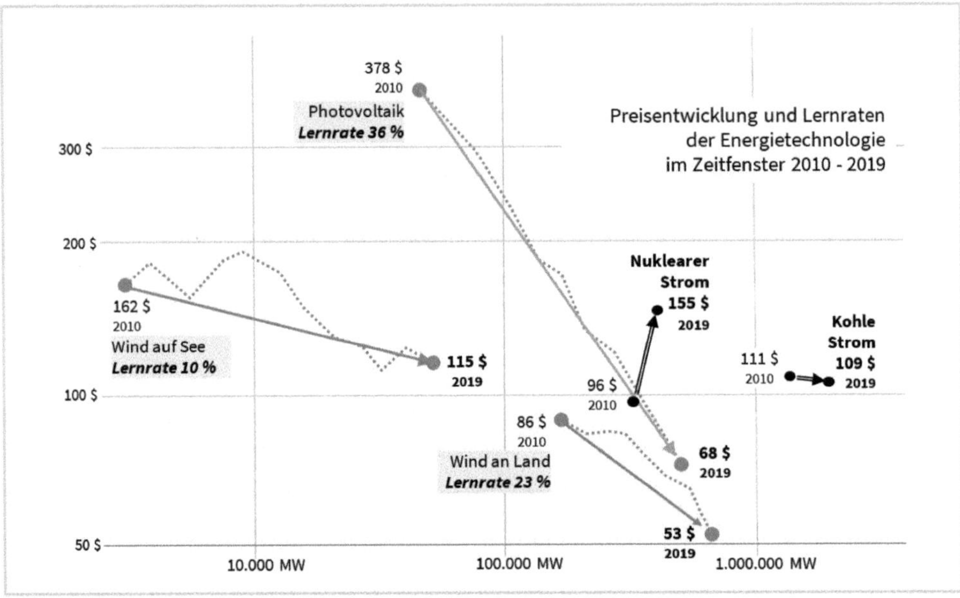

Abb. 24: Lernkurven unterschiedlicher Erzeugungsarten (Roser, 2020) *(Grafik: th)*

Verglichen werden jeweils die Lernraten der verschiedenen Technologien im Zeitraum von zehn Jahren (2010–2019). Dabei zeigt sich folgendes Bild:

Konventionelle Energieerzeugung: Hier gibt es keine positive Entwicklung bei den Lernraten. Für die Kohle liegt die Lernrate nahezu bei null. Das Minimum ist erreicht. Kostengünstiger geht es nicht mehr und die Auslastungszahlen bei Kohlekraftwerken gehen zurück. Nuklearstrom verzeichnete in den vergangenen zehn Jahren sogar einen Anstieg im Gestehungspreis und damit eine negative Lernrate. Die Technologie ist ausgereizt. Dafür aber sind die Kosten für die Sicherheit enorm gestiegen und die Endlagersuche für atomaren Abfall verteuert die Herstellungskosten für Atomstrom nochmals deutlich.

Anders sieht es bei erneuerbaren Energien aus: Die Solar-Photovoltaik-Technologie hat die höchste Lernrate aller Energieversorgungsquellen. Sie liegt bei ausgewiesenen 36 Prozent. Diese hohe Lernrate ist vor allem auf die Funktionalität und Einfachheit der PV-Technologie zurückzuführen. Sie ist nicht nur bei Großkraftwerken, sondern auch bei Kleinanlagen einzelner Haushalte anwendbar. PV-Module sind standardisiert als Massenware herstellbar und können kundenindividuell installiert werden. Den Siegeszug von PV erkennt man daran, dass sich die installierte Leistung von PV-Anlagen innerhalb der vergangenen zehn Jahre verzehnfacht hat, die Gestehungskosten hingegen auf ein Fünftel gesunken sind.

Gerade die Kosten für Strom aus Photovoltaik übertreffen Jahr für Jahr alle Prognosen – wie auch die der Internationalen Energieagentur (IEA, 2025). Die Universität Oxford führt dies darauf zurück, dass die Lernrate nicht berücksichtigt wurde. PV-Anlagen beweisen: Unter Verdopplung der installierten Leistung sinken die Preise jeweils um ca. 20 Prozent (UNIVERSITY OF OXFORD, 2021).

Eine ebenfalls gute Lernrate weist die Windenergie an Land auf. Ihre Kapazität hat sich in den vergangenen zehn Jahren vervierfacht. Immerhin konnten sich die ohnehin geringen Gestehungskosten etwa um ein Drittel reduzieren lassen. Die Lernrate liegt bei rund 23 Prozent. Offshore-Windanlagen dagegen kommen in demselben Zeitraum auf nur zehn Prozent Lernrate. Vermutlich liegt das daran, dass deren Einrichtung von Anfang an optimiert war und die Kosten für die Aufstellung auf hoher See in den Jahren nicht wesentlich günstiger geworden ist.

3.2.6 Erneuerbare Energien: Qualität und Effizienz

Stromgestehungskosten: unterschiedliche Technologien ausschlaggebend
Das deutliche Absinken der Gestehungskosten geht vor allem auf die Steigerung des Wirkungsgrades zurück. Bei den Solarzellen ist der Modulwirkungsgrad entscheidend. Im Jahr 1995 lag der Wirkungsgrad der Solarzellen bei rund 16 Prozent. Dann folgte ein kontinuierlicher Anstieg auf fast 27 Prozent bis ins Jahr 2024. Bei Windkraftanlagen liegt der Schlüssel in Rotordurchmesser und Nabenhöhe. Lag im Jahr 2005 der Windrotordurchmesser noch knapp unter 60 Metern, so drehen sich heute Rotoren mit etwa 130 Metern im Wind. In beiden Fällen senken sich dadurch die Stromgestehungskosten rapide (RMI, 2024).

Heute sind diese Gestehungskosten deutlich unter denen der fossilen Brennstoffe angekommen. Als Folge davon reichen die Kosten sogar unter den Bereich der Grenzkosten fossiler Brennstoffe. Das bedeutet, dass in diese Rechnung auch die Abschreibung fossiler Kraftwerke eingerechnet ist. Anders ausgedrückt: Selbst ein abgeschriebenes fossiles Kraftwerk produziert teureren Strom.

Abbildung 25 basiert auf den Zahlen des RMI (RMI, 2024) und kombiniert mehrere RMI-Diagramme zu einer Gesamtansicht. Außerdem sind Prognosen zur Weiterentwicklung des Strompreises von RethinkX (RethinkX, 2020) und EMBER (EMBER, 2025) eingebaut. Die Spezialisten der Think Tanks gehen im Zeitraum von 2010 bis 2030 von einer Vervielfachung der Preissenkung aus. PV wird ihren Prognosen zufolge etwa das 20-Fache an Preissenkung erzielen. Windkraft werde sich nicht ganz so schnell entwickeln, komme aber auch auf mindestens die dreifache Kostensenkung ab Ausgangswert.

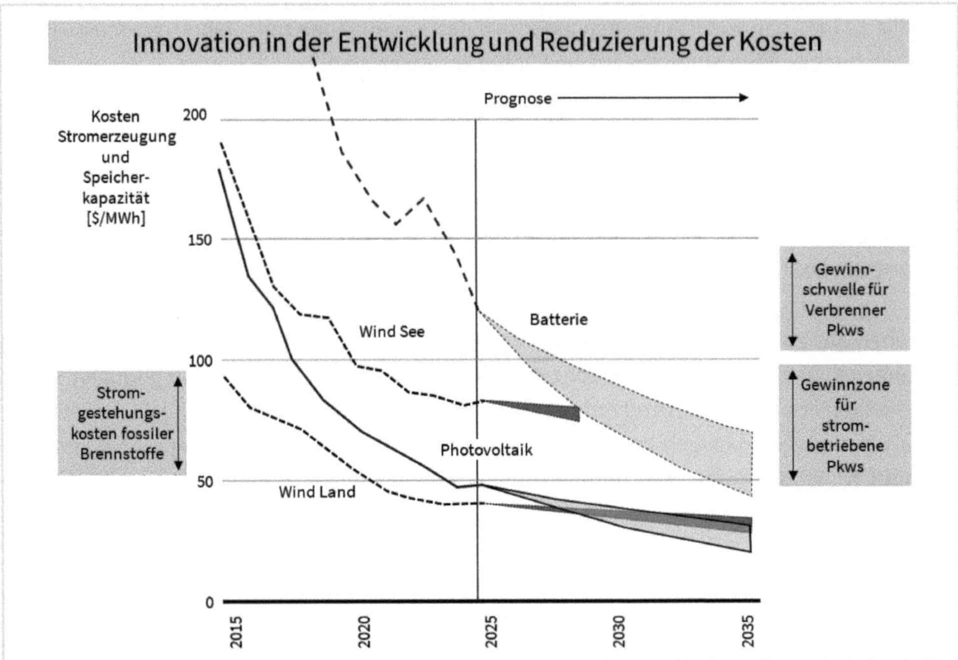

Abb. 25: Die Kosten für Stromerzeugung aus erneuerbaren Energien liegen heute schon weit unter denen der fossilen Brennstoffe. Gleichzeitig sinken die Kosten für Speicherkapazität, was zukünftig die Anschaffungskosten für E-Mobilität nochmals vergünstigt. *(Grafik: th)*

Mehrere Studien prognostizieren eine deutliche Kostenreduktion für Strom aus Erneuerbaren Energien (Wind und vor allem Solar). Gerade bei Photovoltaik wird eine starke Kostensenkung bis zum Ende des Jahrzehntes vorausgesagt. Die Richtung »Erneuerbare Energien erzeugen eine spürbare Kostensenkung der Strompreise« ist unbestritten (Fraunhofer-Institut für Solare Energiesysteme ISE, 2024).

Besonders PV hat beste Chancen auf dem Markt, denn die Effizienz lässt sich weiter steigern und die Lernraten sind unvermindert hoch. Heute liegt der Wirkungsgrad von Solarzellen bei ca. 22 Prozent. Doch das Fraunhofer ISE-Projekt »50 Prozent« gibt eine ganz andere Ausrichtung vor: Es verdoppelt den Wirkungsgrad mithilfe einer neuen Vierfachsolarzelle. Den Forschern dort ist es gelungen, Solarzellen erstmals einen Wert von 47,6 Prozent abzugewinnen. Das ist möglich, weil die Vierfachsolarzelle alle Wellenlängen des Lichtspektrums erfasst und nutzt.

Bisher haben die Chinesen neue Rekorde ausgestellt. Vor Kurzem hat das chinesische Solarunternehmen Longi mit einem Wirkungsgrad von über 27 Prozent einen neuen Effizienzweltrekord für kristalline Silizium-Heterojunction-Rückkontakt-Solarzellen aufgestellt und gleichzeitig den Indiumverbrauch stark reduziert, was zu weiteren Kosteneinsparungen führt.

Eine weitere Solarstromkostensenkung ist aufgrund der Massenproduktion zu erwarten. Allein in China wächst der PV-Sektor jährlich um 30 Prozent. Der Skaleneffekt spricht Bände. Weltweit lag der Zubau an PV-Anlagen im gesamten Jahr 2004 bei ca. einem Gigawatt. Im Jahr 2023 wurde diese Menge an Leistung täglich installiert. Ein Absinken der Kosten war die logische Folge.

Entwicklung der Stromspeicherkosten – Batterien und Rohstoffe

Batterie-Speichertechnologie stellt alles andere locker in den Schatten. Technisch entwickelt sie sich enorm und tatsächlich noch schneller als die Photovoltaik. Sie ist die Schlüsseltechnologie der Zukunft. Batterien erobern viele Technologie- und Industriezweige – atemberaubend schnell für mobile Anwendungen. Mit nur wenigen Umwandlungsverlusten können Batterien bereits heute Energie speichern und wieder abgeben.

Kompakt

Die Begründung für den Gewinn des Chemie-Nobelpreises ist kurz, aber aussagekräftig: »Lithium-Ionen-Batterien haben unser Leben revolutioniert.« (The Nobel Prize, 2019) Ohne die Batterien wäre unser mobiles, digitales Leben nicht möglich. Die Chemie-Nobelpreisträger erwarteten schon damals, dass sich der Preis noch halbieren und sich die Energiedichte verdoppeln könnte.

Beinahe halbjährlich erhöhen sich Speicherdichte und -kapazität. Die Ladezyklen werden schneller, die Sicherheit nimmt zu. Beeindruckend ist auch, wie Rohstoffeinsatz und Energiebedarf für die Herstellung von Jahr zu Jahr optimiert werden. Als Folge davon verbessert sich der CO_2-Abdruck pro kWh und der Preis sinkt. Seit dem Jahr 2014 haben sich die Kosten um rund 90 Prozent reduziert, während sich die Speicherkapazität verdoppelt hat. Ausschlaggebend für die Anwendbarkeit der Batterietechnologien und für deren Preis sind zwei technische Parameter: Energiedichte und Rohstoffeinsatz.

Energiedichte

Die Batteriezellendichte hat sich in den letzten 20 Jahren verdoppelt. Ausgehend von rund 160 Wh/kg stieg die Dichte auf inzwischen 340 Wh/kg (RMI, 2024).

Die Energiedichte bei Lithium-Ionen-Zellen stieg allmählich, aber kontinuierlich und ab dem Jahr 2015 rasant an. Innerhalb von 30 Jahren entwickelte sie sich von unter 100 Wh/kg auf heute über 700 Wh/kg. Perspektivisch gesehen könnte eine solche Batterie eine Reichweite von 1.900 km für Kfzs bedeuten.

Rohstoffeinsatz für Batterien

Es gibt einen stabilen Trend beim Einsatz bestimmter Rohstoffe. Die Batteriehersteller verabschieden sich allmählich von den kritischen Rohstoffen und suchen alternative – sichere – Rohstoffe. Das eröffnet neue, kürzere Lieferketten, was wiederum die Kosten reduziert.

Die Lithium-Ionen-Batterie ist heute die Standardbatterie für Kraftfahrzeuge. Die leistungsstärksten Batteriemodelle aus China sollen bei Elektrofahrzeugen bereits eine Reichweite von 1.500 km gewährleisten können. (vgl. Kap. 3.2.1) Tatsächlich beschäftigen sich die Hersteller aber nicht nur mit der Ausdehnung von Reichweiten.

Geradezu hektisch wird nach alternativen Rohstoffen zu Lithium, Nickel, Graphit und Kobalt gesucht. Kobalt wird bei führenden Batterieherstellern bereits nicht mehr verwendet. Zurzeit werden Hoffnungen auf die Entwicklung einer Natrium-Ionen-Batterie (auch als Salzbatterie bezeichnet) gesetzt. Damit würde ein nachhaltiger, preiswerter und vor allem häufig vorkommender Rohstoff Anwendung finden.

Und wieder sind es die Chinesen, die als Erste Erfolge feiern. Im April 2025 kündigte CATL an, in die Massenproduktion der Natrium-Ionen-Batterie »NAXTRA« mit einer Energiedichte von 175 Wh/kg zu investieren, und startete die Produktion im selben Jahr. Offenbar konnte der Hersteller das Manko– zu wenig Energiedichte – erfolgreich überwinden (Spiegel Mobilität, 2025; Stegmaier, 2026) und erreicht die Spitze der Energiedichte innerhalb der Branche.

Damit scheint gelungen zu sein, was bis vor Kurzem noch unlösbar schien. Die Natrium-Ionen-Batterie hat erheblich günstigere Eigenschaften als die marktüblichen Lithium-Ionen- und Lithium-Eisen-Phosphat-Batterien. Auch der Preis scheint erstaunlich niedrig zu werden. CATL erklärte, dass die Natrium-Ionen-Batterie um 60 Prozent günstiger zu haben sein wird als die herkömmlichen Blei-Säure-Batterien. Dies würde einen riesigen Markt eröffnen, denn die Blei-Säure-Batterien werden standardmäßig als Startbatterie bei allen Kraftfahrzeugen verwendet.

Die Vorteile der Natrium-Ionen-Batterie laut CATL (2025)

- Lebensdauer etwa 10.000 Ladezyklen. Das entspricht einer Kfz-Fahrleistung von mehr als drei Millionen Kilometern und in der Heimspeicheranwendung einer Lebensdauer von mehr als 30 Jahren.
- Tiefenentladung bei voller Leistung. Das bedeutet bei einem Prozent Ladekapazität noch eine Leistung von 120 km/Stunde. Lithium-Ionen-Batterien haben ein Problem mit Tiefenentladung unter 10 Prozent und Vollladung über 90 Prozent.
- Funktionsfähigkeit bis -40 °C und damit unerreicht gut für die Nutzung in der Kfz-Anwendung. Bei -30 °C verfügen diese Batterien noch über rund 93 Prozent der nutzbaren Kapazität. Lithium-Ionen-Batterien schwächeln bereits bei -20 °C und verfügen dann nur noch über 60 bis 70 Prozent nutzbare Kapazität.
- Problemloser Start nach einem Jahr Inaktivität.
- Hohe Sicherheit: kein Brennen, Explodieren, keine schädlichen Gase.
- 5C-Schnellladen ist möglich.
- Die Batterie ist nachhaltiger, preiswerter und frei von kritischen Rohstoffen. Verwendung finden lediglich Aluminium, Natrium, Eisen, Magnesium, Mangan und Hartkohlenstoffe.

Die Batterietechnologie scheint noch deutliche Potenziale in Effizienz und Preis zu haben. Viele Studien haben versucht, den Preis für Batterien vorherzusagen (Mauler/Duffner/Zeier/Leker, 2024). Rückblickend wurden sämtliche Prognosen deutlich unterboten. Das RMI geht von einer von einer weiteren Halbierung der heutigen Batteriekosten bis 2030 aus. Noch im Jahr 2013 musste man für Lithium-Ionen-Batterien 806 $/kWh zahlen. Im Jahr 2024 lag der Preis bei 115 $/kWh (IWR, 2024).

Durch den niedrigen Preis – und nur der Preis ist maßgebend – werden viele weitere Produktanwendungen erschlossen und die Veränderungen enorm sein.

Exkurs

Im Sommer 2025 startete Uniper in seinem Kraftwerk, das Energie für bis zu zwei Millionen Menschen erzeugen kann, bei Großkrotzenburg in Hessen ein Pilotprojekt mit organisch basierten Batterien. Uniper und die Alzenauer CMBlu Energy AG bauen gemeinsam einen innovativen, umweltfreundlichen Großstromspeicher im Megawattbereich. Dieser wird auf Basis von Organic-SolidFlow-Batterien betrieben. Diese neuartige Batteriespeichertechnologie soll in der Lage sein, eine Vielzahl von Anwendungsfällen und Märkten abzudecken.

Organic-Solid-Flow-Batterien speichern elektrische Energie in flüssigen Elektrolyten statt mit festen Elektroden. Die Elektrolyte werden in externen Tanks gespeichert und während des Lade- und Entladevorgangs in einem konstanten Fluss durch die Batteriestacks gepumpt. Damit verfolgt das Unternehmen einen neuartigen Ansatz, der vor allem den angespannten Rohstoffmarkt umgeht: Anstelle von Metallionen werden Elektrolyte aus Kohlenstoffverbindungen genutzt. Inwieweit sich diese Technologie durchsetzen kann, wird das Pilotprojekt in Großkrotzenburg zeigen.

Die Vorteile der organischen Solid-Flow-Batterie beschreibt der Hersteller wie folgt (CMBlu Energy AG, 2026):

- Die Materialien sind weltweit in praktisch unbegrenztem Umfang verfügbar.
- Es gibt keine Abhängigkeiten von seltenen oder konfliktbehafteten Rohstoffen und Lieferketten.
- Alle Kernkomponenten und nahezu alle Bestandteile sind recycelbar.
- Sie ist praktisch weder brennbar noch explosiv und damit sicher in Betrieb und Handhabung.
- Freie Skalierbarkeit zwischen Leistung und Kapazität: Die Batterie lässt sich preisgünstig exakt an die entsprechenden Anwendungen anpassen.
- Elektrolyt und Energiewandler sind getrennt. So wird der Effekt der Selbstentladung vermieden.
- Im Lebenszyklus der Batterie ist die Aufrechterhaltung der Kapazität durch einfachen Austausch einzelner Komponenten möglich. Es muss nicht die gesamte Batterie ersetzt werden,

> Ziel der Zusammenarbeit zwischen Uniper und CMBlu Energy ist es, den neuartigen, prototypischen Stromspeicher technologisch und wirtschaftlich auf Eignung für die angestrebte Nutzungsart zu bewerten und dieser Zukunftstechnologie zum Durchbruch zu verhelfen. Langfristig soll der Speicher in die dortige Infrastruktur integriert und zertifiziert werden (Uniper, 2022).

Umfangreiche Konsequenzen für die breite Energieversorgung

E-Autos und E-Mobilität: In Europa sind heute die Gesamt-Lebenszyklus-Kosten für E-Fahrzeuge geringer als die von Verbrennern. In China dagegen ist allein der Kaufpreis deutlich geringer – die Betriebskosten sind es sowieso. Diese Marktentwicklung wird sich auch in Europa durchsetzen, zumal die chinesischen Fahrzeuge massiv auf den europäischen Markt drängen. Schneller noch wird sich der Nutzfahrzeugmarkt (E-Lkw) entwickeln. Denn die Effizienz von Verbrenner-Lkws kann mit der der E-Lkws nicht konkurrieren. Und da im Transportsektor jeder Cent pro gefahrenem Kilometer zählt, wird sich die Elektrifizierung sehr schnell durchsetzen.

Heim- und Gewerbespeicher: Heim- und Gewerbespeicher mit sehr hohen Speicherkapazitäten werden sich auch für kleine Anwendungen durchsetzen. Sowohl der Einkaufspreis als auch die Betriebskosten werden sinken. Bereits heute sind Batteriespeicher so günstig, dass der Preis pro gespeicherte Kilowattstunde unter 15 Cent liegt. Werden dynamische Stromtarife und Netzentgelte realisiert, dann werden Batterien in höchstem Maß wirtschaftlich.

Batterien als flexible Kraftwerke: Großbatterien setzen sich mehr und mehr durch, weil sie zuverlässig große Energiemengen speichern und kurzfristig zur Verfügung stellen können. Batterien sind sicher und die Unterhaltskosten gering. Die Investitionskosten können sicher kalkuliert werden, da Batterien nahezu keine unvorhersehbaren Risiken bezüglich Vorgaben und Genehmigungen mit sich bringen.

Eindeutige Richtung der Entwicklung: Seit Jahren ist der Bau und Betrieb von Wind-Photovoltaik-Batterie-Parks wirtschaftlicher als fossil betriebene Kraftwerke. Ein entscheidender Vorteil sind die günstigeren Betriebskosten und die einfache Skalierung von kleinen, mittleren oder großen Kraftwerken. Dies liegt an der überschaubaren Anzahl von Komponenten. Und diese Komponenten werden stetig leistungsfähiger und kostengünstiger.

Vor allem im Bereich der Photovoltaik ist der Preis sehr deutlich gefallen. Zurückzuführen ist dies auf den technischen Fortschritt und die hohen Lerneffekte der Hersteller und Installateure, die mit der massiven Skalierung der Technologie einhergehen. In der Wissenschaft ist man sich einig, dass auch in Zukunft die Kosten der erneuerbaren Energien kontinuierlich zurückgehen. Und das bezieht sich auf die Erzeugung von Strom sowie auf die stationäre und instationäre Speicherung von Strom – beispielsweise in Batteriespeichern.

Kompakt

Der Trend im Batteriesektor geht zu einer Verdopplung der Energiedichte bei gleichzeitiger Halbierung des Preises. Neue Technologien werden auch den Einsatz begrenzter Rohstoffe auf ein Minimum reduzieren.

Der Kostenvorteil der Windkraft-Photovoltaik-Batterie-Kraftwerke wird dadurch immer größer. Diese Form der Energieerzeugung wird unzweifelhaft die Energieversorgung dominieren, was den Strompreis in den Gestehungskosten kurz- und langfristig stabilisiert. Das wiederum wird die Kostenschere gegenüber fossilen Energien weiter öffnen.

Auch der CO_2-Abdruck bei der Batterieherstellung sinkt durch die Verwendung erneuerbarer Energien und verbesserter Fertigungstechnologie stetig. So wird auch der »CO_2-Rucksack«, den E-Autos gegenüber klassischen Verbrennern mit sich tragen, immer geringer. Lag die Treibhausgasemission bei Batterieproduktion und Strommix im Jahr 2020 noch bei 100 bis 150 kg CO_2/kWh, so ist sie im Jahr 2025 im Bereich auf 30 bis 40 kg CO_2/kWh abgesunken.

Je nach Größe der Batterie gleicht sich heutzutage die CO_2-Bilanz nach 20.000 bis 40.000 gefahrenen Kilometern aus. Einige Hersteller stellen bereits in Aussicht, dass zukünftig 8.000 gefahrene Kilometer ausreichen, um die CO_2-Bilanz der Verbrenner einzuholen.

Produktionskapazität, Rohstoffe und Kreislaufwirtschaft

Die Produktionskapazitäten für Photovoltaik, Windkraft und Batterien steigen jährlich. Inzwischen verdoppelt sich die Stromerzeugung durch Solarenergie alle zwei bis drei Jahre und die Batteriespeicherung verdoppelt sich rasant sogar jedes Jahr.

Innerhalb der kommenden fünf Jahre wird Solarenergie eine Erzeugungskapazität erreichten, die alle anderen Kapazitäten wie Biomasse-Energie, Nuklear-Energie, Wasserkraft, Gas und Kohle weit überholt. Noch schneller wird sich die Batteriespeicherkapazität entwickeln. Batterien werden noch deutlich vor Ende des Jahrzehnts die Pumpspeicher überholen (EMBER, 2025).

Auch in der Kreislaufwirtschaft haben die verbauten Materialen und Rohstoffe im Umgriff der erneuerbaren Energien die Nase weit vorne. Sie sind keineswegs – wie fossile Brennstoffe – nach der Umwandlung verbraucht, sondern können wiederaufbereitet und weiterverwendet werden. Berechnungen beweisen, dass es sogar möglich ist, innerhalb der kommenden 25 Jahre Mineralien zu gewinnen. Davon ausgehend könnte ab dem Jahr 2050 ganz auf den Mineralienabbau verzichtet werden. Dies bringt deutliche Vorteile für die Sicherheit und Unabhängigkeit der nationalen Energieversorgung.

Exkurs

Schon heute ist es möglich, von Batterien nach 10 bis 15 Jahren Nutzung bis zu 94 Prozent des Mineraliengehalts wiederzugewinnen. Die uns heute bekannten Rohstoffreserven von zum Beispiel Lithium, Nickel, Kupfer, Graphit und Cobalt übersteigen den gesamten Bedarf weltweit an Primärrohstoffen, den wir benötigen. Gerade die Natrium-Ionen-Batterie mit ihren unkritischen Rohstoffen Aluminium, Natrium, Eisen, Magnesium, Mangan und Hartkohlenstoffen löst alle Probleme der Rohstoffbeschaffung für unbegrenzte Zeit (RMI REPORT, 2024). Die Organic-Solid-Flow-Batterien versprechen sogar eine reale Unabhängigkeit von den bisher benötigten kritischen Rohstoffen.

Ein ähnliches Bild zeichnet die Entwicklung von PV-Modulen. Trina Solar, ein führender Hersteller von PV-Modulen, erklärt auf seiner Website, dass die Firma inzwischen kristalline Solarmodule komplett aus Recyclingmaterial produziert. Das Produkt, für das Materialien wie Silizium, Silber, Aluminiumrahmen und Glas aus Altmodulen verwendet werden, erreicht eine Leistung von mehr als 645 Watt und verfügt über einen Modulwirkungsgrad von 20,7 Prozent. Die chinesische Firma hat im Bereich des Modulrecyclings bereits 37 Patente angemeldet.

Das unglaubliche Entwicklungspotenzial im Bereich der erneuerbaren Energien zeigt sich daran, dass pro Jahr fast 250.000 Patente angemeldet werden, davon rund 160.000 in China (RMI, 2024).

Zusammengefasst: Es gibt inzwischen genügend Rohstoffe in einem zirkulären kontinuierlichen Materialfluss. Die industrielle Fertigung ist auf hohem Niveau und die Produkte sind skalierbar, modular aufbaubar hoch effizient und vor allem dezentral einsetzbar.

Sicherheit und Verfügbarkeit von Energie

Das Gespenst der »Dunkelflaute« wabert in regelmäßigen Abständen durch Berichterstattung und Internet. Dabei erscheint das Thema regelmäßig dann, wenn Lobbyisten teurere Versorgungslösungen an den Verbraucher bringen wollen. Es ergibt also Sinn, sich dieses Thema der Versorgungssicherheit genauer anzusehen.

Die Energiesicherheit wird durch die vier Faktoren bestimmt:

1. Vorhandensein von genügend Energie,
2. Zugriff auf Energie, wenn sie gebraucht wird,
3. Erschwinglichkeit der benötigten Energiemenge,
4. Unterstützung und Akzeptanz in der Bevölkerung.

Wer nur einzelne Tage oder Wochen im Blick hat, sieht die schwankende Erzeugung von Energie. Viele Wolken bedeuten wenig Sonnenenergie in diesem Zeitraum. Wenig Wind bedeutet kaum Windenergieerzeugung in diesem Moment. Man muss also den Blick weiten, denn Wind- und Sonnenenergie ergänzen sich im Jahresverlauf ideal.

Windkraft und PV haben in Deutschland das größte technische Ausbaupotenzial. Sie könnten gemeinsam annähernd 5.000 Terrawattstunden (TWh) Energie pro Jahr bereitstellen.

Zum Vergleich: Bei vollständiger Umstellung auf elektrifizierte Anwendungen liegt der Primärenergieverbrauch in Deutschland bei rund 1.700 TWh/Jahr.

Eine Analyse des Deutschen Wetterdienstes (DWD) über die Jahre 1995 bis 2015 zeigt, dass sich die Kapazität aus Wind und Sonneneinstrahlung im Jahresverlauf mit wenigen Schwankungen auf einem Mittelwert einpendelt (Deutscher Wetterdienst, 2022).

Eine weitere Erkenntnis der Studie über einen Zeitraum von 20 Jahren: Im ersten Quartal eines Jahres liegt die Kapazität des Windes relativ hoch (Faktor 0,35, Tendenz fallend), die Sonneneinstrahlung niedrig (Faktor 0,03, Tendenz stetig steigend). Im zweiten und dritten Quartal überschneiden sich die Kapazitäten von Wind und Sonne (bei einem Wert von durchschnittlich 0,18) und im vierten Quartal gehen sie wieder auseinander. Letztendlich ergibt sich im Jahresmittel eine relativ homogene, verlässliche Linie des Energieangebots leicht schwankend um den Wert 0,18.

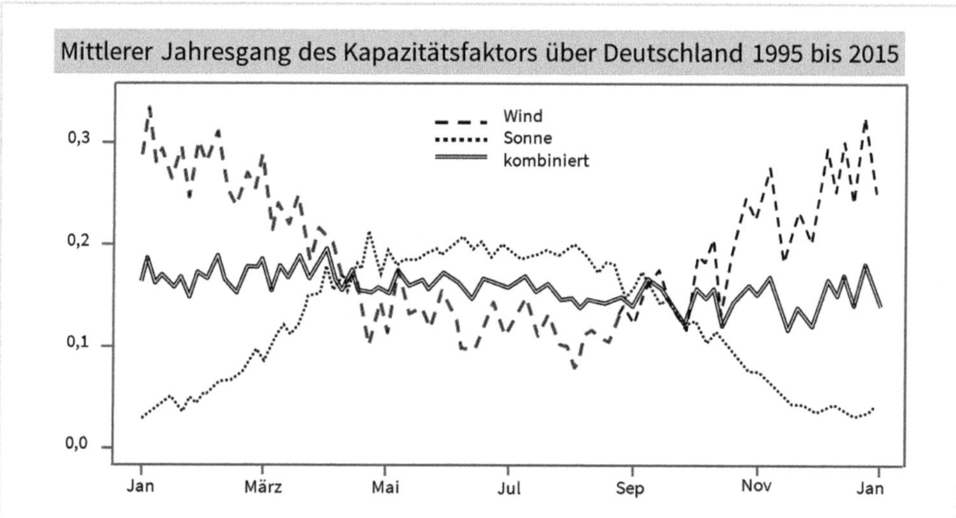

Abb. 26: Kapazitätsangaben des Deutschen Wetterdienstes – DWD *(Grafik: th)*

Daraus resultieren Monatssummen der Stromproduktion aus Photovoltaik und Windkraft, die zugrunde liegende Maßeinheit sind Terrawattstunden pro Monat (TWh/Monat). Auch sie geben einen stabilen Jahresverlauf wieder. Der gleitende Mittelwert liegt bei 7 bis 15 TWh pro Monat.

Umgang mit der Dunkelflaute – flexible Kraftwerke sind eine Lösung
Nichtsdestotrotz muss die Stromproduktion auch in seltenen Dunkelflauten sichergestellt werden. Dabei ist es sinnvoll, einige Back-ups für die Energieerzeugung in der Hand zu haben.

Seltene Klimaereignisse wie längere Zeiträume mit wenig Sonne und Wind können kostengünstig über Gasturbinenkraftwerke (Open Cycle Gas Turbine, OCGT) abgedeckt werden. Dasselbe gilt auch für Jahre, in denen Dürreperioden beispielsweise die Energieproduktion durch Wasserkraftwerke beeinträchtigen.

Sonnen- und windarme Winterperioden von mehr als ein paar Tagen (bis zu zwei Wochen) können durch einen ganzen Mix von Energieregelungsanlagen aufgefangen werden. Zu nennen sind bedarfsgesteuerte Biomasse, flexible Laststeuerung, Energieimporte aus dem europäischen Verbund, synthetisches Gas aus Power-to-Gas-Anlagen, Wasserkraftanlagen oder im Übergangzeitraum durch fossile Kraftwerke.

Nehmen wir den ungünstigsten Fall an, dass die gesamte (Spitzen-)Last in Deutschland – das sind rund 80 Gigawatt – von Gasturbinenkraftwerken über den Zeitraum von einigen Tagen vollständig abgedeckt werden müsste. Selbst dann würde die Gasvorhaltung für den Endkunden weniger als 0,01 €/kWh kosten. Selbst bei diesem extremen Gedankenexperiment wird deutlich, dass eine mögliche Dunkelflaute sowohl technisch als auch finanziell problemlos zu bewältigen wäre.

Für eine sichere Energiewende bedeutet dies jedoch auch, dass sich die Regionen gut aufstellen müssen. Keine der heutigen Technologien und Energiequellen ist komplett überflüssig. Geprüft werden muss aber ihr flächendeckender Einsatz nach den Gesichtspunkten »Kosten und Nutzen«. Sicher ist zumindest, dass eine Energieversorgung in Deutschland unter Nutzung von Wind, Sonne und Speichertechnologien möglich und günstig ist.

Erneuerbare Energien brauchen Fläche – aber im akzeptablen Rahmen

Ja, erneuerbare Energien brauchen Platz. Doch die Angst vor einem Flächenverbrauch, der das Maß des Erträglichen übersteigt, ist unbegründet. Natürlich sind Solarparks, PV-Anlagen auf Dächern und Windräder sichtbar. Das heißt jedoch nicht, dass Menschen eine Art Existenzkampf zwischen Energiewirtschaft und Landwirtschaft, Denkmalschutz oder Schönheit austragen müssen. Menschen brauchen Energie. Wie viel Energie sie benötigen und ob es Sinn ergibt, Energie einzusparen, um beispielsweise den Flächenverbrauch zu reduzieren, muss die Gesellschaft für sich entscheiden. Besorgniserregend ist der Flächenverbrauch für erneuerbare Energien allerdings nicht.

Kompakt

Flächen für Energiewirtschaft in Deutschland sind vorhanden, ohne dass sie die Produktion anderer Konsumgüter (Nahrungs- oder Futtermittel) gefährden würden.

Ausbauziele in Deutschland

Diese Ausbauziele sind aus verschiedenen Studien (u.a. Fraunhofer/Quaschning) abgeleitet und vermitteln ein Gefühl für die Größenordnung, in der der Flächenbedarf liegen wird (Wirth,

2026; Fraunhofer-Institut, 2025; Hochschule für Technik und Wirtschaft Berlin, 2021; Umweltbundesamt, 2023 A; Umweltbundesamt 2023 B; Weinand, 2025).

Kompakt

Geht man davon aus, dass die nahezu vollständige Deckung des Energiebedarfs in Deutschland anvisiert wird, so liegt der Flächenbedarf für Photovoltaik und Wind im Maximum bei etwa drei Prozent der Landesfläche von Deutschland.

Machen wir die Rechnung auf: 800 GW installierte Leistung, erzeugt aus Wind- und Sonnenenergie, wäre im Endausbau vorhanden.

Windkraft

- 200 bis 260 GW würden durch Windkraftanlagen zur Verfügung stehen. Das entspricht 50.000 bis 65.000 Windkraftanlagen deutschlandweit – vorausgesetzt man würde die heute schon veralteten Anlagen (rd. 30.000) weiterbetreiben und mit leistungsstärkeren Windkraftanlagen ergänzen. Tauscht man jedoch auch die alten Anlagen gegen leistungsstarke, neue Modelle aus, so wären insgesamt nur rund 35.000 Windkraftanlagen nötig.
- 70 GW würden Offshore-Windanlagen beitragen.

Nach derzeitigen Standortgutachten sind etwa 5,3 bis 13,8 Prozent der Fläche Deutschlands für die Nutzung durch Windkraft geeignet. Wissenschaftler sind sich einig, dass maximal 2 Prozent der Landesfläche wirklich gebraucht würden. Dies ist eine »Worst Case-Rechnung«, denn unter Einsatz hochmoderner Windräder würde die benötigte Fläche um die Hälfte reduziert. Darin eingerechnet sind bereits alle benötigten Abstands- und Versorgungsflächen rund um die tatsächlichen Windkraftanlagen. Die tatsächlich mit Windrädern bebaute Fläche ist also um ein Vielfaches geringer.

Exkurs

Eine Windkraftanlage benötigt eine durchschnittliche Fundamentfläche von 20 x 20 Metern, also 400 m^2. Ein Fußballfeld ist im Mittel rund 7.140 m^2 groß. Damit passen etwa 18 Windradfundamente auf ein Fußballfeld. Windkraft hat praktisch kaum Flächenverbrauch auf dem Boden. Die Anlagen sind lediglich aufgrund ihrer Höhe und den großen Abstandsflächen weithin sichtbar.

Die Frage der CO_2-Reduktion ist ebenso relevant. Vergleicht man die freie Standfläche eines Windrades im Wald mit der Nutzung der gleichen Fläche für Baumbestand, so ergibt sich ein bemerkenswertes Ergebnis: Der dortige Baumbestand würde über 20 Jahre durchschnittlich 110 Tonnen CO_2 binden. Eine Windenergieanlage verhindert im selben Zeitraum aber die Freisetzung von 76.000 Tonnen CO_2 im deutschen Strommix. Im Resultat des Vergleichs erreicht eine Windkraftanlage also fast das 700-Fache an CO_2-Bindung.

> Zudem wird durch die Sukzessionsflächen (Lichtbereiche durch Abstandsflächen) die Biodiversität gestärkt. Dazu gehört die Vielfalt von Lebensräumen inklusive des Erhalts gefährdeter Arten und Insekten.

Auf PV entfallen rund ein Prozent und auf Windkraft rund zwei Prozent der Landesfläche. Drei Prozent insgesamt klingt viel, doch davon wird tatsächlich weniger als ein halbes Prozent der Fläche wirklich bebaut. Die restlichen über zwei Prozent sind hauptsächlich Abstandsflächen, Versorgungsflächen für den Betrieb der Anlagen und Flächen auf bereits versiegelten Siedlungs- und Verkehrsflächen.

Photovoltaik

- 590 GW-Peak (GWp) würden im Endausbau durch Photovoltaikanlagen zur Verfügung gestellt.
- Zwei Drittel der benötigten PV-Flächen können auf Siedlungs- und Verkehrsflächen installiert werden. Das sind bereits versiegelte Flächen.
- Ein Drittel dieser Anlagen wäre auf Freiflächen installiert. Dort könnten etwa 200 GWp bereitgestellt werden. Insgesamt würden dafür 200.000 ha Fläche benötigt. In diesen 200.000 ha sind sowohl die mit Modulen bedeckten Flächen eingerechnet als auch die Versorgungsflächen (Wege etc.) Die mit Modulen bedeckte Fläche ist also nur noch ca. 100.000 ha groß. Das entspricht nur 0,28 Prozent der Fläche Deutschlands.

Zum Vergleich: In Deutschland werden 9,5 Prozent des Landes als Siedlungsflächen genutzt. 5,1 Prozent sind Verkehrsflächen und 50,3 Prozent beansprucht die Landwirtschaft, die auf dieser Fläche vor allem Futter- und Nahrungsmittel sowie Energiepflanzen anbaut.

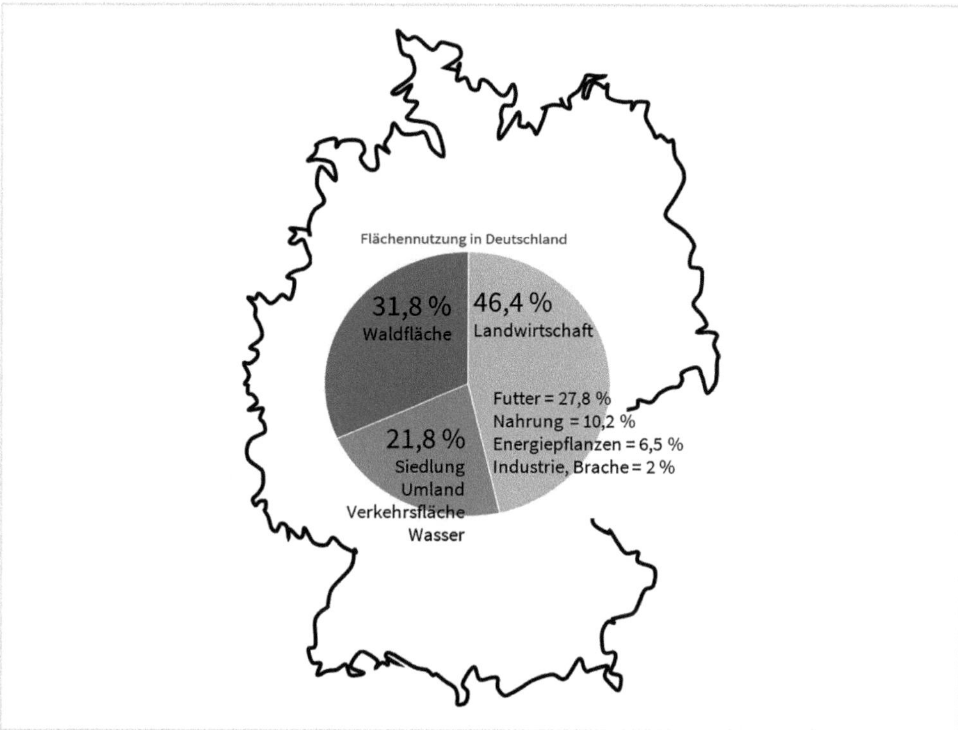

Abb. 27: Die Karte der Flächennutzung in Deutschland zeigt, welcher Flächenverbrauch mit welchen Branchen und Nutzungen einhergeht. Die für EE zusätzlich benötigten Flächen sind dagegen verschwindend gering, zumal in dieser Rechnung der Energiepflanzenanbau bereits berücksichtigt ist. *(Grafik: ggb)*

Fazit: Addiert man die für Windkraft benötigte bebaute Fläche (53.000 ha) mit der bebauten Fläche von PV (100.000 ha), so kommt man auf rund 153.000 ha bebaute Fläche. Dies entspricht 0,43 Prozent der Landesfläche.

Es lohnt sich an dieser Stelle ein Blick auf den Flächenverbrauch des Braunkohleabbaus. Zwei Hektar Land verschwinden tagtäglich durch den Braunkohleabbau. Hier werden aktuell 250.000 ha Fläche beansprucht, was in etwa der Fläche des Saarlandes und 0,7 Prozent der Landesfläche Deutschlands entspricht.

- Wir haben in Deutschland kein Platzproblem in Bezug auf regenerative Energien.
- Es besteht kein Kapazitäts- oder Leistungsproblem in der Anwendung.
- Wir haben keinerlei jahreszeitliches Problem der Verfügbarkeit von Energie.
- Tatsächlich können wir in Deutschland ein Vielfaches der Energie erzeugen, die wir benötigen.

4 Trends der Energieerzeugung

Wind und Sonne stehen heute im Fokus der Energieerzeugung. Wie schneiden nun aber andere regenerative Energieträger im Vergleich ab? Welche Eigenschaften und Eigenarten bringen sie als Energieträger mit sich und was sollte bei ihrem Einsatz bedacht werden? Zusammenfassend kann man schon sagen, dass andere regenerative Energieerzeugung in besonderen Fällen durchaus Sinn macht – vor allem, wenn man sie als eine Art Nischenerzeugung zur Versorgungsicherheit zusätzlich heranzieht. Dennoch können die in diesem Kapitel dargestellten Alternativen der Stromerzeugung sowohl PV als auch Windkraft in keinem Fall hinsichtlich der Effizienz und den Kosten das Wasser reichen.

4.1 Fünf Energieträger unter der Lupe

Fünf Energieträger stehen – neben Wind und Sonne – zurzeit im Zentrum der Aufmerksamkeit. Hinter jedem dieser Bereiche stehen nicht nur Forschung und Entwicklung, sondern auch Lobbyisten. Sie kämpfen um die Aufmerksamkeit von Politik und Öffentlichkeit. Deshalb solle man genau hinsehen, um die Möglichkeiten jeder einzelnen Sparte zu erkennen und sie gegeneinander abzuwägen.

4.1.1 Biomasse (Reststoffe)

Erneuerbare Energien aus Biomasse sind im Vergleich zu PV und Windkraft tatsächlich teurer (vgl. Kap. 3.3.1, Energiegestehungskosten) und haben einen erheblichen Flächenbedarf.

Die Energieerzeugung aus Biomasse zieht die Entstehung großflächiger Monokulturen nach sich. Das verträgt sich nicht wirklich mit der ökologischen Ausrichtung einer möglichen Energieerzeugung. Zielkonflikte und Flächenkonkurrenz entstehen, denn landschaftliche Flächen sind begrenzt und werden in Zukunft für viele weitere Aufgaben benötigt, zum Beispiel Anbau von Nahrungsmitteln. Die Produktion von Lebensmitteln wird sich eher ausweiten als reduzieren. Die Bevölkerung in Deutschland und weltweit steigt kontinuierlich an und wird den Druck auf die Lebensmittelproduktion erhöhen.

Naturschutz beziehungsweise der Erhalt der Artenvielfalt spielen eine zusätzliche Rolle. Dazu gehört unter anderem die Wiedervernässung von Moorböden, die als CO_2-Senken gebraucht werden. Auch die Renaturierung von Flüssen spielt eine Rolle, denn Flüsse benötigen ein breites Bett, wenn sie in kurzer Zeit riesige Wassermassen aufnehmen müssen. Gerade die Veränderungen des Wetters durch den Klimawandel (Hitze, Überschwemmungen, weitere Extremwetterereignisse) werden den Flächendruck zusätzlich erhöhen.

Als logische Folge dieser Veränderungen wird sich die Nutzung von Biomasse zur Energiebereitstellung langfristig auf Bioreststoffe beschränken müssen. Diese könnten effizienter gesammelt oder optimiert eingesetzt werden, doch es ist fraglich, ob solche Optimierungsmaßnahmen auf Dauer eine tragfähige Energiebereitstellung ermöglichen.

Biogas liefert derzeit etwa 1,0 Prozent zum Gasverbrauch hinzu. Das sind rund 11 Terrawattstunden (TWh). Weitere 90 TWh Energie werden in Form von Rohbiogas überwiegend in Kraft-Wärme-Kopplungsanlagen – also Blockheizkraftwerken – bereitgestellt.

Zum Vergleich: Der gesamte Endenergieverbrauch in Deutschland lag im Jahr 2023 bei rund 2.981 TWh. Somit macht der Energieanteil an Biogas knapp 0,4 Prozent des gesamten heutigen Endenergieverbrauchs in Deutschland aus.

Folgende Ausgangsstoffe werden in Biogasanlagen eingesetzt (Stand 2023): Energiebezogen stammen rund 68 Prozent aus nachwachsenden Rohstoffen wie Mais, Zuckerrüben, Getreide, Silphie, Sudangras und Grünschnitt. Zu etwa 19 Prozent werden Gülle, Mist und ähnliche Materialien verwendet. Organische Abfälle aus Industrie, Gewerbe, Handel und privaten Haushalten sowie der Landwirtschaft haben nur einen energiebezogenen Anteil von ca. 13 Prozent (Fachagentur Nachwachsende Rohstoffe e. V., 2024).

Bedenkt man, dass in Deutschland auf 2,65 Millionen Hektar Mais angebaut und rund ein Drittel dieses Anbaus für die Biogasproduktion verwendet wird, ergibt sich ein landwirtschaftlicher Flächenverbrauch allein für die Biogasproduktion von 0,88 Millionen Hektar.

Verfügbar, aber teuer und wenig effizient

- Biomasse ist bezüglich der Energiemenge wenig effizient. Es handelt sich um ein Nischenprodukt, das durchaus flexibel genutzt werden und andere Rollen im Energiesystem übernehmen kann.
- Die Kostenbilanz liegt deutlich höher als die der PV- oder Windenergie.
- Da sich Biomasse zu 68 Prozent aus Mais und anderen Grünpflanzen speist, muss mit einer Ertragsverschlechterung aufgrund des Klimawandels gerechnet werden. Zudem steigen die Preise für Dünger sowie die Abhängigkeiten von Zulieferungen aus Drittstaaten, was sich negativ auf die Preise auswirkt.
- Tatsächlich trägt die Energie von Biomasse nur rund 13 TWh zum deutschlandweiten Energiebedarf von 2.981 TWh bei. Der Flächenverbrauch ist wiederum sehr hoch.
- Die Klimabilanz von Biomasse ist bedenklich, unter anderem aufgrund umweltschädlicher Monokulturen, des Nitrateintrags ins Grundwasser und des Grundwasserverbrauchs durch Bewässerung. Außerdem ist Biogas durch THG-Emissionen von 75 bis 140 g CO_2eq/kWh nicht klimaneutral.

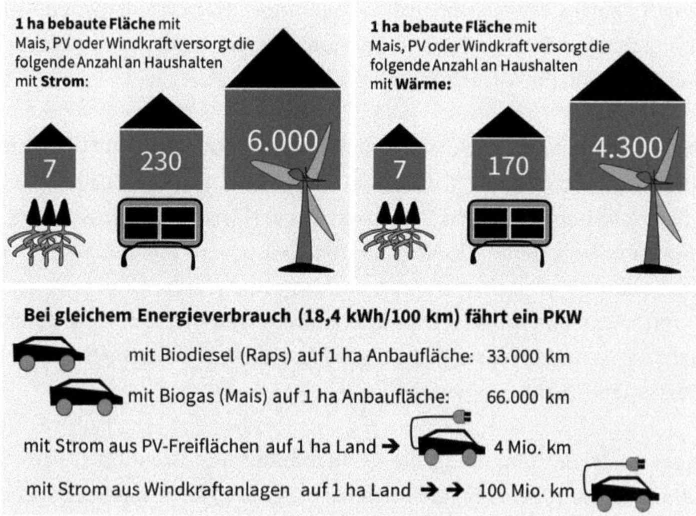

Abb. 28: Ertragsübersicht für die Nutzung unterschiedlicher Energieerzeugung. Der Vergleich basiert auf dem Verbrauch von jeweils einem Hektar Fläche (Kraft, Böhm, 2023). *(Grafik: ggb)*

Biomasse flexibel anwenden – das neue Geschäft

Biomasse kann in einigen Bereichen ökonomisch durchaus sinnvolle Beiträge leisten und ist dort hervorragend anwendbar. Dazu gehören die Deckung von Spitzenlasten und der Ausgleich von Schwankungen bei Wind- und Solarstrom. Auch für Hochtemperaturanwendungen, die nur schwer elektrifizierbar sind, ist Biomasse ein wertvoller Grundstoff. Auch lässt sie sich als saisonaler chemischer Energiespeicher für die flexiblen Gaskraftwerke gut verwenden. Biogase lassen sich gut verstromen und können dadurch sehr gut in das zukünftige elektrifizierte Energiesystem integriert werden. Dabei wird Unabhängigkeit gewährleistet, die eigene Wertschöpfung verbleibt im Lande und es werden keine fossilen Energieträger benötigt.

Die gesetzlichen und politischen Rahmenbedingungen sind so zu ändern, dass die heute meist auf Dauerlast ausgelegten Kraftwerke flexibel für den Energiemarkt zur Verfügung stehen. Mit ihren 13 TWh können sie zum deutschlandweiten Energiebedarf von 2.981 TWh einen signifikanten Beitrag leisten, wenn die kostengünstigen erneuerbaren Energien in kleinen Zeitfenstern nicht ausreichend Energie liefern. Hier ist ein Umdenken erforderlich: Flexibilität statt eines Betriebes rund um die Uhr.

4.1.2 Holz

Holz steht für die Wärmeerzeugung grundsätzlich zur Verfügung, doch hat das Material durchaus auch seine negativen Seiten. Man könnte sagen, dass seine Potenziale begrenzt sind. Die Deutschen nutzen heute deutlich mehr Holz zur Wärmeerzeugung als vor 35 Jahren. Der Einsatz sogenannter holzartiger Festbrennstoffe – Kaminholz, Hackschnitzel und Pellets – hat sich seit 1990 verdreifacht. Rund 70 bis 80 TWh Energie werden heute durch Holzverbrennung erzeugt (Bundesministerium für Wirtschaft und Klimaschutz, 2023).

Zum Vergleich: Insgesamt brauchen die deutschen Haushalte etwa 800 TWh für die Erzeugung von Raumwärme und Warmwasser. Der Anteil, der über holzartige Festbrennstoffe gedeckt werden kann, liegt also bei weniger als 10 Prozent. Als verlässliche Wärmequelle für den Bedarf der Bevölkerung kann Holz demnach nicht dienen. Selbst eine Steigerung der Holzentnahme wird den Wärmebedarf bei Weitem nicht decken, zumal die Wälder klimatechnisch bedeutsam sind und nicht nach Belieben reduziert werden können. Zudem steht Holz durch die Nutzung als Baumaterial und als hervorragender Rohstoff für diverse chemische Prozesse unter hohem Marktdruck. Dazu später mehr.

Der Klimawandel gefährdet langfristig die Verfügbarkeit von Brennholz. Laut Statistischem Bundesamt nimmt der Anteil des Schadholzeinschlags am gesamten Holzeinschlag seit dem Jahr 2018 drastisch zu (Statistisches Bundesamt 2024). Das müsste sich rein theoretisch und auf kurze Zeiträume gesehen positiv auf den Preis auswirken. Doch das Gegenteil ist der Fall. Der Holzpreis liegt heute deutlich höher als noch vor 10 Jahren.

Der Preis für Holzhackschnitzel bewegte sich in den letzten 10 Jahren zwischen 3 und 4 Cent/kWh. Holzpellets waren für 6 bis 8 Cent/kWh und Scheitholz für 8 bis 10 Cent/kWh zu haben (C.A.R.M.E.N. 2022).

Holz zu verbrennen ist keine Lösung

Laut Umweltbundesamt geht die Verbrennung verschiedener Holzbrennstoffe aus nicht nachhaltiger Forstwirtschaft mit einem Emissionsfaktor von 370 bis 570 g CO_2/kWh einher (Umweltbundesamt 2025 B). Auch die EU scheint das Problem zu erkennen, denn das frisch geschlagene Brennholz soll künftig nicht mehr als Bestandteil erneuerbarer Energien gelten.

Der Grund: Der über viele Jahrzehnte im Holz gespeicherte Kohlenstoff gelangt durch die thermische Verwertung als CO_2 umgehend in die Atmosphäre. Holz sollte also im Wesentlichen im Wald verbleiben, wo es als Kohlenstoffsenke wirken kann, oder es sollte stofflich genutzt werden, wie etwa in der Baubranche, damit der Kohlenstoff möglichst lange im Material gespeichert bleibt. Die energetische Nutzung ist mit Blick auf die CO_2-Bindung daher die ungünstigste Verwertung.

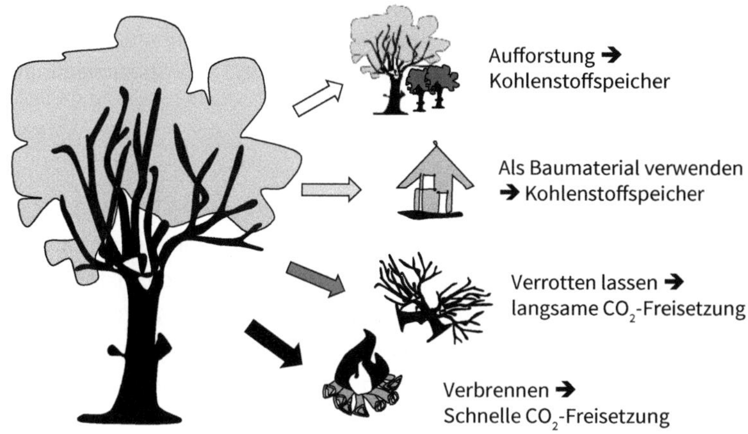

Abb. 29: Holz als Kohlenstoffspeicher – Die Speicherung von Kohlenstoff im Holz ist nur dann gegeben, wenn es langfristig dort verbleibt. Die thermische Verwertung führt zu schneller CO_2-Abgabe in die Umwelt. *(Grafik: ggb)*

Vermutlich bis ins Jahr 2035 wird der Schadholzanfall den Bedarf zur Wärmegewinnung noch einigermaßen decken, denn der Waldumbau ist bereits in vollem Gange. Die Nadelhölzer – speziell die Fichten – leiden massiv unter der Klimaveränderung, was bedeutet, dass Nadelhölzer gefällt und durch andere, hitzebeständigere Arten ersetzt werden müssen. Die stoffliche Nutzung der Nadelhölzer geht somit zurück. Aktuell machen auch die Laubhölzer eine harte Zeit durch. Das wärmere Klima und die Dürreperioden fördern die Entwicklung von Schädlingen, sodass auch Laubhölzer mehr und mehr an Qualität verlieren. Als Folge wird voraussichtlich viel Holz zur Verbrennung anfallen. Doch diese Entwicklung hat ein natürliches Ende – spätestens, wenn nicht mehr genügend Holz nachwachsen kann.

Zudem braucht der Waldumbau das Schad- und Totholz vor Ort. Wenn das Totholz auf den Waldböden verbleibt, trocken Böden nicht aus und sind vor Erosion geschützt, sodass sich ein natürlicher, klimaresilienter Mischwald bilden kann.

Exkurs

Das Helmholtz-Institut beobachtet und begleitet die Entwicklung seit langer Zeit. Vergleicht man die Holzeinschlagsdaten des Statistischen Bundesamtes mit dem Schadholzeinschlag und dem Wetterdatenmonitor (Dürremonitor) des Instituts, lässt sich ein direkter Zusammenhang feststellen.

Zwischen den Jahren 2018 und 2024 gab es eine Hochphase der Holzentnahme. Der Höhepunkt lag im Jahr 2021/2022. Über 80 Millionen Kubikmeter (m^3) Holz wurden geschlagen. Inzwischen ist diese Summe deutlich auf ca. 60 Millionen m^3 gefallen. Eine ähnliche Kurve macht der Schadholzeinschlag. Der Höhepunkt lag im Jahr 2020 mit rund 60 Millionen m^3 Holz. Aber auch dort sinkt die Entnahme auf aktuell rund 26 Millionen m^3. Offenbar zeigen die verzweifelten Maßnahmen gegen den Borkenkäfer und ähnliche Schädlinge deutliche Wirkung. (Destatis, 2025)

Holz ist das neue Gold

Die Holzwirtschaft sieht die thermische Verwertung als letzten Teil der »Nutzungskette Holz« und ist keineswegs begeistert, wenn Holz als erstes in die Verbrennung geht. Dieses ist ein begehrtes Material, was einen enormen Marktdruck auslöst. Allein die Zellstoffindustrie mit der Herstellung von Hygienepapieren ist vollständig auf den Rohstoff angewiesen. Die Bauwirtschaft, die chemische Industrie, die Verpackungs- und Papierindustrie, aber auch Möbelhersteller und die Innenausbaubranche kämpfen um das Vorrecht auf Holz.

Gerade die Bauindustrie versucht sich in Holzverwendung, da sich das Holz positiv auf die CO_2-Bilanz der Gebäude auswirkt (Kohlenstoffspeicher). Das wiederum öffnet die Tür zum Handel mit CO_2-Zertifikaten (vgl. Emissionshandel ETS2), was der Holzwirtschaft nützt. Die thermische Verwertung von Holz wird also mehr und mehr in den Hintergrund gedrängt, denn unter Berücksichtigung aller anderen Marktfaktoren steigt der Holzpreis.

Holz ist ein weltweit gesuchter Rohstoff. Der Export aus Deutschland beträgt über 6,7 Millionen m^3 Rohholz. Im Jahr 2020 stieg der Export sogar auf 12,7 Millionen m^3 im Wert von 845 Millionen Euro. All das befeuert wiederum die Preise in Deutschland.

Kompakt

Es wäre also ein fataler Fehler, die Wärmeversorgung von Siedlungsgebieten über holzbasierte Heizwerke steuern zu wollen. »Das Heizen mit Holz ist knapp, teuer und unerwartet klimaschädlich.« (Scientists for Future, 2022)

Was viel kostet, ist umkämpft. Was umkämpft ist, ist Ausgangspunkt für Unfrieden. Würde man aus den Wäldern zusätzlich bedeutende Mengen an Holz entnehmen – beispielsweise für das Heizwerk eines Wärmenetzes – dann wären gesellschaftliche Spannungen vorprogrammiert. Bürger, Industrie, Waldbesitzer und Ökologen würden in einen Streit geraten, der eskalieren könnte.

Exkurs

Holz als Ersatzbaustoff für REA-Gips oder Kunststoffe aus fossilen Rohstoffen

Gips ist ein wichtiger Baustoff mit hoher Nachfrage. Und er ist in Gefahr. In Deutschland werden jährlich rund 202 Millionen m^2 Gipskartonplatten und 25 Millionen m^2 Gipsfaserplatten verbaut. Bisher stammen 50 bis 60 Prozent des Rohstoffs aus günstigem REA-Gips. Dieser stammt aus Rauchgasentschwefelungsanlagen der Kohlekraftwerke in Deutschland. Diese Quelle wird fast vollständig versiegen, wenn der Kohleausstieg wie geplant bis zum Jahr 2038 vollzogen wird.

Die Alternative wäre Naturgips. Doch dieser ist nur begrenzt verfügbar und zusätzliche Abbaugebiete sind nicht nur politisch, sondern auch ökologisch umstritten. Derzeit spielt Recycling von Gips kaum eine Rolle. Es liegt bei unter einem Prozent der vorhandenen Masse. Das vorhandene Material ist vom technischen und wirtschaftlichen Standpunkt aus betrachtet praktisch nicht recyclebar.

Damit entsteht eine Versorgungslücke, die zunehmend durch Holz und Holzverbundstoffe wie OSB-, Holzwolle- oder Sandwichplatten geschlossen werden muss. Holz soll möglichst viele fossile Rohstoffe ersetzen. Fast alles, was heute unter Einsatz fossiler Rohstoffe hergestellt wird, kann rein technisch gesehen auch durch Holz und Holzverbundstoffe hergestellt werden. Doch wäre es eine Illusion, zu glauben, man könne alle entstehenden Materiallücken durch Holz ersetzen – denn seine Ressourcen werden nicht ausreichen.

Dieses Beispiel macht die Effekte deutlich, die sich ergeben, wenn fossile Energieträger aus der Energieerzeugung verschwinden. Dadurch wird die Nachfrage an Holz als Rohstoff weiter steigen, was Auswirkungen nicht nur auf die Verfügbarkeit des Rohstoffs, sondern auch auf den Marktpreis haben wird.

Wald muss vielen Anforderungen genügen

Die sicherlich wichtigste Aufgabe des Waldes heute ist seine Funktion als CO_2-Senke. Doch je mehr Holz verbrannt wird, desto mehr CO_2 gelangt in die Luft. Gleichzeitig fehlt die Speicherung von Kohlenstoff in den Waldflächen. Am 08.10.2024 erschien die große Bestandsaufnahme des deutschen Waldes, die zeigt, dass der heimische Wald inzwischen zur Kohlenstoffquelle geworden ist. Das ist beängstigend, denn in allen Klimaszenarien spielt die CO_2-Senkleistung des Waldes eine wichtige Rolle. 40 Millionen Tonnen CO_2 sollte der deutsche Wald im Jahr 2045 tatsächlich aufnehmen können (Krumenacker, 2024). Gleichzeitig wird er für diverse andere Aufgaben benötigt:

- Als Ausgleich zu Dürren und Starkregen muss der Wald seine Filter- und Speicherfunktion erfüllen können.
- Der Erhalt der Biodiversität steht ebenfalls ganz oben auf der Funktionsliste. Wald ist Lebens- und Rückzugsraum für Tiere und Pflanzen. Damit trägt er zum Erhalt und zur Stärkung der Artenvielfalt bei.
- Große Bedeutung hat er auch für die Regulation und Stabilisation des lokalen und regionalen Mikroklimas. Gerade die Verdunstungskühle und die damit einhergehende Luftreinigung sind unverzichtbar für den Menschen.
- Nicht zu unterschätzen ist auch seine Bedeutung für die psychische Gesundheit: Als Erholungsraum ist er unersetzlich.

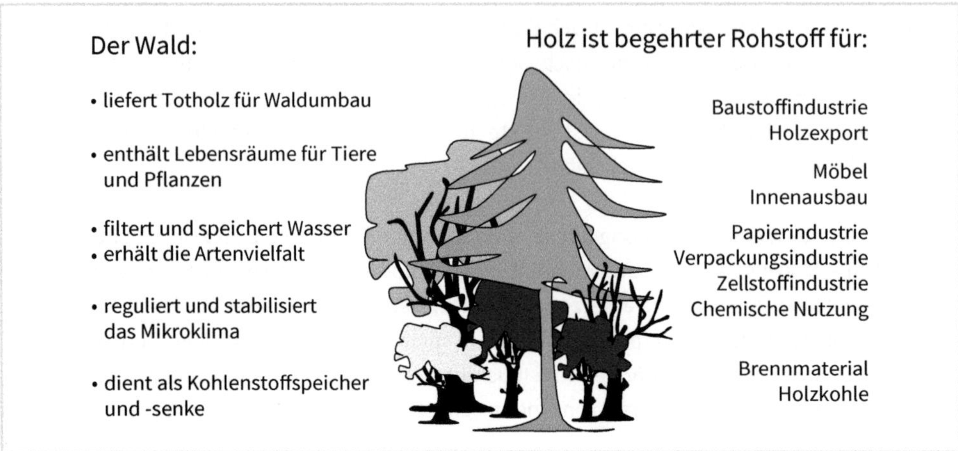

Abb. 30: Die Begehrlichkeiten rund um Wald und Holz führen zu massiver Nachfrage und damit zu einer Verteuerung des Rohstoffes. Außerdem spielt der Wald eine zentrale Rolle im Umweltschutz. *(Grafik: ggb)*

4.1.3 Wasserkraft

Seit Jahrzehnten gehört die Stromerzeugung durch Wasserkraft zu den etablierten Bestandteilen der Energieerzeugung. Die genaue Anzahl an Wasserkraftwerken in Deutschland ist nicht bekannt, doch kann man sich auf Wikipedia einen guten Überblick über die Situation und Leistungsfähigkeit der Anlagen verschaffen.

Wasserkraftwerke sind technologisch ausgereift, sodass sie kaum essenzielle Fortschritte machen können. Geringe zusätzliche Potenziale können durch die Modernisierung und Erweiterung bestehender Anlagen erschlossen werden. Neue Erschließungen sind meist teuer und bedeuten große Eingriffe in die Natur. Jedes Laufwasserkraftwerk unterbricht einen natürlichen Flussverlauf und hat damit deutliche Auswirkungen auf Fauna und Flora.

Exkurs

In Bayern gibt es etwa 4.200 Wasserkraftwerke. 67 davon erzielen eine Ausbauleistung von mehr als 10 Megawatt. Die meisten dieser Kraftwerke sind Laufwasserkraftwerke und nur sieben Speicher- oder Pumpspeicherkraftwerke.

Laufwasserkraftwerke werden an Flüssen mit hoher Fließgeschwindigkeit und großem Wasserdurchfluss errichtet. Nur wenn beides zusammentrifft, lohnt sich die Investition, eine Turbine in den Flusslauf zu setzen. Die Funktionsweise: Das Wasser treibt die Turbine an und über einen Generator wird Strom erzeugt. Die Energieumwandlung läuft also von kinetischer Energie des Wassers zu mechanischer Energie in der Turbine und schließlich zu elektrischer Energie im Generator. Dies ist durch die kontinuierliche Fließleistung des Wassers gegeben. Die Vorteile dieser Kraftwerke liegen im hohen Wirkungsgrad und niedrigen

Betriebskosten. Dagegen schlagen als Nachteile die große Umweltbeeinflussung und hohe Investitionskosten zu Buche.

Pumpspeicherkraftwerke dagegen sind Energiespeicher, die zu Spitzenlastzeiten die übrige Energieversorgung unterstützen. Die Funktionsweise: Steht mehr Strom zur Verfügung als benötigt, wird Wasser aus einem niedrigeren Reservoir in ein höher gelegenes Becken gepumpt. Dabei wird der Strom in den Pumpen zunächst in kinetische und dann in potenzielle Energie des Wassers gewandelt und zurückgehalten. Steigt der Energiebedarf, lässt man das Wasser durch Turbinen ins niedriger gelegene Reservoir ab. Die kinetische Energie des Wassers wird dadurch zurückgewandelt in elektrische Energie. Solche Kraftwerke kommen auf einen Wirkungsgrad von rund 77 Prozent. Das heißt, dass etwa 23 Prozent der Energie durch die Umwandlungen verloren geht. Pumpspeicherkraftwerke leisten heute und künftig einen wichtigen Beitrag im elektrifizierten Energiesystem, da sie als Erzeuger und Verbraucher im Stromnetz agieren können. Sie stützen die Flexibilität des Systems.

Die Wasserkraft leistet seit Beginn des 20. Jahrhunderts einen wichtigen Beitrag zur Stromversorgung in Deutschland. Ihr Beitrag liegt aktuell zwischen 20 und 29 Terrawattstunden pro Jahr (TWh/Jahr). Doch darin zeigt sich auch die Problematik des Klimawandels, der starke Leistungsschwankungen nach sich zieht. Im Jahr 2022 beispielsweise erbrachte die Wasserkraft aufgrund der unbeständigen Niederschlagsmengen nur 17,6 TWh/Jahr (Bundesverband Deutscher Wasserkraftwerke e. V., 2026). Eines ist bereits heute ersichtlich: Durch lange Trockenperioden unterliegt der Energieertrag starken Schwankungen. Es ist also davon auszugehen, dass die nutzbare Energie auf Dauer abnimmt.

4.1.4 Geothermie

Die oberflächennahe Geothermie wird bereits von einigen Privatleuten als Wärmequelle zum Beheizen und Kühlen von Gebäuden mittels Wärmepumpe genutzt. In der Regel werden in Bohrtiefen bis 100 Meter Temperaturen von rund 10 °C für Wärmepumpen erschlossen. Jedoch sind diese Erdbohrungen aufwendig. Vor allem aber gibt es inzwischen eine überraschende Erkenntnis: Die Wärmequelle »Erde« muss nicht effizienter sein als die der Wärmequelle »Luft« (vgl. Kap. 7.2).

Die Erschließung der Mitteltiefe- und Tiefe-Geothermie nutzt Temperaturen von 20 bis 180 °C. Mit Temperaturen über 120 °C kann zusätzlich Strom erzeugt werden. Seine Gestehungskosten liegen in diesem Fall bei etwa 17 bis 27 Cent/kWh. Das Potenzial in Deutschland liegt schätzungsweise bei 50 TWh/Jahr.

Einige Kommunen haben diese Form der Geothermie bereits erfolgreich durchgesetzt.

Ein Beispiel: Oberhaching bei München arbeitet seit dem Jahr 2013 mit Geothermie. Auf der Website der Gemeindewerke kann man lesen, dass bei der Erschließung Bohrtechniken aus der Gas- und Erdölförderung genutzt wurden. In Bayern sind schon über 20 Geothermieanlagen in Betrieb und es werden mehr. Die meisten Anlagen erzeugen klimafreundliche Heizenergie, während südlich von München, etwa in Taufkirchen, aufgrund besonders hoher Temperaturen auch Strom aus Geothermie produziert werden kann. Die bayerischen Anlagen bringen über 280 MWh Wärmeleistung und über 30 MWh elektrischer Leistung. Die Anlage in Oberhaching bezieht ihre Energie aus dem benachbarten Taufkirchen, wo zwischen in den Jahren 2011 und 2012 zwei Tiefenbohrungen bis in eine Tiefe von rund 3.700 Metern durchgeführt wurden. Das dabei geförderte Thermalwasser ist rund 135 °C heiß und hat eine beeindruckende Schüttung von 120 Litern pro Sekunde. Diese Energiequelle wird seither für die umweltfreundliche Fernwärmeversorgung der Gemeinde Oberhaching sowie zur Stromerzeugung genutzt.

Die Erschließung von Geothermie ist jedoch sehr aufwendig und teuer und mit Georisiken verbunden. Wirtschaftlich ist diese Art der Strom- und Wärmeerzeugung nur dann, wenn die passende Geologie vorliegt und ein sehr großer lokaler Energiebedarf besteht. Die sinnvolle Nutzung hängt also von entsprechender Nachfrage ab. Die Investition ergibt Sinn, wenn die Nachfrage über das gesamte Jahr – auch im Sommer – gleich bleibt, wenn also Industrie als verlässlicher Abnehmer vorhanden ist. In Siedlungsgebieten mit Wohn- und Bürogebäuden jedoch, in denen überwiegend die Wärme für den Temperaturausgleich über die Gebäudehülle zur Außenluft erzeugt werden muss, ist Geothermie als Wärmequelle wenig rentabel (vgl. Kap. 7.3).

4.1.5 Wasserstoff

Wasserstoff (H) ist ein leichtes und flüchtiges Gas. Als Energieträger kommt es praktisch nie in reiner Form vor. Der Großteil des Wasserstoffs auf der Erde ist im Wasser (H_2O) gebunden und die Masse des Wassers besteht zu etwa 11 Prozent aus Wasserstoff. Dieser kommt, gebunden an andere Elemente, in sämtlichen Pflanzen und lebenden Organismen vor. Wasserstoff ist ein fester Bestandteil fast aller organischen chemischen Substanzen.

Ein wesentlicher Unterschied zwischen klassischen Treibstoffen und Wasserstoff ist die Energiedichte. Bezogen auf das Volumen bei Normaldruck liegt die Energiedichte von H mit 0,003 kWh/l extrem niedrig. Mehrere hundert bar Druck sind erforderlich, um Wasserstoff mit höherer Energiedichte speichern zu können – oder es ist eine Verflüssigung nötig, wobei selbst dann die volumetrische Energiedichte rund viermal geringer ist als Diesel.

Im Augenblick wird Wasserstoff bei uns zu über 99 Prozent aus Erdgas hergestellt. Dennoch liegt die Nutzung von Wasserstoff als Energieträger durchaus noch im Denkrahmen von Politik und Wirtschaft. Einige Studien gehen von sehr großen Importmengen grünen Wasserstoffs und einem breiten Einsatzgebiet aus (Deutschen Verein des Gas- und Wasserfaches e.V., 2026). Das schlagende Argument ist die Tatsache, dass bei der Herstellung von grünem Wasserstoff kein CO_2 als schädliches Treibhausgas entsteht. Im Zentrum einer treibhausgasneutralen und nachhaltigen Entwicklung sollte daher grüner Wasserstoff stehen.

Grüner Wasserstoff
Grüner Wasserstoff wird ausschließlich mit Strom aus erneuerbaren Energien erzeugt. Beim Elektrolysevorgang wird unter Einsatz von Strom das Wasser (H_2O) in Wasserstoff (H_2) und Sauerstoff (O_2) gespalten. Nimmt man für diesen Vorgang allerdings Strom aus dem öffentlichen Netz, so ist das Endprodukt keineswegs mehr grün, sondern grau. Der graue wie auch der blaue Wasserstoff werden unter Einsatz fossiler Energien hergestellt, wobei nur die blaue Variante das entstehende CO_2 auffängt und unterirdisch speichert.

Was spricht gegen den flächendeckenden Einsatz von Wasserstoff? Die Wasserelektrolyse verbraucht elektrische Energie und eine beachtliche Menge an Wasser. Rund 13 Liter Trinkwasser – das Umweltbundesamt spricht von daraus gewonnenen 10 Litern Reinstwasser – ergeben 1 kg Wasserstoff. Der Wirkungsgrad der Wasserstoffelektrolyse liegt bei etwa 75 Prozent, unterscheidet sich jedoch je nach konkretem Verfahren (Umweltbundesamt, 2024).

Berücksichtigt man neben dem Wasserverbrauch die hohen Umwandlungsverluste in der Nutzung (bei Mobilität zwischen Energiequelle und Rad liegt der Verlust bei 82 bis 85 Prozent) sowie den hohen Energieverbrauch der Elektrolyseure, stellt sich die Frage, ob all dies kostengünstig zu haben ist. Im Umkehrschluss wird die fünf- bis sechsfache Menge an Strom benötigt, um die gleiche Nutzenergie zu erzeugen, wie sich durch eine direkte Strombatterienutzung erzeugen ließe. Zusätzlich müssen auch die technologisch aufwendigen Druckspeicher finanziert werden, die etwa 800 bar Druck aushalten müssen.

Auch der hohe Energieverbrauch bei Import von Wasserstoff wirkt negativ auf die Kosten ein. Der Import verteuert die kWh um mehr als das Doppelte des Preises von inländisch erzeugtem Wasserstoff. Durch die genannten Eigenschaften und Randbedingungen entstehen hohe Preise für Endverbraucher.

Kompakt

Das Umweltbundesamt zieht folgendes Resümee: »Wasserstoff im Verkehr sollte, wenn überhaupt, nur in Bereichen eingesetzt werden, in denen eine direkte Nutzung von erneuerbarem Strom nicht möglich ist. Dies sind insbesondere Bereiche mit einem hohen Energiebedarf oder großen Reichweitenanforderungen, wie beispielsweise der Seeverkehr, Flugverkehr oder gegebenenfalls im Straßengüterfernverkehr. In diesen Bereichen könnten jedoch alternativ zur direkten Wasserstoffnutzung auch Kohlenwasserstoffe oder Ammoniak genutzt werden, zu deren Herstellung wiederum Wasserstoff als Ausgangsstoff eingesetzt wird.« (Umweltbundesamt, 2022).

Ähnlich äußert sich das Amt zur Nutzung von Wasserstoff zu Heizzwecken: Zwar sei es technisch möglich, Wasserstoff für das Heizen von Gebäuden in Brennstoffzellen oder Heizkesseln einzusetzen, jedoch gäbe es ausreichend brennstofffreie Alternativen aus erneuerbaren Energien.

Lediglich in einigen Industrien wie die Stahl- und Chemieindustrie erscheint die Wasserstoffnutzung laut Umweltbundesamt sinnvoll (Umweltbundesamt 2024). Gute Beispielrechnungen und entsprechende Einschätzungen findet man bei Michael Liebreich, der sich als Experte mit der Nutzung von Wasserstoff beschäftigt – und vor allzu großem Optimismus warnt. (Liebreich, 2025)

Nutzung von Wasserstoff in Deutschland

Aktuell werden in Deutschland jährlich ca. 2,2 Millionen Tonnen Wasserstoff verbraucht. Den größten Teil macht mit 60 Prozent die Herstellung von Ammoniak, Methanol und anderen Chemikalien (hauptsächlich Düngemittel) aus. Etwa 20 Prozent der Nutzung fließt in Raffinerien und etwa 10 Prozent verbraucht die Metallindustrie beispielsweise zur Reduktion von Erzen. Der Energiemarkt nimmt sich nur etwa 5 Prozent der gesamten Wasserstoffmenge.

Hochtemperatur-Prozesswärme (ohne Raum- und Warmwasser) für die Industrie, die sich schwer elektrifizieren lässt, ist bei dieser Rechnung noch nicht berücksichtigt. Rund 450 Milliarden kWh werden pro Jahr für industrielle Wärmebedarfe benötigt. 340 Milliarden kWh, also etwa 75 Prozent dieser Gesamtmenge, werden für Temperaturen von über 500 °C benötigt. Eine solche Hochtemperatur lässt sich mittels Strom nicht so einfach erzeugen. Würde man die Hälfte der bisher über fossile Energien erzeugten Kilowattstunden (das sind ca. 170 Mrd. kWh) über grünen Wasserstoff decken wollen, müsste man weitere 5 Millionen Tonnen Wasserstoff herstellen.

Liebreichs Berechnungen nach ist grüner Wasserstoff aus Deutschland mit einem Preis von 3 bis 5 Euro pro Kilo nicht konkurrenzfähig gegenüber Importen aus Ländern wie China oder Indien. Im Vergleich zu grauem Wasserstoff, dessen Preis bei rund 1 Euro pro Kilo liegt, hätte der grüne Wasserstoff aus Deutschland erst recht keine Chance auf dem Markt. Technisch ist die Anwendung von Wasserstoff durchaus möglich, jedoch werden fossile Energieträger wie Gas und die »Allzweckwaffe« Strom immer preisgünstiger sein.

Liebreichs Einschätzung wird im HYPAT Abschlussbericht in derselben Größenordnung bestätigt (HYPAT 2024). Dort ist nachzulesen, dass der Preis für Wasserstoff im Jahr 2050 um das 2,5-Fache höher liegen wird als der Preis für Erdgas.

Schon die bestehenden Bedarfe an Wasserstoff in eingeschränkt elektrifizierbaren Bereichen der Industrie sind kaum zu bedienen. Sein Einsatz im Niedertemperaturbereich der Raumwärme ist daher nichts als Wunschdenken.

Exkurs

Die Nutzung von Wasserstoff als Massenware wird wie ein »neues Öl« des Öfteren werbewirksam in der öffentlichen Diskussion platziert. Doch dahinter stecken diverse Glücksritter. Teilweise werden hohe Subventionen in unwirtschaftliche Technologien beziehungsweise Anwendungsbereiche gesteckt und auf den Markt gebracht. Die Verbraucherzentrale Bayern warnt inzwischen vor dem Einsatz von Wasserstoff für Heizungszwecke. *»Derzeit sind Heizungen, die vollständig mit Wasserstoff betrieben werden können, nicht verfügbar. Zudem fehlt es an einer flächendeckenden Infrastruktur für die Verteilung von Wasserstoff.«* (Verbraucherzentrale, 2026).

Michael Liebreich, Experte im Thema Wasserstoff
Lernraten bei der Wasserstoffherstellung: Im Vergleich zu Technologien wie Photovoltaik, Windenergie oder Batteriespeichern weist die Herstellung und Verteilung von Wasserstoff deutlich geringere Lernraten auf. Es ist also kaum anzunehmen, dass grüner Wasserstoff in absehbarer Zeit deutlich billiger herzustellen sein wird.

Kostenstruktur der Wasserstoffherstellung:
- 40–50 Prozent für die eingesetzte elektrische Energie sowie
- etwa 30 Prozent für Bau- und Anlagenkosten. Diese beiden sind die wesentlichen Kostentreiber in jedem Projekt,
- rund 15–20 Prozent auf Steuern, Umlagen und Netzentgelte,
- etwa 11 Prozent für die Elektrolyseure.
  Im Bereich der Elektrolyseure sind technische Lernraten tatsächlich möglich. Doch der überwiegende Teil der Kosten wird von strukturellen Faktoren bestimmt und ist daher kaum durch Skalierung oder technologische Fortschritte beeinflussbar.

Wasserstoffimporte: Liebreich vergleicht den Import von Wasserstoff mit dem Import von Flüssiggas (LNG) anhand von Schiffsladungen: Eine typische Schiffsladung LNG stellt rund 1 TWh Energie bereit. Würde man diese Energiemenge in Form von Wasserstoff transportieren, ergäben sich mehrere Herausforderungen:
- Geringe volumetrische Dichte: Flüssiger Wasserstoff enthält nur etwa ein Drittel der Energie von LNG. Um dieselbe Energiemenge wie eine LNG-Schiffsladung zu transportieren, wären also drei mit Wasserstoff beladene Schiffe nötig.
- Verflüssigungsaufwand: Um Wasserstoff von seinem gasförmigen in einen flüssigen Zustand umzuwandeln, ist sehr viel Energie notwendig. Das Gas muss auf -253 °C gekühlt werden. Durch die Verflüssigung gehen etwa 40 Prozent der Gasenergie verloren. Um die Energie von drei Schiffsladungen Wasserstoff auf den Weg zu bringen, wird somit die Energie von fünf LNG-Schiffen benötigt.

- Transportverluste: Auf der Fahrt entstehen Abdampfverluste von etwa 20 Prozent. Von den ursprünglich drei Schiffsladungen Wasserstoff kommen am Ziel nur noch 2,5 Schiffsladungen an.
- Kostenintensiver Transport: Die Tanks und Materialien müssen extrem niedrigen Temperaturen standhalten, was die Ausstattung der Schiffe erheblich verteuert.

Praktische Erfahrungen bestätigen diese Schwierigkeiten: Der japanische Mobilitätshersteller Kawasaki hat den Wasserstofftransport per Schiff größtenteils eingestellt, obwohl das Projekt von der japanischen Regierung stark gefördert wurde.

Die Energiemenge, die durch eine Schiffsladung LNG transportiert werden kann, benötigt – sofern man Wasserstoff als Energieträger einsetzt – das Fünffache an Transportenergie. Dabei kommen jedoch nur 0,8 Schiffsladungen Energie im Bestimmungshafen an. Technisch gesehen ist ein solcher Transport möglich –wirtschaftlich betrachtet jedoch ein Verlustgeschäft. Auch der mögliche Umweg über Ammoniak ist wegen der hohen Umwandlungsverluste von etwa 80 Prozent nicht attraktiv. Der Energiebedarf wird auch bei Einsatz von Ammoniak etwa fünfmal höher sein als der Energiebedarf für den LNG-Transport.

4.1.6 Fazit

Die überwiegende Mehrheit der Wissenschaftler ist sich einig: Wasserstoff wird dringend benötigt. Gleichzeitig aber ist dieser Energieträger weitaus teurer als andere und er benötigt Expertenwissen. Daher wird er aus ökonomischer Sicht voraussichtlich nur in ausgewählten Anwendungsbereichen und im Rahmen staatlich geförderter Projekte als Energieträger infrage kommen.

Michael Liebreich ist nur einer von zahlreichen Fachleuten, die sich mit der Frage beschäftigen, in welchen Anwendungen elektrische Energie (Strom) und chemische Energieträger wie Wasserstoff die jeweils besseren Voraussetzungen bieten. Während ältere Einschätzungen bestimmte Anwendungsfelder, etwa den Fernverkehr, klar dem Wasserstoff zugeordnet haben, zeigt sich heute ein anderes Bild. Die rasante Entwicklung im Batteriebereich – insbesondere sinkende Kosten und steigende Energiedichten – macht ehemals undenkbare Anwendungen zunehmend möglich, beispielsweise E-Trucks, batteriegetriebene Züge und E-Fähren.

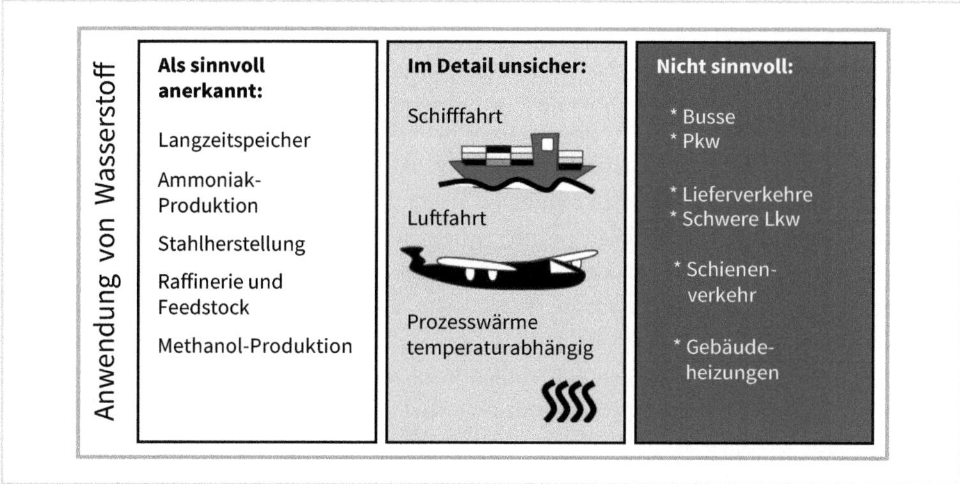

Abb. 31: Aktuelle Einschätzungen zu Anwendungsfeldern für chemische Energieträger wie Wasserstoff – im mittleren Feld wird noch geforscht und bewertet. *(Grafik: ggb)*

4.2 Weitere Speichertechnologien

Neben den erwähnten elektrochemischen Speichern (Batterien) gibt es noch eine Reihe weiterer interessanter Energiespeicher:

- chemische – etwa Wasserstoff in Kavernen,
- thermische – unter anderem Fernwärme- und Erdwärmesonden-Speicher,
- mechanische – wie Pumpspeicherwerke für Wasserkraft und Schwungmassenspeicher,
- elektromagnetische und elektrische Speicher – unter anderem Kondensatoren und Spulen.

Man teilt sie nach Speicherkapazität, bezogen auf die Energiemenge und Speicherdauer ein. Das Buch »Energiespeicher – Bedarf, Technologien, Integration«, Michael Sterner, Ingo Stadler (2017) gibt einen umfassenden Überblick dazu.

Die verschiedenen Speichertechnologien sowie ihre technischen Vor- und Nachteile spielen eine große Rolle. Maßgeblich ist jedoch, dass ausreichend Speicherkapazität zur Verfügung steht (siehe »kalte Dunkelflaute« bei gleichzeitig hohem Heizenergiebedarf in Kapitel 3.3.6.)

Eine Berechnung des Umweltbundesamtes aus dem Jahr 2010 zeigt die Potenziale von Stromspeichern mithilfe des »Power-to-Gas Konzeptes«. Gebunden ist dieses Konzept an eine sinnvolle und durchgängige Sektorenkopplung (Umweltbundesamt, 2010). Eine wichtige Rolle spielen die übrigen Energieträger wie Biomasse, Biogas oder Wasserkraft. Sie sind ergänzende Absicherungen zur Erzeugung von Strom in Zeitabschnitten, in denen Windenergie und Sonnenstrom nicht in ausreichender Menge zur Verfügung stehen. Das ist auch der Grund, weshalb alle anderen »weniger effizienten« Energieträger als flexible Erzeuger im neuen Energiesystem ihre Berechtigung haben. Das Gros der Energiemenge wird jedoch durch PV und Windenergie deckt.

Kompakt

Dies bedeutet: elektrische Energie ist auch in der Winterperiode ausreichend und kostengünstig vorhanden – eine Aussage, die oftmals nicht an die Öffentlichkeit kommt.

Thermische Speicher befinden sich aktuell im Trend. Die Nachfrage ist hoch. Tank-, Erdwärmesonden-, Aquifer- und Erdbeckenspeicher scheinen innovative Möglichkeiten zu eröffnen und Bedarfs- und Erzeugungsschwankungen auszugleichen – verbunden mit dem Ausgleich von Überschuss- oder Bedarfsspitzen. Thermische Speicher könnten sommerliche Überschusswärme saisonal bis in die Heizperiode hinein überführen, zur Betriebsoptimierung anderer Anlagen im Netz beitragen und auf Marktschwankungen am Strommarkt reagieren. Sicherlich trägt auch die hohe Speicherkapazität dazu bei, dass thermische Speicher einen Aufschwung erleben. Doch es ist nicht alles Gold, was glänzt.

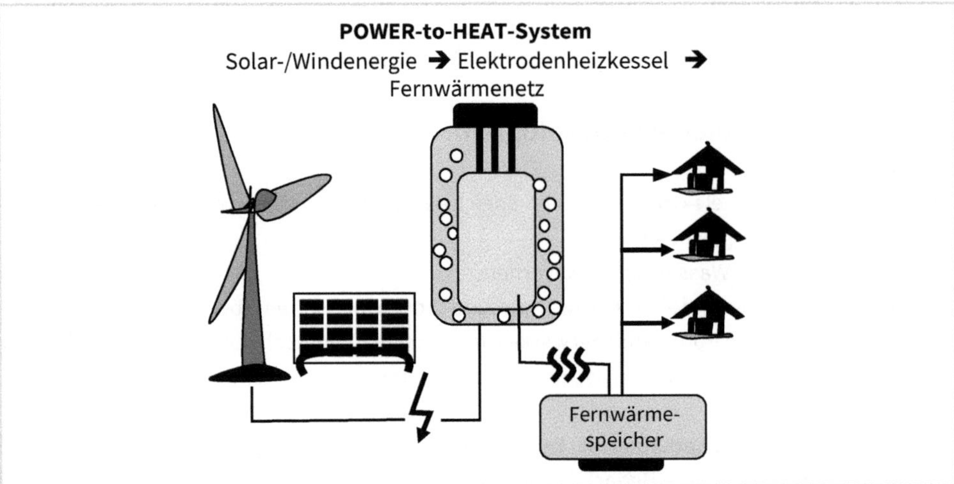

Abb. 32: Thermische Speicher für Fernwärme sind technisch problemlos machbar. Dennoch sollte man den Einsatz hinterfragen. *(Grafik: ggb)*

- Die Investitions- und Betriebskosten sind insbesondere bei großen saisonalen Speichern hoch. Referenzprojekte gibt es relativ wenig.
- Thermische Speicher weisen abhängig von Medium und Bauform relevante Wärmeverluste auf. Verluste von 30 Prozent bei Langzeitspeichern sind durchaus möglich (IEA DHC, 2021) – unabhängig von der jeweiligen Isolierung.
- Im Gegensatz zu elektrischen Speichern fehlt thermischen Speichern die Flexibilität, verschiedene Sektoren wie Strom, Mobilität und Industrie zu koppeln. Dies macht das System einseitig und unflexibel. Die Auslegung auf mögliche Lastspitzen bedeutet immer höhere Sicherheitsreserven, was Kosten hervorruft. Erfolgt die Energiespeisung nur über Solarthermie, so ist man von der Sonne abhängig. Einen Ausgleich von Windkraft – wie bei ver-

netzten strombasierten Systemen – gibt es nicht. Das erfordert eine größere Auslegung oder die Implementierung zusätzlicher Energieträger für die Spitzenlast.

- Für Wärmespeicher und ihre Netze ist eine parallele Infrastruktur für Strom und Wärme erforderlich. Diese doppelten Infrastrukturen müssen vom Endkunden finanziell getragen werden.
- Das System ist nur einseitig nutzbar. Einmal umgewandelt in das Speicherprodukt »Wärme«, kann die Energie auch nur als Wärme verbraucht werden. Andere Verbraucher können nicht bedient werden.
- Das Energieniveau ist häufig zu niedrig (nur 40 °C), um eine Gebäudeheizung direkt zu speisen. Also muss der jeweilige Abnehmer eine Wärmepumpe für die Realisierung des Temperaturhubs betreiben.

Ein verbreitetes Argument für Wärmespeicher ist der Energieengpass im Winter. Doch auch im Winter ist in Deutschland ausreichend Primärenergiepotenzial vorhanden. Durch den Betrieb von Wärmepumpen mit Netzstrom, der zunehmend aus Windkraft gewonnen wird, kann ausreichend Wärme erzeugt werden. Und Windkraft liefert auch in den Wintermonaten günstigen Strom. Tatsächlich zeigen aktuelle Studien, dass bei einem konsequenten Ausbau von Windkraft und Nutzung von strombasierten Heizsystemen der Energiebedarf ganzjährig gedeckt werden kann (Fraunhofer-Institut, 2025)).

Ob sich ein thermischer Speicher rechnet, liegt an einer Kernfrage: Was kostet es, 1 kWh thermisch zu speichern? Mit anderen Worten: Was kostet jeder Be- bzw. Entladevorgang des Speichers? Hier tritt der Wärmespeicher (thermische Energie) indirekt in Konkurrenz zum Batteriespeicher (elektrische Energie), der inzwischen immer günstiger wird.

Heute ergeben sich bei elektrischer Zwischenspeicherung Kosten von etwa 10 Cent pro Kilowattstunde (kWh). Eine Wärmepumpe wandelt 1 kWh elektrische Energie in rund 3 bis 4 kWh Wärme um. Vereinfacht dargestellt, liegen die Kosten bei 2,5 bis 3,5 Cent pro kWh Wärme. Dabei ist die Speicherdauer allerdings auf einige Tage begrenzt.

Die Investitionskosten für thermische Speicher liegen dagegen nach Literaturangaben bei rund 1 Euro pro kWh. Rechnet man einen Ladezyklus pro Jahr und berücksichtigt die entsprechenden Betriebs- und Kapitalkosten (bei 40 Jahren Abschreibung), entstehen Speicherkosten von rund 4 bis 8 Cent pro kWh Wärme. Auch im günstigsten Fall wird die thermische Speicherung also immer teurer sein als die elektrische.

Welche Anforderungen werden an das Volumen thermischer Speicher gestellt? Folgendes vereinfacht Rechenbeispiel zeigt, welche enormen Kubaturen für Speicher benötigt werden, um nennenswerte Energiemengen zu speichern: Rund 900 Liter Wasser sind nötig, um 1 kWh Energie thermisch bei 1 °C Temperaturunterschied zu speichern. Ein Gebäude benötigt in einer Winterperiode etwa 20.000 kWh. Möchte man größere Quartiere mit 100 Gebäuden versorgen, werden Speicher benötigt, die mehrere Meter tief sind und Fußballfeldgröße umfassen. Das ist keine Seltenheit.

Die Herstellungs- und Betriebskosten müssen auf die Be- und Entladezyklen verteilt werden. Ein saisonaler Speicher kommt gerade einmal auf etwas mehr als einen Zyklus. Bei dieser Rechnung muss man außerdem berücksichtigen, dass Erdspeicher ein deutlich erhöhtes Investitionsrisiko tragen. Dies liegt an den besonderen Herausforderungen an den Baugrund, der von Altlasten und Kampfmitteln oder Leitungen aller Art frei sein muss. Zudem müssen bestehende Infrastrukturen berücksichtigt werden. Es ist nicht einfach, einen geeigneten Grund für einen solchen Speicher zu finden.

4.3 Weltweite Trends und Wachstum der Schlüsseltechnologien

Weltweit steigen die Investitionen in saubere Technologien. Jedes Jahr wird mehr investiert, ein exponentielles Wachstum findet statt. 400 Milliarden US-Dollar Investitionen waren es im Jahr 2015. In knapp 10 Jahren hat sich diese Summe verfünffacht und lag im Jahr 2024 bei 2.000 Milliarden US-Dollar.

Der Anteil von Strom an der Endenergie steigt seit 2010 enorm an. China liegt heute bei rund 30 Prozent Elektrifizierungsrate. Allein in den letzten 10 Jahren hat das Land rund 10 Prozentpunkte zugelegt und entwickelt sich damit neunmal schneller als der Rest der Welt (EMBER 2025).

Gerade China hat diese äußerst wirtschaftlichen und günstigen Schlüsseltechnologien sehr früh erkannt und treibt mit einem rasend schnellen Wachstum die Elektrifizierung voran. Innerhalb eines Jahrzehnts stieg dort die Stromerzeugung aus Photovoltaik um das 35-Fache, aus Windenergie um das 9-Fache. Elektrofahrzeuge und Batterien entwickelten sich noch viel schneller.

Dieses Tempo des Wandels wurde bisher deutlich unterschätzt. Sogar der neutrale »World Economic Outlook« (EMBER 2025) hat das Wachstum in dieser Form nicht erkannt. Der Wandel wurde linear vorhergesagt, er ist jedoch exponentiell.

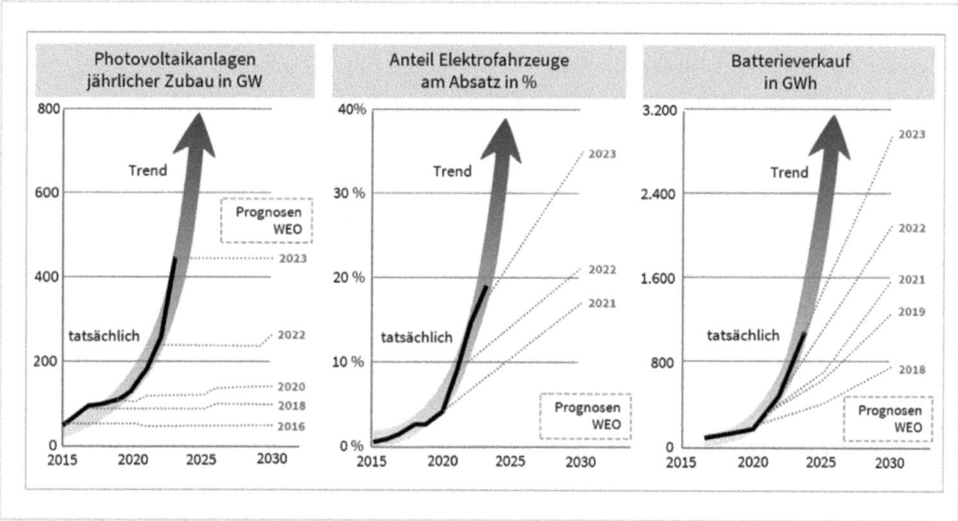

Abb. 33: Exponentielles Wachstum des Wandels –Sowohl die Inbetriebnahme neuer PV-Anlagen als auch der Absatz von E-Fahrzeugen und damit verbunden der Batterieverkauf haben sich deutlich schneller entwickelt, als viele vorhergesehen hatten. *(Grafik: th)*

Konkret heißt das: Stromerzeugung aus Wind verdoppelt sich weltweit alle 5 bis 6 Jahre, die globale Solarstromerzeugung – deutlich schneller – alle 2 bis 3 Jahre. Die rasanteste Entwicklung aber machen Batteriespeicher. Ihre Kapazität verdoppelt sich jedes Jahr.

Je mehr günstige elektrische Energie zur Verfügung steht, desto schneller entwickeln sich angemessene Produkte. Die Elektrifizierung vieler Endanwendungen steigt ebenso exponentiell an. Der weltweite Bestand an Elektroautos, Elektro-Lkws und strombasierten, automatisierten Geräten verdoppelt sich alle zwei Jahre. Damit drängen die Produkte die herkömmlichen, meist fossil betriebenen Endanwendungen massiv vom Markt. Sogar bei Heizungsanlagen, die einem deutlich längeren Lebenszyklus als beispielsweise ein Rasenmäher unterliegen, wurde eine Verdopplung in den vergangenen 8 bis 10 Jahren festgestellt.

Die Massenproduktion führt zu Skaleneffekten, die die Solarstromkosten weiter senken und somit die Elektrifizierung weiter antreiben. Das sind die Effekte:

- Im gesamten Jahr 2004 lag der Photovoltaikzubau weltweit bei 1 Gigawatt.
- 19 Jahre später wurde dieser Zubau täglich realisiert und im Jahr 2023 das 364-Fache erreicht.
- Die jährliche Photovoltaikleistung ersetzt 77 Kernkraftwerke der 1.000-Megawatt-Klasse beziehungsweise rund 370 der 375-Megawatt-Kraftwerksblöcke.
- Im Jahr 2024 wurden weltweit sogar rund 590 GW neu installiert, wobei China mit etwa 240 GW den größten Anteil hatte. Der Zuwachs im Vergleich zum Vorjahr lag dort bei etwa 45 Prozent.

- Noch beeindruckender ist, dass Ende 2024 weltweit eine PV-Kraftwerksleistung von insgesamt 2.234 GW installiert ist.
- In einem einzigen Jahr, nämlich 2024, wurde über ein Viertel der weltweiten PV-Kraftwerksleistung installiert.

4.3.1 Bedeutung für die (Welt-)Wirtschaft

Man kann es nicht oft genug sagen: Strom übernimmt die Führung. Strom ist bereits heute der größte Lieferant an nutzbarer Energie. Häufig wird die Primärenergie in Bezug auf die Energiearten Gas, Öl, Kohle und Solarstrom verglichen. Vergleicht man jedoch die tatsächlich nutzbare Energie (nach allen Verarbeitungs- und Umwandlungsverlusten), ist Strom die Energieart, die weltweit am meisten genutzt wird. Strom ist also der größte Energiemarkt in Bezug auf nutzbare Energie.

Exakt dieser Strommarkt wird durch erneuerbare Energien unaufhaltsam erobert. Das Fraunhofer-Institut Freiburg geht bis ins Jahr 2045 von einer Halbierung der Stromgestehungskosten für Photovoltaik aus. Auch die Windenergie wird sich nochmals um etwa 10 bis 20 Prozent verbilligen (Fraunhofer, 2024). Ein Grund dafür dürften die vorhandenen Lieferketten und Produktionsstätten für Solar- und Batteriekapazitäten sein, sodass sich ein sich selbst verstärkender Wandel einstellt. Er stellt sich wie folgt dar:

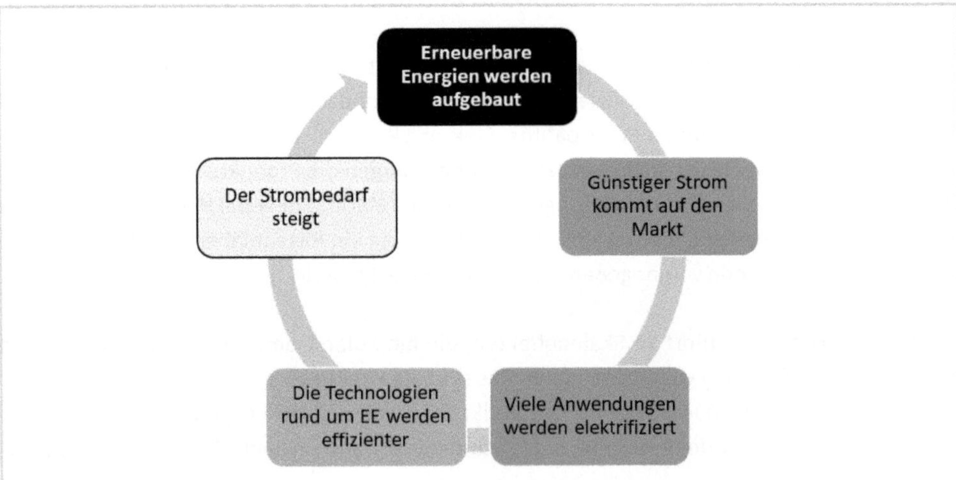

Abb. 34: Effektketten erneuerbarer Energien – Die Effekte stützen sich gegenseitig und so treibt sich auch die Spirale selbst an. *(Grafik: ggb)*

Diese Entwicklung wird sich für die Stromkunden positiv auswirken. Setzt sich das exponentielle Wachstum fort – und davon ist auszugehen –, wird erwartet, dass innerhalb der kommenden fünf Jahre weltweit ein Zubau an Photovoltaikleistung von über 1.000 Gigawatt pro Jahr erfolgt. Das macht leistungsstarke Batterien nötig. In diesem Bereich wird sogar ein Absatz von 6.000 Gigawattstunden pro Jahr erwartet. Die gesamte Batteriekapazität wird dann die Kapazität der Wasserspeicherkraftwerke überholen.

Erneuerbare Energien und die damit verbundenen Batterietechnologien sind ein wichtiger Wachstumsmotor für die weltweite Wirtschaft. Und dieser Trend wird sich automatisch fortsetzen – unabhängig davon, ob die Politik in Deutschland unterstützend tätig wird oder nicht.

Das enorme Entwicklungstempo wird dazu beitragen, dass unwirtschaftliche Verfahren aus dem Markt verdrängt werden. Aller Voraussicht nach wird ein Preisschock durch Überkapazitäten entstehen. Die Folge: Diejenigen, die an alten Energie- und Verteilungssystemen festhalten und die jetzt noch verbleibende Zeit nicht nutzen, um neue Geschäftsfelder aufzubauen, werden auf der Strecke bleiben.

Vermutlich trifft das vor allem kommunale Stadt- und Gemeindewerke in Deutschland, die in der Zwischenzeit von Privatfirmen rechts überholt werden, wenn sie nicht umgehend in die Geschäftsmodelle des neuen Strommarktes einsteigen, Wissen aufbauen, sich die nötigen Flächen sichern oder zumindest gute Verträge mit Kooperationspartnern eingehen.

Exkurs

Beispiele für das exponentielle Wachstum erneuerbaren Energien weltweit

Indien, das bevölkerungsreichste Land der Erde, stellt seine Energieversorgung in kürzester Zeit um. Das Land setzt auf PV Module und Batteriespeicher. Da hier das Problem der Winterflaute nicht eintritt, ist der Umbau des Energiesystems gut realisierbar. Indien hat bereits den historischen Meilenstein von 100 GW Solarstromleistung erreicht. (Solarbranche, 2025) Innerhalb von nur 10 Jahren legte der indische Solarstromsektor von anfänglich 2,82 GW auf 100 GW Solarstromkapazität zu. Das ist eine Steigerung von unglaublichen 3.450 Prozent. Das Land stellt auch eigene Solarmodule her. In den vergangenen 10 Jahren ist die Produktionskapazität nach Angaben des Energieministeriums auf 60 GW angestiegen. Mit kontinuierlicher politischer Unterstützung sei Indien auf dem besten Weg, bis 2030 eine Produktionskapazität von 100 GW für Solarmodule zu erreichen.

Pakistan zieht in dieser Hinsicht problemlos nach. Die Deutsche Welle berichtete im November 2024, Pakistans Solarausbau sei laut Dave Jones, der als Energieanalyst bei der britischen Denkfabrik *Ember* die globale Energiewende verfolgt, »wahrscheinlich der extremste, der in jemals in einem Land in dieser Geschwindigkeit stattgefunden hat«. Laut Jones' Team werde das Entwicklungsland Pakistan zu den führenden Ländern bei der Installation von Solaranlagen gehören (Deutsche Welle, 2024). Explosionsartig hat sich der Solarausbau verbreitet. Innerhalb eines Jahres wurden mehr als 33 Prozent der gesamten Kapazität der Stromerzeugung installiert. Das hat zwei Gründe: Zum einen sind die aus China importierten Solarmodule extrem billig, zum anderen steckt nicht etwa der Staat hinter dieser Entwicklung, sondern Privatleute und Firmen, die an den günstigen, zuverlässigen Strom kommen wollen. In Pakistan zeigt sich die Problematik der bisherigen Energieversorger im Land: Da die Kapazität der Kraftwerke nicht mehr ausgenutzt wird, ergeben sich Finanzierungsprobleme bei den Kraftwerkbetreibern und auch das Problem der Stromnetzkapazität ist nicht gelöst. Nun wird befürchtet, dass der Staat ein Verbot für private Stromerzeugung durch PV-Module erlässt.

Saudi-Arabien investiert in den größten Batteriespeicher der Welt. Wie der Business Insider berichtet, hat der drittgrößte Ölproduzent der Welt den chinesische Autobauer BYD beauftragt, im Königreich den größten Energiespeicher der Welt zu bauen. So soll der Speicher laut Business Insider mit 12,5 GWh Kapazität den kalifornischen Großspeicher mit knapp 2,3 GWh Kapazität um ein Vielfaches übertreffen (Business Insider, 2025). Diese Planung unterstützt das Vorhaben »Saudi Vision2030«, dessen Ziel es ist, den Energiebedarf des Landes zu 50 Prozent über erneuerbare Energien zu decken. Bis wann dieses Projekt realisiert und was es kosten wird, ist aktuell nicht bekannt.

4.3.2 Beispiele die Elektrifizierung von mobilen Anwendungen

Zur See
Die Elektrifizierung macht auch vor der Schifffahrt nicht halt. China brachte im Jahr 2023 beeindruckende technische Innovationen hervor, darunter das größte vollelektrische Containerschiff der Welt. Ausgestattet mit einem 50-MWh-Batteriespeicher treiben zwei Elektromotoren mit jeweils 900 KW Leistung das Schiff an, das bis zu 700 standardisierte 20-Fuß-Container transportieren kann. Die leeren Batterien werden während des Frachtumschlags im Hafen gegen vollgeladene ausgetauscht, was den Betrieb äußerst effizient gestaltet. Auch auf der Passagierseite setzt die Elektrifizierung neue Maßstäbe: Die australische Werft Incat hat das größte vollelektrische Schiff der Welt zu Wasser gelassen. Die 120 Meter lange Elektrofähre wird künftig bis zu 2.100 Passagiere und 225 Fahrzeuge zwischen Buenos Aires (Argentinien) und Uruguay transportieren – ausschließlich mit Batteriestrom. Das Energiesystem des Schiffes besteht aus über 250 Tonnen Batterien mit einer Gesamtkapazität von mehr als 40 MWh. Tasmaniens Premierminister Jeremy Rockliff bezeichnete die Inbetriebnahme als einen Meilenstein für die australische Industrie (Spirlet 2025).

Auf der Schiene
In den letzten Jahren zeigt sich ein deutlicher Trend zu Batteriezügen von bislang nicht-elektrifizierten Bahnstrecken (ohne Oberleitungen). Das gilt insbesondere im Personen-Regionalverkehr. Das lange vorgebrachte Argument der fehlenden Reichweite von Elektroantrieben verliert zunehmend an Bedeutung: Heute können deutlich über 90 Prozent der nicht elektrifizierten Strecken mit den am Markt verfügbaren batterieelektrischen Triebzügen (Battery-Electric Multiple Unit, BEMU) befahren werden. Daraus kann man Rückschlüsse auf die Kosteneinschätzungen der künftigen Betreiber ziehen. Auf der InnoTrans 2024, die wichtigste internationale Plattform für die Bahn- und Verkehrstechnikindustrie, wurde diese Entwicklung besonders

sichtbar, da dort deutlich mehr Batterieelektrozüge als Dieselzüge präsentiert wurden. Die Bahnbranche verlagert sich zunehmend weg vom Diesel und setzt konsequent auf elektrische Alternativen. Batteriezüge bieten eine realistische und wirtschaftliche Lösung, um nicht-elektrifizierte Strecken nachhaltig zu modernisieren.

Auf der Straße

Vor 10 bis 15 Jahren konnte noch niemand seriös beantworten, ob und wann sich die Elektrifizierung im Nutzfahrzeugsektor durchsetzen würde. Heute ist die Richtung eindeutig: Die Nutzfahrzeugindustrie stellt ihre Produktionslinien konsequent auf Elektromobilität um.

Alexander Vlaskamp, Vorstandsvorsitzender von MAN, setzt mit dieser Aussage aus dem Jahr 2024 ein markantes Zeichen: *»Der Zug zur E-Mobilität ist auch bei Lkw und Bussen längst abgefahren. Mitte der 2030er-Jahre wird der Dieselbus verschwinden. Beim LKW geht es ebenfalls Schlag auf Schlag.« (Szigetvari, 2023).*

Kompakt

Die Entwicklung ist nicht aufzuhalten: Auch Nutzfahrzeuge für den Gütertransport werden künftig fast vollständig elektrisch betrieben. Schätzungen gehen von einem Anteil von 80 bis 90 Prozent aus.

Ein deutlicher Beleg für den Markthochlauf ist die Vielfalt verfügbarer Modelle: Im Oktober 2024 standen in Deutschland bereits 164 elektrisch angetriebene Fahrzeugmodelle im Segment der schweren Lkw und Sattelzugmaschinen über 3,5 Tonnen zur Verfügung. Damit hat sich das Angebot innerhalb von nur zwei Jahren mehr als verdoppelt. Die Modelle decken inzwischen sämtliche Größenklassen im Nutzfahrzeugbereich ab (DWI, 2024).

In vielen Fällen erfolgt die Ladung im Depot, sodass ein Großteil der Antriebsenergie dort bereitgestellt wird. Für unterwegs stehen aktuell gut 31.000 öffentlich zugängliche CCS-Ladepunkte zur Verfügung. Zwar sind diese in erster Linie für Pkw ausgelegt, können teilweise aber auch von Lkw genutzt werden. Ladeleistungen bis 400 Kilowatt sind aktuell Standard.

Besonders bemerkenswert ist die Effizienz des E-Lkw: Vergleicht man den Energiebedarf, um 1 Kilogramm über 100 Kilometer zu transportieren, liegt der E-Lkw mit 3 Wh rund dreimal günstiger als das ohnehin schon effiziente E-Auto mit 10 Wh. Dieser massive Effizienzvorteil macht die Elektromobilität im Transportsektor wirtschaftlich besonders attraktiv und beschleunigt die Umstellung – denn im Wettbewerb zählt jeder Cent pro gefahrenem Kilometer.

Elektrifizierung von Fahrzeugen - Energieverbrauch nach Effizienz
Quelle: Forum Mobility 2025

E-Lkw	E-Zug	E-Pkw
80 – 120 kWh/100 km	600 kWh/100 km	15 - 25 kWh/100 km
42 t	120 t	2.000 kg
3 Wh/100km/kg	**5 Wh/100km/kg**	**10 Wh/100km/kg**

Pedelec	E-Scooter	E-Motorrad
1 kWh/100 km	2 kWh/100 km	6 - 8 kWh/100km
100 kg	100 kg	300 kg
10 Wh/100km/kg	**20 Wh/100km/kg**	**25 Wh/100km/kg**

Abb. 35: Elektrifizierung von Fahrtzeugen – Um 1 kg Gewicht über 100 km zu transportieren, ist wenig elektrische Energie nötig. Dabei gilt: Je größer die Fahrzeuge, desto höher liegt der Effizienzgewinn. Am schlechtesten schneiden Motorrad und E-Scooter ab. Den höchsten Gewinn fährt der E-Lkw ein. *(Grafik: ggb)*

Neben den wirtschaftlichen Faktoren werden weitere Randbedingungen den Prozess beschleunigen und unaufhaltbar machen. Denn die neue Energie, also Strom, unterscheidet sich grundlegend von der Energie aus Kohlenstoff.

Kohlenstoff (-Zeitalter)	**Strom** (-Zeitalter)
➔ Endlich	✓ Ewig
➔ Geografisch konzentriert	✓ Überall verfügbar
➔ Verschwenderisch	✓ Effizient
➔ Kontinuierlicher Materialfluss	✓ Zirkulär
➔ Analog	✓ Digital
➔ Ergibt Profite für Einzelne	✓ Ermöglicht Profite für Jedermann
➔ Hemmt die wirtschaftliche Entwicklung	✓ Treibt Innovationen an
➔ Konzentriert die Energie	✓ Lokalisiert und verteilt die Energie
➔ Belastet die Umwelt (CO_2-Ausstoß)	✓ Agiert sauber und leise
➔ Erzeugt Klimafolgekosten und irreversible Schäden	✓ Hat geringe Auswirkungen auf die Umwelt

Abb. 36: Das 21. Jahrhundert ist das Zeitalter des Stroms. *(Grafik: th)*

5 Strategischer Einstieg in kommunale Planungen

In allen Fällen, die im Folgenden zur Sprache kommen, lässt sich eine klare Aussage ablesen: Nur wenn die Entscheider ehrlich am Thema interessiert sind, wenn die Mitglieder der Gremien die Energiewende als unverzichtbar wahrnehmen und sie unterstützen, anstatt sie aus politisch motivierten Eigeninteressen heraus zu bekämpfen, können erste Schritte eingeleitet werden. Danach ist es wichtig, nicht in hektischen Aktionismus zu verfallen, sondern sich Fachkenntnis in Form von Klimaschutzmanagern und Energieexperten zu holen. Auch die frühzeitige Einbindung der Gemeinde- oder Stadtwerke ist unverzichtbar. Idealerweise nimmt man das, was von dort in die Diskussion eingebracht wird, ernst und überlegt, wie man die Aufgaben bestmöglich verbinden und damit auch finanzieren kann.

Wenn diese Überlegungen zu einem spruchreifen Grad gewachsen sind, ist es sinnvoll, die Bevölkerung mit auf diese Reise zu nehmen. Viel Arbeit muss in die Kommunikation mit den Bürgern gesteckt werden. Viele Schulterschlüsse sind herzustellen und immer muss der Blick darauf gerichtet bleiben, dass die Bevölkerung optimal aus dem Umbau der Energieversorgung profitiert.

Auch wurde in den vielen Gesprächen, die für dieses Kapitel geführt wurden, deutlich: Wer zu viel auf einmal will, wird die Menschen verlieren, die diesen Weg mitgehen sollen. Nur wer bereit ist, für die Sache zu kämpfen, Kritik einstecken kann und stets den Vorteil für Kommune und Menschen im Auge behält, der wird den überwiegenden Teil der Bevölkerung vor Ort erreichen. Wer hingegen Angst davor hat, Unbelehrbare nicht mitziehen zu können, der wird erst gar nicht an den Start gehen.

5.1 Interviews mit Bürgermeistern und Klimaschutzmanagern

In der Energiewende gilt: Nur wer jetzt mitmacht, kann gewinnen. Die folgenden Beispielgeber aus den Kapiteln 5.2 und 5.3 hatten einen großen Vorteil. Sie alle sind in die kommunale Energiegewinnung eingestiegen, als der Hype noch nicht so groß war wie jetzt. Sie mussten sich noch nicht in erster Linie gegen private Energiekonzerne durchsetzen. Das betraf in erster Linie die Flächensicherung, die heute – nachdem die Erfolgsgeschichten auf breiter Basis bekannt sind – das größte Problem für die Kommunen darstellen. Denn mit Genehmigung eines Regionalplanes – bezogen auf die Windkraft – können Investoren im Prinzip bauen. Und wenn die Kommune zu lange wartet, sind die ergiebigsten Flächen bereits durch Vorverträge zwischen Landwirten und Investoren gebunden und die Gemeinde- oder Stadtwerke haben das Nachsehen.

Landkarte der Abhängigkeiten

Wer sich mit der kommunalen Energiefrage beschäftigt, braucht einen guten Hebel, um das Thema als Ganzes in Schwung zu bringen. Es ergibt keinen Sinn, kleinteilige Themen zu betrachten.

Nur wer den Mut hat, über Einzelfragen – wie etwa »Wärmewende« oder »Mobilitätswende« – hinauszudenken, findet die Schlüsselmomente, die dazu führen, dass alles zusammenpasst und Synergien entstehen können. Dazu muss man sich Zeit nehmen und genau überlegen, in welchen Bereichen Antriebskraft vorhanden ist und wo die Hemmschwellen liegen. Eine Landkarte der Abhängigkeiten hilft dabei:

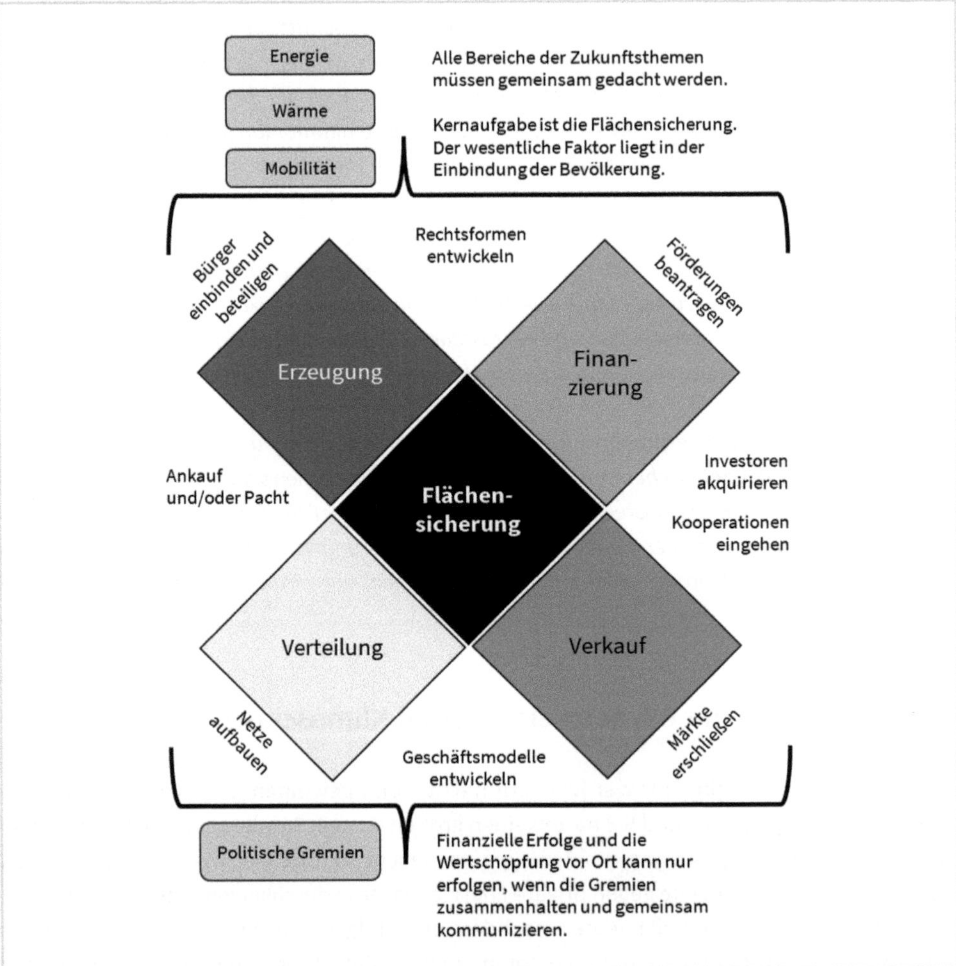

Abb. 37: Diese Landkarte zeigt die beiden Klammern, die eine ertragreiche Energie-, Wärme- und Mobilitätswende ermöglichen: die gemeinsame Ausrichtung über alle Zukunftsthemen hinweg und die Rückendeckung politischer Gremien. All das kann nur funktionieren, wenn die Bevölkerung eingebunden wird und von den Erträgen direkt und nachvollziehbar profitiert. *(Grafik: ggb)*

Der Strommarkt ist heute noch extrem stark abgegrenzt zwischen Energieerzeuger, Stromnetzbetreiber und Stromanbieter. Jeder Akteur betrachtet im Grunde nur sein eigenes Geschäftsmodell und versucht, den eigenen Markt abzuschotten.

Wir wollten von unseren Interviewpartnern wissen, wie ihre Erfolgsgeschichte Fahrt aufgenommen hat. Die Fragen bezogen sich auf die gesellschaftspolitischen Zusammenhänge und technische Fachfragen – aber vor allem darauf, ob sich die jeweiligen Investitionen gerechnet haben. Zu folgenden Bereichen haben wir um Auskunft gebeten:

☑ Politische Entscheidungen
☑ Fragen der Bürgereinbindung
☑ Energieerzeugung (Flächen, Planung, Finanzierung) und Energievermarktung
☑ Rentabilität
☑ Kommunale Wärmeplanung

Zur Information: Alle Zitate stammen jeweils von den Personen, mit denen die Interviews geführt wurden. In einigen Fällen wurden weitere Zitate von Fachleuten oder Entscheidern ergänzt. Solche Zitate, die nicht vom Interviewpartner stammen, sind jeweils namentlich gekennzeichnet.

5.2 Energiestrategie Rhein-Hunsrück-Kreis (RHK) in Rheinland-Pfalz

Begonnen hatte alles mit der Arbeit von Agenda-21-Gruppen. Das Rhein-Hunsrück-Projekt entstammte also einer Form der Bürgerbeteiligung. Verschiedenste Arten der Bürgerbeteiligung und Bürgereinbindung wurden –und werden heute noch – durchgeführt. Der RHK produziert bilanziell mehr als 300 Prozent seines Strombedarfs und steckt vor allem die daraus erwirtschafteten Gewinne wieder in Infrastrukturmaßnahmen in der Region. Daraus ergaben und ergeben sich weiterhin boomende Tourismuszahlen – und eine Pro-Kopf-Verschuldung, die in Rheinland-Pfalz Vorbild ist.

Klimaschutzmanager Frank-Michael Uhle erzählt, wie der einst strukturschwache Landstrich durch konsequentes Vorgehen in Richtung erneuerbare Energien zu einem Vorbild für Bürgermeister und Regionalentwicklerinnen werden konnte und 85 Nationen bereits Fachleute zum Informationsaustausch geschickt haben. Mehrfache Auszeichnungen mehren den Ruhm des Landkreises.

> *»Seit wir 2011 den europäischen Solarpreis gewonnen haben, und noch einmal verstärkt, seit uns die Agentur für Erneuerbare Energien im Jahr 2018 zur ›Energie-Kommune des Jahrzehnts‹ ernannt hat, gelten wir als Paradebeispiel dafür, wie sich ländliche Räume mittels Einnahmen aus erneuerbaren Energien revitalisieren lassen.«*

Dabei konnte der Landkreis von einigen Umständen profitieren, die dem Thema »Klima und Energie« viele Chancen eröffneten. Heute können nicht alle Kommunen auf solch attraktive Ausgangspositionen zurückgreifen.

Die Flächen

Zunächst bestanden im Landkreis ungewöhnlich einfache Besitzverhältnisse der benötigten Flächen – eine Folge der Napoleonischen Zeit. Durch die Enteignung von Kirche und Adel gingen die Grundstücke in den kommunalen Besitz über.

> *»Durch diese kommunalen Besitzverhältnisse war es relativ einfach, Flächen für Windkraftanlagen auszuweisen und zur Verfügung zu stellen. Das ist ein Vorteil, den Kommunen in anderen Bundesländern und Staaten wohl nicht haben.«*

Tatsächlich kann ohne den Zugriff auf geeignete Flächen keine Energiewende erfolgen. Deshalb erscheint es für Kommunen andernorts umso wichtiger, gute Verträge mit Grundeigentümern zu schließen, bevor große Energieerzeuger das Land in ihren (Pacht-)Besitz bringen. Ertragreiche landwirtschaftliche Flächen sind ebenfalls schwer zu bekommen, denn hier steht eine mögliche Windkraft- oder Solarenergieerzeugung in der öffentlich geführten Diskussion in Konkurrenz zu landwirtschaftlicher Nutzung. Auch an dieser Stelle hatte der RHK eine ideale Ausgangsposition.

> *»Da auch die Böden eher ertragsarm waren, begrüßten die Grundeigentümer in aller Regel die Pachtverträge mit Investoren. Hier brauchten wir wenig Überzeugungsarbeit leisten, zumal der Pachtertrag direkt an die Kommunen floss, die diese Gewinne gesellschaftswirksam einsetzten.«*

Finanzen, Beteiligung und Eigentum

In erster Linie ist im Bereich der Finanzen der § 6 EEG zu nennen. Er regelt die freiwillige finanzielle Beteiligung von Gemeinden an den Erträgen von Wind- und Freiflächen-PV-Anlagen. Davon partizipieren die Kommunen, wenn erneuerbare Energie angesiedelt wird. Für die Kommunen des RHK brachte das bisher über 32.000 Euro pro Windrad pro Jahr (0,2 Cent/KWh). Die technische Weiterentwicklung der Windkraft verspricht in Zukunft einen noch deutlich höheren Ertrag.

Ein weiterer wichtiger Schlüssel für den finanziellen Erfolg steckt in den kommunalen Beteiligungsgesetzen. Diese regeln die finanzielle Beteiligung der Kommunen und Bürger vor Ort an den Erträgen aus erneuerbaren Energien. Seit etwa 2016 gelten sie in Mecklenburg-Vorpommern, Brandenburg und Hessen. Nordrhein-Westfalen, Niedersachen, Sachsen, Sachsen-Anhalt, Thüringen und das Saarland haben entsprechende Verordnungen in den vergangenen Jahren erlassen, Baden-Württemberg und Schleswig-Holstein haben dies nicht vor. Bayern veröffentlichte im Juli 2025 die Eckdaten für einen entsprechenden Gesetzentwurf. Danach soll es künftig eine verpflichtende Beteiligung der Gemeinden in Höhe von 0,2 bis 0,3 Cent pro Kilowattstunde bei EEG-geförderten Vorhaben geben. Projektierer werden zusätzlich angehalten, den Bürgern eine Beteiligung zu ermöglichen. Diese könnte über genossenschaftliche Beteiligungen oder vergünstigte Stromtarife realisiert werden. Eine Verpflichtung zur Bürgerbeteiligung ist aber nicht in Sicht. Rheinland-Pfalz setzt auch weiterhin auf die »Solidarpakte« und baut damit auf ein System, das sich bisher – zumindest im Landkreis Rhein-Hunsrück – bewährt hat.

»Wir müssen [...] weiterhin dafür sorgen, dass die Menschen dort profitieren, wo die Anlagen gebaut werden. Das erfolgt beispielsweise über Solidarpakete, mit denen Landesforsten Kommunen an den Pachteinnahmen von Anlagen auf Staatsforstflächen beteiligen.«

Katrin Eder, Klimaschutzministerin

Die Bürger-Windgesellschaft *Höhenwind* im RHK ist mit rund 330 Kommanditisten selbst Investor von Windparks. Der überwiegende Teil der Räder wird allerdings von externen Projektierern betrieben, an denen unter anderem Stadtwerke beteiligt sind. Der Klimaschutzmanager ist mit der Situation zufrieden, arbeitet jedoch aktuell am Aufbau einer landkreiseigenen Energiegesellschaft. Dort sind sieben kommunale Partner vereinigt, die alle ein Ziel haben: die Strommengen für Anwohner und auch die heimische Wirtschaft zu sichern.

»Die Effekte unserer durchdachten Energiepolitik lassen sich heute im Landkreis an jeder Ecke ablesen: mehr Geld, schnellere Umsetzung der CO_2-Reduzierung, bessere Lebensqualität, steigender Tourismus. Und es werden immer mehr tolle Projekte in Angriff genommen.«

5.2.1 Die Kombination aus Einzelmaßnahmen bringt den Erfolg

Folgt man dem Gedankengang des Klimaschutzmanagers, wird klar, dass nicht eine einzelne kommunale Großmaßnahme zum erwünschten nachhaltigen Ziel führt, sondern dass die kluge Kombination aus Einzelprojekten – dazu gehören auch kleine, niederschwellige – die Energiewende gelingen lässt.

Solarwärme: Aus den Agendagruppen entstand im Jahr 1999 der Auftrag, ein Energie-Controlling für die kreiseigenen Gebäude und Schulen zu entwickeln. Im Jahr 2002 wollte der Kreistag prüfen lassen, ob der Einsatz erneuerbarer Energien in öffentlichen Gebäuden möglich sei. Als erstes entstanden kleine Solarthermie-Röhrensysteme auf zwei Sporthallen des Kreises, um Warmwasser für die Umkleiden zu erzeugen. Heute werden durch baugleiche Röhrengroßfelder-Nahwärmenetze in drei Orten beheizt.

»Ich dachte anfangs: Naja, wenn wir schlussendlich eine Tonne Co_2 weniger emittiert haben, macht sich das zumindest gut im Umweltbericht. Nach 13 Jahren hatten wir jedoch allein mit diesen wenigen kreiseigenen Gebäuden 9.500 Tonnen CO_2 und zwei Millionen Euro Energiekosten gespart. Da ist bei uns allen der Groschen gefallen: Wir haben verstanden, dass es bei der Energieeffizienz nicht nur um Umweltschutz, sondern um knallharte Wirtschaftsförderung vor Ort geht.«

Biomassekraftwerk: Die Wärmewende war im RHK bereits Thema, als noch wenig davon im politischen Raum diskutiert wurde. Ein Beispiel für Synergieeffekte auf mehreren Ebenen ist das

Projekt des kommunalen Abfallwirtschaftsbetriebes, der drei Holzhackschnitzel-Heizzentralen baute, um die Schulen mit Wärme zu versorgen. Das allein war schon eine gute Idee – viel effektiver aber war es, die Materialgewinnung dafür in die Hände der Bürger zu legen. So wusste jeder Gartenbesitzer, dass seine Gartenabfälle zu »Schulwärme« verarbeitet wurden. Laut der kommunalen Wirtschaftsprüfer konnten allein mit dieser Einzelmaßnahme eine Million Liter Heizöl pro Jahr eingespart und in der Summe fünf Arbeitsplätze geschaffen werden. Zudem gab es eine große Kampagne für die Installation von Wärmepumpen, die ebenfalls gute Resonanz erzeugte.

Inzwischen gibt es im Landkreis 17 Nahwärmeverbünde, die mit Holzhackschnitzel-Heizungen betrieben werden.

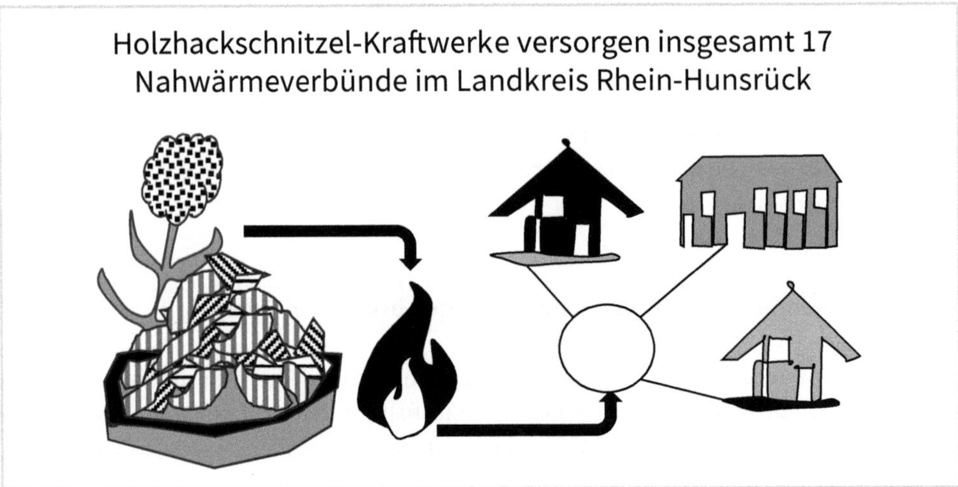

Abb. 38: Landkreis RHK – 17 Nahwärmeverbünde *(Grafik: ggb)*

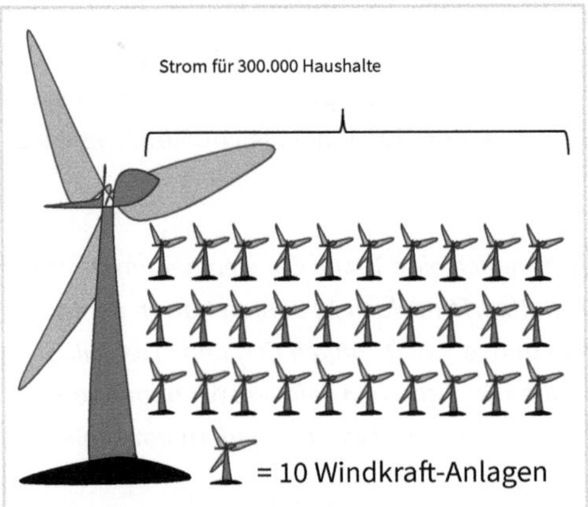

Abb. 39: 10 Windkraftanlagen erzeugen Strom für 300.000 Haushalte *(Grafik: ggb)*

Windkraftanlagen: Sehr früh drehte sich im Landkreis das erste Windrad. 1995 brachte diese Anlage 600 Kilowatt Leistung. Ausgangspunkt für den Bau waren die Überlegungen der Mitbürger, die sich in der Friedensbewegung engagierten. Sie stellten fest, dass die Rohstoffe Öl und Gas immer wieder zu Kriegen zwischen Ländern führen und man sich deshalb freimachen sollte von dieser Rohstoffabhängigkeit. Auch dieses Projekt entstand, weil man die Bevölkerung ernst nahm und sie an der Lösungsfindung teilhaben ließ. 200 Haushalte konnten durch diese erste Anlage mit Strom versorgt werden.

Inzwischen sind im Landkreis 301 Anlagen in Betrieb. Sie gehören überwiegend Stadtwerkeverbünden und liefern rein rechnerisch Stromkapazität für 300.000 Haushalte. Damit produziert der Landkreis rund 390 Prozent mehr Strom, als insgesamt im Kreis gebraucht wird. Diese überschüssige Energie wird gewinnbringend verkauft, denn die Verantwortlichen dachten rechtzeitig daran, Energie nicht nur für den lokalen Bedarf zu erzeugen, sondern auch für die nahegelegenen Ballungszentren, wie Uhle bestätigt.

> *»Wir haben insgesamt rund 35.000 Wohngebäude im Landkreis. Der Überschuss der Windenergie wandert über das Verteilnetz in die Ballungszentren im Umkreis. Laut unserem Verteilnetzbetreiber Westnetz wird die gesamte Energie innerhalb eines Radius von 60 Kilometern abgenommen. Der ländliche Raum ist so quasi zum Energieanbauer für die umliegenden Städte geworden.«*

Auch bei den Windkraftanlagen profitiert nicht nur der Landkreis, sondern in erster Linie die Gemeinden, denn die Anlagen stehen auf Gemeindegrund. Von den 137 Kreisgemeinden bekommen 63 direkte Pachteinnahmen sowie weitere 64 Gemeinden partizipieren über Solidarpakte, was beachtlich ist. So ist eine Mehrheit der Bevölkerung in den Genuss der Energiewende im Rhein-Hunsrück-Kreis gekommen. Solidarität anstatt Konkurrenz: Das war der Schlüssel für den Erfolg.

> *»Die meisten Gemeinden, die Pachteinnahmen bekommen, legen das Geld mittels Solidarpakten auf alle Anrainer um – auch auf die Ortschaften, auf deren Gebiet keine Windräder stehen, die aber auf einen Windpark schauen.«*

Energie nicht nur herstellen, sondern auch einsparen

Die Herstellung erneuerbarer Energie ist eine Sache, doch ein Großteil des Erfolges in diesem Sektor basiert auf dem grundlegenden Verständnis der Menschen, wie mit Rohstoffen, Energie und Umwelt umzugehen ist.

> *»Gemäß unseres Klimakonzepts wollen wir bis zum Jahr 2050 insgesamt 40 Prozent unseres Energieverbrauchs einsparen. Wenn uns das gelingt, ist es im Prinzip kein Problem, den restlichen Bedarf in allen Sektoren – Strom, Wärme und Mobilität – mit erneuerbaren Energien aus dem Landkreis zu decken.«*

Es ergibt also nur Sinn, möglichst viel Energie herzustellen, wenn die Menschen gleichzeitig lernen, was es heißt, »Verbraucher« zu sein, also zu verbrauchen. Wer nicht lernt, dass sein Verhalten Auswirkungen auf die Erde hat, der wird auch nie einsehen, dass etwas verändert werden muss, wenn dieser Planet noch enkelgerecht funktionieren soll. Also hat ein Konzept zur Veränderung von Verbraucherverhalten immer auch die Aufgabe, Menschen lernen zu lassen.

Deshalb investierte der RHK in eine interessante Kampagne. »Rhein-Hunsrück spart Strom« hieß der Aufruf, den der Landkreis an alle Privathaushalte richtete. Bestandteil der Kampagne war ab September 2014 zunächst das Angebot, einen Stromberater zu konsultieren, um auf

Dauer Stromkosten einzusparen. Nur 10 bis 20 Euro Eigenanteil war nötig, um sich Fachwissen aufzubauen. Einkommensschwache Haushalte erhielten die Beratung umsonst. Darüber hinaus brachten die Energieberater der Verbraucherzentrale zum Beratungsgespräch in den einkommensschwachen Haushalten LED-Leuchtmittel, abschaltbare Steckerleisten und Durchflussbegrenzer für Wasserhähne mit, die gegen Herausgabe der Altgeräte kostenfrei zur Verfügung gestellt wurden. Die lokale Sparkassenstiftung unterstützte diese Aktion mit 10.000 Euro.

> Wir müssen bei der Energiewende jeden mitnehmen, auch die einkommensschwachen Haushalte.
>
> Volker Boch, Landrat

Klimaschutzmanager Frank-Michael Uhle erläutert dazu:

> *»Mir war klar, dass die Energiewende eine hohe Akzeptanz erfährt, wenn es uns gelingt, die Einnahmen aus der Windpacht sozial gerecht an Ort und Stelle zurückzugeben. Deshalb haben wir die Förderrichtlinien der Ortsgemeinden so strukturiert, dass jeder teilhaben kann, egal ob arm oder reich, Mieter oder Hausbesitzer.«*

Gleichzeitig ging die Website an den Start und der Landkreis investierte in eine Plakatkampagne, die auf die beiden größten Stromfresser im Haushalt aufmerksam machen sollte: Heizungspumpen und Kühlschränke. Die älteste Heizungspumpe und der älteste Kühlschrank des Landkreises wurden kostenfrei durch stromsparende Ersatzprodukte ausgetauscht. Die Kampagne hatte Erfolg und zog weitere Aktionen in Gemeinden nach sich.

Vorbildhaft: die Schnorbacher Energiesparrichtlinie

Das Pilotprojekt in Schnorbach startete im Mai 2015 – und wurde zu einem Modell, das viele Nachahmer fand.

> Unser Ziel war es, mit einem Teil der Windpachteinnahmen unsere Bürgerinnen und Bürger sozial gerecht und tatkräftig beim Energiesparen zu unterstützen.
>
> Bernd Kunz, ehem. Bürgermeister

In diesem Sinne entwickelte der kleine Ort mit etwa 270 Einwohnern eine eigene Energiesparrichtlinie. Im Schulterschluss mit der Verbraucherzentrale Rheinland-Pfalz bot die Gemeinde zunächst eine unabhängige Energieberatung an. Dies sollte für interessierte Bürger den Einstieg in das Thema erleichtern und gleichzeitig Informationen liefern, welche Ausrichtung der Energiewende den größten Erfolg haben könnte. Darauf aufbauend realisierte der Ort eine Reihe an Förderprojekten. Maximal 6.000 Euro an Förderungen konnte ein Haushalt beantragen. Diese umfassten:

- Energieberatung,
- Austausch von weißer Ware (Kühlschränke, Waschmaschinen etc.),
- Austausch von Heizungsumwälzpumpen,

- Aufbau von PV-Anlagen mit Batteriespeichern,
- Gebäudedämmung samt Austausch von Fenstern und Türen,
- Einbau erneuerbarer Heizsysteme,
- Austausch von Nachtspeicheröfen,
- Einbau von Lüftungsanlagen,
- Neubau von Passivhäusern.

Innerhalb weniger Jahre wurden bei rund der Hälfte der Schnorbacher Häuser PV-Anlagen auf den Dächern installiert. Ein Viertel der Gebäude ist zusätzlich mit Batteriespeichern ausgerüstet. Im Jahr 2014 waren im Ort 113 kWpeak PV-Leistung installiert. Acht Jahre später stieg diese Zahl auf 531 kWpeak an.

> Insgesamt hat die Gemeinde 206.757 Euro Fördermittel ausgezahlt, die Investitionen der Bürgerinnen und Bürger von 1.105.181 Euro ausgelöst haben.
>
> Markus Menebröcker, aktueller Bürgermeister

Wie kam es dazu?

Auch in Schnorbach ging man zunächst kleine Schritte, die allerdings große Wirkung zeigten. Dazu gehörte der »LED-Tauschtag« im Januar 2017. Kostenlos konnten bis zu 15 veraltete Glühbirnen und Leuchtmittel gegen LED-Leuchten ausgetauscht werden. 60 der insgesamt 95 Haushalte nahmen teil und 975 Leuchtmittel wurden ersetzt. Die Maßnahme erzeugte viel Aufmerksamkeit und kostete die Gemeinde weniger als 4.000 Euro.

Die Idee fand Nachahmer in 29 Kreisgemeinden – und die Klimabilanz kann sich sehen lassen. Knapp 36.400 Leuchtmittel wurden inzwischen getauscht, was bei 30 Watt pro Leuchtmittel eine jährliche Stromersparnis von 796.900 kWh nach sich zieht. Der Landkreis rechnet mit einer Kostenersparnis für die teilnehmenden Haushalte von insgesamt 239.000 Euro pro Jahr. Was aber besonders überzeugt, ist die Einsparung von CO_2: Jährlich werden 335 Tonnen vermieden.

Ideen und Projekte rund um Veränderung

Das Solardach-Kataster: Der Rhein-Hunsrück-Kreis war der erste Landkreis in Rheinland-Pfalz, der ein Solardach-Kataster einrichtete. Ursprünglich sollten Tausend Haushalte von PV-Anlagen überzeugt werden. Heute ist tatsächlich jedes fünfte Wohngebäude mit Modulen bestückt. Damit hat der Landkreis eine doppelt so hohe PV-Quote wie der Bundesdurchschnitt.

> *»Der Schlüssel zum Erfolg war, einfach mal mit ein paar Gebäuden anzufangen. Wenn die Bewohner der umliegenden Häuser dann sehen, dass ihr Nachbar mit seiner Solaranlage, seinem Batteriespeicher, seinem E-Auto und seiner strombetriebenen Wärmepumpe die Energiekosten auf weniger als ein Viertel gesenkt hat, ziehen auch andere nach.«*

Der Elektrofahrer-Stammtisch: E-Mobilität braucht die Sicherheit einer Gruppe Gleichgesinnter. Um möglichst viele Menschen von der E-Mobilität zu überzeugen, wurde für das nördliche Rheinland-Pfalz ein Elektrofahrer-Stammtisch gegründet. Einmal im Monat treffen sich dort die »Pioniere der E-Mobilität« aus der Region. Das soll weitere Interessierte anziehen, die sich lieber bei den Nutzern als beim Autohaus über die Möglichkeiten und Grenzen der E-Mobilität informieren wollen. Viele Fahrer bieten Probefahrten mit ihren Autos an. Auch hier geht es darum, Positivbeispiele zu zeigen und ehrliche Antworten auf ehrliche Fragen zu liefern.

Die Mobilitätsförderung: Einzelne Gemeinden unterstützen inzwischen die Anschaffung von E-Bikes und Lastenrädern. Manche Orte bieten ein Elektro-Dorfauto an, das alle Anwohner nutzen können. Gleichzeitig baut der Landkreis gemeinsam mit den Verbandsgemeinden das Radwegenetz umfassend aus und die Taktung des öffentlichen Nahverkehrs wurde erheblich gesteigert.

Die erste Wassersparrichtlinie: In Neuerkirch wird nach dem Vorbild der LED-Tauschtage der Austausch alter Duschköpfe gegen wassersparende Modelle angeboten. Zudem gibt es Zuschüsse bis zu 5.000 Euro für die Entsiegelung von Grundstücken, den Rückbau von Steingärten oder die Installation von Zisternen.

5.2.2 Die Effekte für die Bevölkerung

Die Lebens- und Aufenthaltsqualität in den Orten steigt. Das wiederum zieht Menschen an, Bewohner wie Touristen. Hier gab es ein echtes »Traumprojekt«, das der Ort Mörsdorf realisiert hat: Finanziert über die Einnahmen aus den Windpachten, gelang im Jahr 2015 der Bau der damals längsten Fußgänger-Hängeseilbrücke Deutschlands. Seitdem wandern Tausende von Touristen staunend über die 360 Meter lange Geierlay-Brücke, die einen Seitenarm der Mosel überquert.

Allen Unkenrufen zum Trotz scheinen die 301 Windräder dem Tourismus nicht zu schaden. Die Brücke hat bislang etwa 2,9 Millionen Besucher angelockt. Und sie ist ein hervorragender Aussichtspunkt – nicht nur auf das Kerbtal, sondern auch auf die Windräder. Abgestoßen hat dieser Ausblick bisher noch niemanden. Die Einnahmen aus den erneuerbaren Energien und den Parkgebühren für Touristen wurden sinnvoll angelegt. Neue Projekte für die Attraktivität der Orte entstanden. Die Gastronomie brachte nicht nur Gemütlichkeit, sondern auch 35 neue Arbeitsplätze in den Ort. 5,5 Millionen Euro investiert Mörsdorf aktuell in ein neues, ökologisch durchdachtes Dorfzentrum – ein Vorzeigeprojekt in Holzbauweise.

Und so geschah, was kaum möglich schien: Der demografische Wandel wurde zurückgedrängt. Leerstände finden wieder neue Nutzer und die Bevölkerungszahl steigt – ein Effekt, der sich im gesamten Landkreis beobachten lässt.

Gegen Widerstände kämpfen

Nicht jeder ist ein Verfechter der Windkraft, da sie unbestritten die Sicht auf eine Landschaft verändert. Und auch im Landkreis Rhein-Hunsrück gibt es hartnäckige Gegner. Der Klimaschutzmanager zählt etwa 20 Personen, die für Sachargumente des Landkreises nicht zugänglich sind.

> *»Aber die meisten Mitmenschen wägen Vor- und Nachteile gegeneinander ab. Auf Bürgerversammlungen vor Errichtung eines Windparks haben die Ortsbürgermeister klar gesagt, welche Einnahmen zu erwarten sind und wofür sie das Geld konkret ausgeben möchten. In der Regel erhielten sie daraufhin immer mindestens 70 Prozent Zustimmung. Selbst Leute, die sich anfangs wegen der möglichen Naturbelastung schwergetan haben mit den Windrädern, erkennen mittlerweile an, dass die ökologischen Ausgleichsmaßnahmen wirken, auf denen die Bürgermeister bestanden haben. Wir hatten noch nie so eine vielfältige Wildtierpopulation auf dem Hunsrück. Es gibt Wildkatzen, Rebhühner, Rotmilane, sogar die Schwarzstörche sind zurückgekommen. Früher waren keine Brutpaare nachgewiesen, heute sind es neun.«*

5.2.3 Investitionen und regionale Wertschöpfung

Zunächst das konkrete Beispiel für einen Ort im Landkreis Rhein-Hunsrück: Mörsdorf verfügte bis zum Jahr 2014 über einen Jahresetat von etwa 70.000 Euro. Der Ort musste sparen. Aktuell erhält Mörsdorf allein aus der Pacht des Windparks jährlich 300.000 Euro. So investierte der Ort in die bereits erwähnte Geierlay-Brücke, die Touristen anzieht. 500.000 bis 600.000 Euro Parkgebühren durch die Brückenwanderer fließen jährlich in die Ortskasse – ein Beweis dafür, dass sinnvoll investiert wurde.

Betrachtet man die Wertschöpfung aus erneuerbaren Energien im Landkreis, versteht man den Stellenwert einer verzahnten, durchgeplanten Energiewende. Im gesamten Landkreis liegt laut einer Schätzung aus dem Jahr 2015 die regionale Wertschöpfung aus dem Betrieb aller Anlagen zu erneuerbaren Energien jährlich bei knapp 45 Millionen Euro.

Dazu kam in den Jahren bis 2015 jeweils die regionale Wertschöpfung aus der Investition in die verschiedenen Anlagen. Das sind jene Summen, die für das heimische Handwerk als Lohnanteil oder Wagnis-/Gewinnanteile auf Material, Zulieferer und Dienstleister, Banken, Übernachtungsbetriebe und viele andere, auch kommunale Akteure abgefallen sind. Zählt man zusammen, was die Investitionen in Anlagen erneuerbarer Energien an Geld in die Region gebracht haben, so kommt man auf über 105 Millionen Euro.

Die Zahlen stammen aus Geschäftsberichten der Jahre 2015 bzw. 2017 und betreffen folgende Sektoren: Biomasseverstromung, PV- und Windkraftanlagen.

Biomasse-Verstromung

18 BHKWs
6.208 KW erzeugen
33.207.259 kWh
➔ 323,88 kWh/Einwohner
➔ ca. 7,09 % des Gesamtstromverbrauchs

Investitionskosten bis 2015 =	29.550.080€
regionale Wertschöpfung = Aufträge für heimische Firmen	2.955.008 €
Wertschöpfung aus jährlichem Betrieb =	9.034.149 €
EEG-Vergütung 2015 = verbleibt fast zu 100% in der Region	5.960.941 €

Abb. 40: Kapazitäten und Wertschöpfung aus der Biomasseverstromung. Die Zahlen beziehen sich auf das Jahr 2015 beziehungsweise auf den Zeitraum von Beginn des Energiewendekonzepts bis Ende 2015. *(Grafik: ggb)*

Photovoltaik-Anlagen

4.182 Anlagen
86.356 KW erzeugen
78.318.719 kWh
➔ 763,87 kWh/Einwohner
➔ ca. 16,73 % des Gesamtstromverbrauchs

Investitionskosten Dach-/Freiflächen-Anlagen bis 2015 =	190.259.400 €
regionale Wertschöpfung = etwa 20 % des Umsatzes (Lohn, Wagnis-/Gewinnanteil)	38.051.880 €
Wertschöpfung aus jährlichem Betrieb =	23.738.830 €
EEG-Vergütung 2015 = Gewinn für regionale Betreiber	23.329.876 € 20.884.944 €

Abb. 41: Erträge aus den bis ins Jahr 2015 installierten PV-Dach- und Freiflächenanlagen. Ein Großteil der Wertschöpfung verbleibt ebenfalls im Landkreis beziehungsweise in der Region. Damit leisten die PV-Anlagen einen wichtigen Beitrag zur Entwicklung der Region. *(Grafik: ggb)*

Windkraft-
anlagen

252 Anlagen
Ende 2015 am Netz

631.460 KW erzeugen

1.168.921.720 kWh

➔ 11.400,89 kWh/EW

➔ ca. 249,62 % des Gesamtstromverbrauchs

Investitionskosten bis 2015 =	**1.068.800.000 €**
Regionale Wertschöpfung = gemittelt nach Rückbau/Zuwachs/Repowering	64.750.000 €
Wertschöpfung aus Betrieb (2015) = Wiederum jährlich und regional, Inkl. Wartung, Dienstleister und Pachteinnahmen für Kommunen	10.857.940 €
EEG-Vergütung (2012) =	79.865.150 €
Gewinn für regionale Betreiber	2 .192.107 €

Abb. 42: Der Aufbau und Ausbau der Windkraft verlangte zehnmal mehr Investitionsvolumen als die Photovoltaik. Im Zeitraum 1995 bis 2015 wurde weit über eine Milliarde Euro in die Windparks gesteckt. Das allerdings hatte auch eine regionale Wertschöpfung von fast 65 Millionen Euro zur Folge. *(Grafik: ggb)*

Vergleicht man die drei Sparten der erneuerbaren Energien, zeigt sich, dass vor allem die PV-Anlagen in der regionalen Bedeutung das beste Verhältnis von Investition und Wertschöpfung aufweisen. Doch auch die Windparks sind von großer Bedeutung, wenn man sich im ländlichen Raum – wie im Fall des Rhein-Hunsrück-Kreises – als »Energieerzeuger für das Umland« begreift.

Die Windpacht bringt nach kommunalen Angaben jährlich 7,2 Millionen Euro in die Landkreiskommunen. Das ist nach Abzug der Kosten für Dienstleister und Wartung die Summe, die genutzt wird, um die Orte zukunftssicher zu gestalten. In den vergangenen 20 Jahren kamen über 140 Millionen Euro zusammen – kein Wunder also, dass die Haushalte aller Landkreisgemeinden inzwischen über liquide Mittel von rund 135 Millionen Euro verfügen. Ein Teil dieser Mittel wird eingesetzt, um das Thema Energiesparen nach dem Schnorbacher Modell weiterhin zu unterstützen.

Bereits in den Anfängen, also den ersten Schritten des Landkreises, in denen man versuchte, Baum- und Strauchschnitt der Bürger für die Wärmegewinnung in kommunalen Gebäuden zu nutzen, zeigt sich, wie gewinnbringend bereits dieses Projekt der Abfallwirtschaft war – und heute noch ist: Die Zahlen belegen, dass fast die gesamte Wertschöpfung direkt in der Region und im Landkreis verbleibt. Von rund 7.100.00 Euro Investitionen für Technik und Herstellung der drei Nahwärmeverbünde profitierte der Landkreis am meisten und auch die jährliche Wertschöpfung aus der thermischen Verwertung des Baumschnitts steht stabil bei 750.000 Euro. Rund 550.000 Euro, abhängig vom jeweiligen Ölpreis, spart der Landkreis jedes Jahr an Heizölausgaben. Fünf Arbeitsplätze zur Wartung und Pflege der Anlagen werden ebenfalls aus den Gewinnen finanziert.

> *»Dank der Berechnungen der Wertschöpfungsketten konnten wir Politiker aller Parteien hinter unseren Projekten vereinen. Wir sind stolz darauf, dass bis heute alle wesentlichen Beschlüsse in den Kreisgremien zu Energie- und Klimaschutzbelangen nahezu einstimmig erfolgen. Und das, obwohl wir zwar ein eher wertkonservativer Landkreis sind, aber immerhin neun verschiedene politische Parteien im Kreistag vertreten sind.«*

5.2.4 Ausblick

Im Jahr 1990 betrugen die Gesamtemissionen der Sektoren Wärme, Strom und Abfall 680.000 Tonnen CO_2, seit dem Jahr 2018 liegen sie nach der seiner Zeit üblichen Berechnungsmethode bilanziell bei null Tonnen. Derzeit wird die Klimabilanz nach der mittlerweile bundesweit als Standard eingeführtem BISKO-Verfahren neu ermittelt.

> *»Seit 2018 ist unser Landkreis emissionsfrei – zumindest nach der alten Berechnungsmethode unseres Klimakonzepts, bei der wir mit der hohen Überproduktion an Ökostrom unseren CO_2-Ausstoß bei Wärme und Verkehr komplett kompensieren konnten. Es geht beim Klimaschutz aber nicht um Bilanzen, sondern um tatsächliche Emissionen.«*

Deshalb geht der Landkreis einen Schritt weiter und wendet sich den Sektoren Wärme und Mobilität zu. Auch hier fängt der Klimaschutzmanager mit kleinen Schritten an.

Als Nächstes ist das Repowering der Windkraftanlagen geplant. Dabei werden alte, wenig effiziente 2-MW-Windräder durch neuere Effizienzklassen (5 bis 6 MW) ersetzt. Der Landkreis erwartet, dass dadurch bis zu 100 Windkraftanlagen abgebaut werden können. Künftig soll mit nur noch 200 Windrädern im Landkreis doppelt so viel erneuerbarer Strom erzeugt werden wie aktuell.

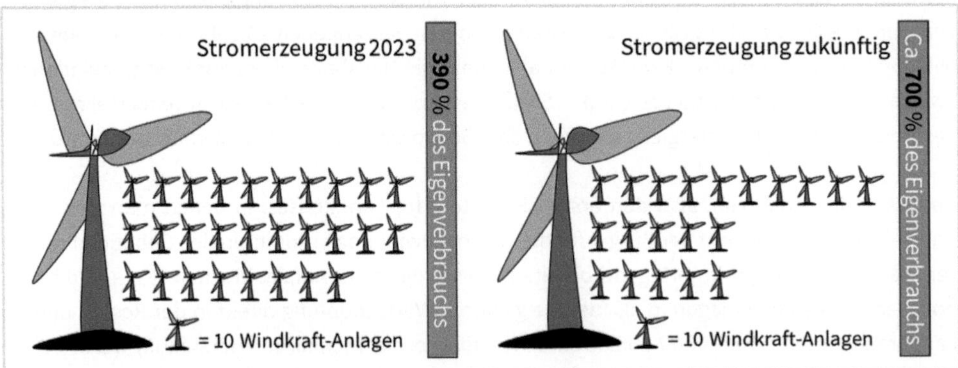

Abb. 43: Etwa 600 bis 800 Prozent des landkreisweiten Eigenverbrauchs soll die neue Windkrafttechnik liefern. Damit verdoppelt sich die Ertragsmenge, während die Anlagen selbst zu einem Drittel abgebaut werden können. *(Grafik: ggb)*

Auch Solarenergie spielt in der Zukunftsausrichtung eine weiterhin große Rolle. Waren im Jahr 2015 im Landkreis 4.182 Anlagen in Betrieb, so weist der Energiesteckbrief des Jahres 2023 bereits 7.734 Anlagen aus, Tendenz steigend. Bis zum heutigen Tag dürften sich also auch die Solaranlagen fast verdoppelt haben. Damit erzeugen diese Anlagen inzwischen rund 111.771.800 kWh Strom pro Jahr. Alleine die PV-Anlagen decken fast ein Viertel des Gesamtstrombedarfs des Landkreises, der bei rund 461.645.100 kWh/a liegt.

> Die Photovoltaik trägt wesentlich dazu bei, dass die Energiewende in unserer Bevölkerung breit verwurzelt ist. Statistisch gesehen ist bereits auf jedem fünften Wohngebäude eine Photovoltaikanlage installiert.
>
> Volker Boch, Landrat

Die privaten Solaranlagen haben neben finanziellen Aspekten des Stromsparens weitere Effekte. Der selbst produzierte Strom wird von der Bevölkerung zunehmend auch für die Wärmeerzeugung und die Elektromobilität genutzt. Dies, so der Klimaschutzmanager, unterstütze die Klimaschutzziele in allen Sektoren deutlich.

Dennoch werden aktuell noch rund 80 Prozent der Gebäude fossil beheizt, was für den Klimaschutzmanager jedoch kein Grund zur Sorge ist. Er geht davon aus, dass es einfach eine Generation lang dauere, bis schließlich ein beständiger und nachhaltiger Wandel vollzogen sein wird.

Wer jetzt schon eine leistungsstarke PV-Anlage betreibt, der betreibt auch Batteriespeicher, die wiederum das Netz entlasten. Zudem rüsten immer mehr Bürger ihre Heizung auf den Betrieb von Wärmepumpen um. Und wer selbst Strom erzeugt, der ist auch für die Anschaffung eines E-Autos leichter zu begeistern. Für die regionale Wertschöpfung entstehen Synergieeffekte, da die Energiebezugskosten drastisch sinken.

> Gemeinsames Ziel des Rhein-Hunsrück-Kreises, der Stadt Boppard, der vier Verbandsgemeinden und der Rhein-Hunsrück Entsorgung ist es, durch eine Energiegesellschaft unter anderem beim anstehenden Repowering von Windkraftanlagen die regionalen Gestaltungs- und Wertschöpfungsmöglichkeiten weiter zu steigern.
>
> Volker Boch, Landrat

Der nächste logische Schritt zur Erreichung der Klimaziele ist die Gründung einer kommunalen Energiegesellschaft, die Türen in neue Sektoren aufstoßen soll. Die erste Keimzelle für den lokalen Stromhandel durch das Unternehmen entsteht aktuell (Stand Februar 2026) auf einer stillgelegten Mülldeponie: eine leistungsstarke Photovoltaik-Freianlage.

Außerdem versucht der Landkreis im Zuge des Repowering der Windkraftanlagen einige der Anlagen in den Betrieb der Energiegesellschaft zu übernehmen. Das wäre der Ausgangspunkt, um heimische Firmen direkt mit Strom zu beliefern – und zwar zu garantierten Preisen. Der Klimaschutzmanager ist überzeugt, dass dies ein weiterer Booster für die Wirtschaftsentwicklung sein wird, denn der Plan sichert Jobs. Eigene Windräder hätten auch den Effekt, dass eigene Strombilanzkreise entstehen könnten. Geplant ist, kurzfristig sichere und günstige Stromtarife für Bürger sowie Unternehmen in den Gemeinden rund um die Windräder anzubieten. Auf lange Frist gesehen, möchte der RHK die gesamte Kreisbevölkerung mit diesen Stromtarifen versorgen können und einen sinnvollen Beitrag zur Daseinsvorsorge leisten. Denn die nächste Energiekrise ist vorhersehbar und wird die Preise für fossile Energieträger ansteigen lassen.

Klimaschutzmanager Uhle formuliert die kommunale Zukunft des RHK abschließend so:

> *»Egal, ob die Politik in Europa oder Deutschland wieder zurückrudert und den Klimaschutz infrage stellt: Wir setzen konkrete und greifbare Projekte um. Und das ist der Beweis dafür, dass nachhaltige Konzepte alltagstauglich sind, dass sie finanziell ertragreich sind und dass die Bevölkerung sogar Spaß daran hat, sie mitzugestalten.«*

Mehr Erfolgsgeschichten sind auf der Website »Wind beflügelt« zu lesen: https://www.wind-befluegelt.de/erfolgsgeschichten/rhein-hunsrueck-kreis (abgerufen am 22.02.2026).

5.3 Energie- und Wärmewende der Gemeinde Saerbeck, NRW

Seit 2009 ist Saerbeck im Münsterland »NRW-Klimakommune der Zukunft«. 1,1 Millionen Euro Preisgeld erhielt die kleine Kommune seinerzeit zur Umsetzung eines umfangreichen Klimakonzeptes. Heute gewinnt Saerbeck mehr Energie aus regenerativen Quellen, als insgesamt verbraucht wird. Den Startschuss für Energie- und Wärmewende gab im Jahr 2008 der damalige Bürgermeister Wilfried Roos.

> Wenn meine Enkel so alt sind wie ich jetzt bin, gibt es kein Gas und Öl mehr, also keine fossilen Brennstoffe. Das heißt, wir müssen uns jetzt sofort um die Zukunft der nachwachsenden Generation kümmern.
>
> Wilfried Roos, ehem. Bürgermeister

Seit 2020 führt Bürgermeister Dr. Tobias Lehberg die Ausrichtung stringent weiter. Er stand für ein ausgiebiges Interview zur Verfügung und erklärt, wieso es vor allem die Bürger braucht, um eine echte Wende im Alltag der Kommune vollziehen zu können.

> *»Wir hatten einen guten Start und das lag an zwei Faktoren. Zum einen wurde ein Munitionsdepot der Bundeswehr aufgegeben, das die Gemeinde erwerben konnte. Zum anderen haben wir sehr viel Wert daraufgelegt, unseren Bürgerinnen und Bürgern die Angst vor Veränderungen zu nehmen. In der Folge wurde auf dem ehemaligen Munitionsdepot ein Erzeugungspark für erneuerbare Energien aufgebaut: unser Bioenergiepark. Das Handlungskonzept war jedoch sehr viel umfangreicher.«*

Rund 150 Maßnahmen und Ideen – von kleinsten Schritten bis zu großen Infrastrukturmaßnahmen wie die Umnutzung der Bundeswehrfläche – waren im Gesamtpaket enthalten. Angefangen hatte es mit einer Tauschaktion »Glühbirnen gegen LED«. Das Bestreben war es, die Bevölkerung sehr früh in diese Ausrichtung einzubeziehen. Die Kommune wollte ihren Bürgern zeigen, dass ein Umdenken an der Basis beginnt und wirklich jeder Einzelne etwas zum Klimaschutz beitragen kann. Dafür war es wichtig, ein sichtbares Zeichen der Wende zu geben.

> *»Ein wichtiger Schlüsselmoment war die Inbetriebnahme des kommunalen Windrads im Bioenergiepark im Jahr 2013. Das gelang drei Jahre nach Beginn der Projektumsetzung. Damit haben wir konkret gezeigt, dass eine Klimakommune kein Wolkenkuckucksheim ist, sondern gelebter Alltag.«*

Die Klimakommune begann mit dem Bioenergiepark, in dem 6 Windkraftanlagen, eine Biogasanlage und ein großer PV-Park angesiedelt sind. Zunächst lag also die Stromwende im kommunalen Fokus. Dafür wurde die Bevölkerung mobilisiert und es entstand eine Energiegenossenschaft, die wiederum in den Bioenergiepark investiert hat. Parallel wurden die Bürger mit Rat und Tat unterstützt, die sich eine eigene PV-Anlage leisten wollten. Im Jahr 2024 wurde die tausendste Dach-PV-Anlage in Betrieb genommen –in einer Kommune, die nur 2.000 Haushalte zählt – eine beispiellose Erfolgsgeschichte.

5.3.1 Wissensaufbau und Kommunikation als Schlüssel zum Erfolg

> *»Die Energiewende muss an zwei Orten gelingen: in den Köpfen und in den Kommunen. Wenn der Wille nicht da ist, kann nichts funktionieren. Der politische Wille ist entscheidend – egal ob man darin eine Pflichtaufgabe sieht oder eine freiwillige Leistung. Und es kommt darauf an, sich nicht durch Meinungen wie ›Was können wir schon tun? Andere Länder emittieren viel mehr CO_2‹ entmutigen zu lassen. Ich denke, wenn wir das hier vor Ort nicht hinbekommen, dann bekommt man es insgesamt auf der Welt nicht hin. Wir sind hier zuständig. Wir können handeln. Und wir handeln auch.«*

Die Kommune tut viel, um ein Bewusstsein für die nötige Energiewende zu etablieren. Deshalb spielt Bildungsarbeit (Bildung und Information) in Saerbeck eine große Rolle. Sie ist ein Schlüsselfaktor, auch wenn man, wie Bürgermeister Lehberg es formuliert, zugeben muss, *»dass man den Gedanken an Veränderung im Energiesektor nicht bei jedem Menschen verankern kann«*.

Kompakt

Die Klimakommune Saerbeck ist heute zertifizierter Bildungsstandort für Nachhaltigkeit und Teil des internationalen Netzwerkes der *Climate Smart Municipalities*.

Saerbeck versteht sich als Kompetenzzentrum für erneuerbare Energien und empfängt Gäste aus aller Welt. Startpunkt der Saerbecker Bildungsarbeit für den Klimaschutz war der außerschulische Lernort im Bioenergiepark als Teil des Leitprojektes »Zukunftsenergien transparent gemacht«. Ziel dieser ersten Maßnahme war es, zu zeigen, dass der anstehende Veränderungsprozess lebensnah gestaltet werden kann. Damit wollte die Kommune ihren Bürgern Zukunftsängste und Befürchtungen nehmen. Für jeden Besucher sollte klar werden: Wer handelt, gewinnt.

Den Weg der Bildung geht Saerbeck geradlinig weiter, heute mit den »Saerbecker Energiewelten«, einem BNE-zertifizierten, außerschulischen Lernstandort im Bioenergiepark. Das Wissensangebot richtet sich an Jugendliche und Schüler und steht allen Besuchern offen. Nutzen, Bedeutung und Sinnhaftigkeit der Energiewende sind erlebbar. Saerbeck will die erfolgreiche Geschichte des Wandels zu neuen Energien erzählen und klarmachen, dass dies für viele Kommunen funktioniert. Auf lange Sicht sollen sämtliche Informations- und Bildungsangebote unter dem Dach einer »Akademie Saerbecker Energiewelten« gebündelt werden (Saerbecker Energiewelten 2026).

Umweltbildung hat sich die Kommune ebenso auf die Fahne geschrieben, wie die Unterstützung der Menschen bei individuellem Klimaschutz. Der Bioenergiepark bietet mit seinen vielgestaltigen Best-Practice-Beispielen und Angeboten zum Anfassen und Erfahren beste Voraussetzungen. Zielsicher ermöglicht die Kommune, Erfahrungen zu machen und Dinge zu »begreifen«, im wahrsten Sinn des Wortes. Die theoretischen und gedanklichen Ansätze zu erneuerbaren Energien lassen sich im Bioenergiepark real erfahren, zum Beispiel wie ein Windrad oder eine Biogasanlage funktioniert. Man beginnt, zu verstehen, dass es eine direkte Verbindung zwischen dem eigenen Energieverbrauch und der Herstellung von Energie gibt.

Das Leibniz-Institut für die Pädagogik der Naturwissenschaften und Mathematik (IPN) führte eine Studie zu »Bedingungen für gelingende Beteiligung im Rahmen von Energiewende und Klimaschutz« durch (Bornemann; Michel; Harms, 2022). Diese Studie widmete sich den Schlüsselmomenten für den Erfolg der Klimakommune Saerbeck. Sechs Erfolgsfelder wurden identifiziert:

1. **Change Agents**: Menschen, die mit Prinzipien, Ambitionen und ihrer Persönlichkeit ihre Mitmenschen für die Sache motivieren. In diesem Fall war es der Altbürgermeister, der einen regelrechten Feldzug für erneuerbare Energien begann.
2. **Sense of Place**: das Momentum, das ein Gefühl von erfolgreicher Gemeinschaft ermöglicht. Die überschaubare, ländliche Kommune konnte mit dem Gefühl der eigenen Wirksamkeit im Thema Klimaschutz verbunden werden.
3. Das Quäntchen Glück, den **richtigen Zeitpunkt** zu erwischen. Der Wettbewerb »NRW-Klimakommune« ging einher mit der Verfügbarkeit der großen Saerbecker Fläche und einer Vereinsgründung.
4. **Ownership-Gefühl**: die Erkenntnis der Mitmenschen, dass ein notwendiger Wandel nur durch ein ausgeglichenes Geben und Nehmen möglich wird und jeder Einzelne teilnimmt und Verantwortung trägt.

5. **Ausgeprägtes bürgerliches Engagement**, das seine Kraft aus direkten Gesprächen zwischen Machern und Gefolgsleuten und der Eigenmotivation der Bürger zog, die gespeist wurde durch die Erkenntnis, den eigenen Kindern und Enkeln eine gute Lebensgrundlage hinterlassen zu wollen.
6. **Sensibilisierung** für das Thema: Dies gelang durch gezielte Bildungsarbeit und die Möglichkeit, den Bioenergiepark hautnah erleben zu können.

Einen gemeinsamen Nenner zu schaffen, war von Anfang an geplant.

> *»Das ganze Projekt wurde und wird tatsächlich von allen Fraktionen im Gemeinderat getragen. Einfach, weil man sieht: Das ist gut für den Ort. Die Gemeinde profitiert erheblich – gesellschaftlich und finanziell. Darüber hinaus wird die Versorgung mit erneuerbaren Energien zunehmend zu einem Standortfaktor für die Wirtschaft. Energieversorgung mit einem niedrigen CO_2-Fußabdruck wird für Unternehmen immer wichtiger.«*

Wer früh einsteigt, muss viel lernen. Wer später einsteigt, profitiert von den Erfahrungen der Pioniere. Dies ist ein Grund, weshalb die Kommune ihre Erfahrungen gern und umfassend weitergibt. Die Erfahrungen aus Saerbeck zeigen: Die Investitionen in erneuerbare Energien sind vorteilhaft für die Gemeinde. Das bedeutet nicht, dass Diskussionen überflüssig werden.

> *»Man muss immer wieder, für jedes neue Projekt Überzeugungsarbeit leisten. Jetzt sind wir in die Wärmewende eingestiegen. Und man braucht Mut, Entscheidungen zu treffen. Wir haben in zwei Neubaugebieten eine kalte Nahwärmeversorgung realisiert und da standen am Anfang extrem viele Fragen im Raum. Unsere Ausrichtung ist da ganz klar: Alle Projekte müssen sich rechnen, unabhängig von etwaigen Förderungen: Es muss sich auf lange Sicht unbedingt wirtschaftlich tragen, denn sonst kann ein solches Modell nicht im großen Stil auf andere Gemeinden übertragen werden.«*

5.3.2 Flächen und Netze

Die Flächensicherung für den Aufbau der Versorgung mit erneuerbaren Energien spielt überall, auch in Saerbeck, eine entscheidende Rolle. Und Flächen sind in aller Regel heiß umkämpft, wenn es um die Zukunftsausrichtung der Kommunen geht.

> *»Für die 90 Hektar große Fläche der Bundeswehr gab es anfangs durchaus auch andere Nutzungsideen. Aber die Entscheidung stand früh: Nutzung der Fläche für die Umsetzung des Klimaschutzkonzeptes. Im Nachhinein betrachtet kommt es meines Erachtens nicht auf die Größe der Fläche an. Es ist egal, ob 9 oder 90 Hektar im Besitz der Gemeinde sind. Erfolgreich kann man auch sein, wenn man komplett auf fremde Flächen angewiesen ist. Für mich ist immer noch entscheidend, dass man die Akteure zusammenbringt. Ist man ausschließlich auf Privatflächen angewiesen, dann muss man Überzeugungsarbeit leis-*

ten. Ziel sollte sein, dass die jeweiligen Eigentümer zusagen, die Bürgerschaft finanziell zu beteiligen. Da gibt es ja viele Möglichkeiten, unter anderem Genossenschaften. Letztendlich gewinnen alle, wenn sie zusammenstehen.«

Es ist komfortabel, wenn man als Eigentümer agieren kann, keine Frage. Doch auch die neuen kommunalen Projekte lassen sich durchaus realisieren, wenn die Gemeinde auf Zusammenarbeit mit Eigentümern angewiesen ist.

»Wenn man einmal die grundsätzliche Erfahrung gemacht hat, dass man gemeinschaftlich gutes Geld verdienen kann, dann findet man immer Lösungsansätze.«

Für Saerbeck spielte es auch eine Rolle, neben der Stromerzeugung die Netzstruktur zu besitzen. Schon im Jahr 2012 hat die Gemeinde das Stromnetz von RWE erworben. Betreiben will die Gemeinde das Netz jedoch nicht selbst, stattdessen gibt es ein Gemeinschaftsunternehmen mit einem lokalen Stromversorger. Dort hält die Kommune 60 Prozent der Anteile, ein benachbartes Stadtwerk 40 Prozent. Diese Gesellschaft ist Eigentümerin des Stromnetzes, betrieben wird es vom benachbarten Stadtwerk.

»In Deutschland ist der Strommarkt ja stark reguliert. Das heißt, es gibt auch weiterhin die Netzentgelte, die die Stromabnehmer anteilig zahlen müssen. Netzentgelte sind gesetzlich festgelegt und dürfen nicht nach Gusto von den Betreibern festgesetzt werden. Die Bürger haben also keinen unmittelbaren Vorteil vom kommunalen Netz, weil auch ein kommunales Netz sich wirtschaftlich tragen muss. Der mittelbare Vorteil für die Gesellschaft besteht darin, dass der Ort für Unternehmen als Standort attraktiv ist. Wenn nämlich Unternehmen nachweislich erneuerbare Energien nutzen, dann spielt das bei ESG-Kriterien, also bei der Finanzierung, eine Rolle.«

Wenn Unternehmen beim Nachhaltigkeitsrating besser abschneiden, wirkt sich das auf das Schaffen und Sichern der Arbeitsplätze aus. Und wo es gute Arbeitsplätze gibt, floriert das Leben. Diese Mittelbarkeit des Gewinns durch eine zuverlässige Energieversorgung auf Basis erneuerbarer Energien erscheint der Gemeinde durchaus erstrebenswert. Die scheinbar einfache Rechnung »Eigener Strom ist automatisch auch günstiger Strom« geht im Saerbecker Beispiel zunächst nicht auf.

»Aufgrund der Gesetzgebung wird der Strom 20 Jahre lang nach dem EEG vergütet. Darauf basieren auch die Kalkulationen der Anlagen. Deshalb verkaufen die Betreiber, die auch die Anlagen refinanzieren müssen, den Strom nach EEG-Vergütungstarifen – selbst wenn das mittlerweile in der Direktvermarktung erfolgt. Der Strompreis ist also nicht an die Eigentumsfrage der Netze geknüpft. Geschäftsmodelle, die für Stromnetze in kommunaler Hand möglich sind, sind auch für Netze in privater Hand möglich.«

In Saerbeck fließt nicht der gesamte dort erzeugte Strom physisch direkt in die Gemeinde. Dennoch werden die Bewohner in absehbarer Zeit von dem Strom profitieren, der vor ihrer Haustür erzeugt wird.

> *»Die EU bemüht sich, Modelle zu entwickeln – Stichwort Energy-Sharing –, damit Erzeugung und Verbrauch lokal besser verknüpft werden. Deshalb stellt sich durchaus die Frage, ob eine regionale oder lokale Vermarktung erfolgen könnte. Bislang vermarkten wir nur in einem kleinen Modellprojekt den Strom aus dem Bioenergiepark über eine Direktleitung hier am Ort. Durch dieses Vorgehen wird das öffentliche Netz nicht berührt und es fallen auch keine Netzentgelte an. So entstehen gewisse Vorteile. Doch man muss ehrlicherweise sagen, dass Netze für die Versorgung gebraucht werden.«*

5.3.3 Von der Strom- zur Wärmewende

Das Handlungskonzept zur »Wärmewende« gibt es in Saerbeck seit dem Jahr 2023. Es wurde noch vor der im Sommer 2025 beschlossenen kommunalen Wärmeplanung verabschiedet.

> *»Es gibt ja viele Möglichkeiten, zum Beispiel Biogas oder Großwärmepumpen. Was wir realisieren wollen, wird gerade untersucht. Die Machbarkeitsstudie dazu wurde erst vor Kurzem in Auftrag gegeben. Aus unserer Sicht ist es durchaus vorstellbar, mehrere Wärmequellen anzuzapfen, die je nach Verfügbarkeit und Wirtschaftlichkeit eingesetzt werden sollen. Wir haben dazu den Begriff ›Drehscheibenkraftwerk‹ erfunden. Daraus werden sich vermutlich höhere Investitionskosten ergeben, weil man nicht nur in eine Erzeugungsform investiert, sondern in mehrere – aber langfristig könnte das durchaus Vorteile haben. Dies wird jetzt untersucht. Gleichzeitig hat die kommunale Wärmeplanung verschiedene Potenzialgebiete im Ort identifiziert. Wo wäre eine Wärmenetzversorgung durchführbar und sinnvoll? In einem nächsten Schritt wird das Gebiet, das den größten Erfolg verspricht, vertieft durch eine Machbarkeitsstudie geprüft.«*

Wasserstoff schließen die Saerbecker aus, denn der Energieträger ist ihrer Ansicht nach bei den momentanen Preisen nicht wettbewerbsfähig.

Grundsätzlich muss eine Kommune die Stoßrichtung vorgeben, um bei der Wärmeplanung Erfolg zu haben. Denn nur die Verwaltung kennt die Randbedingungen, die bestimmte Wärmeträger gegebenenfalls ausschließen. In der Öffentlichkeit sollte allerdings ankommen, dass man gute Lösungen finden will.

> *»Unter Umständen wird es vorkommen, dass Quartiere oder Straßenzüge von kommunaler Seite her nicht versorgt werden können. Wenn das geschieht, dann muss man meines Erachtens nach individuelle Lösungen zulassen und auch unterstützen.«*

Saerbeck wartet nun auf die Ergebnisse der aktuellen Machbarkeitsstudie für ein erstes Versorgungsgebiet. Man hofft auf belastbare Zahlen, die Bürger umfassend zu den Kosten informieren. Die Basis für jede Kostenrechnung ist die Anschlussquote für ein Wärmenetz.

> *»Wenn wir beispielsweise von einer bestimmten Anschlussquote der Haushalte ausgehen können, dann können die Kosten für den einzelnen Haushalt benannt werden. Dazu müssen sich die Bürger dann entscheiden: ›Wollen wir das zu diesem Preis?‹ Jeder Einzelne wird das für sich mit Alternativen vergleichen. Und dann wird sich zeigen, wie hoch der Anteil der Hauseigentümer ist, der seine Immobilie an das Netz anschließen möchte.«*

Auch beim Thema Wärmeplanung setzt die Kommune verstärkt auf Kommunikation. Das Pflichtprogramm der Bürgerbeteiligung sei sicherlich nicht ausreichend, so der Bürgermeister.

> *»Die Bürger sollen ins Boot geholt werden. Deshalb haben wir ja so früh mit einem Beteiligungsprozess begonnen, um dann ein Handlungskonzept hervorzubringen. Eines ist klar: Es interessiert sich niemand dafür, wenn man mit einem Standardverfahren in der Öffentlichkeit aufschlägt. Eine unserer Ideen lag darin, ein Improvisationstheater einzuschalten, das die Ergebnisse aus der Bürgerbeteiligung in lockerer Form aufbereitet hat. Das war ein großer Erfolg, verglichen mit dem Angebot, sich die Ergebnisse des Prozesses in einer zweistündigen Präsentation anschauen zu müssen.«*

Zusätzlich nimmt die Kommune mögliche Partner in den Blick. Landwirte könnten Interesse haben, Biogas zu produzieren oder Wärme zu liefern. Und auch Quartierslösungen will der Bürgermeister nicht ausschließen. In diesen Planungen zur Wärmewende kann Saerbeck wiederum auf die genannte IPN-Studie zurückgreifen, die drei Kriterien für einen Beteiligungsprozess in der Wärmewende aufführt:

Prozessgestaltung: Hier setzt die Studie auf einen zentralen Bürgerdialog, in dem Überzeugungsarbeit zu leisten ist. Es geht um Kostentransparenz und Sozialverträglichkeit, um die zu ermittelnden Bedarfe und, ganz essenziell, um die Erfahrbarkeit bereits umgesetzter Maßnahmen in Privathäusern. Das Ganze sollte möglichst von neutraler Stelle aus unabhängig, wissenschaftlich fundiert und kontinuierlich begleitet werden.

Herausforderungen: Diese liegen in der Einführung eines neuen Bewusstseinsmodells. Denn Wärmewende ist nicht gleich Energiewende. Erstere greift in jedes Grundeigentum ein und bedeutet (zunächst) eine hohe finanzielle Belastung für den Einzelnen. Außerdem müssen verschiedenste Modelle unter einen Hut gebracht werden. Dazu kommen strukturelle Schwierigkeiten, etwa die notwendige Projektsteuerung, eine kompetente externe Beratung und voraussichtlich die Problematik, die geeigneten ausführenden Firmen zu finden und zu binden. Zudem muss bei der Wärmewende darauf geachtet werden, das Know-how für den Betrieb herzustellen und auf Dauer in kommunaler Hand zu halten.

Lernrate in der Gesellschaft stabilisieren: Es muss darauf geachtet werden, dass die Klimakommune weiterhin konsequent an dem einmal gefassten Gedanken festhält. Dazu ist es nötig, neu Zugezogene einzubinden und in die Lebenswelt der Klimakommune zu integrieren. Außerdem sollten etwaige Fehler in der Umsetzung aufgearbeitet werden, um bei kommenden Maßnahmen zu zeigen, dass man gelernt hat. Das motiviert die Mitmenschen, die Wärmewende ebenso durchzuziehen wie die Wende in der Energieversorgung.

Kompakt

Saerbeck steht aktuell vor der Aufgabe, den großen Erfolg der Energiewende auf die Aufgabe der Wärmewende zu übertragen, die Mitbürger noch einmal zu motivieren und ihre Überzeugung von der Richtigkeit der Maßnahmen zu stärken. Mit anderen Worten: Es ist an der Zeit, erneut und ausgiebig, kontinuierlich und freundlich zu kommunizieren.

6 Berechnungen zur kommunalen Wärmeplanung

Dieses Kapitel beschäftigt sich mit Temperaturveränderungen und den dafür notwendigen kommunalen Planungen. Dazu gehören die bereits von der Bundespolitik vorgegebenen Wärmeplanungen für Städte und Gemeinden. Angesichts des Klimawandels muss allerdings neben Wärme nun auch Kälte als herzustellendes Produkt betrachtet werden.

Ansteigende Temperaturen, vor allem im Sommer, und die sich daraus ergebenden Problemen für die Bevölkerung erfordern eine neue Strategie. Bereits heute sind Kommunen gefordert, den Hitzewellen in den Innenstädten beispielsweise mittels Trinkbrunnen und Beschattungsoasen zu begegnen. Gerade für ältere Mitbürger ist Hitze mindestens so problematisch wie Kälte.

6.1 Wärme und Kältebedarf – eine Herausforderung für die Energiebereitstellung

Der Endenergieverbrauch für Wärme- und Kälteerzeugung macht gut die Hälfte des gesamten Energieverbrauchs in Deutschland aus. Wir sprechen von 2.268 Terrawattstunden (TWh) im Jahr 2023. Rund ein Drittel davon (34 Prozent) fließt in die Raumwärme und die Warmwasserbereitung. Weitere 23 Prozent werden für Prozesswärme, Klimakälte und Prozesskälte benötigt. Die restlichen rund 44 Prozent verteilen sich auf verschiedene Anwendungen wie Mobilität. Bei der Wärme- und Kälteerzeugung wird der größte Anteil dieses Volumens über fossile Brennstoffe hergestellt. Darüber hinaus sollte man noch wissen, dass Gebäude die Quelle für rund 40 Prozent der Treibhausgase in Deutschland darstellen. (Umweltbundesamt 2025 C)

Der Blick auf die Grundlagen und allgemeinen Entwicklungen zeigt, wie schnell sich Bedingungen inzwischen verändern. Heiz- oder Kühlenergie für ein Gebäude lässt sich im Wesentlichen als eine mathematische Funktion der Außentemperatur in Abhängigkeit zur Raumwärme begreifen. Raumwärme und Außentemperatur – bezogen auf Wohn- oder Büroräume – bewegen sich weitestgehend in linearer Abhängigkeit zueinander. Wie viel Energie ein Gebäude benötigt, um ein angenehmes Temperaturgefühl im Innenraum zu erreichen, hängt von mehreren Faktoren ab. Da sich einige dieser Faktoren deutlich verändern und auch schwanken, bspw. die Außentemperatur, muss man die Randbedingungen genauer betrachten.

6.2 Energie für Wärme und Kühlung

Das Klima

Die Klimazahlen für Deutschland im Jahr 2024 hat der Deutsche Wetterdienst (DWD) in seiner Pressekonferenz vom 1. April 2025 in Berlin vorgestellt. Diese Zahlen lassen nichts Gutes erahnen. Seit Beginn der Temperaturaufzeichnungen im Jahr 1881 ist die Durchschnittstemperatur um gut 1,9 Grad angestiegen. Im Jahr 2024 lag die Jahresmitteltemperatur in Deutschland bei 10,9 °C. Sie lag damit um 0,3 °C höher als der Jahresmittelrekord vom Vorjahr. Vergleicht man diese Jahresmitteltemperatur mit den Aufzeichnungen seit 1970, wird deutlich, dass in einem einzigen Jahr eine enorme Steigerung eingetreten ist. Seit 1970 ist zu beobachten, dass sich diese Temperatur in Schritten von jeweils 10 Jahren um 0,41 °C erhöht. Die Temperatursteigerung verläuft nicht linear (gleichmäßig), sondern exponentiell (stetig stärker steigend). Die bisherige lineare Trendlinie bildet den beschleunigten Klimawandel also nicht realitätsnah ab. Deshalb hat der DWD eine neue Methode der Klimatrendlinie eingeführt. Die Bundesbehörde geht davon aus, dass sich der Temperaturanstieg weiter beschleunigen wird. (Deutscher Wetterdienst, 2025)

Exkurs

Auf der Klimakonferenz COP30 im November 2025 stand die Aussage im Raum, das Jahr 2024 sei seit Beginn der Wetteraufzeichnungen global das wärmste Jahr. Diese Erkenntnis führte tatsächlich zu Veränderungen im Verhalten einiger Staatschefs. Das ZDF meldete am 10.11.2025: »Gastgeber Luiz Inácio Lula da Silva nutzte den Auftaktgipfel für eine überraschend deutliche Botschaft. Der brasilianische Präsident rief zur Abkehr von der Abhängigkeit von fossilen Brennstoffen auf – ein nicht selbstverständlicher Satz, da Brasilien weiterhin Öl fördert und exportiert. Lula fuhr demonstrativ in einem chinesischen Elektroauto am Konferenzzentrum vor.« (ZDFheute, 2025).

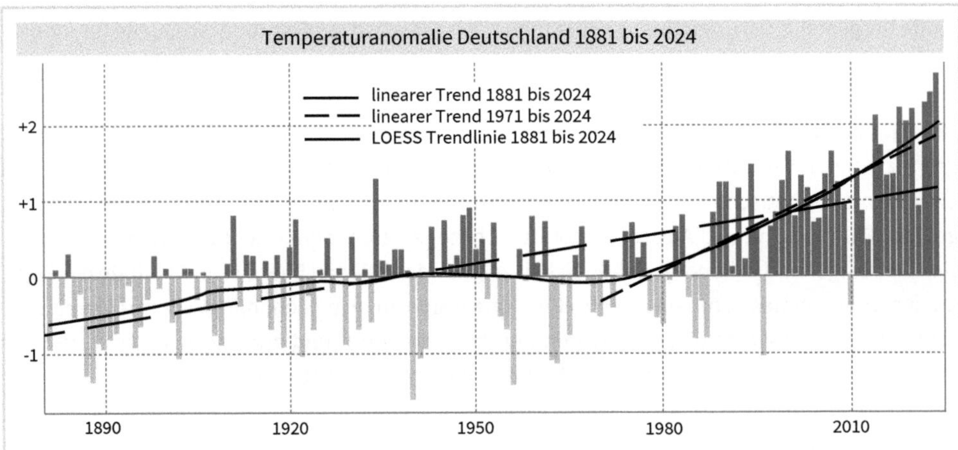

Abb. 44: Die Aufzeichnungen der Temperaturanomalien zwischen 1890 und 2020 zeigen, dass sich die Kälteanomalien verringern, die Hitzeanomalien seit den 1990er-Jahren jedoch massiv zunehmen. Grafik nach DWD

Die Winter in den Jahren 2023 und 2024 waren extrem mild. Im Februar 2025 lag die Rekordabweichung bei +6,2 °C. Es ist seit Langem vorherzusehen, dass die Winter wärmer werden und keine Umkehr in Sicht ist. Die Deutsche Meteorologischen Gesellschaft und die Deutsche Physikalische Gesellschaft starteten im Jahr 2025 einen gemeinsamen Klimaaufruf (Deutsche Physikalische Gesellschaft, 2025):

> Bereits um das Jahr 2050 könnte die Erwärmung sogar 3 Grad gegenüber der vorindustriellen Zeit erreichen, wobei der Temperaturanstieg in Deutschland deutlich höher als im globalen Mittel ausfällt.
>
> Deutsche Meteorologischen Gesellschaft und Deutsche Physikalische Gesellschaft

Ähnlich dramatisch sieht der »Emissions Gap Report« der UN die globale Lage. Die Erde steuert den Vereinten Nationen zufolge bis zum Ende des Jahrhunderts auf 2,8 °C Erderwärmung gegenüber der vorindustriellen Zeit zu. Gegenüber den im vergangenen Jahr prognostizierten 3,1 °C fällt die Berechnung im UN-Bericht von 2025 etwas besser aus. Jedoch nur unter der Voraussetzung, dass die Länder ihre nationalen Klimaschutzpläne wie angekündigt umsetzen, liegt die Prognose bei 2,3 bis 2,5 °C. Von dem vor Jahren ausgegebenen Klimaziel von maximal 1,5 °C Erderwärmung ist nicht viel übrig geblieben. Dabei beziehen sich die von der UN vorgelegten Zahlen auf den globalen Mittelwert. Der prognostizierte Temperaturanstieg in Deutschland scheint deutlich höher zu werden. (Vereinte Nationen, 2025)

Aus diesem Zahlenüberblick wird deutlich, dass in den Wintermonaten künftig deutlich weniger Heizenergie benötigt wird und der Kühlung der Städte in den Sommermonaten mehr Aufmerksamkeit gewidmet werden muss. Dazu sollte man wissen, dass der Schutz gegen Kälte deutlich leichter zu bewerkstelligen ist als der Schutz gegen Hitze.

Sonnenscheindauer und Globalstrahlung

Seit 1983 stellt der DWD zudem eine Veränderung der jährlichen Globalstrahlung (kWh/m^2) fest. Innerhalb der vergangen 40 Jahre stieg die Globalstrahlung um 10 Prozent und die Strahlung in Deutschland im Mittel um 3,4 kWh/m^2 an (Deutscher Wetterdienst, 2023):
1980–1990: 1014 kWh/m^2 (Dekadenmittel),
2010–2020: 1114 kWh/m^2 (Dekadenmittel).

Besonders zeigt sich die vermehrte Globalstrahlung in den kälteren Monaten (März, April, September). Hier wurden Steigerungen von 0,4 bis 0,9 kWh/m^2 registriert. Möglicherweise ist dies eine Folge verbesserter Luftqualität in Kombination mit veränderten Wolkenmustern. Ein ähnlicher Trend lässt sich in den Aufzeichnungen der Sonnenscheindauer beobachten. Lag diese in den 1980er-Jahren noch bei rund 1.500 Stunden pro Jahr, so stieg sie in den vergangenen 40 Jahren auf fast 1.700 Stunden pro Jahr. Auch hier liegt die Steigerung bei gut 10 Prozent.

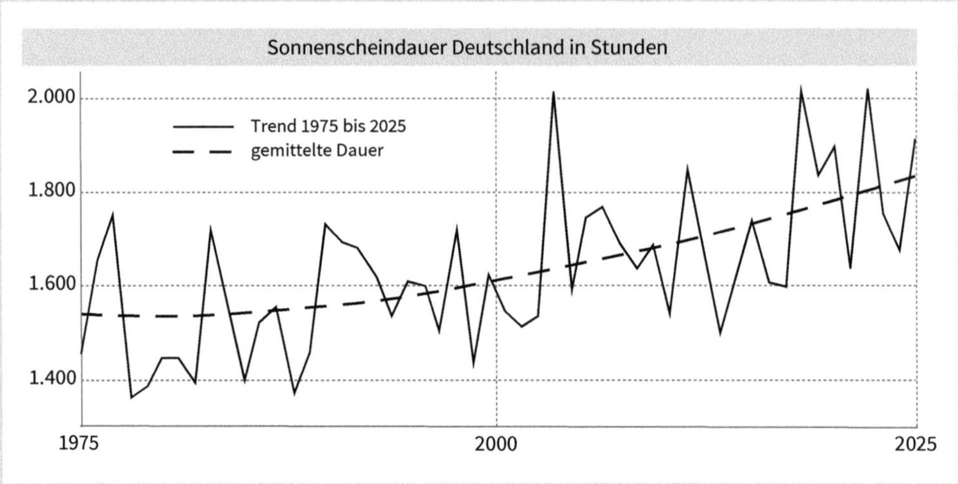

Abb. 45: Die Mittelwertlinie zeigt es deutlich: Die Sonnenscheindauer in Deutschland steigt deutlich an. *(Grafik: th)*

Was heißt das für die Erzeugung regenerativer Energien?

- Die solaren Energiegewinne werden besonders bei Gebäuden mit großen Glasflächen (Glasfassaden) steigen.
- Der Ertrag aus PV-Anlagen steigt genau in den Monaten, in denen günstiger Strom für Wärme benötigt wird – nämlich in den kälteren Monaten März, April und September. (Deutscher Wetterdienst, 2025 B)

Hitze wird bedrohlich

Hitze und Sonneneinstrahlung stresst die Erde, insbesondere die Oberfläche des Landes. Das hat negative Effekte auf Fauna und Flora. Die Austrocknung von Oberflächen beeinflusst die Landwirtschaft und über die Lebensmittelerzeugung auch die Weltbevölkerung. Bilder von Politikern, die an ausgetrockneten Flussufern in den Ballungsräumen stehen, gehören inzwischen fast schon zur Normalität. Und an dieser Stelle tun sich weitere Gefahren auf.

Exkurs

Hitzewellen werden zahlreicher, halten länger an und die Temperaturen immer höher. Als Folge davon wird es zu vermehrten Sterbefällen besonders in den Ballungsgebieten kommen. Eine einheitliche Definition von Hitzewellen existiert nicht und ist aufgrund der Komplexität und der unterschiedlichen Anforderungen an eine Definition auch kaum möglich. Eines ist aber klar: Mit den Hitzewellen sind sogenannte »tropische« Nächte verbunden. Das bedeutet, dass das Thermometer während der Nachstunden nicht unter 20 °C fällt. Im langjährigen Mittel (1981–2010) lagen Tropennächte in Deutschland bei 4,5 Nächten pro Jahr. In Wien waren es bereits 15 Tropennächte pro Jahr. Während des Hitzesommers 2003 wurden in Kehl 21 Tropennächte gezählt, in Wien waren es 41. Im Jahr 2024, dem heißesten Jahr seit Beginn der Wetteraufzeichnungen, registrierte Wien sogar 53 Tropennächte.

Doch auch tagsüber steigen die Lufttemperaturen. Im Jahr 1950 erlebte Deutschland gerade einmal zwei Tage, an denen das Lufttemperaturmaximum über 30 °C lag. Im Jahr 2023 waren es bereits elf Tage mit entsprechendem Lufttemperaturmaximum. (Wikipedia, 2025 C)

Menschen in Städten und Ballungsräumen sind deutlich mehr von Hitze betroffen als die Landbevölkerung, denn Städte sind wärmer als das Umland. Man spricht in dem Zusammenhang von »urbanen Wärmeinseln«, Städte heizen sich auf. Das liegt an dichter Bebauung, versiegelten Flächen und daran, dass Verkehr und Heizungs- beziehungsweise Kühlsysteme die Temperaturen steigen lassen. Weltweit sind auch fehlende Grünzüge, zu wenig Baumbestand und verbaute Luftströmungskanäle ein Problem in den Innenstädten.

Je mehr und höher die Gebäude und je höher der Versiegelungsgrad der Landschaft, desto größer ist die Mehrfachreflexion kurzwelliger Strahlung in den Häuserschluchten. Genau diese Strahlung beeinflusst das Wärmeempfinden. Der DWD errechnet die »gefühlte Temperatur« nach dem Klima-Michel-Modell, das zusätzlich zur Lufttemperatur auch Windgeschwindigkeit, Luftfeuchte und kurz- sowie langwellige Strahlungsflüsse berücksichtigt.

Im Bundesgesundheitsblatt, der Fachzeitschrift für Gesundheitsforschung und Gesundheitsschutz, wurde die Arbeit »Thermische Belastung von Bewohnern in Städten bei Hitzewellen am Beispiel von Freiburg (Breisgau)« veröffentlicht. Sie vergleicht den Hitzestress in Städten mit gefühlter Temperatur auf dem Land und hebt den Vergleich zur gemessenen Lufttemperatur hervor (Bundesgesundheitsblatt, 2020).

Die Ergebnisse sind frappierend, denn es hat sich nachweisen lassen, dass die gefühlte Maximaltemperatur bei Hitzewellen bis zu 10 °C über der gemessenen Lufttemperatur liegt. Dabei wären die gemessenen Lufttemperaturen in den Städten schon problematisch genug. Es hat sich gezeigt, dass die Lufttemperaturen in der Stadt Freiburg tagsüber ca. 2 bis 3 °C höher liegen als im Umland. Nachts staut sich in der Stadt die Hitze, sodass die Nachttemperatur sogar um bis zu 5 °C höher liegt.

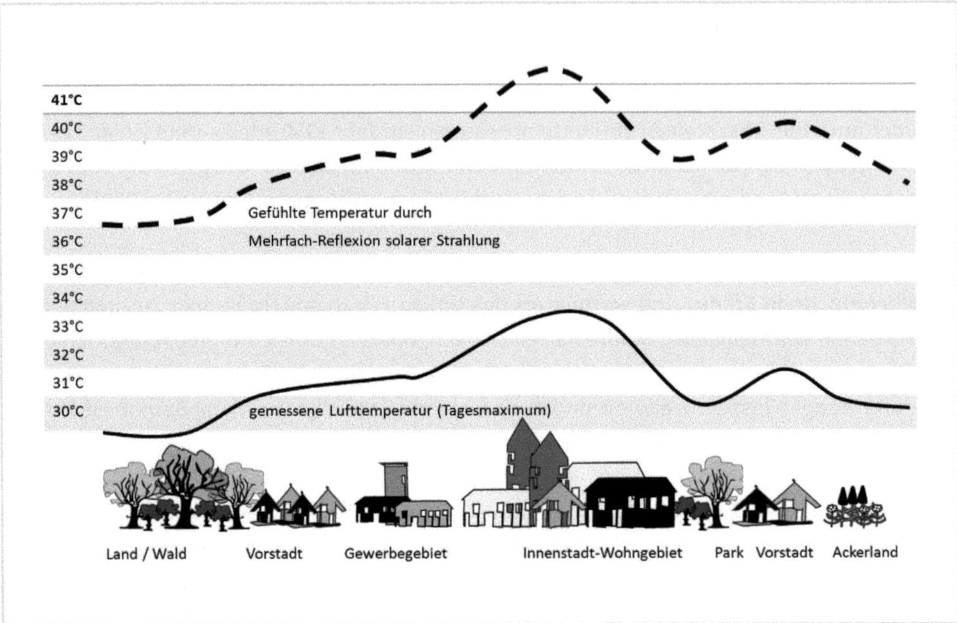

Abb. 46: Lufttemperaturkurve vom Land über Vorstadt und Gewerbegebiet bis zur hoch verdichteten Innenstadt – Wo Baumbestand vorhanden ist, sinkt die Lufttemperatur. Die gefühlte Temperatur liegt bis zu 10 °C über der Lufttemperatur. *(Grafik: ggb)*

Städte sind nachweislich heißer als das Umland. Im Sommer kann sich der Innenraum eines nicht gekühlten Gebäudes auf 30 °C Lufttemperatur hochheizen. Das hat Effekte, vor allem für Arbeitgeber. Ab 26 bis 30 °C müssen sie Maßnahmen zur Kühlung ergreifen. Temperaturen über 32 °C gelten als gesundheitsgefährdend. Wird diese Lufttemperatur auch noch um 10 °C wärmer wahrgenommen, steht der Körper unter massivem Hitzestress. Dieser kann nachts auch nicht abgebaut werden, denn die aufgeheizten Mauern geben zusätzlich Wärme ab. Die Hitze wird als unerträglich wahrgenommen. Tropische Nächte stören den Schlaf und verhindern die Regeneration des Körpers. Wird der nachfolgende Tag erneut besonders heiß, summiert sich der Stress.

Die Schlussfolgerungen aus dieser Entwicklung sind:

☑ Städte müssen zunehmend gekühlt werden.
☑ Kühltechnik wird an Bedeutung gewinnen.
☑ Der Energiebedarf für das Heizen von Räumen in Städten wird eher abnehmen.

6.3 Entwicklung der Wärmebedarfe für Gebäude

Klimaveränderung und Energiebedarf eines Gebäudes hängen zusammen. Folgende Simulation zeigt, wie sich der Bedarf an thermischer Energie (Wärme) im Laufe der Jahre gewandelt hat. Die Simulation basiert auf den Außentemperaturen, die an verschiedenen Orten in Deutschland seit dem Jahr 1980 kontinuierlich erhoben wurden. Um eine Vergleichbarkeit der Daten zu ermöglichen, wurde ein Standardgebäude mit der identischen Heizkennlinie an den verschiedenen Standorten simuliert. Dem jeweiligen Standort entsprechend hat dieses Gebäude einen Energieverbrauch von rund 25.000 bis zu 30.000 kWh. Dies entspricht einer Heizölmenge von 3.000 bis 3.500 Litern pro Jahr.

Normdaten der Simulation:

- Heizlast: 14 kW bei einer Außentemperatur von -12 °C,
- Heizgrenztemperatur: 16 °C,
- Heizdauer: 22 Stunden pro Tag,
- Gebäudeklasse: C, D,
- Ohne Energiebedarf für Kühlung, Warmwassererwärmung etc.

Für diese Simulation wurden folgende Städte ausgewählt: Köln/Bonn, Frankfurt am Main, München, Berlin und Bad Kissingen.

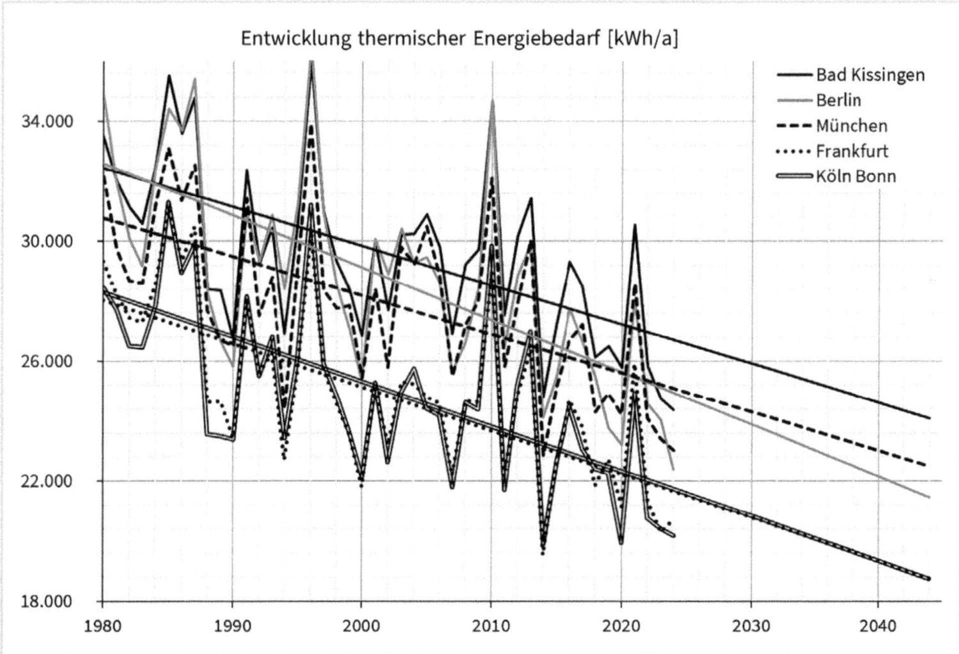

Abb. 47: Die Berechnungsergebnisse der Simulation zeigen den jährlichen Energiebedarf an den verschiedenen Standorten. Der Energiebedarf schwankt stark, jedoch ist ein klarer Trend zu erkennen: Der Energieverbrauch nimmt im Laufe der Jahre deutlich ab. *(Grafik: th)*

Alle Gebäude mit Ausnahme des Berliner Exemplars benötigen pro Dekade zwischen 1.300 und 1.500 kWh thermische Energie weniger. In Berlin reduziert sich der thermische Energiebedarf sogar um 1.800 kWh pro Dekade. Das heißt, dass der Energiebedarf dieser Gebäude im Zeitraum von jeweils zehn Jahren um etwa 150 bis 210 Liter Heizöl sinkt. Das entspricht einer Energieeinsparung pro Dekade um 5 bis 6 Prozent.

Führt man diese Hochrechnung weiter, kommt man zu dem Ergebnis, dass, absolut betrachtet, dasselbe Gebäude in Berlin im Jahr 1980 rund 33.000 kWh Heizenergie verbraucht, im Jahr 2040 hingegen nur noch etwa 22.000 kWh. Man kann also von einer Einsparung von über einem Drittel der Heizenergie ausgehen. Gleichzeitig nimmt die Anzahl der Heiztage deutlich ab. Im statistischen Mittel verliert München pro Dekade rund fünf Heiztage, Berlin in demselben Zeitraum sogar jeweils fast 10 Heiztage. Von 280 Heiztagen im Jahr 1980 bleiben im Jahr 2024 gerade einmal 243 Heiztage übrig.

Die Berechnungen dieser Simulation gehen von einem linearen Temperaturanstieg aus. Inzwischen ist jedoch nachgewiesen, dass die Temperatur exponentiell ansteigt. Das wird mit sehr hoher Wahrscheinlichkeit dazu führen, dass der Heizbedarf künftig noch weiter fallen wird und pro Dekade deutlich über 6 Prozent Einsparung erreicht werden kann.

Schlussfolgerungen:

- ☑ Der Heizmarkt wird schrumpfen. Verkaufte Wärmemengen werden abnehmen, was dazu führt, dass die Fixkosten für Wärmeerzeugungsanlagen auf eine stetig schrumpfende verkaufte Wärmemenge aufgeschlagen (beziehungsweise umgelegt) werden müssen.
- ☑ Es gibt zwei weitere, sich widersprechende Effekte: Einerseits werden energetische Sanierung und verändertes Nutzungsverhalten den Wärmebedarf sinken lassen, andererseits wird dieser Trend durch neu entstehende Gebäude (Schaffung von Wohnraum in den Ballungszentren) aufgehoben.

6.4 Verbrauch, Verlust, Einsparung und Wärmeempfinden

Der Gesamtenergieverbrauch eines Gebäudes ergibt sich aus der Dokumentation genutzter Kilowattstunden (kWh) pro Quadratmeter Wohnfläche pro Jahr.

Exkurs

Die Abnehmer von Gas oder Heizöl finden die kWh-Berechnung auf der jeweiligen Jahresabrechnung des Vermieters. Die kWh/m^2 kann man errechnen, indem die Wohnfläche eines Gebäudes (ohne Außenflächen wie Balkone oder andere Nutzflächen wie Abstell- oder Kellerräume) ausgemessen wird. So entsteht die Quadratmeteranzahl (m^2).

Energieverbrauch (kWh) : Wohnfläche (m^2) = Verbrauch pro Quadratmeter und Jahr

Beispiel: 20.000 kWh : 150 m^2 = 133 kWh/(m^{2}a)

Wie auch Haushaltsgeräte werden Gebäude seit einigen Jahren in Effizienzklassen eingeteilt. Die Einteilung erfolgt von A+ (höchste Effizienz) bis zu H (schlechteste Klasse), wobei die Dokumentation in einen Energieausweis einzutragen ist. Dieser Energieausweis muss beispielsweise bei jeder Vermietung und jedem Verkauf vorgelegt werden, denn die Betriebskosten sind ein entscheidender Faktor für die Anmietung und den Ankauf von Gebäuden. Um die Energieeffizienz auch für Laien nachvollziehbar zu machen, gibt es die folgende Grafik, die im Original in Farbe (grün–gelb–rot) erscheint.

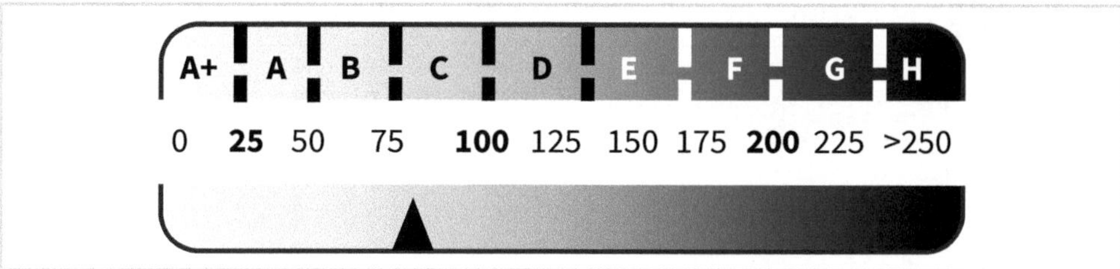

Abb. 48: Energieausweis – Als grobe Einteilung gilt: 50 kWh/(m²a) ist sehr gut (grün), 100 kWh/(m²a) gilt als Mittelwert (gelb) und 200 kWh/(m²a) markiert einen hohen Energieverbrauch (rot). Der Gebäudewert ist in der unteren Zeile markiert (Pfeil).

In diese Rechnung werden Bedarfe für die Gebäudeheizung und Warmwasserbereitung aufgenommen. Den Löwenanteil des Energiebedarfs macht durchgehend die Heizenergie aus. Während ein Altbau über 200 kWh/(m^{2}a) Heizenergie verschlingt, kommt ein Niedrigenergiehaus auf etwa 70 kWh/(m^{2}a) Wärmeenergiebedarf. Die Energie für die Warmwasserbereitung ist für die meisten Häuser ungefähr genauso hoch und liegt bei ungefähr 20 bis 30 kWh/(m^{2}a). (Verbraucherzentrale, 2025)

Tipps zur Energieeinsparung

Will man Einsparpotenziale bei Gebäuden errechnen, muss man ein Gebäude vom Keller bis zum Dach überdenken. Dabei sollte man nicht nur daran denken, Energie einzusparen, sondern auch, wie man Energie gewinnen kann.

Folgende Abbildung zeigt klassische Wärmeverluste bei Gebäuden und davon abhängig das Einsparpotenzial.

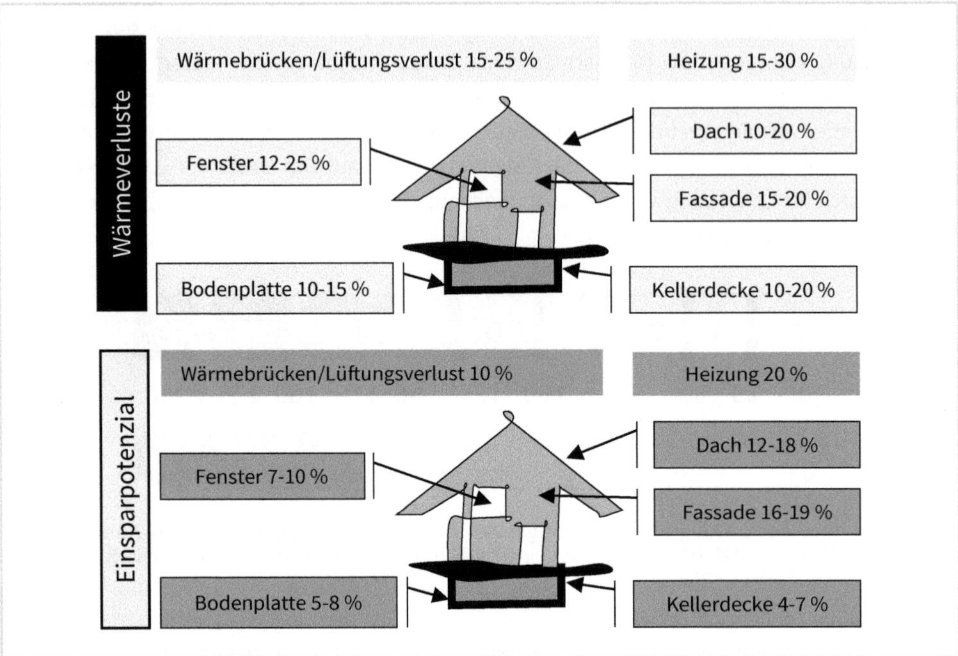

Abb. 49: Ohne größere Umbauten können allein durch Heizungsneuregelung und verändertes Lüftungsverhalten deutliche Einsparungen des Energiebedarfs erreicht werden. *(Grafik: ggb)*

Bei Gebäuden, die rund 200 kWh/(m^{2}a) Energie verbrauchen, lassen sich mit einfachen und kostengünstigen bautechnischen Sanierungen hohe energetische Einsparungen erzielen. So können beispielsweise Dachböden oder oberste Geschossdecke sowie die Kellerdecke gedämmt werden, damit Wärme dort nicht mehr abfließen kann. Außerdem ist es sinnvoll, undichte oder alte Fenster und Türen auszutauschen. Besonders überalterte Verbundglasfenster können die ursprüngliche Dämmung oft nicht mehr aufrechterhalten. Dachfenster sind häufig der Grund für großen Wärmeverlust – auch weil sie oft gekippt bleiben, ohne dass die Heizkörper abgestellt sind. Häufig sind die Kältebrücken zwischen Wohnung und Treppenhaus oder Wohnzimmer und Kamin der Grund für hohen Wärmeverlust.

Allein das Thema Heizung inklusive Heizungseinstellung birgt ungeahnte Möglichkeiten. Folgende Fragen helfen, erste Schritte einzuleiten:

- Ist die Vorlauftemperatur der Heizung auf niedrigem Niveau eingestellt?
- Sind die Heizkörper im Raum frei zugänglich, sodass sie wirken können, oder sind sie hinter Möbeln oder Verkleidungen eingebaut?
- Sind die Heizkörper mit Ventilatoren ausgestattet, um die Luftzirkulation zu gewährleisten?
- Gibt es die Möglichkeit, größere oder zusätzliche Heizkörper anzubringen?
- Ist es möglich, Wand- oder Deckenheizungen anzubringen?
- Ist die Zirkulation des warmen Wassers auf das Nötigste reduziert?

- Kann die Raumtemperatur gesenkt werden? Man rechnet mit einem zusätzlichen Verbrauch von 6 Prozent Heizenergie je Grad Raumtemperatur.
- Ist die Heizung so eingestellt, dass die Temperatur absinkt, wenn niemand zuhause ist?
- Können Heizkörper per Hand abgestellt werden?
- Ist der Luftaustausch innerhalb der Räume kontrolliert steuerbar (Lüftung)?

Weitere Überlegungen und Lösungsmöglichkeiten sind online zu finden, unter anderem auf YouTube und von folgenden Personen: Dr. Peter Klafka (Wärmepumpe im Bestand), Dr. Marek Miara (www.ise.fraunhofer.de) und Carsten Herbert (Energiesparkommissar.de). Diese Überlegungen sind dabei ebenso relevant für alle öffentlichen Gebäude oder Gebäude in öffentlicher Hand. Hier ist das Nutzerverhalten immer eine Blackbox, die man im Wesentlichen nicht regeln kann. Was man jedoch energetisch sinnvoll tun kann, sind einfache Sanierungs- und Nachrüstungsarbeiten an den Stellen im Gebäude, die besonders viel Wärme verlieren.

Wie entsteht Behaglichkeit?

Der menschliche Körper kann, wie bereits angesprochen, die direkte Lufttemperatur nicht wahrnehmen. Der Körper spürt lediglich die Energie, die zwischen ihm und seiner Umgebung ausgetauscht wird. Nimmt er Wärme auf oder gibt er sie an die Umgebung ab? Je nachdem empfindet der Körper eine unterschiedliche Temperatur. Ob man sich in einem Raum behaglich fühlt, hängt von verschiedenen Faktoren ab. Neben der absoluten Lufttemperatur sind die Temperaturen der umgebenden Oberflächen relevant. Von dort empfindet der Körper Strahlungswärme. Kühlen die Wände und Möbel in einem Raum deutlich ab, so entsteht schnell das Gefühl von Kälte, obwohl die Lufttemperatur immer noch in verträglichem Rahmen bleibt.

Auch die Luftbewegung in Verbindung mit der relativen Luftfeuchtigkeit, die Kleidung sowie der Aktivitätsgrad der Personen im Raum spielen eine Rolle. Nach mehreren Stunden am Schreibtisch empfindet man die Raumtemperatur von 20 °C deutlich kälter, als wenn man sich in derselben Raumtemperatur beständig bewegt.

Kennt man die Parameter, so können Heizsysteme intelligent geplant und gesteuert werden – ein wichtiger Schritt auf dem Weg zu Energieeinsparung.

Die Kosten der Wärme

Wer heute die Kosten für Wärme ermitteln will, der muss anders rechnen als zu Zeiten, als fossile Brennstoffe das Maß aller Dinge waren. Damals war die Rechnung einfach: Man hat den jährlichen Energieverbrauch mit dem Festpreis für Öl oder Erdgas multipliziert. Doch den Festpreis für fossile Brennstoffe gibt es im Grunde nicht mehr, denn der Marktpreis ist von materieller und geopolitischer Verfügbarkeit abhängig geworden. Damit steigen neben den Unsicherheiten auch die Preise.

Kompakt

Will man den Preis der Wärme unter Einsatz erneuerbarer Energien errechnen, so müssen viele Parameter in die Kostenermittlung einbezogen werden – und das macht die Sache auf den ersten Blick ein wenig komplizierter. Es lohnt sich aber, genauer hinzusehen.

Verfügbarkeit und Kosten für Strom hängen maßgeblich davon ab, wann man die Energie bezieht und wie man sie speichert und einsetzt. Die Abhängigkeiten zwischen Verbrauch und Tages- sowie Jahreszeit haben einen großen Einfluss auf den Preis.

Grundsätzlich gilt, dass erneuerbare Energien den Preis für Wärme deutlich nach unten drücken. Das gilt sowohl im Mittelwert als auch dann, wenn die Produktion sehr hoch und der Energiebedarf eher gering ist – beispielsweise in den Mittagsstunden an Pfingsten, wo viele Menschen keine Energie im eigenen Haus benötigen, die Produktion aber maximal läuft. Die Herbst- und Winterzeit ist zwar mit hohem Energieverbrauch verbunden, doch sind erfahrungsgemäß die Tage windig und dann liefern Windkraftanlagen so viel Strom, dass auch der Preis stark fällt. Die Strompreise sind heute schon vereinzelt so niedrig, dass der Endkunde für Stromverbrauch in diesen Zeitfenstern sogar Geld bekommt. Das wird als »negativer Strompreis« bezeichnet.

Wie ist ein negativer Strompreis möglich? Ein Überangebot an Strom führt dazu, dass Abgaben wie Steuern oder Netzentgelte kompensiert werden. Lädt man in diesen Zeitfenstern das Auto oder schaltet die Waschmaschine, den Trockner oder die Sauna ein, dann profitiert man davon.

Kompakt

Die Kosten für Energie sind heute nicht nur vom Verbrauch innerhalb eines Gebäudes abhängig, sondern maßgeblich vom Zeitpunkt, an dem die Energie abgenommen wird.

Die hohe Effizienz und die dezentrale Anwendung erneuerbarer Energien wird ein Überangebot in der Energieerzeugung nach sich ziehen. Immer mehr PV-Anlagen entstehen und auch das Repowering von Windkraftanlagen wird den Trend verstärken. Tatsächlich gibt es bereits Überlegungen, alte Windkraftanlagen durch leistungsstärkere zu ersetzen, anstatt neue Anlagen zu bauen. Doch in Deutschland sprießen immer mehr Windräder aus dem Boden und deshalb wird der zunehmende Ausbau erneuerbarer Energien erwartungsgemäß immer größere Zeitfenster hervorbringen, an denen mit niedrigen Preisen pro Energieeinheit zu rechnen ist.

Exkurs

Nimmt man für eine Wärmepumpe Strom aus dem öffentlichen Netz, so kann man den Strombezug aus dem öffentlichen Netz um rund 20 bis 40 Prozent reduzieren, wenn man eine eigene PV-Anlage mit Batteriespeicher hat. Rechnet man die Stromgestehungskosten der eigenen PV-Anlage samt Batteriespeicher in Höhe von 10 bis 15 ct/kWh und kombiniert sie mit einem festen Stromkostenpreis aus dem öffentlichen Netz von 30 ct/kWh, so ergeben sich Einsparungen der Energiekosten von 10 bis 25 Prozent. Das gelingt selbst dann, wenn man keine weiteren Einsparungsmaßnahmen getroffen oder das Nutzungsverhalten geändert hat.

Würde man dieselben Einsparungen durch reine Energieeffizienzmaßnahmen erreichen wollen, wäre dies deutlich aufwendiger und kostenintensiver. Mehr dazu in Kapitel 10.

Auch Gebäude ohne eigene PV-Anlage können dynamische Stromtarife nutzen und auf diese Weise von günstigen Strompreisen profitieren. Verfügt das Gebäude über Stromspeicher und kann die Stromabnahme gut und flexibel gesteuert werden, sind deutliche Kosteneinsparungen möglich.

In Kapitel 12 zeigen wir im Kontext der Geschäftsmodelle für Stadtwerke, dass sich aus dieser Situation interessante Möglichkeiten für kommunale Stromanbieter ergeben.

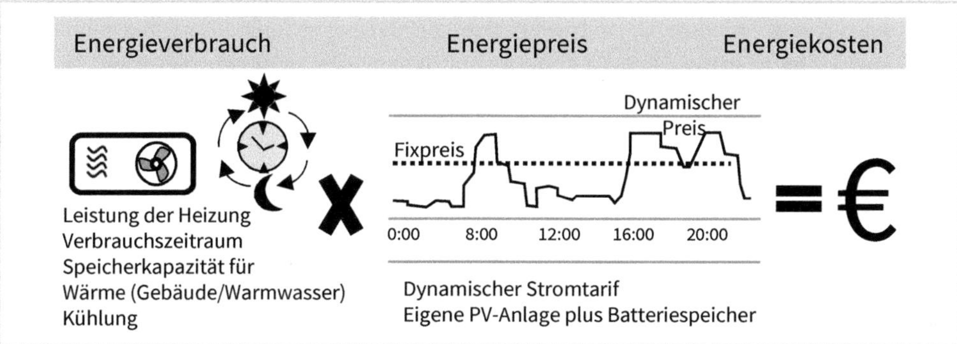

Abb. 50: Die Rechnung ist einfach: flexibler Energieverbrauch mal intelligente Nutzung eines dynamischen Stromtarifs ergibt die tatsächlichen Energiekosten. *(Grafik: th)*

Versteht man Energie- und Wärmeversorgung als zusammenhängendes Thema, dann ist klar: Strom ist immer verfügbar, jedoch ändert sich der Strompreis je nach Zeitpunkt des Verbrauches. Daraus folgt: Flexibilität des Energieverbrauchs ist das neue Gold.

6.5 Gebäudeenergiegesetz (GEG) und kommunale Wärmeplanung

Dieses Kapitel bietet Impulse und einen Überblick über die wichtigsten Festlegungen des Gebäudeenergiegesetzes (GEG) und der kommunalen Wärmeplanung. Das GEG wurde im August 2020 beschlossen. Es sollte die zuvor geltenden Einzelregelungen in einem einheitlichen Gesetz zusammenzuführen. Ziel war es, die rechtlichen Vorgaben für Energieeffizienz und den Einsatz erneuerbarer Energien im Gebäudebereich zu vereinheitlichen und zu vereinfachen. Die Vorgängerverordnungen waren Folgende:

- Erneuerbare-Energien-Wärmegesetz (EEWärmeG 2011),
- Energieeinsparverordnung (EnEV 2013),
- Energieeinsparungsgesetz (EnEG 2013).

Das GEG verfolgt drei zentrale Ziele:

1. **Klimaneutraler Gebäudebestand bis 2045**: Der Gebäudesektor soll seinen Beitrag zur Erreichung der nationalen Klimaschutzziele leisten.
2. **Reduzierung des Energieverbrauchs**: Energieeffizienzmaßnahmen in Neubauten und Bestandsgebäuden sollen den Gesamtenergiebedarf dauerhaft senken.
3. **Förderung erneuerbarer Energien**: Der Einsatz regenerativer Energien in der Wärme- und Kälteversorgung soll gezielt ausgebaut werden.

Diese Maßnahmen sind essenziell, denn rund 40 Prozent der CO_2-Emissionen in Deutschland stammen aus der Wärmebereitstellung für Gebäude. Angesichts dieser Tatsache wurde das GEG Anfang 2024 nochmals verschärft. Die Novellierung betraf vor allem die Anforderungen an neue Heizsysteme. Grundsätzlich müssen seither alle neu eingebauten Heizungen mindestens 65 Prozent der bereitgestellten Wärme aus erneuerbaren Energien ziehen. Dies regelt Paragraf 71 GEG. In der Novelle des GEG wird zudem eine enge Verknüpfung zum Gesetz zur kommunalen Wärmeplanung (Wärmeplanungsgesetz) hergestellt. Auf diese Weise soll sichergestellt werden, dass künftige Investitionsentscheidungen für Heizsysteme mit den langfristigen Zielen der kommunalen Wärmeplanung abgestimmt werden.

Kompakt

Jede Kommune in Deutschland ist gesetzlich verpflichtet, eine kommunale Wärmeplanung zu erstellen.

Die Fristen zur Vorlage der kommunalen Wärmeplanung und der Grundsatz der 65 Prozent Regel für Erneuerbare Energien bei Heizungen sind nach Größe der Kommune gestaffelt:

- Kommunen über 100.000 Einwohner müssen ihre Planung bis 30. Juni 2026 vorlegen.
- Kleinere Städte und Kommunen unter 100.000 Einwohner haben Zeit bis 30. Juni 2028.

Was sind die wichtigsten Fristen für Heizungen?

Bei Reparaturen bestehender Heizungen ist kein Anteil erneuerbarer Energien vorgeschrieben. Die bestehende Anlage darf weiter betrieben und instand gesetzt werden.

In Bestandsgebäuden und bei Neubauten in bestehenden Baugebieten dürfen bis zum 30.06.2026 bzw. 30.06.2028 weiterhin fossile Heizungen eingebaut werden. Diese müssen jedoch abgestuft steigende Anteile erneuerbarer Energien nutzen:

- ab 01.01.2029: mindestens 15 Prozent,
- ab 01.01.2035: mindestens 30 Prozent,
- ab 01.01.2040: mindestens 60 Prozent.

Vor dem Einbau muss eine Beratung erfolgen. Dies ist zwingend vorgeschrieben, um den Bauherren und Investoren die Folgen für ihre Investition darzulegen. In dem Zusammenhang soll auch die mögliche Unwirtschaftlichkeit fossiler Heizungen durch steigende CO_2-Preise thematisiert werden.

Für Neubauten in neu zu erstellenden Baugebieten gilt die 65-Prozent-Vorgabe für erneuerbare Energien sofort.

Für neue Heizungen in Neubauten und Bestandsgebäude außerhalb neuer Baugebiete gilt die 65-Prozent-Regel ab 30.06.2026 bzw. 30.06.2028.

Tatsächlich muss also kein Hausherr befürchten, seine funktionierende Heizung zu verlieren. Es dürfte aber in seinem Interesse sein, bei der Erneuerung defekter und überalterter Heizungen darüber aufgeklärt zu werden, welche Effekte seine Entscheidung auf seine Heizkosten haben wird.

Rechtlicher Rahmen und Zielsetzung

Die kommunale Wärmeplanung ist ein (informelles) strategisches Instrument, um eine tragfähige zukunftsgerichtete, klimafreundliche Wärmeversorgung auf den Weg zu bringen. Die Basis liegt im Wärmeplanungsgesetz (WPG) sowie ergänzenden Vorgaben des GEG. Mit der kommunalen Wärmeplanung soll gewährleistet werden, dass die Kommunen den lokal besten, wirtschaftlich tragfähigsten und klimafreundlichsten Weg zur Wärmeversorgung entwickeln.

Der Wärmeplan dient als Orientierungs- und Steuerungsinstrument für all jene, die in Heizsysteme investieren. Er löst keinen rechtlichen Zwang aus und zwingt auch niemanden, ein gewisses Heizungssystem zu installieren. Ob ein Gebäude zukünftig an ein Nah- oder Fernwärmenetz angeschlossen werden kann, wird in der Planung untersucht. Ob und wann diese Planung allerdings umgesetzt wird und ob Hausbesitzer in den dann als geeignet festgelegten Stadtteilen Fernwärme auch nutzen müssen, bleibt zunächst offen. An dieser Stelle können Kommunen weitgehend selbst Nutzungsverordnungen festlegen.

Im kommunalen Wärmeplan findet man sogenannte Gebietskategorien, die der Weichenstellung für die Wärmewende vor Ort dienen. Dazu gehören:

- Gebiete für dezentrale Lösungen (beispielsweise mittels Wärmepumpen über Erdkollektoren, Grundwasser oder Luft),
- Gebiete, die sich für Wärmenetze eignen, zum Beispiel Nachverdichtungsgebiete,
- Prüfgebiete, deren Eignung noch nicht abschließend geklärt ist,
- Gebiete für Sondernutzungen, Industrie oder Gewerbe.

Fernwärmenetze werden häufig als sauber und umweltfreundlich dargestellt, doch das ist nicht immer so. Tatsächlich werden heute über zwei Drittel der Fernwärme auf Basis fossiler Brennstoffe erzeugt. Diese Fernwärmenetze verteilen Wärme, die zu 49 Prozent mit Erdgas, zu

13 Prozent mit Kohle und zu 5 Prozent mit Erdöl und sonstigen fossilen Brennstoffen hergestellt wird. Diese Netze haben noch 5 Jahre Zeit, erneuerbare Energien einzusetzen (Verbraucherzentrale, 2026 B).

Die Fristen zur Dekarbonisierung bestehender Wärmenetze:

- Bis Ende 2030 muss die verteilte Wärme zu mindestens 30 Prozent aus erneuerbaren Energien oder unvermeidbarer Abwärme stammen.
- Bis Ende 2040 muss dieser Anteil auf mindestens 80 Prozent gestiegen sein.

Auch Gebiete für eine zukünftige Versorgung mit Wasserstoff können im Rahmen der kommunalen Wärmeplanung ausgewiesen werden, doch bisher hat keine Kommune in Deutschland von dieser Möglichkeit Gebrauch gemacht. Das mag daran liegen, dass speziell die Industrie auf Wasserstoff angewiesen und es in absehbarer Zeit unwahrscheinlich ist, dass genügend Wasserstoff produziert werden kann, um ganze Wohngebiete damit zu versorgen (vgl. Kap. 3).

Die Umrüstung bestehender Erdgasverteilnetze auf Wasserstoff wird oftmals diskutiert. Dadurch soll die vorhandene Gasinfrastruktur gerettet und weiterhin genutzt werden. Bei genauer Betrachtung zeigt sich jedoch, dass der technische und wirtschaftliche Aufwand enorm ist und sich erhebliche praktische Probleme ergeben würden.

Die vier relevantesten Einwände:

1. Leitungen, Dichtungen und Armaturen sind zum Großteil nicht wasserstofftauglich. In der Folge würde es zu Leckagen und Materialversprödung kommen.
2. Die Kapazitäten der Erdgasnetze reichen nicht aus, denn durch sie müssten zwei Drittel mehr Volumen transportiert werden, da Wasserstoff nur etwa ein Drittel des Heizwertes von Erdgas besitzt. Eine mit heutiger Anforderung gleichwertige Wärmemenge für die Abnehmer zu erreichen, ist beim bestehenden Gasnetz eher nicht möglich.
3. Bestehende Heizgeräte sind nicht kompatibel. Das bedeutet, dass alle Haushalte in einem Versorgungsgebiet zeitgleich auf neue Heizgeräte umgestellt werden müssten – ein logistischer und organisatorischer Kraftakt.
4. Sicherheitsaspekte stellen eine weitere Herausforderung dar: Wasserstoff ist leicht entzündlich, diffundiert sehr schnell und verbrennt über eine unsichtbare Flamme, was Gefahren mit sich bringt. Folglich wären erhöhte Sicherheitsmaßnahmen und neue Genehmigungen für den Betrieb entsprechender Heizungen erforderlich.

Da die Nutzung von Wasserstoff für die Wärmeversorgung im Vergleich zu Wärmepumpen deutlich teurer ist, die Verfügbarkeit unklar bleibt und die Investitionskosten sehr hoch ausfallen, eignet sich Wasserstoff nicht für die flächendeckende Niedertemperaturheizung in Gebäuden. So hat auch München in seiner Wärmeplanung kein Wasserstoffnetz ausgewiesen.

Welche Effekte haben die Planungen der aktuellen Bundesregierung?

Die Bundesregierung plant eine Novelle des Wärmeplanungsgesetzes. Derzeit ist unklar, ob sich Fristen oder Regelungsdetails ändern, doch der grundsätzliche Zielpfad – klimaneutrale Wärmeversorgung bis 2045 – bleibt bestehen. Unabhängig von der künftigen politischen Ausrichtung der Bundesregierung ist davon auszugehen, dass deutsche Gerichte im Rahmen entsprechender Klagen auf die Begrenzung der Treibhausgasemissionen bestehen werden. Es kann also sein, dass sich die zeitlichen Fristen im Wärmesektor möglicherweise weiter verschärfen.

7 Der große Effizienzvergleich: Wärmepumpe, Wärmenetz, Wärmequellen

Die Effizienz von Energiesystemen lässt sich auf Basis physikalischer Eigenschaften und Randbedingungen berechnen, messen und miteinander vergleichen. Werden gleiche Randbedingungen – beispielsweise die Außentemperatur und die Gebäudeart – festgelegt und lediglich das Energiesystem variiert, können fundierte Aussagen über dessen Effizienz getroffen werden. Diese Berechnungen wurden speziell für dieses Buch angestellt. Die Grundlagen für alle Berechnungen werden offengelegt und es wird erläutert, wie die Kernaussagen des Buches entstanden sind. Dieser Kapitelteil wendet sich an Leserinnen und Leser, die tiefer in die Materie einsteigen und der Beweiskette folgen wollen.

Besonders aufschlussreich sind zwei Arten des Effizienzvergleichs:

- der direkte Vergleich verschiedener Energiesysteme unter gleichen Randbedingungen.
- der zeitliche Vergleich, der die Effizienzentwicklung der Vergangenheit und der Zukunft betrachtet.

Für eine ganzheitliche Bewertung ist es wesentlich, auch die zukünftigen Entwicklungstrends der Energiesysteme einzubeziehen. Historische Daten der Randbedingungen ermöglichen die Ableitung von Trends, die als Grundlage für Prognosen über die zukünftige Effizienzentwicklung dienen. Die Effizienz stellt dabei die zentrale Kenngröße zur Bewertung von Energiesystemen dar.

Der Energiemarkt ist kein vollständig freier Markt. Er wird durch staatliche Steuerungsmechanismen beeinflusst. Förderprogramme oder steuerliche Anreize können dazu führen, dass weniger effiziente Systeme zeitweise bevorzugt werden. Doch solche Subventionen können nicht auf Dauer aufrechterhalten werden. Der Steuerzahler wird ineffiziente Systeme nicht endlos subventionieren, denn er spürt es am eigenen Geldbeutel. Dass Systeme, die nur aufgrund von Subventionen bestehen, ineffizient sind, zeigt sich nach kurzer Zeit – und dann werden auch Lobbyisten quer durch die Energiebranche nicht mehr so leicht Einfluss nehmen können.

Kompakt

Förderbedingungen können sich ändern – die physikalischen Grundlagen jedoch bleiben bestehen.

An einem Beispiel lassen sich die für die Berechnungen wichtigen Zusammenhänge darstellen: Der Energiebedarf von Gebäuden ist in erster Linie von der Außentemperatur abhängig. Im oberen Teil von Abbildung 51 sieht man die Verteilung der täglichen Außentemperatur (gemittelt) auf der x-Achse und die Anzahl der Tage auf der y-Achse über ein Jahr. Zur besseren Vergleichbarkeit wurden die Daten der Jahre 2020 bis 2024 am Standort Bad Kissingen gemittelt.

Dabei wird deutlich, wie häufig bestimmte Temperaturbereiche auftreten. Eine zentrale Rolle spielt die sogenannte Heizgrenztemperatur. Das ist jene Außentemperatur, oberhalb der in der Regel nicht mehr geheizt (sondern eventuell bereits gekühlt) wird. Bei Temperaturen unterhalb der Heizgrenztemperatur besteht dagegen Wärmebedarf. In diesem Zeitraum lag die Anzahl der Heiztage bei 266 (dunkelgrau), die Anzahl der Sommertage bei 99.

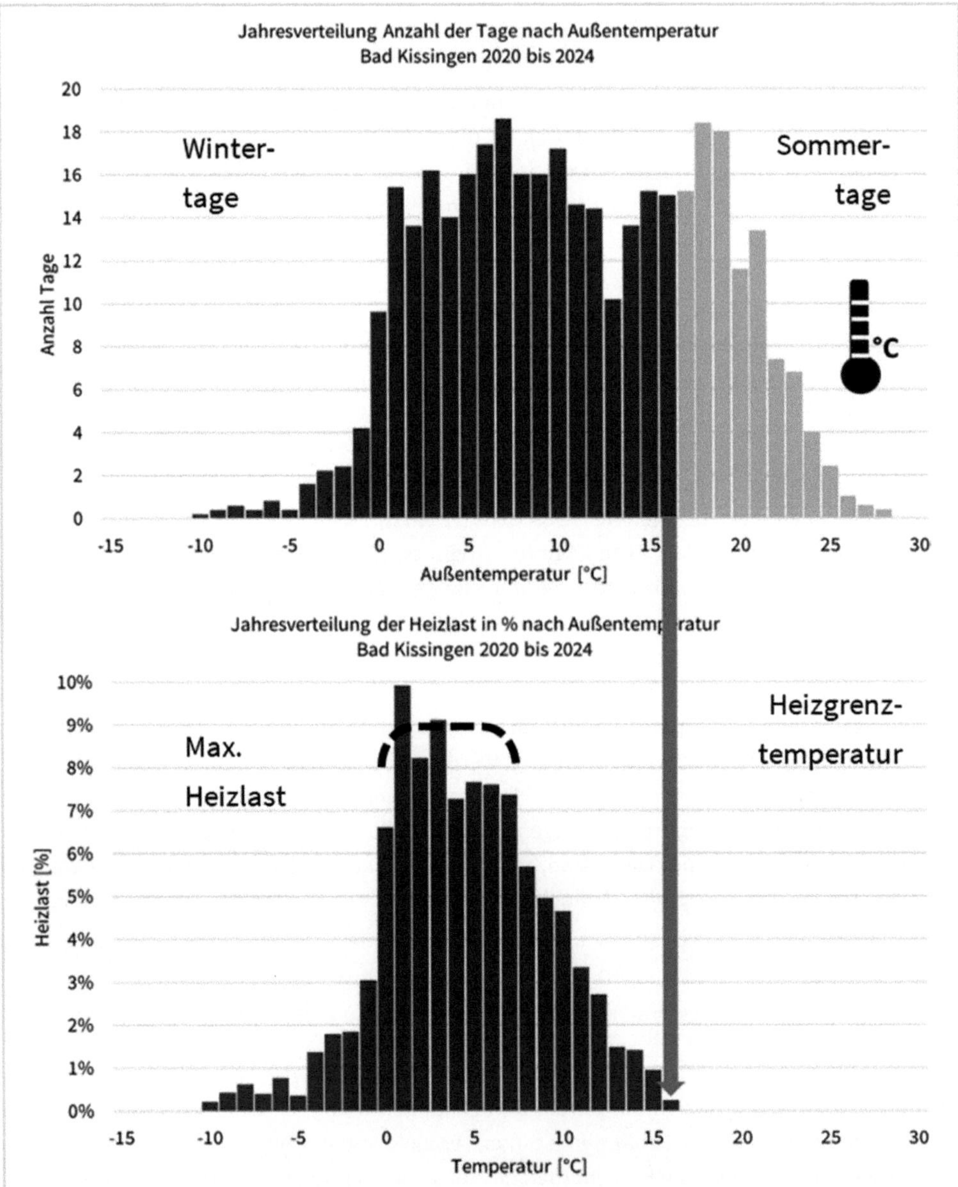

Abb. 51: Energiebedarf von Gebäuden am Beispiel Bad Kissingen – Die höchste Heizlast liegt zwischen 0 und 7 °C. *(Grafik: th)*

Der untere Teil von Abbildung 51 stellt den Gesamtwärmebedarf in Abhängigkeit von der Außentemperatur dar. Auf der x-Achse ist die gemittelte Außentemperatur pro Tag abgebildet, auf der y-Achse der tägliche Heizenergiebedarf in Prozent über ein gesamtes Jahr. Auch hier wurde mit der gemittelten Zahl über die Jahre 2020 bis 2024 in Bad Kissingen gearbeitet. Dieses Diagramm zeigt deutlich, dass der größte Teil der Heizenergie im Temperaturbereich zwischen etwa 0 und 7 °C benötigt wird. Nur ein sehr geringer Anteil des gesamten Energiebedarfs entfällt auf Tage mit Temperaturen unter −5 °C. Das verdeutlicht, dass Kälteperioden zwar für die Auslegung einer Heizung relevant sind, für den Energiebedarf eines Gebäudes kann man sie jedoch vernachlässigen.

Zum Vergleich die Zahlen aus Köln/Bonn: Dort lag der größte Teil der Heizenergie im Temperaturbereich zwischen 2 und 11 °C. Die Anzahl der Heiztage lag gemittelt bei 257, die der Sommertage bei 108.

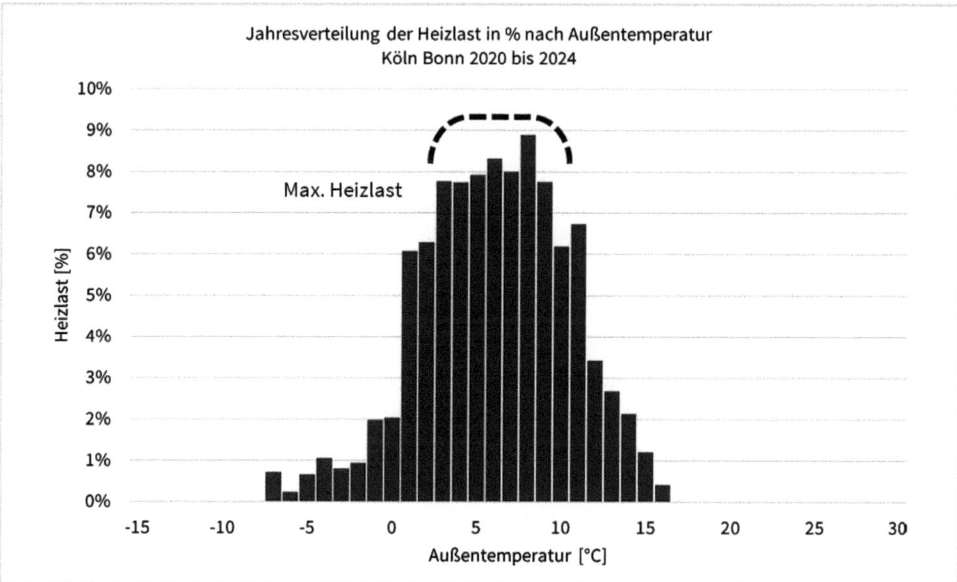

Abb. 52: Energiebedarf von Gebäuden – Vergleichszahlen Köln/Bonn *(Grafik: th).*

Und das ist der beweisbare Trend: Der Anteil der Heizenergie, der bei Temperaturen unter 0 °C benötigt wird, betrug in Bad Kissingen in den Jahren 1980 bis 1984 im Mittel 32 Prozent. Diese Zahl ist in der Periode von 2020 bis 2024 auf 17 Prozent gesunken. In Köln/Bonn liegt dieser Anteil im Zeitraum 2020 bis 2024 sogar nur bei 8 Prozent.

Kompakt

Anhand der Verteilung der Heizlast lässt sich nachweisen, dass die meiste Heizlast über 0 °C benötigt wird. Die Effizienz von Wärmepumpen mit der Wärmequelle »Luft« ist deutlich erhöht (Kap. 7.2) – und sie steigt weiter, wenn man ihren Einsatz in Köln/Bonn im Vergleich zu Bad Kissingen (Mittelgebirge) betrachtet (vgl. Kap. 6.2, Abb. 47).

7.1 Eingangsgrößen für den Effizienzvergleich von Energiesystemen

Da die grundlegenden Randbedingungen in Deutschland weitgehend vergleichbar sind, lassen sich allgemeine Aussagen zur Effizienz verschiedener Wärmepumpensysteme treffen.

Umweltwärmequellen wie Abwasser, Gewässer, Boden und Außenluft weisen im bundesweiten Mittel ähnliche Temperaturverläufe auf. Diese Temperaturverläufe lassen sich aus meist öffentlich zugänglichen Daten am Standort ermitteln und können als gute Ausgangsbasis für standortbezogene Berechnungen dienen. Ebenso liegen deutschlandweit die Zieltemperaturen zur Beheizung von Wohnräumen in der Regel bei etwa 20 °C. Auch das Verhalten typischer Heizsysteme in Verbindung mit gängigen Gebäudetypen ist bekannt und rechnerisch gut erfassbar.

Auf dieser Grundlage können unterschiedliche Energiesysteme in Hinblick auf ihre Effizienz systematisch miteinander verglichen werden. Dieses Kapitel bildet – basierend auf den Daten am Standort Bad Kissingen – einen solchen Vergleich ab.

Für den Standort Bad Kissingen wurden Berechnungen für den Zeitraum von 1980 bis 2024 durchgeführt. Dabei wurden verschiedene Wärmepumpentechnologien unter Variation der technischen Randbedingungen betrachtet. Die Ergebnisse ermöglichen eine fundierte Bewertung und zeigen interessante Trends hinsichtlich der Entwicklung der Effizienz über die vergangenen Jahrzehnte.

Basis der Berechnungen
Berücksichtigt wurden folgende Randbedingungen:

- Leistungszahlen (COP) von Wärmepumpen mit hohem und niedrigem Gütegrad,
- typisches Gebäude mit einer repräsentativen Heizkennlinie und Heizgrenztemperatur,
- Quelltemperatur der genutzten Umweltwärme,
- Raumtemperatur von 20 °C als Zielwert.

Nicht berücksichtigt wurden:

- Warmwasserbereitung,
- Kühlbetrieb,
- bivalente Heizsysteme (z. B. mit Heizstabunterstützung),
- Kaskaden-Wärmepumpen oder Systeme mit Spitzenlastabdeckung,
- Systemverluste (z. B. Verteil- und Pumpenverluste, Wärmenutzungsgrad des Gesamtsystems, Verteil- und Speicherverluste).

Weitere Faktoren wie das menschliche Lüftungs- und Heizverhalten, die Installationsqualität, überproportionale solare Gewinne, abweichende Systemtemperaturen oder die Betriebsweise einzelner Anlagen können die tatsächliche Effizienz beeinflussen. Diese Parameter wurden in den Berechnungen bewusst nicht berücksichtigt, da sie zu große Variabilitäten verursachen und den direkten Effizienzvergleich der Systeme verfälschen würden.

Die Berechnungen erfolgen unter idealisierten, jedoch für den Vergleich repräsentativen Randbedingungen. Dadurch sind die Ergebnisse realitätsnah einzustufen. Auf dieser Basis lassen sich verlässliche relative Vergleiche der Effizienz verschiedener Wärmepumpensysteme anstellen und die Systeme hinsichtlich ihrer energetischen Leistung fundiert bewerten.

Wie kann man diese Berechnungen einordnen?
Die durchgeführten Berechnungen dienen in erster Linie dazu, ein Gefühl für die Effizienz und die Energieverbräuche der jeweiligen Heizsysteme zu vermitteln und deren Ergebnisse vergleichbar zu machen. Dabei ist zu betonen, dass die absoluten Werte – beispielsweise durch Effizienzsteigerungen infolge verbesserter Regelstrategien oder technischer Anpassungen – im zweistelligen Prozentbereich variieren können. Deshalb ist es wichtig, sich nicht auf absolute, sondern relative Unterschiede zu konzentrieren. Denn egal, in welcher Form technische Anpassungen stattfinden könnten, die relativen Unterschiede bleiben bestehen. Und diese zeigen eindeutig, in welche Richtung sich die wirtschaftliche und energetische Bewertung der Systeme entwickelt und welche Schlussfolgerungen sich daraus für zukünftige Entscheidungen ableiten lassen. Durch diese Erkenntnisse ist es möglich, frühzeitig Trends zu erkennen und sogenannte Lock-in-Effekte zu vermeiden.

7.1.1 Arten von Wärmepumpen

Wärmepumpen unterscheiden sich nach der genutzten Wärmequelle und der Wärmesenke (Zieltemperatur), also dem System, an das die Wärme abgegeben wird. Bei den folgenden drei Typen erfolgt die Wärmeabgabe über ein wassergeführtes Heizsystem (z. B. Fußbodenheizung oder Heizkörper) bei unterschiedlichen Wärmequellen.

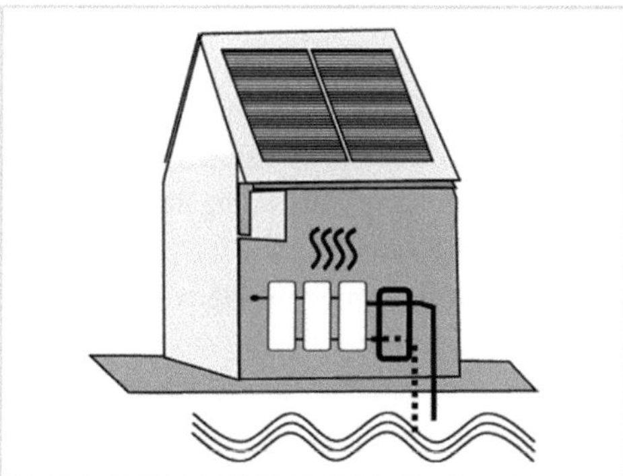

Abb. 53: Wasser-Wasser-Wärmepumpe *(Grafik: ggb)*

Wasser-Wasser-Wärmepumpe
Nutzt die Energie des Grundwassers oder Flusswassers als Wärmequelle. Über Förder- und Schluckbrunnen wird das Wasser zur Wärmepumpe geleitet. Dort hebt die Wärmepumpe das Temperaturniveau und übergibt es an das wassergeführte Heizsystem.

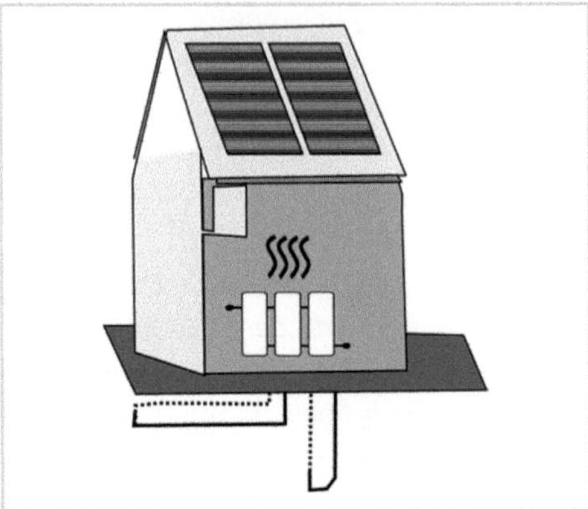

Abb. 54: Sole-Wasser-Wärmepumpe *(Grafik: ggb)*

Sole-Wasser-Wärmepumpe

Entzieht dem Erdreich Wärme über Erdkollektoren (ca. 2 m Tiefe) oder Erdsonden (< 100 m Tiefe). Die Wärmeübertragung erfolgt über die Rohre.

Alternativ: Wärmetauscher installiert in Flusswasser oder Abwasserkanälen. Dann überträgt der Wärmetauscher an der Quelle die Wärme auf die Sole. Die Sole (Wasser-Glykol-Gemisch) transportiert die Energie zur Wärmepumpe. Dort hebt die Wärmepumpe das Temperaturniveau und übergibt es an das wassergeführte Heizsystem.

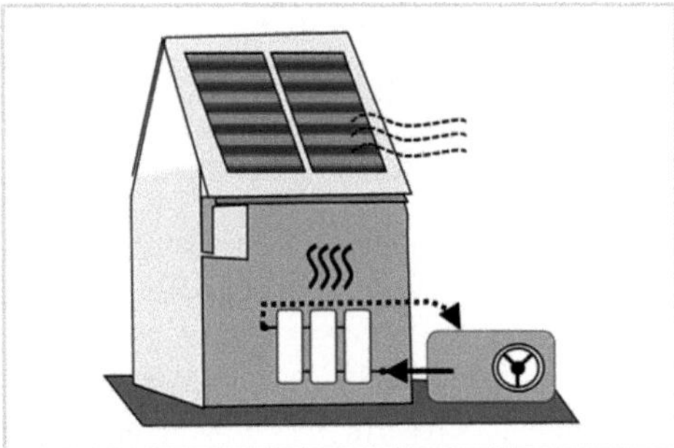

Abb. 55: Luft-Wasser-Wärmepumpe *(Grafik: ggb)*

Luft-Wasser-Wärmepumpe:

Entzieht der Außenluft über einen Wärmetauscher Wärme. Diese wird über ein Medium direkt zu Wärmepumpe geführt.

Dort hebt die Wärmepumpe das Temperaturniveau und übergibt es an das wassergeführte Heizsystem.

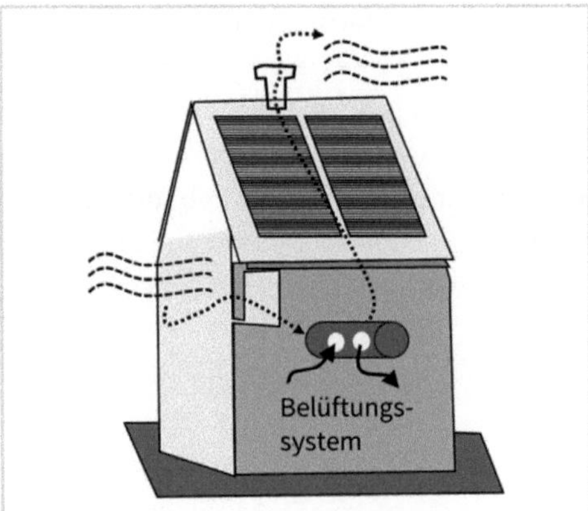

Abb. 56: Luft-Luft-Wärmepumpe *(Grafik: ggb)*

Luft-Luft-Wärmepumpen

Sie übertragen die Wärme direkt über die Luft und benötigen kein wassergeführtes Heizsystem. Heizkörper aller Art sind unnötig, da die Wärmeverteilung vollständig über die Luft erfolgt. Hier die Variante:

Luft-Luft-Wärmepumpe mit Wärmerückgewinnung

Solche Systeme sind meist in eine kontrollierte Wohnraumlüftung integriert. Die Abluft aus dem Gebäude dient als Wärmequelle, deren Energie über einen Wärmetauscher an die Zuluft abgegeben wird.

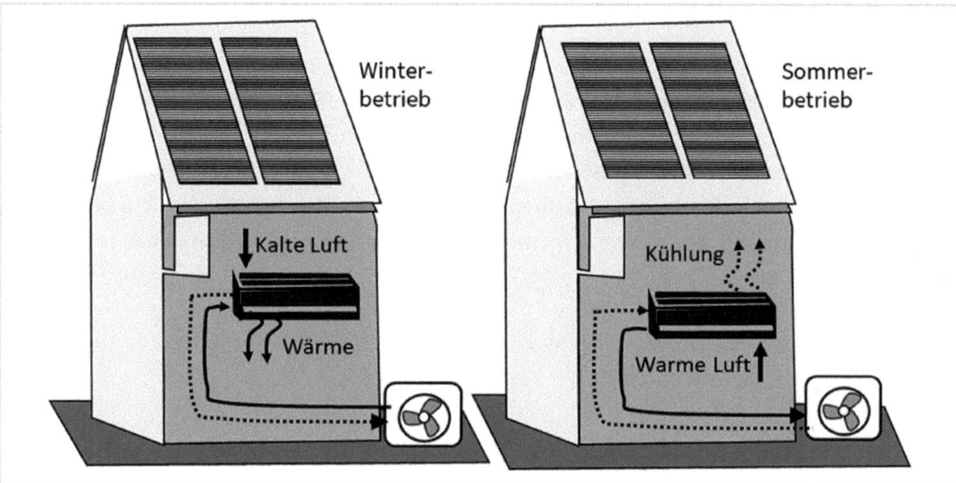

Abb. 57: Luft-Luft-Wärmepumpe mit Splitsystem *(Grafik: ggb)*

Die letzte Variante ist die Luft-Luft-Wärmepumpe mit Split-System. Hier handelt es sich um ein Klimagerät. Dort zirkuliert ein Kältemittel zwischen einer Außen- und einer Inneneinheit. Im Heizbetrieb entzieht das Außengerät der Außenluft Wärme und überträgt sie über das Kältemittel an das Innengerät. Das wiederum gibt die erwärmte Luft direkt in den Raum ab. Im Kühlbetrieb funktioniert das Gerät genau entgegengesetzt. Luft-Luft-Wärmepumpen sind meist als Klimageräte zum Kühlen bekannt.

7.1.2 Vier Faktoren für die Berechnung

Bei den folgenden Berechnungen zur Effizienz von Wärmepumpen werden vier Bereiche variiert: die Art und Güte der Wärmepumpe, der jeweilige Gebäudetyp, die Temperatur der Quelle und die Temperatur der Senke, also die Zieltemperatur.

7.1.2.1 Art und Güte der Wärmepumpe

Im Folgenden werden folgende Wärmepumpen verglichen: Sole-Wasser, Luft-Wasser und Luft-Luft (Split-System):

Wärmepumpen mit wassergeführten Heizsystem

Das Wärmepumpen-Testzentrum (WPZ) in Buchs prüft Wärmepumpen verschiedener Hersteller unter standardisierten Bedingungen. Dabei werden die Leistungsdaten nach drei Normen ermittelt und vergleichbar gemacht: EN 14511, EN 14825 und EN 16147. Im Rahmen der Prüfungen werden die Geräte unter unterschiedlichen Betriebsbedingungen – insbesondere in Bezug auf Quell- und Senkentemperaturen – getestet. Aus den gewonnenen Datensätzen wurden zentrale Kenngrößen wie der COP, der Temperaturhub sowie der Gütegrad ausgewertet und miteinander verglichen.

Exkurs

Der SCOP (Seasonal Coefficient of Performance) gibt die Effizienz einer Wärmepumpe über ein Jahr an. Er berücksichtigt unterschiedliche Betriebszustände und Außentemperaturen im Jahresverlauf. Je höher der SCOP, desto geringer Energieverbrauch und Heizkosten. Die Energieeffizienzklasse einer Wärmepumpe basiert auf dem SCOP-Wert. Ein Beispiel: Die Zahl 5,2 gibt an, dass die entsprechende Wärmepumpe aus 1 kWh Strom 5,2 kWh Wärme generiert.

Der COP gibt die Effizienz in einem festen Moment an, der SCOP hingegen die Effizienz über eine gesamte Heizperiode.

Auf Basis dieser Auswertungen wurden zwei repräsentative Wärmepumpentypen definiert:

	Standard-Wärmepumpe mittlerer Leistungsbereich	**Premium-Wärmepumpe höchster Leitungsbereich**
bei 35 °C Vorlauftemperatur	SCOP: 5,2	SCOP: 5,8
bei 55 °C Vorlauftemperatur	SCOP: 3,5	SCOP: 4,4
Gütegrad	0,38–0,44 je nach Temperaturhub	0,47–0,52 je nach Temperaturhub

Tab. 1: Wärmepumpen – zwei repräsentative Typen

Luft-Luft Wärmepumpen

Das VTT Technical Research Centre of Finland untersucht die Leistungsfähigkeit von Luft-Luft-Wärmepumpen verschiedener Hersteller. Ziel dieser Untersuchungen ist es, die Effizienz der Geräte unter realistischen klimatischen Bedingungen zu bewerten und vergleichbare Leistungskennlinien bereitzustellen.

Die veröffentlichten Leistungskennlinien zeigen den Zusammenhang zwischen der Leistungszahl (COP) und der Außentemperatur. Dadurch lässt sich die Effizienz der Wärmepumpen in unterschiedlichen Witterungssituationen beurteilen. Es handelt sich also um bewusste Momentaufnahmen in der jeweiligen Witterungssituation – ein besonders wichtiger Aspekt für den Einsatz in nord- und mitteleuropäischen Klimazonen. Auf Basis der veröffentlichten Daten wurden zwei repräsentative Wärmepumpentypen definiert:

Außen-temperatur	**Standard-Luft-Luft-Wärmepumpe**	**Premium-Luft-Luft-Wärmepumpe**
0 °C	COP: 3,0	COP: 3,8
–10 °C	COP: 2,0	COP: 2,9

7.1.2.2 Wärmequelle

Wärmepumpen benötigen eine Umweltwärmequelle, aus der sie Energie zur Beheizung von Gebäuden entziehen. In der Simulationsberechnung werden verschiedene Umweltwärmequellen in ihrer Eignung zum Betrieb von Wärmepumpen miteinander verglichen:

- Erdreich (über Erdbohrung und Erdkollektor),
- Flusswasser,
- Abwasser,
- Luft.

Für die Untersuchung der Umweltwärmequellen Erdreich, Flusswasser und Abwasser werden deren Temperaturen in der Simulation (im Jahresverlauf) täglich berücksichtigt, da sie sich im Laufe eines Jahres charakteristisch verändern. Die Temperaturverläufe von Jahr zu Jahr sind jedoch vergleichsweise stabil, weshalb eine Standardisierung der Jahresgänge vorgenommen wird.

Erdreich

Erdbohrungen (Erdsonden) zeichnen sich durch eine im Winter stabilere Quelltemperatur aus als Erdkollektoren. Das liegt ganz einfach an der oberflächennahen Installation der Erdkollektoren, die in etwa zwei Metern Tiefe liegen. In den Übergangszeiten vom Sommer zum Winter profitieren Erdkollektoren allerdings von der im Boden gespeicherten Sommerwärme. Dadurch können sie in der Übergangszeit 2 bis 4 °C höhere Quelltemperaturen erreichen als Erdsonden. Typischerweise liegen die Quelltemperaturen (von ausreichend dimensionierten) Erdkollektoren im Winter bei rund 2 °C. Erdsonden dagegen liefern im Winter etwa 5 °C. Diese Werte gelten als repräsentativ.

Flusswasser und Abwasser

Flusswasser wird über Wärmetauscher zum Energieaustausch genutzt. Die Wassertemperaturen liegen im Winter typischerweise zwischen 2 und 4 °C, im Sommer zwischen 15 und 18 °C. Die exakten Werte können je nach Flussgröße und Durchflussverhältnissen variieren. Für die Simulation wurden die Wassertemperaturen der Fränkischen Saale zugrunde gelegt.

Abwasser bietet im Vergleich dazu ganzjährig höhere und stabilere Temperaturen. Im Winter liegen diese bei etwa 9 °C und werden in der Regel kaum unterschritten.

Luft

Die Wärmequelle Luft weist sowohl im Jahresverlauf als auch von Jahr zu Jahr die stärksten Temperaturschwankungen auf. Daher wurde für die Simulation auf tagesgenaue Wetterdaten des Deutschen Wetterdienstes für den Standort Bad Kissingen aus dem Zeitraum 1980 bis einschließlich 2024 zurückgegriffen (Deutscher Wetterdienst, 2026). Diese Datengrundlage ermöglicht eine realitätsnahe Abbildung der klimatischen Bedingungen und ihrer Entwicklung.

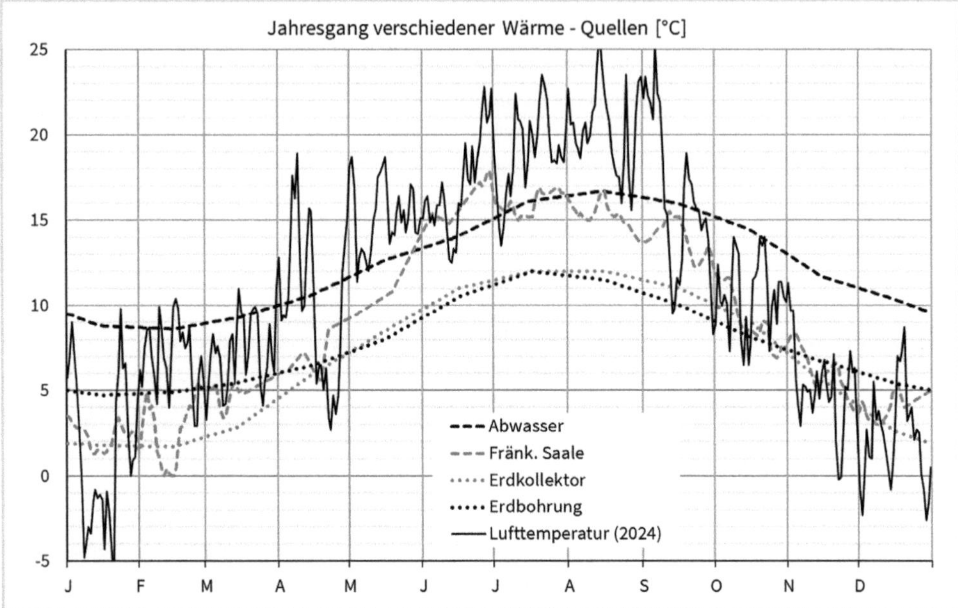

Abb. 58: Beispiel für den Temperaturverlauf des Jahres 2024 in Bad Kissingen – Das höchste Temperaturniveau bietet das Abwasser. Das Temperaturniveau der Erdsonde und der Fränkischen Saale sind vergleichbar und höher als die Erdkollektoren. Die Lufttemperatur zeigt die größten Ausschläge. *(Grafik: th)*

In diesem zusammenfassenden Diagramm sind die Jahresgänge aller betrachteten Umweltwärmequellen dargestellt. Erdbohrungen, Erdkollektoren, Flusswasser und Luft in weiten Teilen der Heizperiode, also bei Lufttemperaturen unter etwa 16 °C, weisen ein ähnliches Temperaturniveau auf. Die Abweichungen zwischen den einzelnen Quellen betragen im Mittel nur wenige Grad Celsius.

7.1.2.3 Gebäudetyp und Heizlast

Für die Simulation wurde ein typisches Standardgebäude als Referenzobjekt gewählt. Die Heizlast des Gebäudes beträgt 14 kW bei einer Auslegungstemperatur von –12 °C.

Exkurs

Die Auslegungstemperatur ist die – möglichst auf Daten basierende – maximale Außentemperatur, bei der ein Heizsystem in der Lage sein muss, einen Innenraum auf die gewünschte Temperatur zu erhitzen. Sie ist ein zentraler Faktor bei der Entscheidung über die Größe und Kapazität des Heizsystems. Die richtige Auslegungstemperatur ist entscheidend. Wenn sie zu hoch angesetzt ist – wenn also extreme Kälte als Richtwert angenommen wird –, wird das Heizsystem überdimensioniert. Das führt zu unnötig hohen Betriebskosten. Ist sie hingegen zu niedrig – wenn also zu milde Minustemperaturen angenommen werden –, kann das Heizsystem die gewünschte Raumtemperatur an kalten Tagen nicht erreichen.

Als Heizgrenztemperatur wurden 16 °C festgelegt. Ab dieser Außentemperatur ist keine aktive Beheizung mehr erforderlich. Die Vorlauftemperaturen orientieren sich an einer flachen Heizkurve, die auf einen effizienten Wärmepumpenbetrieb ausgelegt ist:

- Sockeltemperatur: 30 °C,
- Startpunkt der Heizkurve (bei 10 °C Außentemperatur): 30 °C,
- Stützpunkt (bei –12 °C Außentemperatur): 45 °C.

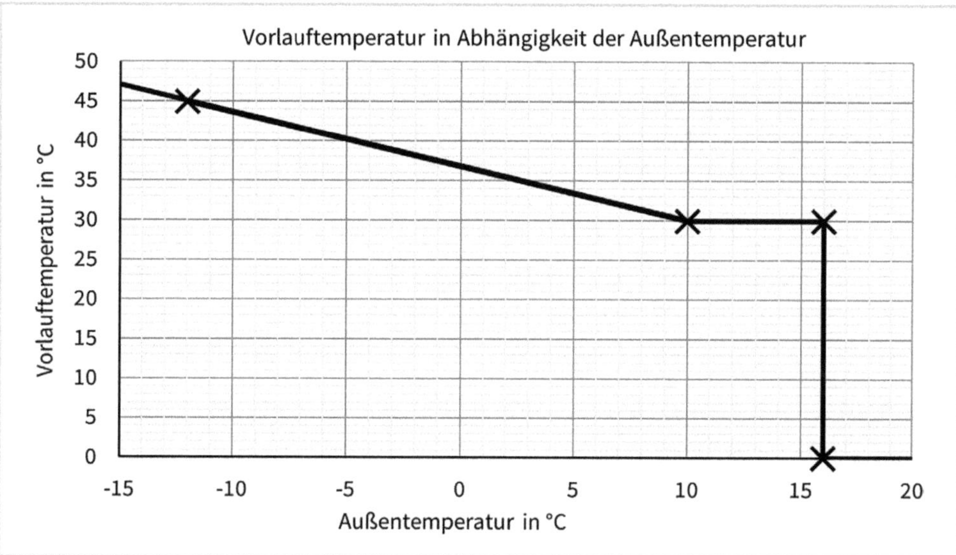

Abb. 59: Die notwendig Vorlauftemperatur hängt von der jeweiligen Außentemperatur ab. Mit dem abgebildeten Vorlauf wird eine angenehme Raumtemperatur (circa 20 °C) erreicht. *(Grafik: th)*

Die Heizlast selbst geht linear in die Berechnung ein und hat auf die Effizienz zunächst keinen direkten Einfluss. Sie dient primär der Bestimmung der erforderlichen Wärmemenge, während die Effizienz maßgeblich von den Temperaturdifferenzen abhängig ist. Eine größere Heizlast führt lediglich zu einer höheren absoluten Energieabgabe und einem entsprechend höheren Stromverbrauch, jedoch nicht zu einer Veränderung der Effizienz.

7.1.2.4 Bewertungs- und Vergleichsparameter

Für die Bewertung der verschiedenen Heizsysteme wurden zwei zentrale Vergleichsparameter festgelegt: die elektrische Heizenergie für das Standardgebäude und die Jahresarbeitszahl (JAZ*).

Die elektrische Heizenergie wird in kWh pro Jahr ermittelt. Der thermische Energieverbrauch des Standardgebäudes liegt zwischen 25.000 und 30.000 kWh pro Jahr. Dies entspricht entweder einem Einfamilienhaus der Energieklasse F mit ca. 130 m^2 oder einem Mehrfamiliengebäude der Energieklasse D mit ca. 300 m^2. Die Berechnung der Heizenergie dient dazu, ein Gefühl für die Einsparpotenziale zwischen den verschiedenen Heizsystemen zu erhalten.

Die Jahresarbeitszahl (JAZ*) ist eine vergleichbare Kennzahl, die sich aus der Summe der COP-Werte über das Jahr ergibt. Sie ermöglicht einen einfachen Vergleich der Effizienz der Systeme über den gesamten Heizzeitraum. Die JAZ* berücksichtigt jedoch nicht den Stromverbrauch für Zusatzkomponenten wie Pumpen oder Steuerungen. Bei Wärmepumpensystemen mit Erdreich, Flusswasser oder Abwasser als Wärmequelle sind die JAZ*-Werte daher meist leicht überschätzt bzw. zu hoch berechnet, bieten aber eine gute Grundlage für die Vergleichbarkeit der Systeme. Bei Luft/Luft Wärmepumpen sind die JAZ* nicht überschätzt, da kein wassergeführtes Heizsysteme nötig ist und entspricht somit der tatsächlichen JAZ.

In jedes der folgenden Diagramme wurde ein Referenzergebnis zur Orientierung eingebaut. Dieses Referenzergebnis entspricht einer Standard-Luft-Wasser-Wärmepumpe mit einem Gütegrad von ca. 0,4 und dient als Benchmark, um die Leistungsfähigkeit anderer Systeme einzuordnen.

Im ersten Vergleich werden die JAZ* und die jährliche Heizenergie der verschiedenen Wärmepumpensysteme über den Zeitraum von 1980 bis 2024 dargestellt.

- Die Berechnungen basieren auf den zuvor definierten Eingangsparametern für das Standardgebäude.
- Als Referenz dient weiterhin die Standard-Luft-Wasser-Wärmepumpe, deren Aufbau und Eigenschaften unverändert bleiben.
- Die Wärmequelle wird variiert, sodass die Auswirkungen unterschiedlicher Quellen wie Erdreich, Flusswasser oder Abwasser auf die JAZ* direkt vergleichbar sind.
- Um eine künftige Entwicklung zu veranschaulichen, wird die Trendlinie der JAZ* und die jährliche Heizenergie linear fortgeführt bis zum Jahr 2045.

7.2 Wärmepumpen

Aus den Versuchsberechnungen ergaben sich erstaunliche Ergebnisse. Sie sind jedoch nicht zufällig entstanden, sondern aufgrund der Datenlage in Kontrollrechnungen beweisbar. Die Schlussfolgerungen daraus sind belastbare Aussagen zu einer künftigen Realisierung einer kommunalen Wärmewende. In dem Zusammenhang spielen Wärmepumpen eine besondere Rolle.

7.2.1 Wärmepumpen mit wassergeführtem Heizsystem

Aus der folgenden Grafik ist deutlich erkennbar, dass Abwasserwärme im Durchschnitt mit einer JAZ* von ca. 0,5 sowie einem elektrischen Heizenergiebedarf von rund 1.000 kWh/Jahr besser abschneidet als alle übrigen untersuchten Wärmequellen. (Allerdings ist diese Wärmequellennutzung nur kostenintensiv zu erschließen.) Zu sehen ist auch, dass die Effizienz von Erdwärme und Flusswärme in den 1980er-Jahren deutlich höher lag als heute. Diese Verschiebung ist auf die steigenden Lufttemperaturen zurückzuführen. Durch die höhere Außentemperatur wird der Betrieb der Luft-Wasser-Wärmepumpe effizienter.

Im Trendverlauf wird sichtbar, dass die Luft-Wasser-Wärmepumpe etwa im Jahr 2030 auf das Effizienzniveau eines Erdkollektors aufschließt und perspektivisch etwa im Jahr 2040 sogar die Erdbohrung erreicht.

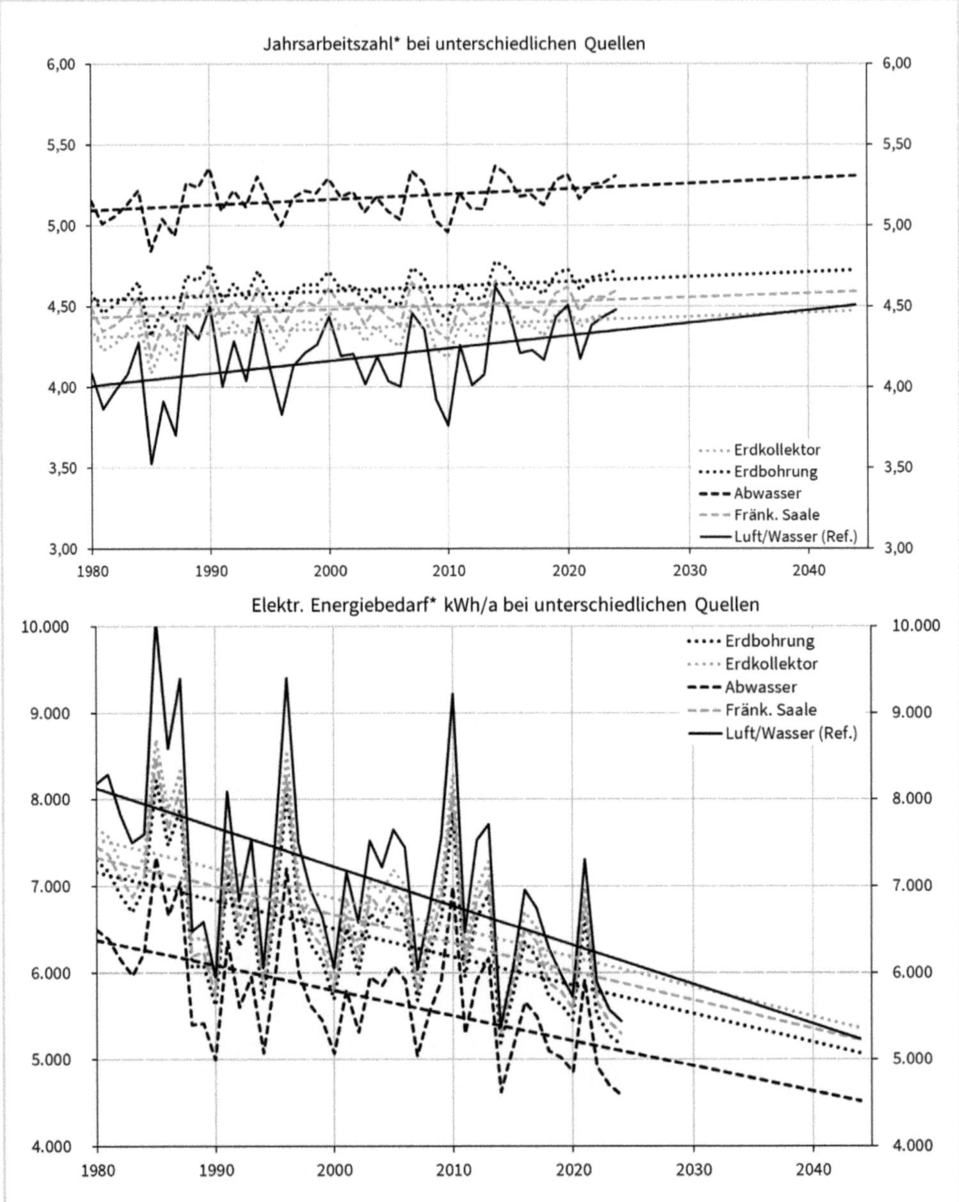

Abb. 60: JAZ* und Heizlast bei unterschiedlichen Quellen *(Grafik: th)*

Dies ist umso interessanter, als die Erschließung von Erdwärme und Flusswärme sowohl in der Investition als auch im Betrieb deutlich teurer ist. Mit anderen Worten: Wenn, wie vorhersehbar ist, die Effizienz der Luft-Wasser-Wärmepumpe weiter steigt, dann ist zu überlegen, ob man heute in den deutlich teureren Ausbau der Erdwärmegewinnung investiert oder lieber gleich auf die günstigere Energiegewinnung setzt.

Kompakt

Die Entwicklung verdeutlicht, dass klimatische Veränderungen die Effizienzrelation zwischen den unterschiedlichen Wärmequellen stark beeinflussen. Darüber hinaus gilt: Luft als Wärmequelle wird immer effizienter und ist günstig zu erschließen.

Absolut betrachtet liegt der Unterschied zwischen Erdwärme, Flusswasser und Luft heute bei maximal 400 kWh/Jahr. Bei einem mittleren Strompreis von 0,30 Euro/kWh entspricht dies einer maximalen Ersparnis von etwa 120 Euro pro Jahr. Perspektivisch wird dieser Unterschied aufgrund steigender Außentemperaturen zunehmend geringer ausfallen.

Die Wärmepumpentechnologie hat sich in den vergangenen Jahren kontinuierlich verbessert und wird nach aktuellen Prognosen auch künftig deutlich effizienter werden. Die Interstaatliche Hochschule für Technik Buchs (NTB) hat im Auftrag des Bundesamts für Energie (BFE) eine Studie durchgeführt. Sie geht davon aus, dass unter Best-Case-Bedingungen bis zum Jahr 2050 Jahresarbeitszahlen von 7,0 (für Heizen) bzw. 6,8 (für Heizen samt Warmwasser) erreichbar sind. Diese Werte beziehen sich auf neu installierte Wärmepumpenanlagen. Der zugrunde gelegte Gütegrad liegt zwischen 0,65 und 0,55.

Eine Vergleichsberechnung mit Luft als Wärmequelle verdeutlicht die Effizienzsteigerung zwischen einer Standard-Wärmepumpe (Gütegrad ca. 0,40) und einer Premium-Wärmepumpe (Gütegrad ca. 0,50). Die JAZ* steigt dabei um fast 1,0. Das entspricht einer Energieeinsparung von etwa 1.400 kWh pro Jahr. Bei einem Strompreis von 0,30 Euro/kWh ergibt sich daraus ein jährlicher Kostenvorteil von rund 420 Euro. Bemerkenswert ist zudem, dass die Premium-Wärmepumpe mit Luft als Wärmequelle sogar effizienter arbeitet als eine Standard-Wärmepumpe, die mit der besten Umweltwärmequelle Abwasser betrieben wird.

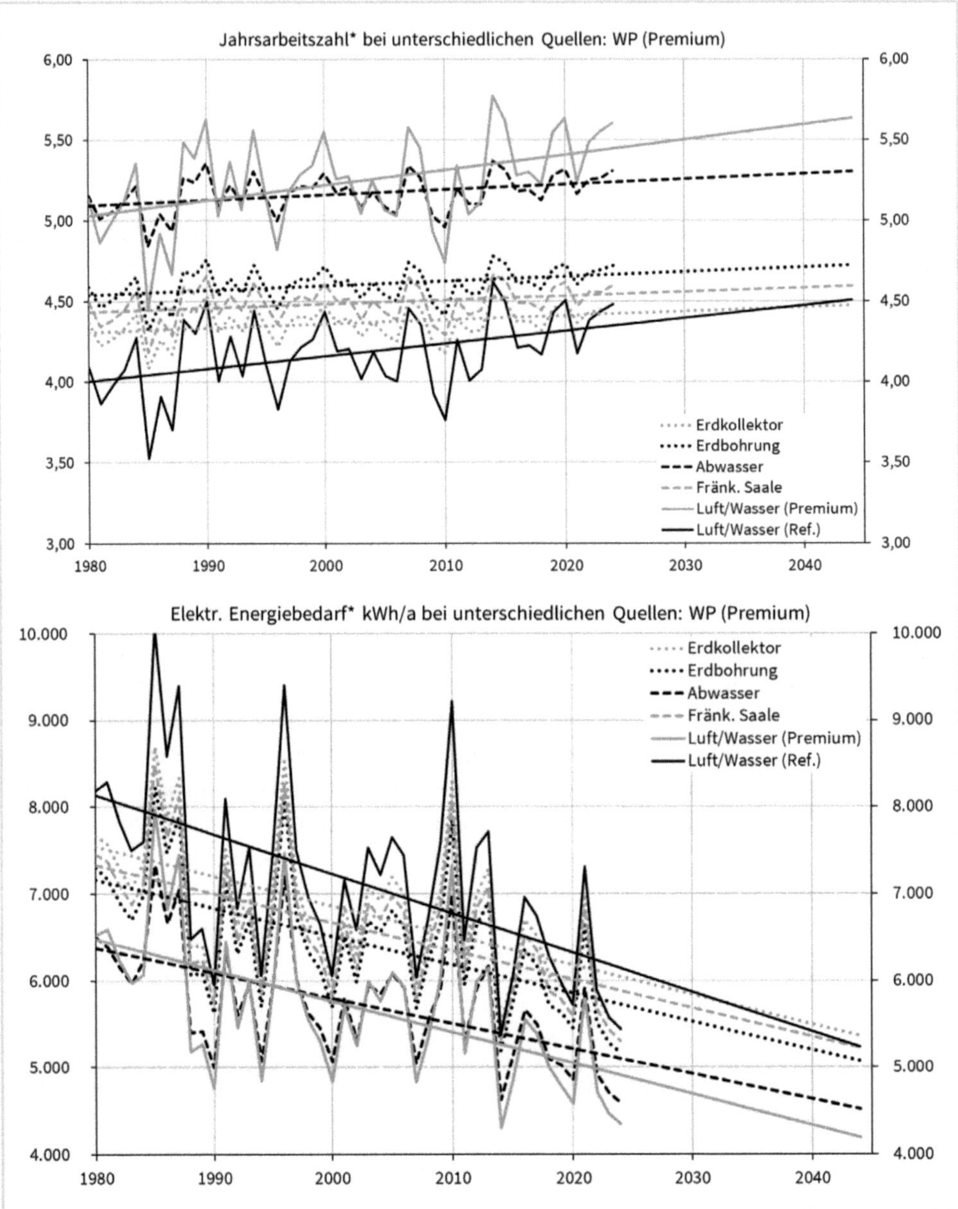

Abb. 61: JAZ* und Heizlast bei unterschiedlichen Quellen im Vergleich zu einer Premium-Wärmepumpe *(Grafik: th)*

Kompakt

Die Effizienz der Wärmepumpentechnologie steigt. Es wird also immer weniger interessant, sich an der Leistungsfähigkeit der Wärmequelle zu orientieren. Diese tritt im Vergleich zu den Lernraten der Technologien deutlich in den Hintergrund.

Die aktuellen und prognostizierten Entwicklungen zeigen, dass die technologische Effizienz von Wärmepumpen zunehmend an Bedeutung gewinnt. Dadurch tritt die Wahl der besseren Wärmequellen wie Erdreich, Abwasser und Flusswasser zunehmend in den Hintergrund, da moderne Systeme mit der Wärmequelle Luft hohe Effizienzwerte erreichen können.

Die Vorlauftemperatur ist entscheidend für die Energieeinsparung. Die beiden Diagramme der untenstehenden Abbildung veranschaulichen den Einfluss der Vorlauftemperatur auf die Effizienz einer Wärmepumpe. Je geringer die Differenz der Temperatur zwischen Wärmequelle und Wärmesenke ist, desto effizienter arbeitet die Wärmepumpe. Dies gilt sowohl für den Wirkungsgrad als auch für die Jahresarbeitszahl (JAZ*). Mit anderen Worten: Reduziert man die Zieltemperatur im Heizsystem – und damit die Vorlauftemperatur – und verringert damit den Temperaturhub, so sind deutliche Energieeinsparungen möglich.

In einem Szenario wurde die Vorlauftemperatur um 5 °C abgesenkt. Diese vergleichsweise kleine Anpassung führt bereits zu einer Steigerung der JAZ* um 0,6. Der daraus resultierende jährliche Energieverbrauch sinkt um etwa 800 kWh, was einer Kosteneinsparung von rund 240 Euro pro Jahr (ausgehend von einem Strompreis von 0,30 Euro/kWh) entspricht.

Kompakt

Die Optimierung der Heizsystemtemperaturen gehört also zu den einfachsten und kostengünstigsten Maßnahmen, um den Betrieb einer Wärmepumpe wirtschaftlicher zu gestalten.

Interessant dabei ist, dass diese geringen Anpassungen meist keine Einbußen im Komfort nach sich ziehen.

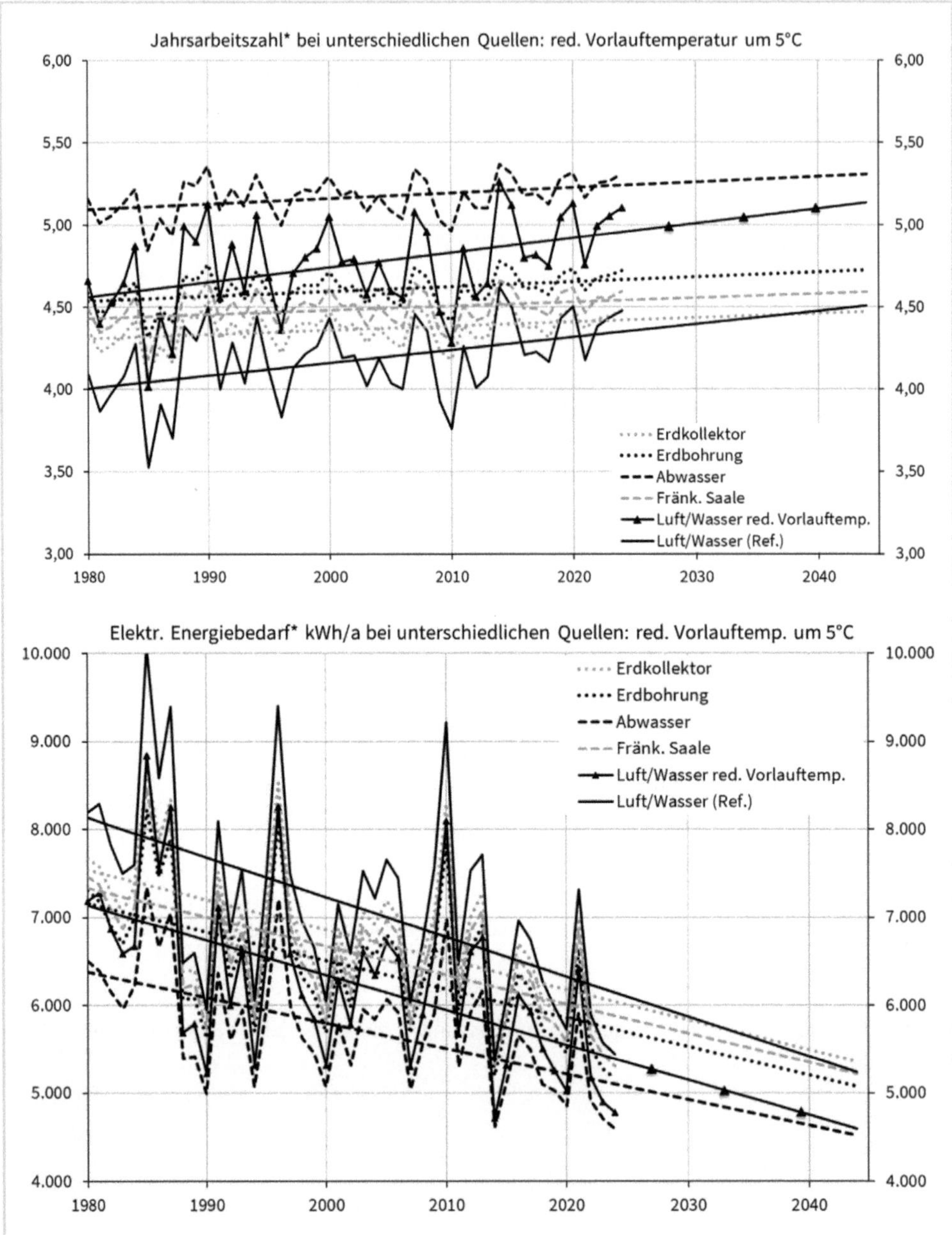

Abb. 62: Vergleich JAZ* und Heizlast bei unterschiedlichen Quellen mit reduzierter Vorlauftemperatur *(Grafik: th)*

Damit ist ebenfalls nachgewiesen, dass die Absenkung der Vorlauftemperatur doppelt so viel Energie einspart wie der Einsatz besonders günstiger Umweltwärmequellen, etwa Erdreich oder Flusswasser. Die niedrigere Vorlauftemperatur kann wirtschaftlich vorteilhafter sein als die Wahl einer vermeintlich ergiebigeren Wärmequelle.

Die Vorlauftemperatur zu senken ist wirtschaftlich deutlich ergiebiger, als die optimale Wärmequelle zu nutzen.

7.2.2 Luft-Luft-Wärmepumpen: effizient heizen und kühlen

Der große Vorteil von Luft-Luft-Wärmepumpen wurde im Norden Europas erkannt. Luft-Luft-Wärmepumpen sind im Allgemeinen als Klimageräte bekannt. Sie können zum Heizen und zum Kühlen eingesetzt werden. In Ländern wie Norwegen oder Finnland heizen bereits mehr als die Hälfte aller Haushalte mit Wärmepumpen. Dort laufen in überwiegender Zahl Luft-Luft-Wärmepumpen – und das trotz der im Vergleich zu Deutschland deutlich kälteren klimatischen Bedingungen. Dabei kann man von einer gleichartigen Gebäudestruktur ausgehen.

Auch in Deutschland wächst das Interesse an dieser Technologie stetig. Denn Luft-Luft-Wärmepumpen sind ein idealer Ersatz für Gas-Etagenheizungen. Drei wesentliche Aspekte spielen eine Rolle: Luft-Luft-Wärmepumpen ermöglichen eine dezentrale Wärmeversorgung, sind platzsparend und lassen sich ohne aufwendige Eingriffe in das bestehende Heizungssystem nachrüsten. Mehr dazu in Kapitel 9.2.

Selbst bei niedrigen Außentemperaturen erreichen moderne Luft-Luft-Wärmepumpen hohe Leistungszahlen (COP). So liegt der COP bei einer Außentemperatur von 0 °C bei etwa 3,0 für Standardgeräte und bei 3,8 für Premiumsysteme. Bei der Heizungsbemessung ist zu berücksichtigen, dass die Heizleistung mit sinkender Außentemperatur abnimmt.

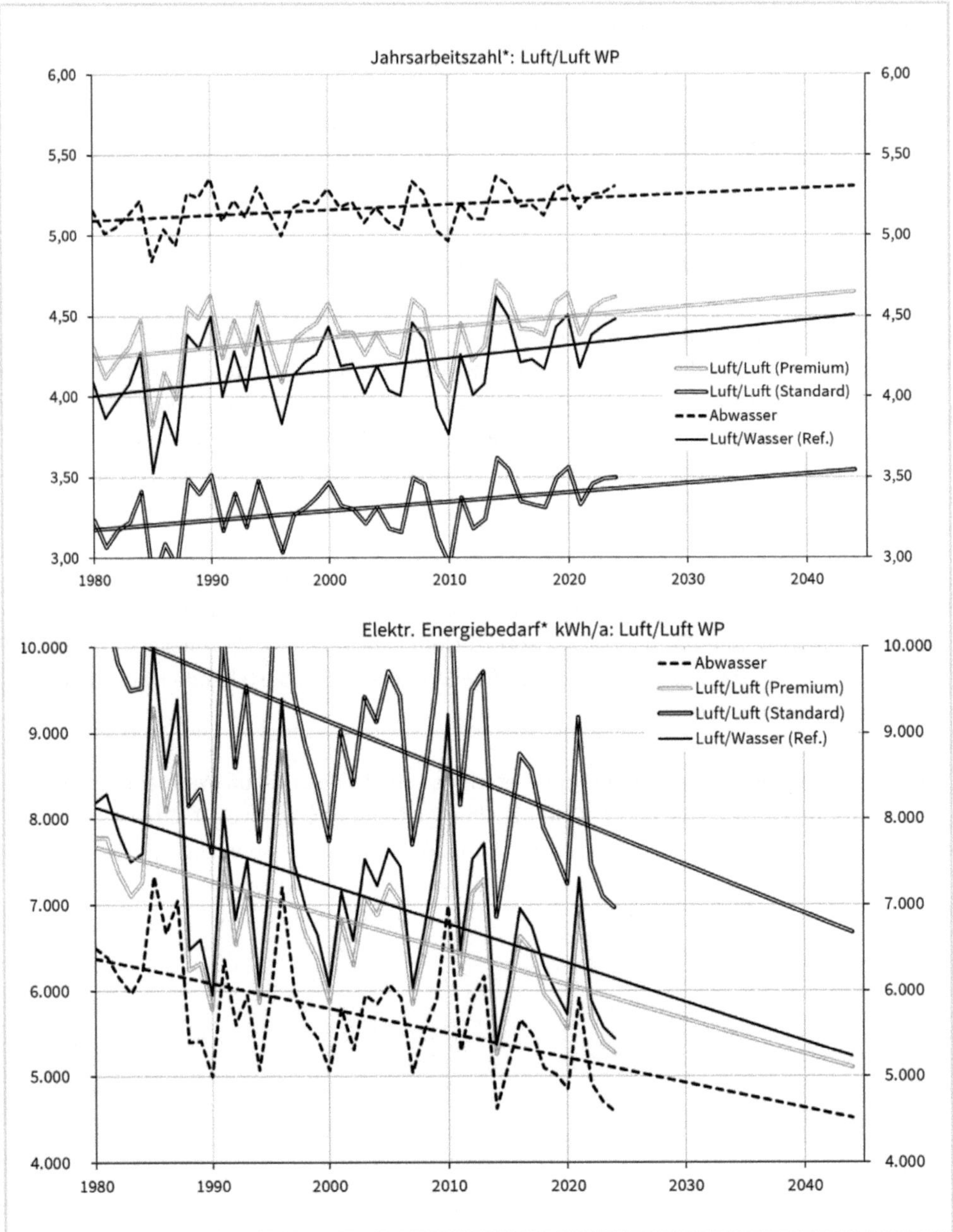

Abb. 63: Luft-Luft-Wärmepumpen im Vergleich zu wassergeführten Heizsystemen *(Grafik: th)*

Die Diagramme zeigen, wie sich Luft-Luft-Wärmepumpen im Vergleich zu Wärmepumpen mit wassergeführten Heizsystemen verhalten. Als Referenzkennlinie dient eine Standard-Luft-Wasser-Wärmepumpe mit einer JAZ* von etwa 4,3. Im Vergleich dazu erreicht eine Standard-Luft-Luft-Wärmepumpe eine JAZ von 3,4, was einem Mehrverbrauch von rund 1.400 kWh pro

Jahr entspricht. Rechnet man mit einem Strompreis von 0,30 Euro/kWh, so kostet der Betrieb der Standard-Luft-Luft-Wärmepumpe rund 420 Euro mehr pro Jahr.

Wirtschaftlich interessant wird es allerdings, wenn man den Vergleich zur Premium-Luft-Luft-Wärmepumpe anstellt: Diese Geräte sind in der Anschaffung meist nur wenige hundert Euro teurer als Standardmodelle, erreichen jedoch eine deutlich höhere Effizienz. Mit einer JAZ von 4,5 übertrifft die Premiumausführung sogar die Standard-Luft-Wasser-Wärmepumpe. Dadurch kann der Energieverbrauch im Vergleich um rund 300 kWh pro Jahr reduziert werden. Man spart sich also Kosten von etwa 90 Euro jährlich.

Kompakt

Die Premium-Luft-Luft-Wärmepumpe ist erstaunlich effizient und kostengünstig – beim Heizen wie beim Kühlen.

7.3 Wärmenetze

Wärmenetz ist nicht gleich Wärmenetz. Je nach Aufgabe, die das Netz zu erfüllen hat, können unterschiedliche Netze sinnvoll – oder weniger sinnvoll – sein.

7.3.1 Arten von Wärmenetzen

Wärmenetze lassen sich nach der Betriebstemperatur des Mediums unterscheiden. Als Transportmedium der Wärme kommt in der Regel Wasser oder ein Wasser-Glykol-Gemisch zum Einsatz. Je höher die zu transportierende Temperatur ist, desto höher steigen auch die Anforderungen an Leitungsdämmung, Wasserdruck, Material und Betrieb.

Hochdruck-Dampfnetze transportieren Temperaturen von über 100 °C. Diese Netze transportieren Dampf oder überhitztes Wasser. Die Temperaturen entstehen meist in Großkraftwerken, die mit Kraft-Wärme-Kopplung arbeiten. Die Netze haben in der Regel mit hohen Wärmeverlusten zu kämpfen.

Heißwasser- oder Hochtemperaturnetze verteilen 80–100 °C heißes Trägermaterial. Diese klassischen Wärmenetze, die meist als Stadtwärmenetze eingesetzt werden, arbeiten mit hohen Temperaturen und Drücken. Sie bestehen meist aus stark gedämmten Stahlrohren, die mithilfe zentraler Großpumpen betrieben werden. Heizwerke oder Kraft-Wärme-Kopplungsanlagen erzeugen die notwendige Wärme. Durch die hohen Temperaturen kann Wärme direkt für Heizung und Warmwasser in den angeschlossenen Gebäuden genutzt werden. Eine Übergabestation bringt die Energie aus dem Netz in das jeweilige Gebäude. Auch solche Heißwassernetze – die noch weit verbreitet sind – registrieren hohe Wärmeverluste.

Niedertemperaturnetze kommen mit Temperaturen von 50–70 °C aus. Die Niedertemperaturnetze sind im Aufbau ähnlich, verbinden jedoch Angebot und Nachfrage effizienter. Damit reduzieren sie Wärmeverluste und ermöglichen die Nutzung von Abwärme, Solarthermie oder Großwärmepumpen. Sie eignen sich besonders für Gebäude mit niedrigen Vorlauftemperaturen. Für Neubaugebiete sind sie bislang die gängigste Netzvariante.

Kalte Wärmenetze arbeiten mit Temperaturen von 5–40 °C und nahezu verlustfrei mit sehr niedrigen Temperaturen. Das ist der Grund, weshalb diese Netze geringe oder keine Dämmung benötigen: Die Temperatur des Mediums liegt nah an der Bodentemperatur. Sie sind extrem flexibel einsetzbar und ermöglichen das Heizen und das Kühlen. Allerdings erfordern sie auf Seiten der Netzbezieher korrespondierende Technik. In den Gebäuden sind eigene Wärmepumpen erforderlich, um das Temperaturniveau anzuheben. Einige kalte Wärmenetze sind technisch bereits in der Lage, nicht nur Wärme bereitzustellen, sondern auch Abwärme, beispielsweise aus Gebäuden, in das Netz einzuspeisen.

Man unterscheidet zwei Arten von kalten Wärmenetzen: Die bodengebundenen Kaltwärmenetze mit Betriebstemperaturen von 4–10°C und die kalten Wärmenetze im Temperaturbereich über 10°C, die verschiedene Wärmequellen – wie Abwasser oder Industrieabwärme – kombinieren. Erstere verlaufen ungedämmt im Boden, letztere sind häufig leicht gedämmt.

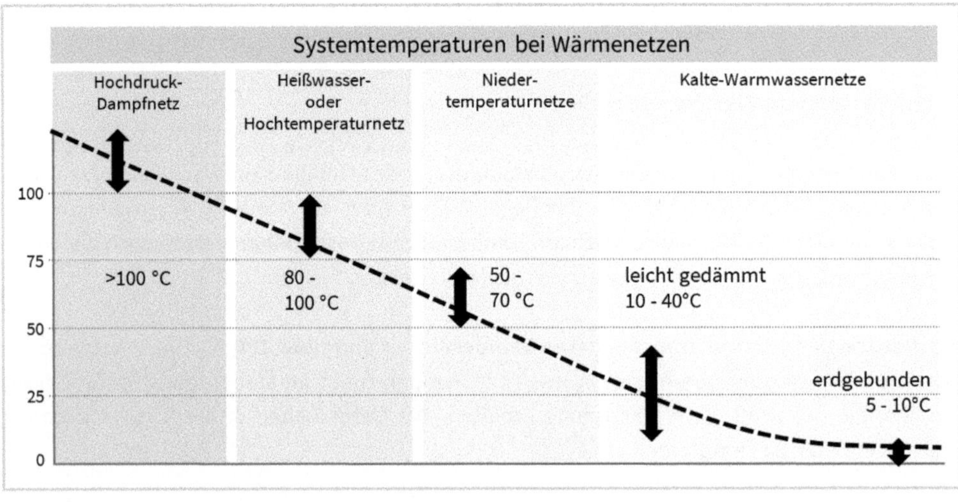

Abb. 64: Temperaturen und Wärmenetze *(Grafik: th)*

7.3.2 Effizienz von Wärmenetzen, betrieben mit Wärmepumpen

Wenn es um Wärmenetze geht, spielen die Energieverluste im Zuge der Verteilung eine wichtige Rolle. Wärmenetze müssen zunächst einmal die Energie vom Erzeugungsort zum jeweiligen Abnehmer transportieren. Hier entstehen nicht unerhebliche energetische Aufwendungen und

Verluste, die die Effizienz eines Wärmenetzes stark beeinflussen. Die entscheidenden vier Faktoren:

1. **Thermische Verteilverluste**: Sie spielen eine Rolle, wenn das Wärmemedium (meist Wasser) wärmer ist als die Umgebung. Je nach Netztopologie und Isolation liegen diese Verluste im Bereich von ca. 10–20 Prozent der in der Energiezentrale erzeugten Wärme.
2. **Pumpenergie** muss eingesetzt werden, um das Wärmemedium durch das Leitungssystem zu befördern.
3. **Energie geht verloren** durch Übertragungsverluste an Übergabestationen oder Plattenwärmetauschern in den Gebäuden.
4. **Zusätzliche Speicherverluste** muss man bedenken, falls es Zwischenspeicher im Netz gibt.

In der Energiezentrale des Wärmenetzes muss Energie aufgewendet werden, damit die Wärmepumpe Wärme erzeugen kann. Dieser energetische Aufwand lässt sich gut mit einer individuell betriebenen Wärmepumpe in einem Gebäude vergleichen.

Für sämtliche in diesem Kapitel durchgeführten Vergleichsrechnungen wurden die Verluste aus dem Netz (vgl. oben) bewusst nicht berücksichtigt. Sie sind jeweils abhängig von der Netzstruktur und würden die Rechnungen verkomplizieren, ohne klare Aussagekraft zu haben. Stattdessen liegt der Fokus auf der thermischen Energie, die in der Energiezentrale erzeugt werden muss, um den Energiebedarf für das als Standard festgelegte Gebäude bereitzustellen. Dies ermöglicht den Vergleich mit einer dezentral betriebenen Wärmepumpe und deren Energiebedarf für das gleiche standardisierte Gebäude.

Methodisch bedeutet das:

- Als Grundlage dient die thermische Übergabemenge der Übergabestation (die Energiemenge, die das Gebäude wirklich benötigt).
- Diese thermische Energiemenge wird in der Energiezentrale des Wärmenetzes auf dem erforderlichen, höheren Temperaturniveau bereitgestellt (z. B. höhere Vorlauftemperaturen).
- Berechnet wird der elektrische Energiebedarf, der in der Energiezentrale zur Bereitstellung dieser thermischen Energie notwendig wäre (ohne weitere Berücksichtigung von Verteilverlusten oder Netzbetriebsaufwand usw.).

Auf diese Weise können zwei vergleichbare Größen gegenübergestellt und Wirkungsgrade verglichen werden: der Effekt des höheren Temperaturniveaus der Erzeugungseinheit für ein Wärmenetz sowie die direkte, dezentrale, gebäudenahe Wärmebereitstellung (beispielsweise durch Wärmepumpen im Gebäude).

Die Methode erlaubt es, den Einfluss des höheren Temperaturniveaus auf die Erzeugungseffizienz gezielt zu untersuchen, ohne dass netzspezifische Faktoren wie Leitungsverluste oder Pumpenergie das Ergebnis verfälschen. In der Praxis müsste man Verteil- und Speicherverluste einrechnen, die die Effizienz eines Wärmenetzes zusätzlich mindern. Tatsächlich fällt also die

Gesamtbilanz des Wärmenetzes gegenüber einer dezentralen Wärmepumpe in der Regel noch ungünstiger aus.

7.3.2.1 Wärmenetze mit 75 °C Vorlauftemperatur an der Energiezentrale

Grundannahmen
In diesem Berechnungslauf wird angenommen, dass in der Energiezentrale des Wärmenetzes eine Mindestvorlauftemperatur von 75 °C bereitgestellt wird.

Die zugrunde gelegten Kennwerte der Heizkurve lauten:
- Sockeltemperatur: 75 °C,
- Startpunkt der Heizkurve (bei 10 °C Außentemperatur): 75 °C,
- Stützpunkt der Heizkurve (bei –12 °C Außentemperatur): 90 °C.

Damit wird angenommen, dass an der Übergabestation im Gebäude typischerweise Vorlauftemperaturen von etwa 60 bis 70 °C ankommen. Dies bildet ein realistisches Temperaturniveau für konventionelle Wärmenetze mit wassergeführten Heizsystemen ab.

Der Gütegrad der zentralen Wärmepumpe wurde mit 0,5 angesetzt, da Großwärmepumpen in Energiezentralen erfahrungsgemäß höhere Effizienzen erreichen als kleinere, dezentrale Anlagen.

Die Jahresarbeitszahl (JAZ*) für Wärmenetze mit den Umweltwärmequellen Flusswasser und Abwasser liegt bei rund 2,0. Eine signifikante Steigerung des Wertes ist auch künftig nicht zu erwarten, da das hohe Temperaturniveau im Wärmenetz die Effizienz physikalisch begrenzt.

Der Vergleich
Im JAZ*-Vergleich erreichen dezentrale Wärmepumpen im Gebäude deutlich bessere Werte: Eine Standard-Luft-Wasser-Wärmepumpe erzielt eine JAZ* von etwa 4,3, eine Premium-Luft-Wasser-Wärmepumpe sogar 5,4.

Der Unterschied zeigt sich noch deutlicher beim Energieverbrauch. Die Standard-Luft-Wasser-Wärmepumpe im Gebäude benötigt rund 6.200 kWh pro Jahr, während die zentrale Wärmepumpe im Wärmenetz selbst mit der besten Wärmequelle (Abwasser) etwa 13.200 kWh pro Jahr verbraucht. Wir sprechen hier von einem Mehrverbrauch von etwa 7.000 kWh pro Jahr. Das entspricht einer Verdopplung des Energiebedarfs. Die Bilanz sieht noch schlechter aus, wenn man eine weniger günstige Wärmequelle (Flusswasser) annimmt. Dann käme nochmals ein Verbrauch von rund 2.000 kWh pro Jahr hinzu.

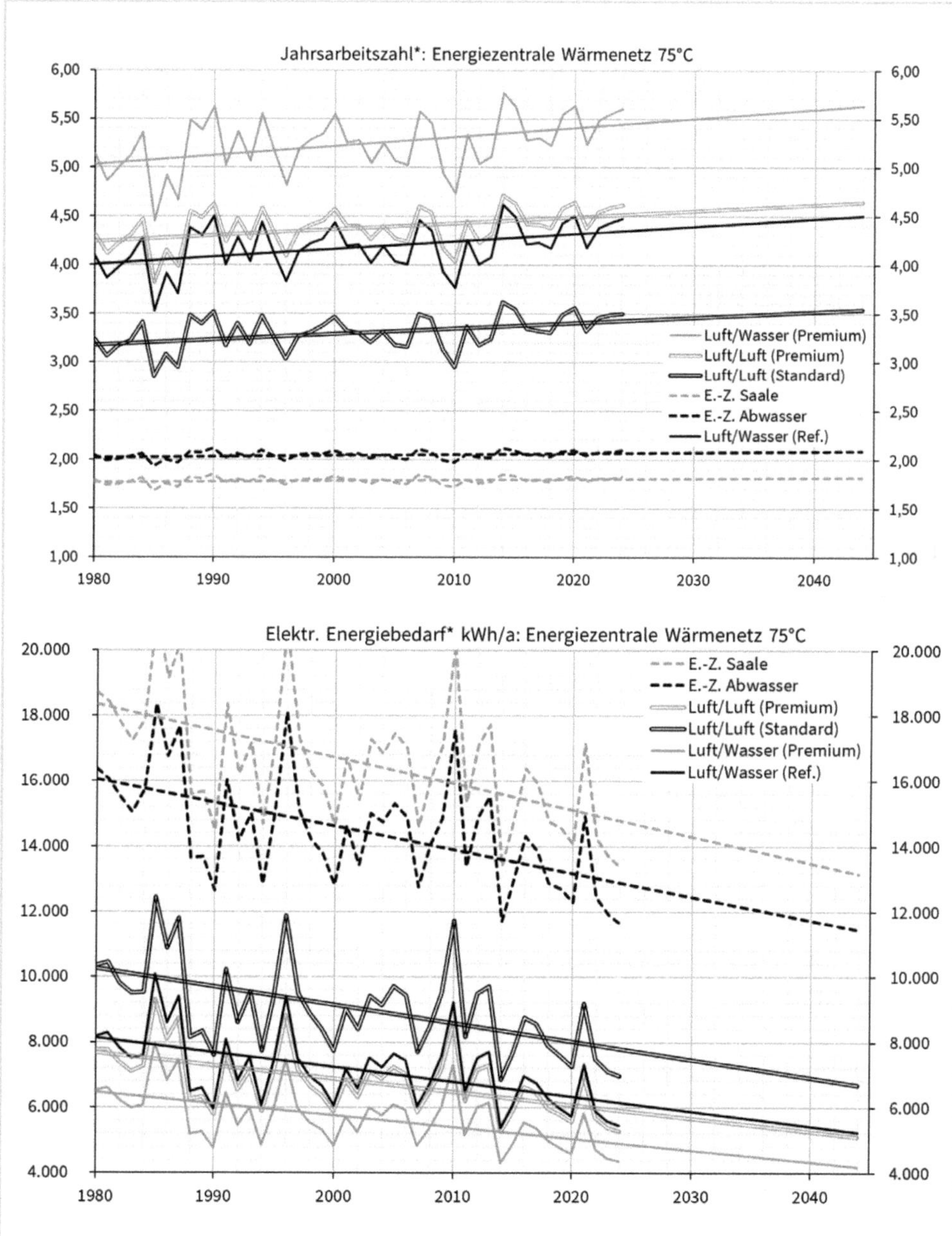

Abb. 65: Vergleiche JAZ* und elektrischer Energiebedarf bei 75 °C *(Grafik: th)*

Was bedeutet das hinsichtlich der Kosten? Bei einem Strompreis von 0,30 Euro pro kWh belaufen sich die jährlichen Kosten auf rund 2.100 beziehungsweise 2.700 Euro. Zwar zahlen Wärmenetzbetreiber in der Regel geringere Strompreise, dennoch wird deutlich, dass die Effizienznachteile eines zentralen Wärmenetzes überwiegen.

Kompakt

Ein zentrales Wärmenetz – basierend auf Wärmepumpentechnik – ist nur dann wirtschaftlich zu betreiben, wenn der Strompreis extrem niedrig liegt. Der Betreiber muss den Strom erheblich billiger einkaufen können als der Haushaltskunde. Im Vergleich muss der Strom deutlich mehr als die Hälfte günstiger sein.

Ein letzter Vergleich verdeutlicht das Ergebnis: Selbst eine Standard-Luft-Luft-Wärmepumpe benötigt rund 5.000 kWh pro Jahr weniger Energie als das Wärmenetz mit der besten Umweltwärmequelle. Darüber hinaus kommt eine Standard-Luft-Luft-Wärmepumpe mit deutlich weniger Infrastruktur und Ressourcen aus. Solche Systeme brauchen weder wassergeführte Heizverteilung oder Übergabestationen im Gebäude noch eine Energiezentrale oder die Leitungsinfrastruktur eines Wärmenetzes.

7.3.2.2 Wärmenetze mit 55 °C Vorlauftemperatur an der Energiezentrale

Um die Energiekosten für bestehende Wärmenetze zu senken, werden häufig die Vorlauftemperaturen reduziert. In diesem Berechnungslauf wird angenommen, dass in der Energiezentrale des Wärmenetzes eine Mindest-Vorlauftemperatur von 55 °C bereitgestellt wird.

Die zugrunde gelegten Kennwerte der Heizkurve:

- Sockeltemperatur: 55 °C,
- Startpunkt der Heizkurve (bei 10 °C Außentemperatur): 55 °C,
- Stützpunkt der Heizkurve (bei −12 °C Außentemperatur): 70 °C.

In Kombination mit diesen Annahmen wird berücksichtigt, dass an der Übergabestation im Gebäude typischerweise Vorlauftemperaturen von etwa 40 bis 50 °C ankommen. Wichtig ist, dass die angeschlossenen Gebäude mit dieser reduzierten Vorlauftemperatur ausreichend beheizt werden können. Aspekte wie die Legionellenbehandlung im Trinkwassersystem müssen separat betrachtet werden.

Die folgenden beiden Diagramme zeigen die Effekte der Reduzierung der Vorlauftemperatur eines Wärmenetzes von 75 °C auf 55 °C. Durch die Maßnahme steigt die Jahresarbeitszahl (JAZ*) für Wärmenetze mit den Umweltwärmequellen Flusswasser und Abwasser um rund 1,2 und liegt nun bei etwa 3,0 (Flusswasser) bzw. 3,4 (Abwasser).

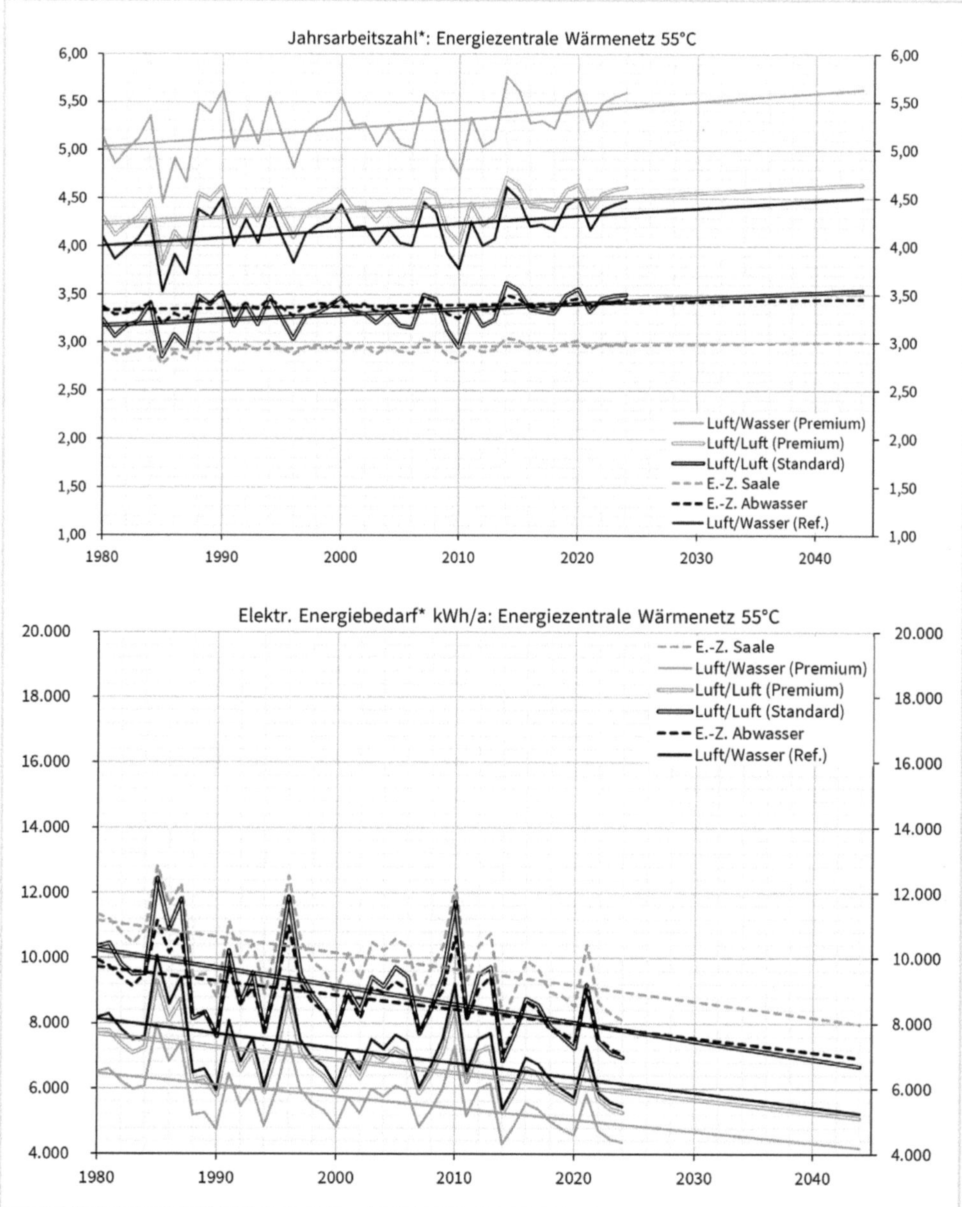

Abb. 66: Vergleiche JAZ* und elektrischer Energiebedarf bei 55 °C *(Grafik: th)*

Trotz dieser Optimierung besteht weiterhin ein deutlicher Effizienzabstand zu dezentralen Wärmepumpen im Gebäude: Die Standard-Luft-Wasser-Wärmepumpe erreicht eine um etwa 1,0 höhere Jahresarbeitszahl, die Premium-Ausführung sogar um 1,4.

Beim Energieverbrauch zeigt sich ein ähnliches Bild: Eine Standard-Luft-Wasser-Wärmepumpe im Gebäude verbraucht rund 1.700 kWh Strom pro Jahr weniger als das Wärmenetz mit der besten Wärmequelle Abwasser. Im Vergleich mit der Wärmequelle Flusswasser steigt der Abstand sogar auf ca. 2.800 kWh pro Jahr. Damit verbraucht das Wärmenetz – abhängig von der verwendeten Wärmequelle – rund 30 Prozent mehr Energie als eine Standard-Wärmepumpe und rund 50 Prozent mehr als eine Premium-Wärmepumpe.

Daraus folgt für den wirtschaftlichen Betrieb eines optimierten Wärmenetzes: Die Bezugskosten für den benötigten Strommüssen um mindestens 30 Prozent – besser 50 Prozent – niedriger liegen als der Strompreis für Endkunden. Nur so ließen sich die Effizienznachteile einer zentralen Wärmepumpe ausgleichen.

7.3.2.3 Kalte Wärmenetze

Kalte Wärmenetze arbeiten mit sehr niedrigen Temperaturen. Deshalb werden sie nahezu verlustfrei betrieben, da die Temperatur des Wärmemediums nah an der Bodentemperatur liegt. Doch im Gegenzug müssen die Wärmeabnehmer einen Ausgleich schaffen. In den angeschlossenen Gebäuden sind eigene Wärmepumpen erforderlich, um das Temperaturniveau für die Heizung auf ein nutzbares Maß anzuheben.

Bodengebundene Kaltwärmenetze (ca. 4–10 °C) nutzen das Erdreich als Wärmequelle. Die Leitungen verlaufen ungedämmt im Boden, da die Temperatur des Mediums und die Bodentemperatur nahezu identisch ist. Kaltwärmenetze können Erdsonden und Erdkollektoren einzeln oder kombiniert verwenden.

Im Grunde sind die angelieferten Temperaturen in bodengebundenen Kaltwärmenetzen vergleichbar mit denen von Erdsonden oder Erdkollektoren die dezentral für einzelne Gebäude errichtet werden. Deshalb reicht es völlig aus die Wärmequellen Erdsonde oder Erdkollektor mit einer Standard-Luft-Wasser-Wärmepumpe zu vergleichen. Dadurch zeigt sich auch automatisch die Effizienz von Kaltwärmenetzen.

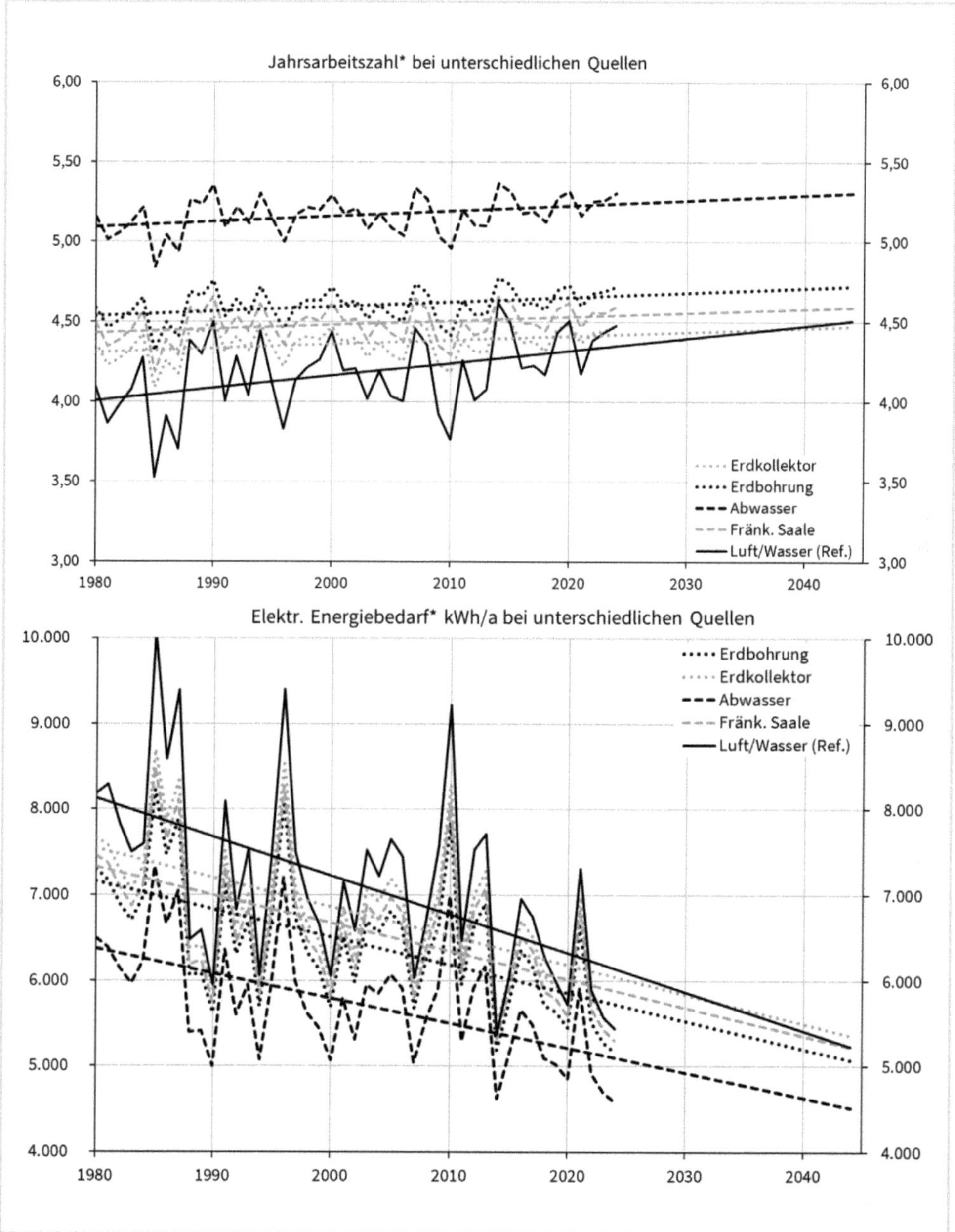

Abb. 67: Vergleiche JAZ* und elektrischer Energiebedarf bei unterschiedlichen Quellen *(Grafik: th)*

Der jährliche Effizienzvorteil eines Kaltwärmenetzes gegenüber der Standard-Luft-Wasser Wärmepumpe liegt bei etwa 200 bis 600 kWh.

Zum Vergleich: Während ein Kaltwärmenetz im Vergleich zur Standard-Luft-Wasser-Wärmepumpe noch einen Vorteil von bis zu 600 kWh einfährt, erlischt dieser Vorteil sofort, wenn man anstatt der Standard- eine Premiumpumpe einsetzt, denn dieser Austausch würde eine Energieeinsparung von bis zu 1.400 kWh pro Jahr erzielen. Noch einfacher wäre es, im bestehenden Heizsystem die Vorlauftemperatur um 5 °C zu senken. Allein dadurch käme man auf eine Energieeinsparung von rund 800 kWh pro Jahr.

Der größte Effizienzgewinn entsteht nicht primär aufgrund der bodengebundenen Kaltwärmenetze (Wärmequelle Erdsonde/Erdkollektor), sondern vor allem aus der Optimierung der Vorlauftemperatur und der Wahl einer effizienteren Wärmepumpe. Man kann zudem annehmen, dass die steigenden Lufttemperaturen als Folge des Klimawandels den Betrieb von Luft-Wasser-Wärmepumpen weiter verbessern. Das bedeutet, dass der heutige Effizienzvorsprung von bodengebundenen Kaltwärmenetzen künftig weitgehend verschwinden wird.

7.3.2.4 Wärmenetze, die mit Abwärme gespeist werden

Wärmenetze, die Quelltemperaturen aus Abwärme nutzen – beispielsweise aus Industrie, Gewerbe oder Rechenzentren –, sind für eine effiziente Wärmeversorgung besonders interessant. Der nachfolgenden Berechnung liegt eine konstante, ganzjährigen Quelltemperatur von 40 °C zugrunde.

Es wurden zwei Szenarien mit zentralen Wärmepumpen im Wärmenetz berechnet:

- mit einer Heizkurve von 75 °C und
- mit einer Heizkurve von 55 °C (vgl. Kennwerte der vorherigen Berechnungen).

Bei Wärmenetzen mit einer zentralen Wärmepumpe und einer Vorlauftemperatur von 75 °C liegt die JAZ* bei 4,4. Damit erreicht das Netz fast dasselbe Effizienzniveau wie eine dezentral eingesetzte Standard-Luft-Wasser-Wärmepumpe. Wird die Vorlauftemperatur auf 55 °C reduziert, steigt die JAZ* sogar auf 7,0 an.

Bei einer Vorlauftemperatur von 75 °C braucht die Energiezentrale des Wärmenetzes rund 6.200 kWh Strom pro Jahr, also ebenso viel wie eine Standard-Luft-Wasser-Wärmepumpe. Reduziert man die Vorlauftemperatur an der Energiezentrale auf 55 °C, sinkt deren Bedarf auf etwa 4.000 kWh Strom pro Jahr. Das sind rund 1.100 kWh weniger, als die Premium-Luft-Wasser-Wärmepumpe benötigt. Damit zeigt sich ein großer Vorteil dieser aus Abwärme gespeisten Wärmenetze.

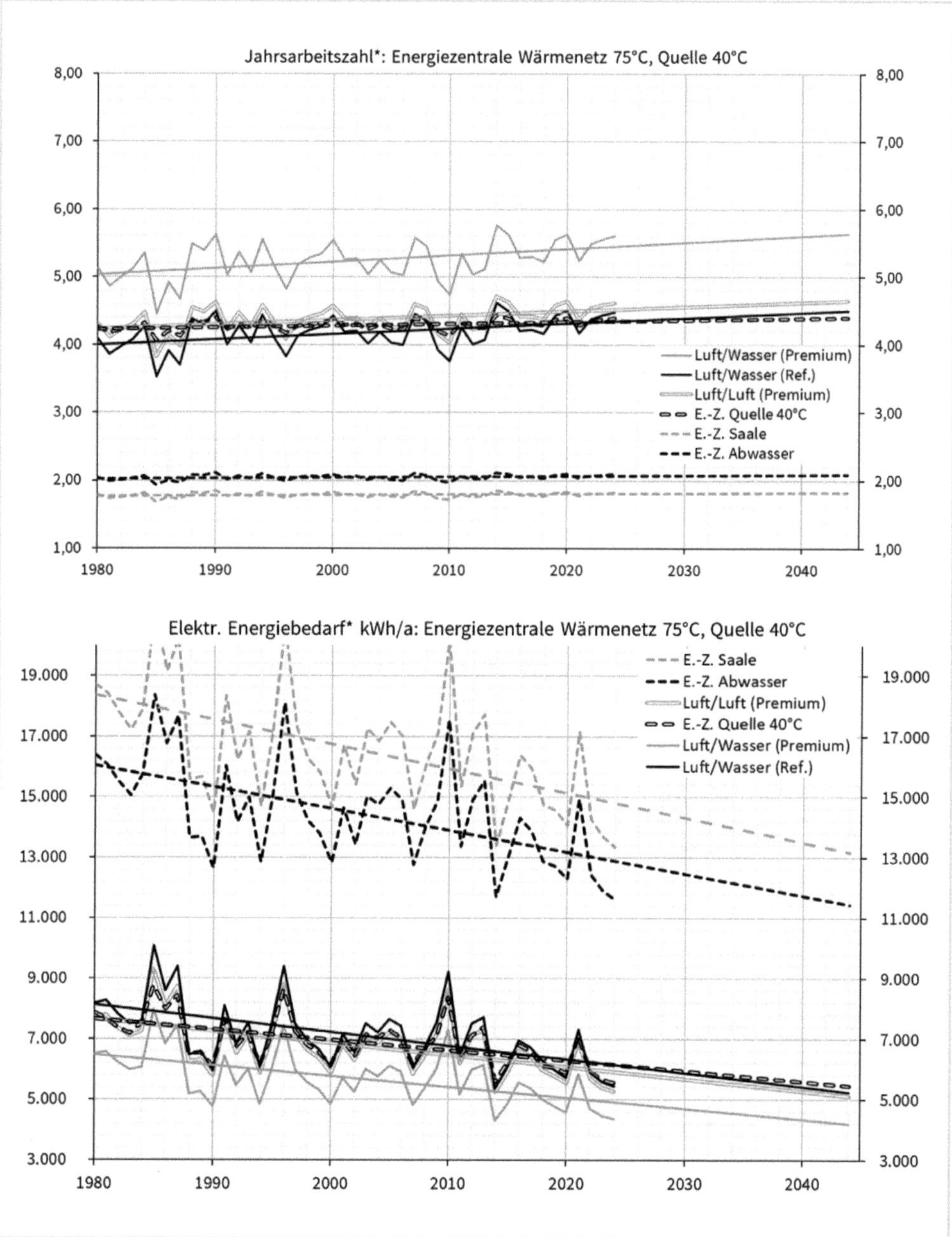

Abb. 68: Vergleiche JAZ* und elektrischer Energiebedarf für Energiezentrale bei 75°C und Quelle mit 40°C *(Grafik: th)*

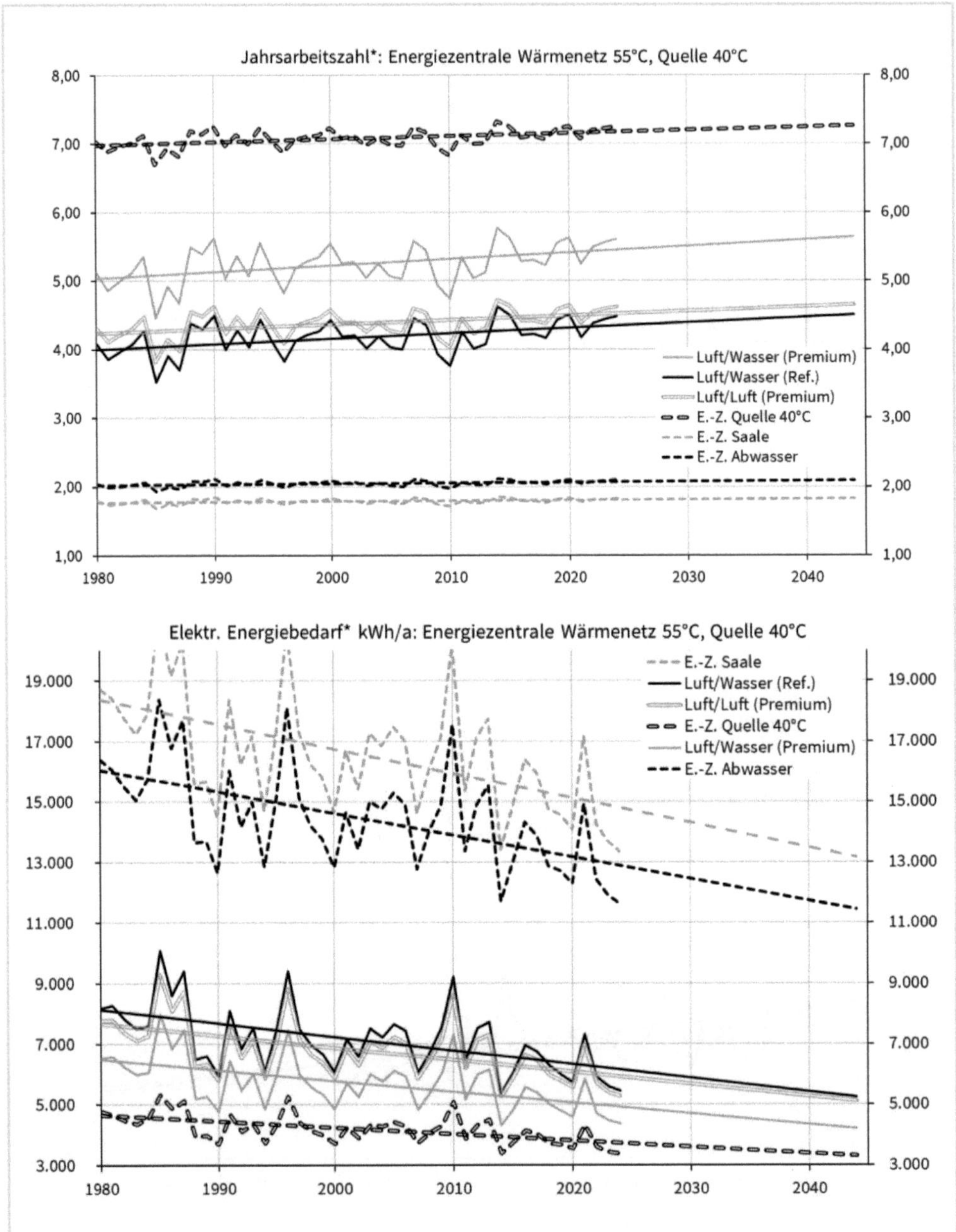

Abb. 69: Vergleiche JAZ* und elektrischer Energiebedarf für Energiezentrale bei 55°C und Quelle mit 40°C *(Grafik: th)*

Ein weiterer Ansatz wäre, die Abwärme aus Industrie und Rechenzentren direkt zu den Endverbrauchern, also in die Gebäude, zu leiten. Dadurch könnte die Quelltemperatur unmittelbar von den dezentralen Wärmepumpen mit einem geringeren Temperaturhub genutzt werden. Gleichzeitig würden die thermischen Verluste im Wärmenetz auf ein absolutes Minimum reduziert. Eine dezentrale Wärmepumpe wäre jedoch nötig.

7.4 Fazit der Berechnungen

☑ **Wassergeführte Wärmepumpen mit unterschiedlichen Umweltwärmequellen**
Im Vergleich wird deutlich, dass der Unterschied zwischen Erdreich, Flusswasser, Abwasser und Luft als mögliche Wärmequellen zunehmend geringer wird. Der Effizienzvorteil liegt meist unter 20 Prozent – für Erdreich und Flusswasser im Vergleich zu Luft sogar unter 10 Prozent, was etwa 400 kWh pro Jahr entspricht. Perspektivisch werden alle Wärmequellen bis zum Jahr 2030 (spätestens 2040) eine vergleichbare Effizienz erreichen. Die Auswahl der Wärmequelle wird also für die Energieeffizienz keine entscheidende Rolle mehr spielen. Die technologische Entwicklung der Wärmepumpen verstärkt diesen Trend: Bereits heute erreichen moderne Geräte SCOP-Werte von 5,9. Zukünftig sind Jahresarbeitszahlen von 6,8 bis 7,0 erreichbar. Erhöht sich der Gütegrad von 0,4 auf 0,5, so erhöht sich die JAZ* um etwa 1. Dies entspricht einer Energieeinsparung von rund 1.400 kWh pro Jahr. Dadurch wird die Bedeutung der gewählten Umweltwärmequelle im Vergleich geringer.
Die Absenkung der Vorlauftemperatur hat einen besonders hohen Einfluss auf die Effizienz. Bereits eine Reduzierung um 5 °C steigert die JAZ* um 0,6 und spart etwa 800 kWh pro Jahr. Damit ist die Wirkung der Vorlauftemperatur doppelt so hoch wie der Einsatz besonders günstiger Wärmequellen wie Erdreich oder Flusswasser.

☑ **Luft-Luft-Wärmepumpen**
Im Vergleich zur Standard-Luft-Wasser-Wärmepumpe (JAZ* 4,3) erreichen Standard-Luft-Luft-Wärmepumpen JAZ von 3,2 bis 3,4. Premiumgeräte (Luft-Luft) erreichen eine JAZ von rund 4,5, womit sie effizienter sind als die Standard-Luft-Wasser-Wärmepumpen. Luft-Luft-Wärmepumpen kosten weniger als Luft-Wasser-Wärmepumpen. Durch das wassergeführte Heizsystem der Luft-Wasser-Wärmepumpen geht zusätzlich Energie verloren. Generell sind alle Luft-Luft-Wärmepumpen vorteilhaft und weisen eine gute Effizienz auf.

☑ **Wärmenetze**
Wärmenetze mit Vorlauftemperaturen von 75 °C erreichen eine JAZ* von ca. 2,0. Damit sind sie etwa halb so effizient wie dezentrale Standard-Wärmepumpen. Der Strombedarf ist doppelt so hoch.
Optimierte Wärmenetze mit 55 °C Vorlauftemperatur verbessern zwar die Effizienz (JAZ* bis zu 3,4 bei Abwasser), schließen aber die Effizienzlücke zu dezentralen Wärmepumpen nicht. Selbst optimierte Systeme verbrauchen 30 Prozent mehr Energie als Standard-Wärmepumpen und 50 Prozent mehr als Premiumgeräte.
Bodengebundene Kaltwärmenetze arbeiten auf Temperaturniveau von Erdsonden oder Erdkollektoren. Der Effizienzvorteil gegenüber Standard-Luft-Wasser-Wärmepumpen liegt jedoch bei weniger als 10 Prozent, was 200 bis 600 kWh pro Jahr entspricht. Eine Reduzierung der Vorlauftemperatur oder der Einsatz effizienterer Wärmepumpen spart deutlich

mehr Energie. Mit steigenden Lufttemperaturen wird der Effizienzvorsprung bodengebundener Systeme künftig zunehmend kompensiert.
Wärmenetze, die Abwärme mit hohen Quelltemperaturen (also ganzjährig 40 °C) beispielsweise aus Industrie, Gewerbe oder Rechenzentren nutzen, können bei hohen Vorlauftemperaturen von 75 °C denselben Energieverbrauch wie Standard-Wärmepumpen erreichen. Werden die Vorlauftemperaturen auf 55 °C abgesenkt, können solche Netze rund 20 Prozent effizienter arbeiten als Premium-Luft-Wasser-Wärmepumpen. Ein weiterer Ansatz zur Effizienzsteigerung ist die direkte Nutzung der Abwärme in den Gebäuden. So kann die dezentrale Wärmepumpe mit dem geringerem Temperaturhub die Effizienz steigern und die Netzverluste werden reduziert. Der Energieaufwand für thermische Verluste im Netz oder im Speicher, Übertragungsverluste und Pumpenergie sind zusätzlich zu berücksichtigen.

Kompakt

Die Nutzung von Abwärme aus der Industrie für ein Wärmenetz dürfte also den vergleichsweise höchsten Effizienzgrad erreichen.

8 Wärmenetze für Kommunen – Checklisten

Wie stehen Einwohner eines Ortes der Wärmenetzplanung gegenüber? Was spielt für Nutzer und Betreiber die entscheidende Rolle? Welche Herausforderungen und Risiken sind mit dem Betrieb eines Wärmenetzes verbunden – und vor allem: Welches Netz soll es werden?

8.1 Wirtschaftlichkeit und Akzeptanz von Wärmenetzen

Wirtschaftlichkeit und Akzeptanz von Wärmenetzen unterscheiden sich grundlegend von jenen dezentraler Heizungsanlagen. Während bei Einzelheizungen die Entscheidung auf individueller Ebene getroffen wird, sind Wärmenetze in ihrer Planung, Finanzierung und Nutzung stark von technischen, gesellschaftlichen und nicht zuletzt von politischen Rahmenbedingungen abhängig. Diese drei Faktoren – Technik, Gesellschaft und Politik – wirken aufeinander ein und bestimmen maßgeblich den Erfolg oder Misserfolg eines Wärmenetzprojektes. Daher lohnt es sich, die unterschiedlichen Perspektiven – jene des Betreibers, der Bürgerinnen und Bürger sowie der Kommune – differenziert zu betrachten.

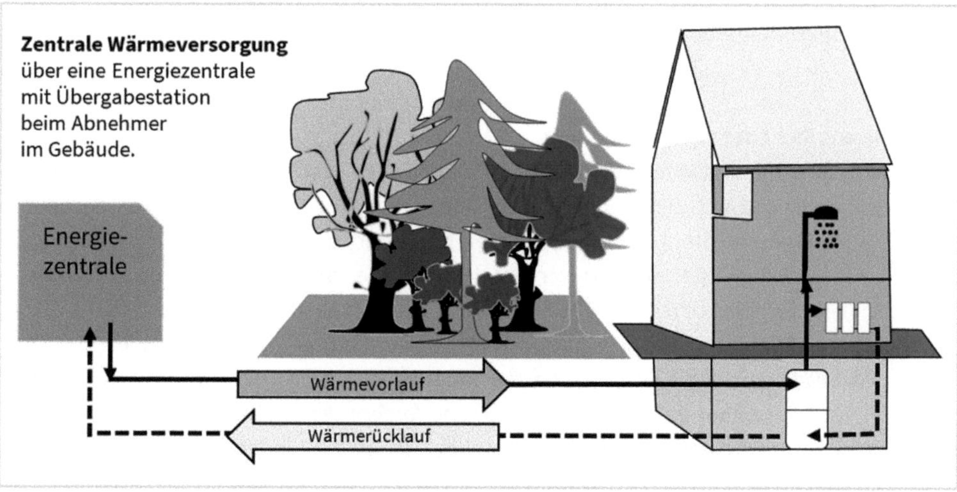

Abb. 70: Das Wärmenetz – von der Energiezentrale über das Rohrleitungsnetz zu den Abnehmern. Dieser Weg ist steinig und es bedarf einiger Überlegung und Überzeugungsarbeit, um ein sinnvolles Wärmenetz aufzubauen. Nicht alle Beteiligten sind gleichermaßen begeistert von einer solchen Planung. *(Grafik: ggb)*

8.1.1 Wärmenetze mit Netztemperaturen über 60 °C

8.1.1.1 Perspektive des Abnehmers

Die folgenden Aspekte können für Wärmeabnehmer, also Eigentümer von Gebäuden, im Abwägungsprozess von Bedeutung sein. Soll sich ein Eigentümer zu einem Anschluss an ein

Wärmenetz entscheiden oder nicht? Die Argumente beziehen sich auf Wärmenetze, bei deren Anschluss die Abnehmer möglichst keine eigenen Zusatzheizungen benötigen. Dafür sind Vorlauftemperaturen mit über 60 °C an der Übergabestation nötig.

Vorteile aus Sicht des Eigentümers

Der Umstieg auf ein Wärmenetz ermöglicht die Nutzung erneuerbarer Energiequellen, ohne dass sich der einzelne Haushalt technisch oder organisatorisch um die Umsetzung kümmern muss. Die Gründe für eine bequeme Umstellung auf erneuerbare Energien:

- ☑ **Kalkulationssicherheit**: Ein fester Wärmepreis erspart den Aufwand der Investitions- und Betriebskostenkalkulation, wie er bei eigenen Heizsystemen erforderlich wäre.
- ☑ **Platzsparend und wartungsarm**: Es ist keine eigene Heizungsanlage notwendig, wodurch kein Platz im Keller oder Heizraum benötigt wird und somit der Wartungsaufwand entfällt. Bei einem Heizungsumbau könnte man also einen Raum im Keller gewinnen.
- ☑ **Direkte Wärmeversorgung**: Wärme wird unmittelbar bereitgestellt – ohne Brennstofflagerung oder Betriebsrisiken im Haus.
- ☑ **Kein Schornstein notwendig**: Der Wegfall von Schornstein und Abgasanlage reduziert Investitions- und Instandhaltungskosten. Stillgelegte Schornsteine können beispielsweise als Kabelschächte für eine Elektrifizierung genutzt werden.
- ☑ **Vorteil bei denkmalgeschützten Fassaden**: Da keine Außeneinbauten wie Wärmepumpen, Schornsteine oder Außeneinheiten erforderlich sind, entsteht keine optische Beeinträchtigung der Gebäudeansicht.

Nachteile aus Sicht der Eigentümer

- ☑ **Anschlusszwang und Monopolstruktur**: In vielen Fällen besteht ein Anschluss- und Benutzungszwang, wodurch sich der Abnehmer in einer ausweglosen Abhängigkeit gegenüber einem Monopolanbieter befindet. Dies spielt besonders dann eine Rolle, wenn das Eigentum nicht selbst genutzt, sondern vermietet wird. In diesem Fall führt der Anschluss an das Wärmenetz zu einer schwer zu überblickenden Rechtslage. Der Deutsche Mieterbund hat dazu im Juli 2025 eine umfassende Handreichung herausgegeben. Dort heißt es:

  > *»Aktuell verengen die Energie- und Wohnungswirtschaft die Reformdiskussion zur WärmeLV auf das Gebot der Kostenneutralität und fordern dieses aufzuheben oder aufzuweichen, weil die damit verbundene Kostenbegrenzung ein Hindernis für die gewünschten künftigen Umstellungen auf Wärmelieferungen darstelle. Aus Mietersicht stellt das Gebot jedoch aktuell das einzige Mieterschutzinstrument dar, in einer Konstellation in der Vermieter und Versorger ansonsten keine Anreize haben wirtschaftliche Preise zu vereinbaren.«*
  >
  > (Mieterbund, 2025)

  Derzeit spielt diese unübersichtliche Rechtslage für die meisten Vermieter die entscheidende Rolle, um Wärmenetze abzulehnen und bei eigenen Heizungslösungen zu bleiben.
- ☑ **Mindestabnahmemengen**: Betreiber fordern zur Erhaltung der Wirtschaftlichkeit des Netzes häufig eine vertragliche Mindestabnahme von Wärme. Dadurch kann die Nutzung zusätzlicher Energiequellen im Haus – etwa Solarthermie, Photovoltaik mit Heizstab, Holzheizungen oder Kachelöfen – untersagt oder eingeschränkt werden und auch dazu führen,

dass das Gefühl der Abhängigkeit des einzelnen Gebäudes von einer kollektiven Wärmeversorgung vergrößert wird.

- ☑ **Aufwendige Hausanschlüsse**: Für den Anschluss an das Wärmenetz sind oftmals Eingriffe in bestehende Gebäudestrukturen nötig. Beispielsweise müssen Leitungen durch alte Keller oder Vorgärten gelegt werden.
- ☑ **Abhängigkeit vom Anbieter**: Verbraucher sind langfristig an einen Anbieter gebunden, was von Verbraucherzentralen regelmäßig kritisch bewertet wird.
- ☑ **Kostenrisiko**: Aktuell liegen Wärmepreise im Mittel bei 17 ct/kWh, was im Vergleich zu anderen Heizsystemen teurer sein kann. Besonders Wärmepumpen mit eigenem PV-Strom können durchaus kostengünstiger abschneiden.
- ☑ **Keine Kühlfunktion**: Im Gegensatz zu modernen Wärmepumpensystemen bieten konventionelle Wärmenetze keine Möglichkeit zur Raumkühlung im Sommer.
- ☑ **Kommunaler Anschlusszwang**: In einigen Gemeinden wird der Anschluss über kommunale Satzungen verpflichtend geregelt, wodurch die individuelle Entscheidungsfreiheit eingeschränkt wird. Die Sorge, man müsse seine funktionierende Heizung gegen einen Anschluss an das Fern- oder Nahwärmenetz austauschen, ist momentan allerdings unbegründet. Hier spielt der Zeithorizont der Wärmenetzplanung eine große Rolle.

8.1.1.2 Perspektive des Betreibers (Anbieters)

Der Betreiber eines Wärmenetzes trägt eine hohe Verantwortung. Bereits bei Planung, Bau und Betrieb müssen zahlreiche Interessengruppen eingebunden werden. Das beginnt bei den Bürgern und führt über die Kommune bis zu politischen Entscheidungsträgern auf unterschiedlichen Ebenen. Ob ein Wärmenetz erfolgreich aufgebaut werden kann, liegt an der Akzeptanz, die die Bevölkerung der Technik und der Vertrauenswürdigkeit des Anbieters und Betreibers entgegenbringt. Nur wenn die Vertrauensebene stimmt, kann ein Wärmenetz langfristig wirtschaftlich betrieben und gesellschaftlich getragen werden.

Vorteile aus Sicht der Betreiber

- ☑ **Zentrale Energieversorgung**: Der Betrieb einer Energiezentrale ermöglicht die Bündelung technischer Kompetenz, die effiziente Nutzung von Ressourcen sowie eine unproblematische Weiterentwicklung der Anlage.
- ☑ **Geringer Betriebs- und Wartungsaufwand**: Im Vergleich zu vielen dezentralen Einzelanlagen ist der Wartungsaufwand pro Anschluss niedriger, da sich die Instandhaltung auf wenige zentrale Komponenten konzentriert.
- ☑ **Bündelung von Know-how**: Technisches Fachwissen – bezogen auf Unterhalt und Betrieb sowie Optimierung der Anlage – kann gezielt auf Großanlagen angewendet werden.
- ☑ **Günstige Energiebeschaffung**: Große Abnahmemengen fossiler oder nachwachsender Rohstoffe (Holz, Hackschnitzel, Pellets oder ähnliche) ermöglichen Preisvorteile und gegebenenfalls steuerliche Erleichterungen. Zudem ist eine direkte Anbindung an den Output von Photovoltaik- oder Windkraftanlagen relativ unproblematisch umzusetzen.

☑ **Langfristige Kundenbindung**: Durch langfristige Abnahmeverträge entsteht Planungssicherheit für den Betreiber.

☑ **Kommunale Unterstützung**: Häufig können sich Betreiber auf eine enge Zusammenarbeit mit der Kommune verlassen, die ihrerseits von den Vorteilen einer verlässlichen Kooperation profitiert.

Herausforderungen und Risiken seitens der Betreiber

☑ **Hohe Investitionskosten**: Der Aufbau eines Wärmenetzes erfordert erhebliche Anfangsinvestitionen mit langen Abschreibungszeiträumen. Das Risiko der Vorfinanzierung liegt beim Betreiber. Hier fällt insbesondere ins Gewicht, dass keine klare Anschlussquote besteht.

☑ **Dimensionierungsrisiko**: Sowohl eine Über- als auch eine Unterdimensionierung der Energiezentrale oder des Netzes kann zu wirtschaftlichen Nachteilen führen. Redundanzen zur Spitzenlastabdeckung erhöhen zusätzlich die Kosten. Erweiterungen und Ausbau lassen sich nur bedingt realisieren.

☑ **Vorhaltung und Grundlastbetrieb**: Auch im Sommer muss eine gewisse Energievorhaltung sichergestellt werden. Dadurch entstehen Fixkosten, die häufig über Pauschalen auf die Kunden umgelegt werden. Allein die Kommunikation dieser Situation kann zu Widerstand aufseiten potenzieller Abnehmer führen.

☑ **Kosten der Planungs- und Bauphase**: Bereits in der mehrjährigen Vorlaufphase entstehen erhebliche Kosten für Planung, Genehmigung, Bauleitung und Tiefbau. Da in dieser Zeit noch keine Kunden angeschlossen sind und keine Einnahmen generiert werden, besteht ein erhöhtes Risiko von Liquiditätsengpässen.

☑ **Abhängigkeit von Förderungen**: Eine hohe Förderquote reduziert zwar die Anfangsinvestition, birgt aber das Risiko, dass der laufende Betrieb später unwirtschaftlich wird (Lock-in-Effekt). Im Fall der Wärmenetze bedeutet dies, dass man in eine sich ständig verteuernde Technologie unter Förderbedingungen investiert hat, die Betriebskosten der Wärmeerzeugung jedoch ständig steigen und gleichzeitig die Wärmeabnahmemenge sinkt. Das führt früher oder später zu einer schwierigen Situation.

☑ **Aufwand für Genehmigungen, Planung und Koordination**: Der Abstimmungsbedarf mit Anspruchsgruppen (Bevölkerung, Anschlussnehmer, Behörden) ist hoch. Verzögerungen durch Einsprüche oder notwendige Bürgerdialoge können erhebliche Kosten verursachen. Außerdem sind in der Umsetzung Grundstücksanschlüsse zum Wärmenetz notwendig, was eine Koordinierung mit jedem Wärmeabnehmer nach sich zieht. Sollte die Energiezentrale in der Übergangszeit mit fossilen oder nachwachsenden Brennstoffen betrieben werden (und dies ist durchaus denkbar), sind immissionsschutzrechtliche Genehmigungen erforderlich.

☑ **Bau- und Materialaufwand**: Die Errichtung erfordert umfangreiche Tiefbauarbeiten. Das trifft besonders Innenstädte mit alter Bausubstanz. Dort besteht das Risiko, auf unbekannte Leitungsverläufe oder schwierige Bodenverhältnisse zu treffen. Für den Anschluss an das Wärmenetz sind oftmals aufwendige Eingriffe in bestehende Gebäudestrukturen nötig, was wiederum zu hohem Koordinationsaufwand führt.

- ☑ **Folgekosten der Infrastruktur**: Schäden oder Sanierungsbedarf an Straßen und Nebenanlagen erhöhen die laufenden Betriebskosten.
- ☑ **Effizienzprobleme**: Hohe Netztemperaturen führen zu überproportionalen Energieverlusten durch Wärmeübertragung und Pumpenergie. Es muss eine hohe Energievorhaltung betrieben werden – auch in Zeiten geringster Abnahmemenge wie in der Sommerperiode.
- ☑ **Langsame Erschließung und Baufortschritt**: Aufgrund begrenzter Kapazitäten im Planungs- und Bausektor ist der jährliche Netzausbau oft auf wenige Hundert Meter beschränkt. Die gesetzlichen Vorgaben nach Gebäudeenergiegesetz und auch die kontinuierliche Umstellung auf erneuerbare Heizungen greifen deutlich früher, als das Netz realisiert werden könnte. Eine verzögerte Kundenerschließung gefährdet damit die Wirtschaftlichkeit des Wärmenetzes.
- ☑ **Rückläufiger Wärmebedarf**: Durch Klimaveränderung, energetische Sanierungen und strengere Wärmeschutzverordnungen sinkt der Wärmeverbrauch pro Gebäude deutlich. Dadurch steigen die spezifischen Kosten je Kilowattstunde für Betrieb und Investition des Netzes (vgl. Kapitel 7).
- ☑ **Keine Kühlfunktion**: Anders als bei Wärmepumpensystemen kann über klassische Hochtemperaturnetze keine Kühlung realisiert werden. Gerade in verdichteten Innenstädten mit zunehmendem Wärmeinseleffekt mindert dies die Attraktivität des Netzanschlusses.
- ☑ **Erforderliche Wärmebelegungsdichte**: Für eine wirtschaftliche Betriebsführung sind hohe Wärmeabnahmemengen pro Leitungsmeter nötig. Rentabel wird ein Netz nur in eng bebauten Bereichen mit überwiegender Hochhaus- oder Gewerbestruktur.
- ☑ **Kollektive Entscheidungserfordernisse**: Der Erfolg eines neuen Wärmenetzes hängt stark von der Beteiligung vieler Anschlussnehmer ab, was eine enge politische und kommunikative Begleitung erfordert. Es müssen weitreichende Kommunikationsmaßnahmen realisiert werden – beginnend bei Bewerbung des Anschlusses bis zu einer individuellen Beratung der möglichen Anschlussnehmer. Auch dies kostet Geld und Manpower.
- ☑ **Politischer Einfluss**: Kommunale Beteiligung sichert zwar Rückhalt, kann aber auch zu Zielkonflikten zwischen Wirtschaftlichkeit und politischen Erwartungen führen.
- ☑ **Rechtliche Rahmenbedingungen**: Ein Anschluss- und Nutzungszwang kann wirtschaftliche Sicherheit schaffen, erfordert jedoch einen kommunalen Satzungsbeschluss. Ohne diesen liegt das Investitionsrisiko vollständig beim Betreiber. Der Bundesverband der deutschen Energie- und Wasserwirtschaft weist auf ein weiteres Risiko hin:

  > *»Auch bei einem Anschluss- und Benutzungszwang ist es möglich, mit einer entsprechenden Begründung, wie zum Beispiel dem Einbau einer individuellen Heizungsanlage auf Basis von erneuerbaren Energien, eine gebäudeintegrierte Heizungslösung zu wählen und sich aus diesem Zwang herauszulösen.«*
  >
  > (Frankfurter Rundschau, 2025)

Welche Erfahrungen haben Wärmenetzbetreiber bisher gemacht?

Erfahrungen verschiedener Betreiber zeigen, dass für eine wirtschaftliche Netzführung in der Regel Wärmebelegungsdichten zwischen 3.000 und 4.000 kWh pro Meter Trasse erforderlich sind und die oft in der Literatur angegebenen 1.500 kWh pro Meter Trasse die untere Grenze der Wirtschaftlichkeit darstellt (Bayerisches Staatsministerium, 2020). Diese Werte werden meist nur in dicht bebauten Quartieren oder Hochhausstrukturen mit hoher Anschlussquote erreicht. In Kommunen gibt es jedoch auch Bürger, die unbedingt angeschlossen werden wollen, obwohl sie in unrentablen Gebieten wohnen. Ihnen den Anschluss zu verweigern, führt zu großem Unfrieden innerhalb der Bürgerschaft.

Ein weiterer Trend belegt, dass viele Bürgerinnen und Bürger ergänzend Luft-Luft-Wärmepumpen installieren, um ihre Gebäude im Sommer aktiv zu kühlen. Diese Systeme werden jedoch zunehmend auch im Winter zum vergleichsweise günstigen Heizen eingesetzt. Dadurch sinkt die vom Wärmenetz abgenommene Wärmemenge weiter, was die Wirtschaftlichkeit des Netzes zusätzlich belastet. Vertraglich vereinbarte Mindestabnahmemengen können diesem Effekt zwar entgegenwirken, fördern jedoch nicht die Akzeptanz in der Bevölkerung und können im Einzelfall zu rechtlichen Auseinandersetzungen zwischen Betreiber und Anschlussnehmer führen.

Auch die Integration kleinerer dezentraler Quellen erneuerbarer Energien – beispielsweise Solarthermieanlagen auf einzelnen Gebäuden – ist innerhalb des Betriebes von Wärmenetzen nur begrenzt erfolgreich. Aufgrund unterschiedlicher Temperaturniveaus, hoher Investitionskosten sowie meist geringer nutzbarer Wärmemengen leisten solche Anlagen häufig keinen relevanten Beitrag zur Versorgungssicherheit oder Effizienz. Zudem erhöht ihre Einbindung den Aufwand für Regelung, Betrieb und Abrechnung. Für den Netzbetreiber steigen die technische Komplexität und die Betriebskosten.

Kompakt

Die Integration kleinerer dezentraler Quellen erneuerbarer Energien ist technisch machbar. In der Umsetzung ist dies aber meist unwirtschaftlich und organisatorisch nicht sinnvoll.

Auch der Ansatz, elektrische Heizstäbe in der Energiezentrale zu installieren, um zeitweise niedrige Strompreise – im Zusammenspiel mit hoher Einspeisung erneuerbarer Energien – auszunutzen, hat seine Tücken. Zwar sind die Investitionskosten gering, jedoch ebenso der Wirkungsgrad. Die nutzbaren Zeitfenster für günstigen Strom sind oft kurz und die verfügbare Anschlussleistungen zu gering, um relevante Energiemengen aufnehmen zu können. Da diese Wärme auch gespeichert werden muss, entstehen spürbare Energieverluste, insbesondere bei längeren Puffervorgängen.

Werden erneuerbare Energien ausgebaut und entwickeln sich die Batteriespeicher in bereits vorhersehbarer Weise weiter, dann ist es wahrscheinlich, dass die Strompreisschwankungen abnehmen. Wenn die Schwankungen aber geringer ausfallen, dann ist auch der Einsatz von Heizstäben nicht mehr attraktiv.

8.1.1.3 Kommunale Perspektive

Für die Kommune stellen Aufbau und Betrieb eines Wärmenetzes eine strategische und zugleich organisatorische Aufgabe dar. Neben der Verantwortung für eine nachhaltige Energieversorgung müssen politische, rechtliche und gesellschaftliche Rahmenbedingungen sorgfältig abgewogen und bedacht werden.

Zentrale Aspekte für Kommunen

- ☑ **Kollektive Entscheidung**: Der Erfolg eines Wärmenetzes hängt davon ab, dass sich viele Einwohner innerhalb eines kurzen Zeitraums für einen Anschluss entscheiden. Diese koordinierte Entscheidungsfindung muss kommunikativ begleitet werden. Ohne Bürgerbeteiligungsmaßnahmen weit im Vorfeld der Planung ist ein solches Netz praktisch nicht möglich. Die Ausweisung von möglichen Nah- oder Fernwärmegebieten führte schon in Großstädten mit hohem Anteil an Mietwohnungen zu Unruhe unter der Bevölkerung. Für solche Planungen nur die Hausbesitzer zu kontaktieren, ist der falsche Weg.
- ☑ **Politische und öffentliche Stabilität**: Der Aufbau eines Wärmenetzes erfordert es, dass politische Entscheidungen über mehrere Jahre hinweg konsequent verfolgt werden. Dies ist je nach Kommune schwierig, da sich gewählte Volksvertreter nur allzu leicht kritischer Berichterstattung oder wechselnden politischen Mehrheiten beugen. Die Methode »Zwei Schritte nach vorn und einen zurück« ist aber genau der Weg, der zum Scheitern der Maßnahmen führt. Ein geschlossenes Vorgehen und eine klare Beweisführung, dass diese Planung im Sinne der Bürger erfolgt, sind entscheidend, um Vertrauen zu schaffen und Projekte nicht zu gefährden.
- ☑ **Anschlusszwang und Satzungsbeschlüsse**: Die kommunale Ausübung eines Anschluss- und Nutzungszwangs kann die Investitionssicherheit für den Betreiber erheblich verbessern. Allerdings stößt eine solche Verpflichtung häufig auf Widerstand in der Bevölkerung. Dies kann rechtliche Auseinandersetzungen nach sich ziehen, da sich viele Bürger eine verbindliche Vorgabe zur Energieversorgung nicht vorschreiben lassen möchten. Auch die Verbraucherzentralen warnen flächendeckend vor der Monopolstellung des Wärmeanbieters.
- ☑ **Doppelte Infrastruktur**: Die parallele Vorhaltung von Strom- und Wärmenetzen im öffentlichen Straßenraum führt zu zusätzlichem Flächenbedarf und höherem Koordinierungsaufwand, insbesondere bei Tiefbau- oder Sanierungsmaßnahmen.

8.1.2 Reduzierte Vorlauftemperaturen in bestehenden Wärmenetzen

Wärmenetzbetreiber verfolgen zunehmend das Ziel, die Vorlauftemperaturen in ihren Netzen zu senken. Damit sollen Wärmeverluste und Betriebskosten reduziert werden. Diese Maßnahme ist technisch sinnvoll und energetisch effizient, wirft jedoch neben ingenieurtechnischen Fragestellungen zahlreiche praktische und rechtliche Fragen für die angeschlossenen Gebäude auf.

Perspektive der Wärmebezieher und Anschlussnehmer

Für die Anschlussnehmer kann die Absenkung der Netztemperatur weitreichende Auswirkungen haben. Dabei stehen folgende Punkte im Vordergrund:

☑ **Leistungsfähigkeit der Wärmeübergabestationen**: Es ist zu prüfen, ob die installierten Wärmeübergabestationen und Wärmetauscherflächen eine ausreichende Wärmeübertragung gewährleisten.

☑ **Heizleistung und Gebäudebeschaffenheit**: In Gebäuden mit hohem Wärmebedarf oder kleinen Heizflächen kann es vorkommen, dass eine Vorlauftemperatur von 60 oder nur 40 °C nicht ausreicht, um den Heizbedarf vollständig zu decken. In solchen Fällen müssten die Heizkörper oder Heizflächen vergrößert werden.

☑ **Hydraulische Überprüfung**: Eine Überprüfung der Heizungsanlage hinsichtlich Hydraulik, Volumenstrom und Abgleich ist in vielen Fällen notwendig, um die geringeren Vorlauftemperaturen technisch auszugleichen.

☑ **Ergänzende Heizsysteme**: Um Temperaturschwankungen oder Spitzenlasten abzufangen, kann der Einbau zusätzlicher Heizsysteme wie elektrische Heizstäbe, lokale Wärmepumpen oder Luft-Luft Wärmepumpen erforderlich werden.

☑ **Brauchwassererwärmung**: Bei Netztemperaturen unter 60 °C ist aus hygienischen Gründen eine Entkopplung der Trinkwasserbereitung notwendig, um die Bildung von Legionellen zu vermeiden. Dies erfordert zusätzliche Technik in den Gebäuden und verursacht weitere Kosten.

☑ **Kostenträger**: Es ist oft unklar, wer die Kosten für die technischen oder baulichen Anpassungen trägt. Auch ist häufig nicht klar geregelt, ob es in bestehenden Wärmelieferverträgen Ausstiegsklauseln oder Anpassungsrechte für Anschlussnehmer gibt.

Perspektive des Betreibers

Aus Betreibersicht bietet die Absenkung der Vorlauftemperaturen einige Chancen, aber auch technische und wirtschaftlichen Herausforderungen

Positiv wirken folgende Effekte:

☑ **Reduzierung der Wärmeverluste**: Durch niedrigere Temperaturen können die Verteilverluste im Netz um etwa 10 bis 50 Prozent gesenkt werden. Dies erhöht die Energieeffizienz deutlich.

☑ **Effizienzsteigerung bei Wärmepumpen**: Durch die Absenkung der Vorlauftemperatur reduziert sich der erforderliche Temperaturhub der eingesetzten Wärmepumpen. Daraus folgt ein deutlich höherer Wirkungsgrad (COP) und somit spürbare Stromeinsparungen und geringere Betriebskosten.

☑ **Schonung der Anlagentechnik**: Geringere thermische Belastungen verringern die Materialbeanspruchung von Rohrleitungen und Armaturen und verlängern somit die Lebensdauer der Infrastruktur.

Auf der Negativseite stehen folgende Punkte:

- ☑ **Anpassung der Netzberechnungen**: Bei geringeren Temperaturen muss der Volumenstrom entsprechend erhöht werden. Dabei sind Netzengstellen, Druckverluste und Pumpenleistungen zu berücksichtigen, was eine detaillierte hydraulische Neubewertung erfordert.
- ☑ **Begrenzte Erweiterungsmöglichkeiten**: Niedrigtemperaturnetze lassen sich häufig nur eingeschränkt erweitern, insbesondere wenn spätere Anschlussgebiete höhere Temperaturanforderungen stellen.
- ☑ **Förderrahmenbedingungen**: Für die reine Temperaturabsenkung bestehen bislang kaum spezifische Förderprogramme. Die Temperaturabsenkung muss sich also ohne Hilfestellung im bestehenden Betrieb rechnen.

8.1.3 Kalte Wärmenetze

Kalte Wärmenetze werden derzeit häufig als innovative und zukunftsweisende Technologie dargestellt. In der Praxis zeigt sich jedoch, dass auch bei dieser Form der Wärmebereitstellung die Rahmenbedingungen für Technik, Wirtschaftlichkeit und Akzeptanz differenziert betrachtet werden müssen – ebenso wie die unterschiedlichen Perspektiven der beteiligten Akteure, Bürger und Betreiber.

Erdgebundene kalte Wärmenetze arbeiten in der Regel mit Temperaturniveaus zwischen etwa 5 und 15 °C. Sie ähneln damit in ihrer Funktionsweise bekannten Systemen wie Erdwärmesonden oder Flachkollektoren. Die Wärme wird über ein Rohrleitungsnetz verteilt und von dezentralen Wärmepumpen in den einzelnen Gebäuden auf das benötigte Temperaturniveau angehoben. Wir haben es bei den kalten Wärmenetzen also mit einer Art Kooperativvariante der individuellen Erdwärmeversorgung zu tun. Die Wärmepumpe steht in jedem Haus, lediglich die Erdbohrung geschieht zentral und die Wärmeverteilung funktioniert über ein Netz.

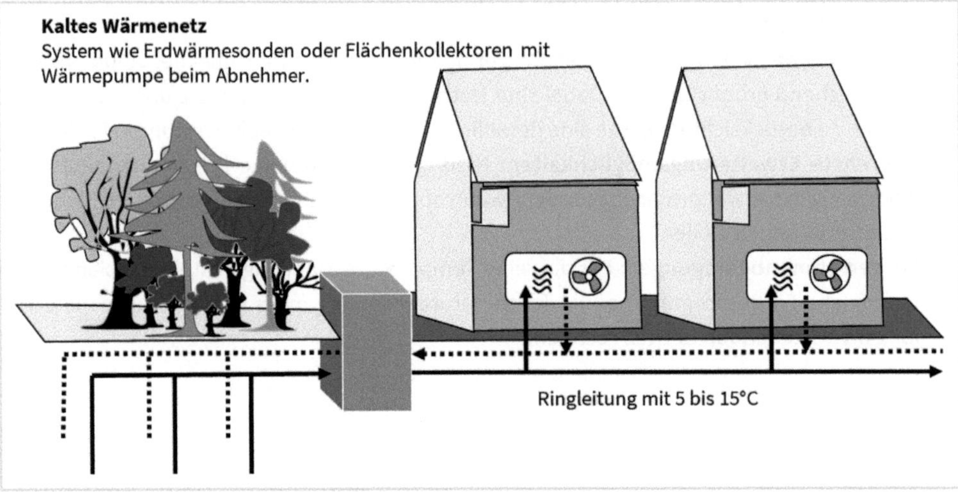

Abb. 71: Kaltes Wärmenetz – Der Netzbetreiber verteilt Wärme in Form von Erdtemperaturen zwischen 5 und 15 °C über ein Netz. Alle Gebäude verfügen über eine Wärmepumpe und heben das Temperaturniveau an. So kann Wärme ebenso erzeugt werden wie Kühlung. *(Grafik: ggb)*

Perspektive der Anschlussnehmer

Für die Anschlussnehmer ergeben sich bei kalten Wärmenetzen Chancen und damit verbundene Herausforderungen. Die positive Seite ist in der Tatsache zu finden, dass nicht nur Heizung möglich wird:

☑ **Kühlmöglichkeit**: Ein klarer Vorteil ist die Möglichkeit der passiven Kühlung über das kalte Netz, was insbesondere in Neubaugebieten oder bei sommerlichen Temperaturspitzen einen Mehrwert darstellt.

☑ **Kein Außengerät**: Die Außeneinheit entfällt. So bleibt mehr freier Raum auf dem Grundstück und historische Fassaden werden nicht verunstaltet.

Doch die Wirtschaftlichkeit hat ihre Grenzen:

☑ **Investitionskosten**: Trotz des Wegfalls von Außeneinheiten und Ventilatoren entstehen vergleichbare Investitionskosten. Man denke an den zusätzlichen Grundstücksanschluss zum Wärmenetz.

☑ **Pro Gebäude eine Wärmepumpe**: Jedes Gebäude benötigt eine Wärmepumpe, die die niedrige Netztemperatur auf Heizniveau bringt. Eine klassische Übergabestation genügt in diesem Fall nicht.

☑ **Begrenzter Effizienzgewinn**: Gegenüber modernen Luft-Wasser-Wärmepumpen ergibt sich meist kein signifikanter Effizienzvorteil (vgl. Berechnungen in Kapitel 6).

Perspektive des Betreibers

Für Betreiber bieten kalte Wärmenetze einige technische Vorteile. Das bedeutet nicht, dass keine Herausforderungen damit verbunden wären. Und tatsächlich stehen nur einem – allerdings großen – Vorteil einige Nachteile gegenüber.

☑ **Einfache und dauerhafte Erschließung**: Kalte Netze können vergleichsweise unkompliziert in den Boden eingebracht und langfristig betrieben werden. Da sie keine hohen Temperaturen transportieren müssen, sind Leitungen und Material keinem großen Verschleiß ausgesetzt.

Die Nachteile hingegen:

☑ **Hoher Volumenstrom und Energieaufwand**: Aufgrund des geringen Temperaturgefälles ist ein hoher Volumenstrom erforderlich. Das erhöht den Pumpenergiebedarf und somit die Betriebskosten.

☑ **Große Übertragungsflächen**: Um ausreichende Energiemengen zu übertragen, sind große Rohrlängen und Flächen erforderlich. Dies führt zu höheren Investitionskosten und Platzbedarf im Untergrund.

☑ **Anforderungen an Quelltemperatur**: Die Temperatur des Wärmeträgers sollte deutlich über 0 °C liegen, um einen effizienten Betrieb zu gewährleisten. Werden unterstützend Frostschutzmittel (Glykol-Wasser-Gemische) eingesetzt, sind zusätzliche Schutzmaßnahmen nach Gefährdungsklasse 1 erforderlich, da das Gemisch eine Gefahr für das Grundwasser darstellt.

☑ **Genehmigungspflicht**: Für die Betreiber besteht eine wasserrechtliche Genehmigungspflicht, wenn Grundwasser, Erdreich oder offene Gewässer als Energiequelle genutzt werden.

☑ **Spitzenlast und Dimensionierung**: Bei der Dimensionierung des Systems kann der Einsatz zusätzlicher Wärmeerzeuger (z.B. elektrische Heizstäbe oder zentrale Wärmepumpen) erforderlich sein, um Spitzenlasten abzudecken. Damit müssten die Netzbetreiber von Anfang an eine Notfallabdeckung einplanen.

☑ **Betriebsoptimierung**: Bei einer geringen Energieabnahme könnte der Betreiber das Netz zeitweise ausschalten (Nachtbetrieb). Diese intermittierende Betriebsweise kann die Betriebskosten senken, führt jedoch zu einem erhöhten Steuerungs- und Koordinierungsaufwand zwischen den einzelnen Verbrauchern.

☑ **Geringes Flexibilitätspotenzial**: Die Nutzung des kalten Wärmenetzes als »thermischer« Ringspeicher – beispielsweise durch die Speicherung von Wärme aus Solarkollektoren auf Gebäuden in diesen Ringspeicher – bietet nur begrenzte Vorteile. Das Gleiche gilt auch für die Nutzung zur netzseitigen Flexibilisierung von Erzeugung und Verbrauch. Beides ist technisch zwar möglich, aber kaum effizient.

Bislang liegen nur wenige belastbare Betriebserfahrungen beziehungsweise Effizienzvergleiche mit kalten Wärmenetzen vor. Im Altbaubereich mit hohen Energiebedarfen sind sehr große Volumenströme erforderlich, um die benötigte Heizleistung bereitzustellen. Dort werden die kalten Wärmenetze eher nicht eingesetzt, da sie die benötigte Heizleistung nicht erbringen können. In Neubaugebieten hingegen ist der Wärmebedarf so gering, dass die Vorteile eines kalten Netzes gegenüber einer individuellen Luft-Wasser-Wärmepumpe weniger stark ins Gewicht fallen.

8.1.3.1 Effizienzvorteile von Wärmenetzen unter Einspeisung industrieller Abwärme

Wärmenetze, die Abwärmequellen mit hohen Quelltemperaturen beispielsweise aus Industrie, Gewerbe oder Rechenzentren einbinden, haben echte Marktvorteile. Sie können bei hohen Vorlauftemperaturen eine bessere Effizienz erreichen. Damit stellen sie eine attraktive Alternative zu rein wärmepumpenbasierten Systemen dar.

Ob der erforderliche Temperaturhub zentral in der Energiezentrale oder dezentral beim jeweiligen Anschlussnehmer erfolgt, hängt maßgeblich von den Temperaturanforderungen der Gebäude, der Abnahmemenge und der Quelltemperatur aus der Abwärme ab. Entscheidend für die Effizienz ist, dass die Abwärmequelle dauerhaft verfügbar ist und – besonders in der Winterzeit – ein ausreichend hohes Temperaturniveau garantiert. Der Zugriff auf industrielle Abwärme birgt noch ein weiteres Risiko. Der Netzbetreiber benötigt eine Notfalloption für den Fall, dass die Produktion stillsteht oder aufgrund von Wartungsarbeiten unterbrochen wird. Hier müssen Redundanzen eingeplant und Ausfallszenarien aufgebaut werden.

8.1.4 Preise für die Versorgung in deutschen Wärmenetzen

Laut einer Auswertung des Bundesverbandes der Verbraucherzentralen (vzbv) liegt der mittlere Fernwärmepreis in deutschen Wärmenetzen bei etwa 17 Cent pro kWh (Verbraucherzentrale Bundesverband, 2025). Die Kosten setzen sich in der Regel aus drei Kostenanteilen zusammen:
- einem Grundpreis – Kosten pro Kilowatt Anschlussleistung,
- einem Arbeitspreis – Euro pro Kilowattstunde sowie
- einem zusätzlichen »Messpreis«.

Als Preistreiber beim Wärmepreis fallen die Infrastrukturkosten der Netze auf. Diese Kosten verursacht der Bau des Wärmenetzes—unabhängig davon, wie viel Wärme letztlich abgenommen wird. Anhand eines vereinfachten Rechenbeispiels lässt sich zeigen, wie hoch der Anteil der Leitungskosten je verkaufter Kilowattstunde anzusetzen ist.

Beispiel 1: Berechnung mit höherer Wärmebelegungsdichte
- Spezifische Wärmebelegungsdichte pro Jahr: 2.500 kWh/m (bei 100 Prozent Anschlussquote),
- 50 Prozent Grundstücksanschlüsse, 50 Prozent Haupttrasse,
- Anschlussquote: zwei Drittel,
- folglich: reale Wärmebelegungsdichte pro Jahr: 2.000 kWh/m (bei 2/3 Anschlussquote),
- Netzbaukosten: ca. 1.500 Euro/m,
- Abschreibungszeit: 20 Jahre.

Aus diesen Annahmen ergibt sich folgende Rechnung:

1.500 ÷ 20 ÷ 2.000 × 100 = *3,75 ct/kWh*
Dies ist der Anteil der Netzbaukosten pro verkaufter kWh.

Beispiel 2: Berechnung mit geringerer Wärmeabnahme

- spezifische Wärmebelegungsdichte: 1.500 kWh/m (bei 100 Prozent Anschlussquote),
- Folglich: reale Wärmebelegungsdichte: 1.200 kWh/m (bei 2/3 Anschlussquote).

1.500 €/m ÷ 20 Jahre ÷ 1.200 kWh/m × 100 = *6,25 ct/kWh*
Dies ist der Anteil der Netzbaukosten pro verkaufter kWh, wenn die Abnahme der Wärme sinkt.

Diese Beispielrechnung bildet ausschließlich die Umlage der Netzinvestitionskosten ab. Für eine vollständige Betrachtung müssen zusätzlich folgende Faktoren berücksichtigt werden:

- Kosten der Energieerzeugung (thermische Erzeuger, Wärmepumpe oder Abwärmenutzung),
- Investitionen in Energiezentrale und weitere technische Infrastruktur,
- Betriebskosten, Wartung und Instandhaltung,
- Finanzierungs- und Vorlaufkosten,
- Energie- und Pumpverluste.

Erst die Summe dieser Komponenten ergibt den finalen Preis pro Kilowattstunde Wärme, den die Abnehmer bezahlen müssen.

Die Wärmebereitstellung für das Heizen bewohnter Gebäude nimmt bedingt durch den klimabedingten Temperaturanstieg pro Jahr um rund 1 Prozent ab (vgl. Kapitel 6.1). Die verkaufte Menge an Wärme wird ebenso abnehmen und die Fixkosten für Wärmenetze müssen auf zunehmend geringere Verkaufsmengen umgelegt werden. Noch eine Überlegung spielt für den Preisanstieg eine Rolle: Mit der Zunahme energetischer Sanierungen – durchschnittlich liegt Deutschland bei einer Sanierungsquote von 1 Prozent jährlich – und aufgrund der veränderten Haltung der Bevölkerung zum Energiesparen wird sich die benötigte Wärmeenergiemenge weiter reduzieren.

Auch dazu eine Beispielspielrechnung: Gehen wir von jährlich etwa 1,5 Prozent Rückgang der verkauften Energiemenge aus – und diese Schätzung ist nicht hoch gegriffen –, müssen im Laufe der Jahre folgende Kosten pro Energieeinheit erhoben werden:

Analog zu Beispiel 1
Im 1. Jahr = 3,75 ct/kWh
Im 10. Jahr = 4,17 ct/kWh
Im 20. Jahr = 5,00 ct/kWh

Analog zu Beispiel 2
Im 1. Jahr = 6,25 ct/kWh
Im 10. Jahr = 7,16 ct/kWh
Im 20. Jahr = 8,33 ct/kWh

Betrachtet man die Kosten, fällt auf, dass allein für die Verteilung der thermischen Energie pro Kilowattstunde 4 bis 8 Cent anfallen. Die Energiebeschaffung liegt bei 5 bis 10 Cent pro Kilowattstunde. Dazu muss man die Verluste von etwa 20 Prozent der zu verteilenden Energie rechnen. Investitionen und Betriebskosten schlagen nochmals mit 2 bis 4 Cent pro Kilowattstunde zu Buche, ebenso Abgaben und Steuern. Im Endeffekt wird der Kunde deutlich über 15 Cent pro Kilowattstunde Wärme zahlen müssen.

Exkurs

Energieverteilung

Über hohe Kosten beschwerte sich im Dezember 2025 ein Bürger aus Aschheim, der für seine Wärme aus dem Wärmenetz seines Anbieters (gespeist zur Hälfte aus Tiefengeothermie und zum anderen Teil über die Nutzung fossiler Energieträger) 16,21 Cent pro Kilowattstunde zahlen muss (Süddeutsche Zeitung, 2025).

Jenseits des ortsgebundenen Beispiels liegt die Verteilung der thermischen Energie (4 bis 8 ct/kWh) im Vergleich zu den Verteilungskosten von Stromnetzen sehr hoch (siehe Kapitel 6.1.3). Das liegt an folgenden Randbedingungen:

- Die Investitionskosten für Stromnetze sind etwa fünfmal geringer als die der Wärmenetze.
- Mit einer Kilowattstunde Strom können vier Kilowattstunden Wärme hergestellt werden. Die stromgebundene Wärmeerzeugung ist also viermal günstiger.
- Stromkabel leiten um ein Vielfaches mehr Energie als Wärmenetze.
- Stromnetze werden ohnehin zum Betrieb von PV Anlagen, E-Mobilität und Verbrauchsstrom benötigt.

Förderungen

Wärmenetze werden in Deutschland im Rahmen der Bundesförderung für effiziente Wärmenetze (BEW) finanziell unterstützt. Für neu errichtete Wärmenetze können bis zu 40 Prozent der förderfähigen Investitionskosten übernommen werden. Zusätzlich besteht die Möglichkeit, für bestimmte erneuerbare Wärmeerzeuger eine laufende Betriebskostenförderung über zehn Jahre zu erhalten, beispielsweise:

- für Solarthermieanlagen: 1 Cent pro Kilowattstunde,
- für Wärmepumpen bis zu 3 Cent pro Kilowattstunde (Betrieb mit Eigenstrom),
- für Wärmepumpen bis zu 9,2 Cent pro Kilowattstunde (Bezug von Netzstrom).

Diese Förderkulisse verbessert die Wirtschaftlichkeit von Wärmenetzen vor allem in der Aufbau- und frühen Betriebsphase. Doch diese Förderung hat einen Haken: Betreiber wie Planer sollten nicht vergessen, dass finanzielle Förderungen oder steuerliche Begünstigungen zeitlich begrenzt wirken. Technische Effizienz und strukturelle Kosten eines Wärmenetzes bleiben dagegen langfristig unverändert bestehen. Damit besteht das Risiko eines Lock-in-Effekts: Ein Wärmenetz wird aufgrund kurzfristiger finanzieller Förderung errichtet oder betrieben, bleibt jedoch langfristig kostenintensiv und möglicherweise nicht wettbewerbsfähig gegenüber alternativen Wärmeversorgungstechnologien.

8.1.5 Fazit

Wärmenetze lassen sich aufgrund ihrer hohen Netzinfrastrukturkosten nur dann wirtschaftlich betreiben, wenn sie Zugang zu kostengünstigen Energiequellen haben. Der Zugriff auf ein möglichst hohes Temperaturniveau (ab ca. 40 °C) muss gegeben sein – etwa Industrieabwärme oder Abwärme aus Rechenzentren. Zusätzlich sollte diese Abwärme möglichst kostenlos zur Verfügung stehen. Alternativ kann ein wirtschaftlicher Betrieb auch dann möglich sein, wenn sehr günstiger Strom genutzt werden kann, beispielsweise aus direkt angebundenen erneuerbaren Energieanlagen mit reduzierten oder vollständig entfallenden Netzentgelten. Fehlen solche günstigen Energiequellen, steigt der Wärmepreis erfahrungsgemäß deutlich an.

9 Wärmepumpen – vielfältige Anwendungsmöglichkeiten

Warum muss der Einsatz von Wärmepumpen genauer untersucht werden? Ein modernes Heizsystem muss heutigen Anforderungen in mehrfacher Hinsicht gerecht werden. Im Mittelpunkt stehen vier Hauptkategorien: Wirtschaftlichkeit, Technik, Recht und Ökologie sowie Nutzerkomfort. Ein effizientes Heizsystem zeichnet sich durch geringe Investitions- und Betriebskosten, stabile Energiekosten und eine zuverlässige Versorgung aus. Es arbeitet technisch präzise, effizient und lässt sich flexibel in dezentrale Energiesysteme einbinden. Gleichzeitig erfüllt es gesetzliche Vorgaben, trägt zur Reduktion von Treibhausgasen bei und schont Ressourcen. Für die Nutzer stehen Sicherheit, einfache Bedienbarkeit, Behaglichkeit und Komfort im Vordergrund.

Insgesamt sollte eine moderne Heizung an den nachfolgenden Kriterien gemessen werden.

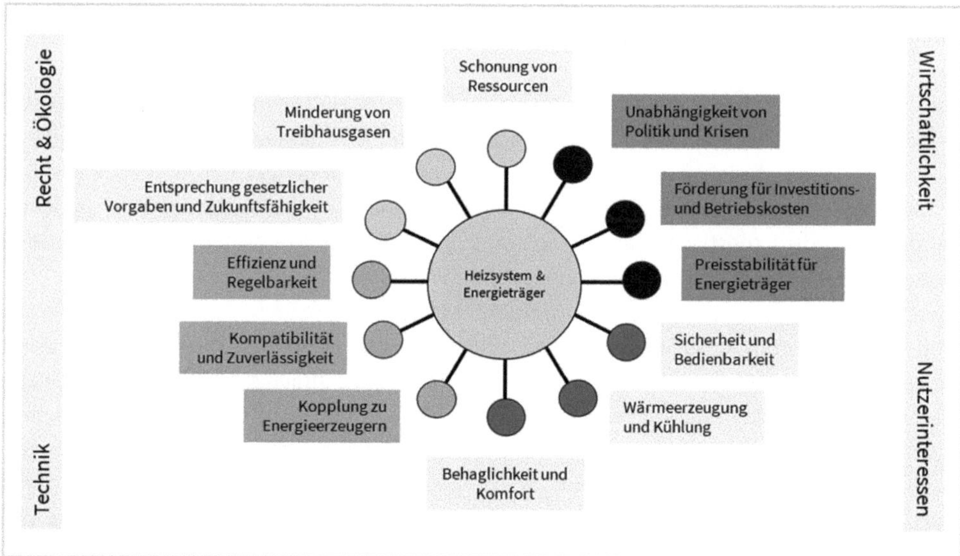

Abb. 72: Kriterien für ein modernes Heizsystem – Klimaschonend und wirtschaftlich zu heizen ist zur großen Herausforderung für die Gesellschaft geworden. Es ist nicht leicht, verantwortungsvollen Ressourceneinsatz, technische Möglichkeiten und Anforderungen der Nutzer unter einen Hut zu bringen. *(Grafik: ggb)*

9.1 Einsparungen mittels Luft-Wasser-Wärmepumpen

Es gibt eine Menge Literatur sowie gute und verlässliche Informationen zu Wärmepumpen. Daher werden im folgenden Kapitel nicht alle Details dargestellt, sondern die wichtigsten Faktoren und aktuellen Entwicklungen zusammengefasst. So wird der Technologietrend sichtbar.

Der Fokus liegt auf Luft-Wasser-Wärmepumpen, da sie aktuell die marktbestimmende Lösung im Bereich erneuerbarer Heiztechnologien darstellen.

Luft-Wasser-Wärmepumpen nutzen die Umgebungsluft als Wärmequelle und erschließen damit eine Energiequelle, die überall verfügbar ist und ohne Erschließungskosten auskommt (vgl. Kapitel 7.1.1). Durch die technische Weiterentwicklung erreichen moderne Luft-Wasser-Systeme heute Jahresarbeitszahlen (JAZ), die mit denen erdgekoppelter Systeme durchaus vergleichbar sind. Zudem sind sie in nahezu allen Leistungsklassen verfügbar. Ihr Einsatz ist im Neubau ebenso sinnvoll und möglich wie in Mehrfamilienhäusern oder mehrstöckigen Bestandsgebäuden.

Beobachtet man den Markt, bestätigt sich diese Entwicklung. Während bis zum Jahr 2010 noch die erdgekoppelte Sole-Wasser-Wärmepumpe dominierte, veränderte sich das Verhältnis ab dem Jahr 2017 grundlegend. Seither liegt der Anteil der Luft-Wasser-Wärmepumpen bei über 80 Prozent, in jüngster Zeit sogar bei über 90 Prozent (Bundesverband Wärmepumpen, 2026). Dies kann man zurecht als flächendeckenden Sieg interpretieren – technisch und wirtschaftlich.

Parallel hat sich auch das Installations-Know-how der Hersteller sowie Monteure stark weiterentwickelt. Wärmepumpenhersteller bieten zunehmend kompakte, vormontierte Komplettsysteme an. Dadurch sinken Installationsaufwand und Fehleranfälligkeit in der Startphase. Der Prozess der Inbetriebnahme- und Optimierung ist vor allem im ersten Betriebsjahr entscheidend. Hier ist die Expertise besonders relevant. Ist die Startphase geglückt, laufen moderne Anlagen in der Regel zuverlässig und ohne großen Wartungsaufwand.

Moderne Wärmepumpen erreichen heute durchschnittliche JAZ-Werte von etwa 4. Somit sind sie sowohl im Neubau als auch im sanierten Bestand wirtschaftlich attraktiv. Darüber hinaus bieten viele Systeme inzwischen eine zusätzliche Kühlfunktion, was dem steigenden sommerlichen Kühlbedarf entspricht.

Durch die Kombination von Wärmepumpe mit Photovoltaik entstehen besonders geringe und stabile Energiekosten. In der Regel können 20 bis 40 Prozent des Strombedarfs der Wärmepumpe durch selbst erzeugten PV-Strom gedeckt werden. Dort liegen die Kosten bei rund zehn Cent pro Kilowattstunde (10 ct/kWh). Die darüber hinaus benötigte Energie kann in Deutschland über Wärmepumpentarife zu durchschnittlich rund 28 ct/kWh bezogen werden. Damit bleibt das Gesamtkostenniveau niedrig sowie langfristig planbar.

Im Folgenden: Vergleich der Energieträger nach heutigen Durchschnittspreisen an einem Gebäude mit einem Energiebedarf von 30.000 kWh pro Jahr. Eingerechnet sind die entsprechenden Verluste der Heizsysteme. Damit zeigt sich überdeutlich, dass die strombetriebene Wärmepumpe auch ohne Zuhilfenahme einer eigenen PV-Anlage die günstigste Energieform ist.

Energieträger	Energie: kWh	Faktor	Bedarf kWh	Preis: ct/kWh	Jährl. Kosten
Heizöl	30.000	0,90	33.300	10,00	***3.330 €***
Gas	30.000	0,90	33.300	12,10	***4.030 €***
Fernwärme	30.000	0,95	31.500	17,00	***5.350 €***
Holz	30.000	0,80	37.500	6,00	***2.250 €***
Pellets	30.000	0,90	33.300	7,00	***2.330 €***
Wärmepumpe netzbetrieben	30.000	4,00	7.500	28,00	***2.100 €***
Wärmepumpe Netz + PV	30.000	4,00	7.500	22,60	***1.700 €***

Selbst wenn man die Investitionskosten berücksichtigt, zeigt sich der wirtschaftliche Vorteil (Praxisbeispiele siehe Kapitel 10): Die Wärmegestehungskosten einer Wärmepumpe liegen in der Regel deutlich unter zehn Cent pro Kilowattstunde thermisch. Bei einer JAZ von 4 kommen netzbetriebene Wärmepumpen auf Kosten von 28 Cent pro Kilowattstunde elektrisch, auf 7 Cent pro Kilowattstunde thermisch. Wärmepumpen, die einen Anteil Eigenstrom mittels PV-Anlage nutzen können, liegen sogar darunter: bei 22,6 Cent pro Kilowattstunde elektrisch und 5,6 Cent pro Kilowattstunde thermisch. Beide Wärmepumpenvarianten generieren damit Kosten, die weit unter denen vergleichbarer fossiler Wärmeerzeugersysteme liegen. Im Hinblick auf steigende CO_2-Kosten und volatile Gaspreise wird sich dieser Vorteil ausbauen lassen.

Überholte Argumente

In der öffentlichen Diskussion kursieren weiterhin Aussagen über Wärmepumpen, die aus früheren technischen Entwicklungsphasen stammen. Sie treffen aber heute nicht mehr zu. Dass sie dennoch immer wieder aufflackern, mag daran liegen, dass Informationen im Internet eine Art ewiges Leben haben. Nur wenige Internetnutzer überprüfen das Datum, das mit einer Information verbunden ist. So geschieht es regelmäßig, dass überholte Argumente in Diskussionen einfließen, was zu Verunsicherung oder Fehlentscheidungen bei denjenigen führt, die sich mit der Materie ernsthaft auseinandersetzen wollen. Das ist ärgerlich, weil dadurch der große Schwung der Energiewende allein aufgrund von Fehlinformationen gebremst wird.

Der aktuelle Stand (2025/2026):

- ☑ Wärmepumpen sind im Altbau und in unsanierten Bestandsgebäuden gleichermaßen sinnvoll einsetzbar.
- ☑ Wärmepumpen können auch in ungedämmten Häusern wirtschaftlich betrieben werden.
- ☑ Der Umbau klassischer Heizkörper auf Fußbodenheizung, wie in der Diskussion häufig als Voraussetzung angeführt, ist für den Betrieb einer Wärmepumpe nicht notwendig.
- ☑ Luft-Wasser-Wärmepumpen können in der Praxis mindestens genauso effizient arbeiten wie geothermische Systeme. Die entsprechenden Berechnungen für Freiburg (Breisgau) und Köln – beides relativ warme Gebiete – zeigen bereits heute einen Effizienzvorteil gegenüber dem relativ kalten Standort Bad Kissingen (vgl. Kapitel 7).

- ☑ Es gibt inzwischen sehr leise Luft-Wasser-Wärmepumpen. Zudem können sie so installiert werden, dass keine störende Geräuschentwicklung entsteht (siehe Kapitel 9.1.2).
- ☑ Es steht zum aktuellen Zeitpunkt ausreichend elektrische Energie zur Verfügung, um Gebäude während der Heizperiode zuverlässig mit Wärmepumpen zu beheizen. Mit Blick auf den Ausbau erneuerbarer Energien – besonders Windkraft – wird die Versorgungssicherheit weiterhin gewährleistet sein.

9.1.1 Optimierung von Wärmepumpenanlagen

Wärmepumpen funktionieren standardmäßig zuverlässig und effizient. Darüber hinaus gibt es einen Aspekt, der ihre Überlegenheit gegenüber konventionellen Heizsystemen unterstreicht: der sogenannte optimale Betriebspunkt, der die Effizienz noch einmal steigert – und damit die Betriebskosten senkt, ohne den Wohnkomfort oder die Behaglichkeit zu beeinträchtigen. Dieser Betriebspunkt bildet das Zusammenspiel von Wärmepumpe und Nutzerkomfort ab. Ist er während der Betriebsphase optimal eingestellt, läuft die Anlage mit maximaler Effizienz in Bezug auf Energieverbrauch sowie Nutzerkomfort. Daher muss bereits in der Startphase der Inbetriebnahme der Fokus darauf liegen, diesen optimalen Betriebspunkt zu finden.

Folgende Aspekte spielen eine Rolle für die Effizienz:

Auswahl der richtigen Pumpe

- ☑ Wärmepumpenmodell sorgfältig auswählen – SCOP-Werte beachten. Dort gibt es große Unterschiede.
- ☑ Wärmepumpen mit hoher Modulationsfähigkeit und Invertertechnologie wählen.
- ☑ Moderne Luft-Wasser-Wärmepumpen sind wesentlich leiser als alte Modelle. Deshalb ist es sinnvoll, in Wohn- und Verwaltungsgebäuden drehzahlgeregelte Luftwärmepumpen mit Nachtmodus zu bevorzugen.

Sorgsame Einstellung und Betrieb

- ☑ Temperaturhub reduzieren. Besonders effektiv ist es, die Vorlauftemperatur abzusenken. Reduziert man die Vorlauftemperatur um 10 °C, so steigt die JAZ um etwa 40 Prozent. Ziel sollte es sein, Wärmepumpen durchlaufend mit niedrigen Vorlauftemperaturen zu betreiben. Wärmepumpen sind Dauerläufer.
- ☑ Hohen Volumenstrom im Heizsystem ermöglichen: Das ist möglich, wenn Zirkulationspumpen hoch eingestellt sind. Eventuell muss man sie gegen leistungsstärkere Pumpen ersetzen.
- ☑ An/Aus-Zyklen minimieren: Auch hier gilt: Wärmepumpen sind Dauerläufer.
- ☑ Genügend Wärme im System vorhalten, um Abtauprozesse des Verdampfers der Wärmepumpe effizient zu ermöglichen. Moderne Wärmepumpen berücksichtigen das.
- ☑ Ausreichende Wassermenge oder Speichermasse im System behalten, um den permanenten Betrieb der Wärmepumpe zu ermöglichen: Dadurch können die Vorteile dynamischer

Stromtarife oder Sperrzeiten genutzt werden, ohne dass die Wärmepumpe leidet. Außerdem dient diese Vorratshaltung dem Nutzerkomfort, da die Wärmeabgabe gleichmäßig erfolgt.

- ☑ Hydraulischen Abgleich durchführen.
- ☑ Die Differenz zwischen Vorlauf- und Rücklauftemperatur möglichst kleinhalten.
- ☑ Heizkennlinie/Steigung möglichst flach einstellen.
- ☑ Den Einsatz eines Heizstabs weitgehend vermeiden. Er sollte nur als Back-up betrieben werden.
- ☑ Auf modernes Kältemittel mit einem niedrigen GWP (Global Warming Potential, Treibhauspotenzial) achten. Geeignet wäre beispielsweise Propan (R290) mit GWP 3.

Energetische Anpassungen im Haus durchführen

- ☑ Der Raum, der am ungünstigsten zu beheizen ist oder besondere Temperaturen erfordert (beispielsweise Räume, in denen Schreibtischarbeit geleistet wird), ist ausschlaggebend für die Einstellung der Vorlauftemperatur. Dort sollten gezielte Veränderungen vorgenommen werden, um die Vorlauftemperatur auf einem wirtschaftlich sinnvollen Level zu halten. Hier sollten Heizkörper mit besserer Effizienz oder größere Heizkörper eingesetzt werden. Es ist auch möglich, Heizkörper mit Ventilatoren nachzurüsten oder mittels wassergeführter Wand- oder Deckenheizungen die Behaglichkeit im Raum zu steigern.

Allgemeinde Effizienzmaßnahmen – unabhängig vom Heizsystem

- ☑ Die Wasserzirkulation bei Trinkwasserleitungen reduzieren, gerade in ungedämmten Gebäuden.
- ☑ Möglichst große Heizflächen planen, denn dies unterstützt die Reduktion der Vorlauftemperatur.
- ☑ Dämmungen entlang der Heizungsrohre einsetzen, um Wärmeverluste zu minimieren. Das ist besonders wichtig, wenn Heizrohre im Dachgeschoss oder Keller verlaufen.
- ☑ Heizkörper im Raum frei zugänglich machen, um die Wärmezirkulation zu erleichtern.
- ☑ Lokale Dämmmaßnahmen vornehmen (vgl. Kapitel 6.3).

9.1.2 Die beste Platzierung für Wärmepumpenanlagen

Die Vielfalt an Integrationsmöglichkeiten und Aufstellorten für Luft-Wasser-Wärmepumpen hat sich in den letzten 10 Jahren enorm entwickelt. Frühere Argumente wie »Wärmepumpen beeinträchtigen die Optik und sind laut« oder »In dicht besiedelten Gebieten oder denkmalgeschützten Altstadtbereichen sind Wärmepumpen nicht installierbar« sind heute überholt. Das hat die Praxis inzwischen gezeigt.

Auch bei Mehrfamilienhäusern mit vorhandenem Zentralheizungssystem, bei denen eine zentrale Luft-Wasser-Wärmepumpe nachgerüstet werden soll, gibt es inzwischen viele Aufstelloptionen.

1. Die klassische Variante ist das Monoblock-Gerät – also eine Wärmepumpe mit Ventilator, Verdampfer, Kompressor und Verflüssiger, das im Außenbereich nahe an der Hauswand platziert wird. Bis vor Kurzem gab es deutschlandweit Mindestabstandsregeln zwischen Wärmepumpe und Nachbargrundstück. Heute sind diese Regeln in vielen Bundesländern aufgehoben oder gelockert.
   Folgende Vorgaben oder Regeln für Aufstellorte gibt es derzeit:
   - Technisch: Für einen optimalen Luftstrom sind die Mindestabstände an Ansaugseite und Ausblasseite zu beachten.
   - Die ehemalige 3-Meter-Regel ist veraltet. Nur noch wenige Bundesländer pochen auf sie. Viele haben die Regeln für Wärmepumpen gelockert.
   - Der Lärmschutz bleibt bestehen: Der Schallpegel am Fenster des Nachbarn darf nachts 35 Dezibel nicht überschreiten. Die jeweiligen Landesbauordnungen sind zu beachten.
   - Eine Baugenehmigung ist nur in Ausnahmefällen nötig. Luft-Wasser-Wärmepumpen für Einfamilienhäuser sind in der Regel genehmigungsfrei.

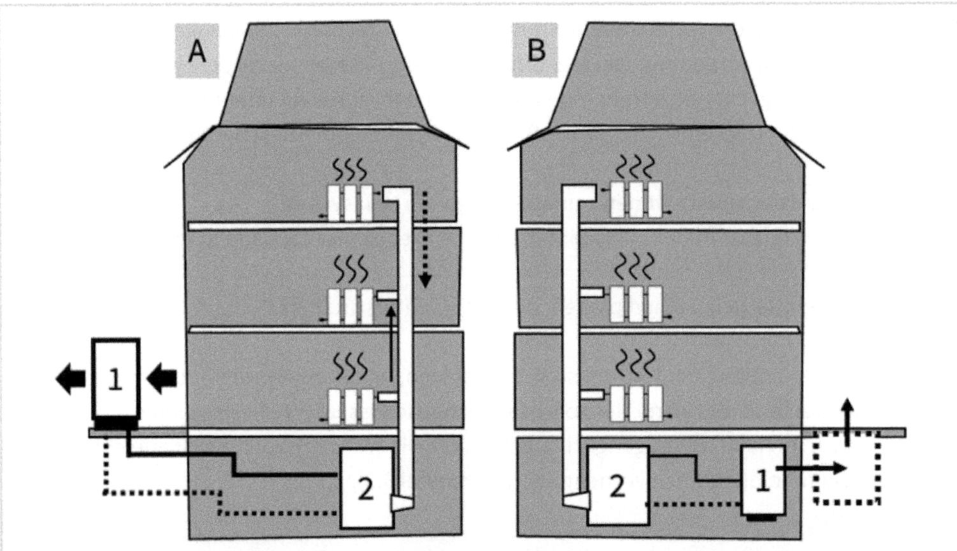

Abb. 73: Platzierung von Wärmepumpen – In Mehrfamilienhäusern sind die technischen Möglichkeiten vielfältig, hier beispielhaft im Außenbereich (A) und Kellergeschoss (B). Die Wärmepumpen sind mit 1 gekennzeichnet, 2 stellt die Speichereinheit dar. *(Grafik: ggb)*

2. Was den Schallschutz angeht, sind Monoblock-Geräte hinter einem Lufteinlass im Keller gut aufgehoben.
3. Ebenso besteht die Möglichkeit, die Anlage auf dem Speicher oder in einem Technikraum im obersten Geschoss zu platzieren. In beiden Fällen wird die Luft ins Gebäude geleitet, wodurch kaum Schall nach außen dringt. Auch optische Beeinträchtigungen im Außenbereich entfallen. Allerdings ist in beiden Fällen darauf zu achten, eine Schalldämmung zum Hausinneren herzustellen. Gerade die Wohnungen unterhalb eines für Wärmepumpe genutzten

Speichers sollten geschützt werden, denn in Altbauten mit Fehlböden ist mit Schallbrücken zu rechnen.

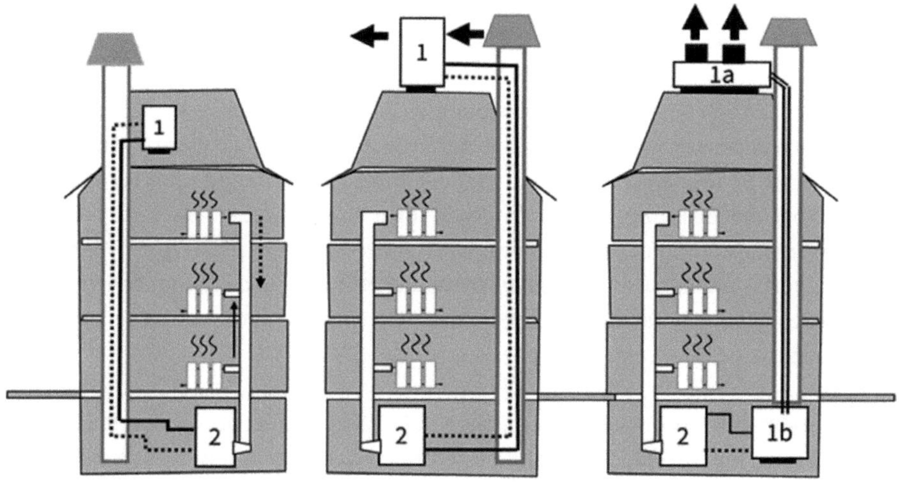

Abb. 74: Platzierung von Wärmepumpen – Drei Beispiele für eine Installation zwischen Dach und Keller. Die Nutzung des Kamins spielt eine entscheidende Rolle. *(Grafik: ggb)*

4. Wärmepumpen können auch auf das Dach gestellt werden. Hierbei sind Geräuschkulisse und Schallschutzmaßnahmen zu berücksichtigen. Einige Hersteller bieten kompakte Aufsatzanlagen an, die optisch kaum von Schornsteinen oder anderen Dachelementen zu unterscheiden sind. Bei einer Platzierung auf Dach oder Dachboden ist – besonders in historischen Gebäuden – die Statik und Belastbarkeit der Aufstellungsorte zu berücksichtigen.
5. Zusätzlich können Splitgeräte eingesetzt werden. Bei diesen befinden sich Ventilator und Kompressor außerhalb des Hauses (1a), während der Verdampfer (1b) im Haus installiert wird. Die beiden Einheiten sind durch Kältemittelleitungen verbunden. So lässt sich beispielsweise die Inneneinheit im Keller unterbringen, während die Außeneinheit flexibel auf dem Dach, der Fassade oder an einem anderen geeigneten Ort platziert wird.

9.2 Luft-Luft-Wärmepumpen – die Alleskönner

Zu den verschiedenen Varianten der Wärmepumpen geben Kapitel 7.1 und 7.2 ausgiebig Auskunft. Dort finden sich auch die Berechnungen, deren Effekte in diesem Kapitel erklärt werden.

Review

Luft-Luft-Wärmepumpen – moderne Klimageräte mit Heizfunktion – entziehen der Außenluft Wärme und geben diese direkt an die Raumluft ab. Ein wassergeführter Heizkreislauf ist daher nicht erforderlich. Die Wärmeübertragung kann in einem kompakten Monoblockgerät oder über eine Splitanlage erfolgen, bei der ein Außengerät das Kältemittel über Leitungen an ein Innengerät transportiert. Über Luftkanäle kann die warme Luft auch in mehrere Räume verteilt werden. Zusätzlich können diese Systeme leicht auf Kühlbetrieb umgestellt werden.

In Deutschland spielen Luft-Luft-Wärmepumpen bislang eine geringe Rolle und liegen bei deutlich unter 3 Prozent Marktanteil. In Nordeuropa ist das Bild jedoch ganz anders: In Norwegen, Schweden und Finnland liegt der Anteil von Wärmepumpen im Gebäudebestand bei über 50 Prozent. In Finnland sind sogar über 80 Prozent der installierten Wärmepumpen Luft-Luft-Systeme (European Heat Pump Association, 2023). Die Gebäudestruktur dort ist den deutschen Gebäuden durchaus ähnlich und erlaubt, den Vergleich anzustellen. Wassergeführte Heizsysteme haben in Finnland einen deutlich niedrigeren Marktanteil.

Moderne Luft-Luft Wärmepumpen erreichen SCOP-Werte von etwa 3,5 bis 4,5. Sie sind also selbst bei niedrigen Außentemperaturen kaum weniger effizient als Luft-Wasser-Wärmepumpen. Bei der Bemessung und Auslegung von Luft-Luft-Wärmepumpen ist zu beachten, dass der COP bei niedrigen Temperaturen zwar hoch ist, jedoch die Heizleistung fällt. Dies gilt es bei der Auslegung auf die maximale Heizlast, also den »kältesten Bemessungstag«, zu berücksichtigen. Für eine komfortable Raumwärme könnte es also sinnvoll sein, zusätzlich eine Wärmepumpe zu installieren.

Ein großer Vorteil von Luft-Luft-Wärmepumpen sind die vergleichsweise niedrigen Investitionskosten. Solche Pumpen sind bereits zwischen 2.000 und 3.000 Euro zu haben. Zudem zeichnen sie sich durch einen geringen Installationsaufwand aus. Es sind keine Eingriffe in bestehende Heizsysteme notwendig. Die Geräte arbeiten schnell und bedarfsorientiert. Einzelne Räume können unabhängig voneinander beheizt werden, was den Energieverbrauch senkt, ohne dass Einschränkungen in der Behaglichkeit entstehen. So ist es jedem Nutzer selbst überlassen, ob er alle Räume eines Gebäudes gleich temperiert heizen möchte oder nur die Räume, in denen sich Menschen aufhalten. Die Systeme sind skalier- und nachrüstbar und bieten zwei Funktionen in einem: Heizen und Kühlen.

Im Vergleich zu konventionellen wassergeführten Heizsystemen ist der betriebliche Aufwand deutlich geringer. Steuerung, Überwachung und Wartung sind minimal aufwendig. Zudem entfallen viele Komponenten wie Heizkörper, Rohrleitungen, Regelventile und Pumpen. Auch der hydraulische Abgleich entfällt.

Häufig wird Luft-Luft-Wärmepumpen nachgesagt, sie würden weniger Behaglichkeit und Wohnkomfort bieten. Das kann man in dieser Pauschalität jedoch nicht sagen. Raumkomfort hängt vor allem von drei Faktoren ab: Lufttemperatur, Temperatur der umgebenden Flächen und Luftbewegung (vgl. Kap. 6.3). Diese Kriterien lassen sich auch mit Luft-Luft-Systemen gut erfüllen, da ein Großteil der Wärme unabhängig vom Dämmstandard ohnehin über Luft in den Raum übertragen wird. Somit unterscheidet sich die Wirkweise nicht von der eines Heizkörpers.

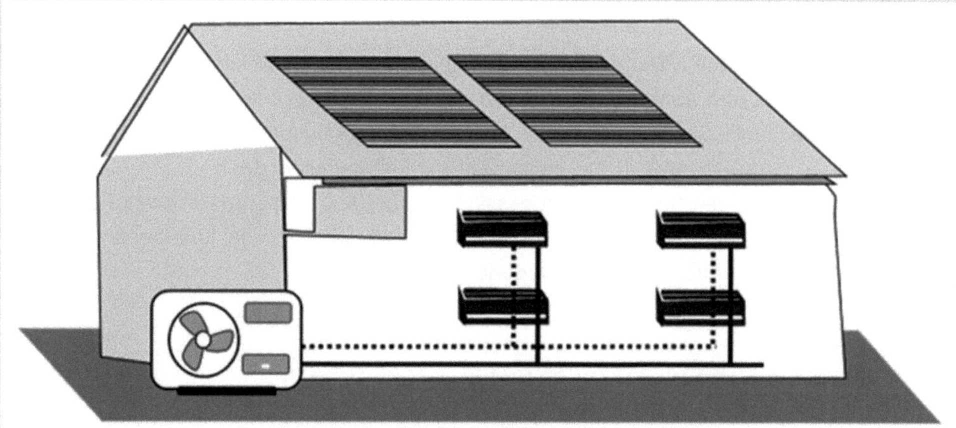

Abb. 75: Platzierung von Luft-Luft-Wärmepumpen – z. B. Multisplitanlagen können bis zu 5 Innengeräte mit Wärme oder Kälte versorgen. *(Grafik: ggb)*

Moderne Luft-Luft-Systeme bieten in puncto Behaglichkeit und Nutzerfreundlichkeit sogar mehr Komfort als klassische Heizsysteme. Dank intelligenter Sensorik erfassen sie die Temperaturverteilung im Raum sowie die Anzahl und Position der anwesenden Personen. Darauf basierend passen sie Richtung und Stärke des Luftstroms automatisch an – je nach Wunsch mit direkter, schneller Wärmeabgabe oder zugluftfreier, sanfter Temperierung. Zusätzlich verhindern Präsenzfunktionen unnötige Energieverbräuche, indem ungenutzte Bereiche weniger beheizt oder gekühlt werden.

9.2.1 Wohnungslüftung mit Wärmerückgewinnung

Lüftungssysteme im Neubau und vor allem im Bestand sind aus energetischen und hygienischen Gründen sinnvoll und können auch Teil einer Luft-Luft-Wärmepumpe sein (vgl. Kap. 7.1.1).

Werden Räume individuell durch Öffnen von Fenstern belüftet, entstehen in aller Regel Wärmeverluste von etwa 25 bis 50 Prozent des gesamten Heizwärmebedarfs. Die Zahl schwankt abhängig vom Gebäudedämmstandard. Ventilatorgestützte Lüftungssysteme, verbunden mit Wärmerückgewinnung, leisten hervorragende Arbeit, da sie solche Wärmeverluste deutlich reduzieren. Unter typischen Bedingungen der Heizperiode und mit marktüblicher Technik arbeiten moderne Anlagen besonders effizient, insbesondere bei niedrigen Außentemperaturen. Das heißt, dass bei einer Außentemperatur von –10 bis +10 °C etwa 85 Prozent Wärmerückgewinnung gelingt. Dazu ist eine übliche Ventilatorleistung circa 0,25 Watt pro Kubikmeter und

Stunde (W/[m^3/h]). So entstehen äquivalente Leistungszahlen von etwa 11 bis 25. Unter Einsatz einer einzigen Kilowattstunde elektrischer Energie können also 11 bis 25 Kilowattstunden thermische Energie eingespart werden.

Je nach Gebäudedichtheit werden über die Lüftung und die Wärmerückgewinnung 20 bis 25 Kilowattstunden pro Quadratmeter und Jahr (kWh/m^2/a) eingespart beziehungsweise zurückgewonnen. Dies bedeutet je nach Art des Gebäudes eine Energieeinsparung von 15 bis 20 Prozent. Das macht sich besonders bemerkbar, wenn dadurch Spitzenlasten der Heizsysteme reduziert werden. Zusätzlich sorgen Wohnungslüftungssysteme für dauerhaft gute Luftqualität, Feuchteschutz, gleichmäßige Wärmeverteilung und erhöhen damit nicht nur die Energieeffizienz, sondern auch den Wohnkomfort und die Gesundheit der Bewohner.

9.2.2 Einsatz in Bestandsgebäuden und Etagenheizungen

Besonders interessant ist der Einsatz von Luft-Luft-Wärmepumpen in Mehrfamilienhäusern mit dezentraler Gasthermenversorgung. Wird eine Therme ersetzt, kann die betreffende Wohnung unabhängig von anderen Wohnungen auf Luft-Luft-Wärmepumpentechnik umgerüstet werden – oft mit nur einem oder zwei Geräten. Auf diese Weise wird eine schrittweise und effiziente Modernisierung möglich, ohne ein komplettes Heizungssystem austauschen zu müssen.

Auch als Ergänzung zu bestehenden Heizsystemen sind Luft-Luft-Wärmepumpen sehr gut geeignet. Sie übernehmen einen Großteil der Heizleistung in der saisonalen Übergangszeit, während die vorhandene wassergeführte Heizung nur noch bei sehr niedrigen Temperaturen unterstützt. Dadurch sinkt der Energieverbrauch spürbar. Durch die schnelle und raumbezogene Wärmeabgabe eignen sie sich in besonderem Maß für selten genutzte oder nur zeitweise beheizte Räume. Dabei spielt ein psychologischer Effekt eine große Rolle. Allein dadurch, dass das flexible Heizsystem das Heizverhalten des Nutzers verändert, der Betrieb der Heizung also ins Bewusstsein rückt, sinkt der Energieverbrauch bei gleichbleibendem Komfort.

Gedankenexperiment

Ein Hotelgebäude mit zwei Gebäudeteilen (Altbau und Neubauerweiterung) hat eine Ölheizung.

Im Altbau sind Heizkörper verbaut, während der Neubau energetisch saniert und mit einer Fußbodenheizung ausgestattet ist. Das Gebäude hat keine Klimaanlage und gerade in Richtung Süden heizen sich die Räume im Sommer deutlich auf.

Die vollständige Umstellung auf eine zentrale Luft-Wasser-Wärmepumpe ist möglich, doch würden die Potenziale dieser Technologie nicht ausgenutzt.

- Problematisch: In diesem Fall sind unterschiedliche Vorlauftemperaturen und eine einmalige, allerdings hohe Investition erforderlich.
- Voraussetzung für diesen Umbau: eine exakte Bestandserfassung und perfekte Heizlastberechnungen, um die Wärmepumpe optimal auszulegen.
- Der große Nachteil: Die Heizköper sind zur Kühlung der Räume im Sommer ungeeignet.

In drei Schritten wird eine gute und kostensparende Lösung mithilfe von Luft-Luft-Wärmepumpen erreicht:

1. Installation von Luft-Luft-Wärmepumpen zum Heizen und Kühlen von Räumen im Alt- und Neubau. Ein zusätzlicher Vorteil ist die Möglichkeit, zunächst in einigen Räumen Erfahrungen mit der Technik zu sammeln.
2. Wenn im ganzen Gebäude die Luft-Luft-Wärmepumpen installiert sind, können die Vorlauftemperaturen der bestehenden Ölheizung reduziert werden. Auch hier können über eine oder zwei Heizperioden Erfahrungen gesammelt werden. Begleitend können Verbrauchs- und Messsysteme eingesetzt werden.
   So entsteht ein gutes Bild zur Heizlast im laufenden Betrieb.
3. Schließlich erfolgt die Auslegung der Wärmepumpe auf die optimale Heizlast im Dauerbetrieb. Durch die dezentralen Luft-Luft-Wärmepumpen wird die Vorlauftemperatur zwischen Alt- und Neubau egalisiert und ein effizienter Betrieb gewährleistet. Eine Auslegung der Wärmepumpe für das Brauchwassersystem (Trinkwasserkreislauf) mit hohen Vorlauftemperaturen über 60 °C ist durchzuführen. Wenn die Platzverhältnisse es zulassen, kann in Modulbauweise (Containeranlage) eine komplett vormonierte Heizung mit Wärmepumpe im Außenbereich installiert werden. Wer noch Betriebserfahrung mit dem neuen System sammeln will, kann vorübergehend noch die alte Ölheizung im Bestand belassen.

Sehr gute und verlässliche Informationen zu Wärmepumpen gibt es im Netz, darunter auch der Einsatz von Wärmepumpen zur Brauchwassererwärmung.

9.3 Fazit: Wärmepumpen überflügeln konventionelle Heizsysteme

Wärmepumpen haben sowohl beim Heizen als auch beim Kühlen deutliche Vorteile gegenüber herkömmlichen Heizsystemen. Diese Flexibilität wird mit keiner anderen Technik auch nur annähernd erreicht.

- ☑ Durch die Sektorenkopplung ermöglichen Wärmepumpen die Nutzung von günstigem Photovoltaikstrom, Strom aus Batteriespeichern und dynamischen Stromtarifen. So entsteht die maximale Energieeffizienz zum gemeinsamen Energieträger Strom.
- ☑ Wer wassergeführte Heizsysteme mit Wärmepumpen betreibt, muss noch mit höheren Investitionskosten rechnen. Allerdings sinken die Preise der Wärmepumpen durch Skaleneffekte, kompakte Serienlösungen und Wachstum des globalen Marktes zusehends. Es gibt

sie inzwischen auch in Modulbauweise (Containeranlage) als komplett vormonierte Heizung.

- ☑ Wärmepumpen brauchen weniger Platz als Öl- oder Holzheizungen. Ein Schornstein ist nicht erforderlich, was für Neubauten einen Preisvorteil bringt. Im Gegensatz zu Wärmenetzen ist auch kein zusätzlicher Grundstücksanschluss notwendig.
- ☑ Die technologische Entwicklung schreitet voran: Wärmepumpen bieten künftig noch höhere Leistungszahlen. Man rechnet mit Gütegradsteigerungen von 0,4 auf 0,6. Damit werden Jahresarbeitszahlen (JAZ) bis zu 6,3 für Luft-Wasser-Systeme und 7,9 für Sole-Wasser-Systeme möglich.
- ☑ Der Einstieg in die neue Technologie kann zunächst ungewohnt sein, doch nach der Erstoptimierung läuft das System weitgehend automatisch. Zudem können Wärmepumpen auch kühlen – ein zunehmend wichtiger Aspekt insbesondere in verdichteten Innenstädten.
- ☑ Erweiterungen sind jederzeit möglich, besonders bei Luft-Luft-Systemen. Der Umstieg kann schrittweise erfolgen und muss nicht auf einen Zeitpunkt konzentriert werden wie bei zentralen Wärmenetzen. Diese modulare Umsetzung ermöglicht einen zeitlich flexiblen, zukunftsfähigen Transformationsprozess sowohl im Gebäude als auch innerhalb einer Siedlungsstruktur.

9.3.1 Beispiele

An drei realen Beispielen lassen sich die Einsparungen nachvollziehen. Es geht dabei um den Betrieb von Wärmepumpen in einem Einfamilienhaus ohne thermische Sanierung (A), in einem denkmalgeschützten historischen Großgebäude (B) und in einer Etagenwohnung (C). Die Beispiele beweisen die erstaunliche Wirtschaftlichkeit des Wärmepumpeneinsatzes bei Gebäuden, die nicht thermisch saniert wurden. (Borderstep Institut, 2023)

A) Einfamilienhaus (Altbau) ohne thermische Sanierung

Gas contra Wärmepumpe
Energieeffizienzklasse F
Baujahr 1977 (kaum gedämmt)
Energiebezugsfläche: 110 m^2
Heizwärmebedarf von 163 kWh/m^2 pro Jahr
11 kW Wärmepumpe (Luft-Wasser-Wärmepumpe), vorher Gasheizung
Komplett mit Heizkörper ausgestattet (drei davon wurden durch größere ersetzt)
31 °C Vorlauftemperatur bei 10 °C außen
50 °C Vorlauftemperatur bei –20 °C außen

Energieverbrauch pro Jahr (Kosten für Energie aktualisiert) Erdgas (alt) = 18.000 kWh/a Strom (neu) = 5.200 kWh/a			
Gas	18.000 kWh/a	11,0 ct/kWh	1.980 €/a
Wärmepumpe mit Strom vom Netz	5.200 kWh/a	28,0 ct/kWh	1.456 €/a
Wärmepumpe mit Strom von Netz & PV	5.200 kWh/a	20,4 ct/kWh	1.060 €/a

(B) Etagenwohnung in Dresden

Hier handelt es sich um eine Dachgeschosswohnung mit einer Wohnfläche von 72 m^2.

Bisher wurde diese Wohnung komplett mit Fernwärme versorgt. Die Wohnung nahm insgesamt pro Jahr 3.300 kWh thermisch ab. Zusätzlich wurde dort eine Luft-Luft-Wärmepumpe installiert. Durch diesen Umbau ließen sich deutliche Einsparungen erzielen.

Durch den zusätzlichen Wärmepumpeneinsatz sank die Abnahmemenge der Fernwärme von 3.300 kWh/a auf 325 kWh/a. Im Gegenzug wurden aus dem Netz 400 kWh elektrische Energie bezogen. Die Luft-Luft-Wärmepumpe bezog ebenfalls einen Anteil an Strom aus einer PV-Anlage (hier nicht aufgeführt).

Als Ergebnis kann festgehalten werden, dass die Nutzung von Luft-Luft-Wärmepumpen eine neue aussichtsreiche Option der Wärmewende darstellt.

Energieverbrauch pro Jahr (Kosten für Energie aktualisiert) Fernwärme (alt) = 3.300 kWh/a			
Fernwärme vorher	3.300 kWh/a	17,0 ct/kWh	561 €/a
Fernwärme nachher	325 kWh/a	17,0 ct/kWh	56 €/a
Luft-Luft-Wärmepumpe mit Netzstrom	400 kWh/a	30,0 ct/kWh	120 €/a

(C) Historisches Gebäude

Eine viel beachtete Verbindung zwischen historischer Bausubstanz und moderner Technologie findet sich in der Burg Rabenstein in Frohnleiten (Steiermark). Die mittelalterliche Anlage dient heute als Veranstaltungszentrum. Ihre Wärmeplanung ist seit dem Jahr 2016 durch die Masterarbeit von Michael Gruber an der TU Graz bestens analysiert. Die Luft-Luft-Wärmepumpenanlage ist nicht nur wegen ihrer Dimension – sie ist das weltweit größte Luft-Luft-Wärmepumpensystem in einem denkmalgeschützten Gebäude –, sondern auch wegen ihrer Wirtschaftlichkeit außergewöhnlich. Innerhalb weniger Stunden können mit dieser Anlage die Räume einzeln, oder auch das gesamte Schloss auf Wohlfühltemperatur gebracht werden.

> *»Die umweltschonende und energieeffiziente Beheizung von denkmalgeschützten Gebäuden mit Wärmepumpen stellt in Hinblick auf die Schonung der Bausubstanz eine besondere Herausforderung dar.«*
>
> (Gruber, 2016)

Auf Burg Rabenstein wurde aufgrund ihrer kompakten Bauweise ein Multisplit installiert. Die Luft-Luft-Wärmepumpe hat eine Leistung von 546 kW, die eine Fläche von 2.500 m^2 beheizt und als kostengünstige Lösung gilt. Sie wird zum Heizen ebenso wie zur Kühlung eingesetzt.

(D) Zusatzbeispiele in historischen Gebäuden

An dieser Stelle soll auf zwei weitere Wärmepumpen in historischen Gebäuden hingewiesen werden.

Das **Rathaus in Zürich** verfügt über die wohl älteste historische Flusswasser-Wärmepumpe. Sie stammt aus dem Jahr 1938 und diente rund 63 Jahre als zentrale Heizungsanlage. Noch heute ist sie funktionsfähig und wird als Reserveanlage verwendet.

Das denkmalgeschützte **Rathaus in Fürth** wurde im Jahr 2010 mit einem umweltfreundlichen Heizsystem unter Einsatz einer Wärmepumpe ausgestattet. Als Wärmequelle dient ein Abwasserkanal direkt vor dem Gebäude. Dort wurden auf einer Länge von 70 Metern insgesamt 70 Wärmetauscher installiert. Die Entzugsleistung beträgt 215 kW. Dabei liefert die Wärmepumpe selbst eine Heizleistung von 300 kW, was für die Versorgung des gesamten Gebäudes ausreicht. Zu Spitzenlastzeiten – nur an sehr kalten Tagen – muss ein Gasheizkessel als Zusatzwärmeerzeuger zugeschaltet werden. Der Einbau war technisch durchaus anspruchsvoll. So musste das Dach geöffnet werden, um die Anlage zu platzieren. Dafür aber konnten die notwendigen Versorgungsleitungen weitgehend in bestehenden Schächten gezogen werden. Die Mehrkosten von etwa 150.000 Euro amortisierten sich innerhalb von rund 7 Jahren (Energie-Experten, 2011).

9.4 Die richtige Wahl der Heizung

Wohin führt die kommunale Wärmeplanung? Womit sollten sich Hausbesitzer und Wohnungseigentümer beschäftigen? Will man die Energiewende und die Wärmeplanung ernst nehmen, lohnt sich ein erneuter Blick auf Abbildung 72 zu Beginn von Kapitel 9.

Folgenden Heizungsarten sind grundsätzlich erlaubt. Aber wie sind diese zu bewerten? Vieles ist klarer, als man denkt.

Gasheizung	**Anmerkungen/Entwicklung**
Wirtschaftlichkeit	Künftig steigende (hohe) Energiepreise verbunden mit unsicherer Verfügbarkeit, Preise auch vom Netzerhalt abhängig
Nutzerinteressen	Leicht zu bedienen mit gewohntem Komfort, keine Kühlung im Sommer
Technik	Aufwendige Umstellung in Sicht, Zeitpunkt unklar
Recht & Ökologie	Verbraucht Ressourcen und schädigt die Umwelt, Verbot in Sicht
Ölheizung	
Wirtschaftlichkeit	Künftig steigende (hohe) Energiepreise verbunden mit unsicherer Verfügbarkeit
Nutzerinteressen	Leicht zu bedienen mit gewohntem Komfort, keine Kühlung im Sommer
Technik	Ausgereifte Technik, aber keine Weiterentwicklung möglich, aufwendige Lagerung
Recht & Ökologie	Verbraucht Ressourcen und schädigt die Umwelt, Verbot in Sicht
Biomasseheizung	
Wirtschaftlichkeit	Holzknappheit droht, steigende Nachfrage führt zu langfristig steigenden Preisen, zu wenig Biogas und Bioöle vorhanden
Nutzerinteressen	Leicht zu bedienen, hoher Wärmekomfort, keine Kühlung im Sommer
Technik	Aufwendige Technik und Lagerung
Recht & Ökologie	Interessenkonflikte mit anderen Nutzungen (z. B. Holznutzung und Lebensmittelherstellung), Verbrauch von Ressourcen, hohe Emissionen
Solarthermie	
Wirtschaftlichkeit	Oft teurer als andere Alternativen
Nutzerinteressen	Viel Warmwasser im Sommer, aber Mangel im Winter, passt nicht zum Verbrauchsprofil, keine Kühlung im Sommer
Technik	Robust und zuverlässig, aber hohe Flächenbedarfe
Recht & Ökologie	CO_2-neutral, ressourcenschonend
Strom-Direktheizung	
Wirtschaftlichkeit	Wirtschaftlich interessant nur in hervorragend gedämmten Räumen, sonst viel zu teuer
Nutzerinteressen	Direkte, flexible Ansteuerung bestimmter Wohnbereiche, keine Kühlung im Sommer
Technik	Robust und zuverlässig
Recht & Ökologie	CO_2-neutral, ressourcenschonend

Hybridheizung	
Wirtschaftlichkeit	Vorhandene Gas-/Ölheizung plus neue Wärmepumpe: sofortige Brennstoffeinsparung möglich
Nutzerinteressen	Leichte flexible Bedienbarkeit, sofortige Behaglichkeit, Kühlung möglich
Technik	Sukzessiver Umbau auf Wärmepumpentechnologie möglich
Recht & Ökologie	Künftig Rückbau/Rücknahme des fossilen Anteils erforderlich
Wärmenetz	
Wirtschaftlichkeit	Richtet sich nach Energiequelle und -angebot, daher nicht eindeutig vorhersehbar, aufgrund der Abhängigkeiten meist zu teuer
Nutzerinteressen	Oft unsicher in Bezug auf verbindliche Umsetzung und Zeitpunkt des möglichen Anschlusses, Monopolstellung des Anbieters, je nach Wärmenetz kein Kühlen möglich
Technik	Je nach Art des Wärmenetzes unterschiedliche Anforderungen an den Übertragungspunkt ins Haus
Recht & Ökologie	Rechtlich anspruchsvoll (Satzungsbeschluss nötig)
Wärmepumpensysteme (auch mit eigener PV-Anlage)	
Wirtschaftlichkeit	Günstige Energieträger mit EE-Ausbau, Sektorenkopplung inkl. PV-Nutzung senkt Kosten deutlich
Nutzerinteressen	Weitgehende Unabhängigkeit von geopolitischer Weltlage, Kühlung möglich
Technik	Hohe Lernrate und extreme Flexibilität
Recht & Ökologie	CO_2-neutral, ressourcenschonend

Die kommunale Wärmeplanung wird nur wenige Überraschungen bringen. Lohnt es sich auch aus Sicht der Bürger, auf eine kommunale Wärmeplanung zu warten?

Kompakt

Sofern nicht bereits konkrete Pläne und Angebote für den Anschluss des Grundstückes an ein Wärmenetz vorliegen, sind dezentrale Lösungen mit Wärmepumpen momentan und auch auf Dauer die wirtschaftlichste Lösung.

10 Kommunaler Hochbau – lukrative Beispiele

Wohin entwickeln sich Gebäudebetrieb und Infrastrukturen? Unabhängig von Größe, Dämmstandard, Lage oder Nutzung eines Gebäudes gibt es einen Trend, der unaufhaltsam in den Betrieb von Gebäuden und Infrastruktur einzieht. Dieser Wandel wird nicht »von oben« verordnet. Er entsteht aus einem Prozess, der wirtschaftlich getrieben ist und sich selbst verstärkt. Es ist inzwischen überfällig, dass kommunaler Hochbau sich diese Trends zunutze macht und entsprechend agiert. Denn Staat und Kommune sind einer zeitgemäßen und wirtschaftlich lukrativen Bautätigkeit verpflichtet.

Photovoltaik wird immer günstiger und leistungsfähiger und dadurch immer wirtschaftlicher. Inzwischen ist es praktisch egal, wohin die PV-Anlage ausgerichtet ist, auch Ausrichtungen nach Nord-Ost bis Nord-West sind möglich. Die Neigung oder die Installationsform – Fassade, Flachdach, Balkon, senkrecht oder beidseitig – spielt bei hocheffizienten Modulen keine entscheidende Rolle mehr. Zudem werden PV-Module immer ästhetischer. Sie sind in vorhandene Baubestandteile integrierbar und es gibt inzwischen Fassadenbauteile mit integrierten PV-Modulen. Die Entwicklung orientiert sich nicht nur an der Effizienz, sondern auch an der Einsetzbarkeit von PV-Modulen und deren Kombination mit Baustoffen und Oberflächen. Brüstungs- und Balkonelemente sind seit Längerem auf dem Markt. Nun wird PV mit Sonnenschutz, Überkopfverglasungen und Oberlichten kombiniert.

Batteriespeicher werden ebenfalls günstiger, leistungsstärker und für verschiedene Nutzungsarten interessant. Es wird immer preiswerter, große Speicher für selbst erzeugten PV-Strom anzuschaffen. Damit steigt die kostengünstige Versorgung in den Nachtstunden und bei Lastspitzen. Unabhängig von einer eigenen PV-Anlage können Batteriespeicher außerdem günstigen Strom aus dem öffentlichen Netz aufnehmen und zeitversetzt wieder abgeben. Das macht die Nutzung dynamischer Stromtarife interessant. Die Batterie entwickelt sich somit zu einem wirtschaftlichen Instrument zur bestmöglichen Lastverschiebung und Netzoptimierung.

E-Mobilität setzt sich durch, obwohl die deutsche Automobilindustrie und die deutsche Politik dem Trend hinterherhinken. Die Investitionskosten für ein neues Auto sind – bezogen auf die Antriebsart – bereits heute nahezu vergleichbar. E-Mobilität ist zum selben Preis zu haben wie ein Verbrenner. Nutzfahrzeuge und Busse sind noch teurer, doch das Investitionsdelta wird kontinuierlich kleiner. Unterschiede gibt es allerdings bei den laufenden Kosten: Ein E-Auto ist deutlich kostengünstiger zu betreiben. Dieser Trend gilt für alle Mobilitätsformen: E-Bike, E-Roller, E-Auto und E-Lkw, unabhängig von der Nutzlast.

Wärmepumpen werden kompakter, effizienter und günstiger. Das ermöglicht ihren Einsatz für diverse Anwendungen. Sowohl große Systeme als auch kleine, einfach zu installierende Lösungen sind bereits alltäglich. Dazu gehört beispielsweise die Monoblock-Luft-Luft-Wärmepumpe als Ersatz für eine Gas-Etagenheizung. Ende 2025 meldet die Tagesschau den »stillen Siegeszug der Wärmepumpe« (Zajonz, 2025). Sie liegt erstmals auf Platz 1 der beliebtesten Heizungsarten in Deutschland. Dieser Trend wird sich nicht mehr umkehren.

Die Welt der **elektrischen Geräte** dehnt sich stetig aus. Mobile ebenso wie stationäre Elektrogeräte erobern die Märkte, weil sie effizienter, wartungsärmer und günstiger im Betrieb sind. Keine Produktion, kein Privathaushalt, keine Einzelperson kommt heute ohne Elektronik aus.

Kompakt

Dieser Prozess findet statt, weitgehend unabhängig von staatlichen Rahmenbedingungen wie Einspeisevergütung, Umlagen oder Netzentgeltmodellen. Diese Rahmenbedingungen können die Entwicklung beschleunigen oder verlangsamen – stoppen lässt sich der Prozess nicht, da er weltweit stattfindet und auf wirtschaftlichen Überlegungen basiert.

Dreh- und Angelpunkt einer höchsteffizienten Stromnutzung ist die Sektorenkopplung. Wird Strom aus eigener Photovoltaik über alle Verbrauchsbereiche genutzt, zahlt sich die eigene PV-Anlage perfekt aus. Koppelt man die Sektoren – Wärme, Mobilität und Verbrauchsstrom –, ist höchste Effizienz gegeben, ohne dass man eine einzige Kilowattstunde ins Netz einspeisen muss. Wird die Sektorenkopplung perfektioniert, und dahin entwickelt sich der Markt, entstehen weitere Effizienzgewinne, etwa durch bidirektionales Laden von E-Autos, Speicheroptimierung und intelligente Verbrauchssteuerung.

Der Effekt daraus: Die eigene Stromerzeugung und der Eigenstromverbrauch werden zunehmend attraktiver. Und so wächst die Welt der elektrischen Anwendungen kontinuierlich. Hier kann die Kommune mit intelligenten Gebäudelösungen nicht nur Geld einsparen, sondern auch Gewinn erwirtschaften. Gebäude – auch öffentliche wie Schulen und Bürgerhäuser – werden zunehmend elektrisch geprägt sein. Schritt für Schritt gehen Gebäude in Richtung größtmöglicher Selbstversorgung. Das fördert die Unabhängigkeit von großen Stromversorgern und garantiert stabile Energiepreise. Es ist ein Trend, der sich selbst verstärkt.

Power Buildings, also vollständig elektrifizierte Gebäude, vereinen folgende Eigenschaften:

- Energiemanagementsystem,
- PV-Anlagen mit Batteriespeicher,
- Ladestationen mit PV-Laden und bidirektionales Laden,
- flexibel steuerbare Wärmepumpen (Klimasplitgeräte),
- Nutzung flexibler Strompreise,
- Integration und Aufnahme in Strom-Bilanzkreise,
- steuerbare Verbraucher.

Nahezu alle dieser Sektoren lassen sich in kommunalen Gebäuden realisieren. Die Liegenschaften der Kommune (insbesondere der kommunale Wohnungsbau und die Versorgungseinrichtungen wie Müllentsorgung oder Kläranlagen) sind ideal dafür geeignet, den größten Gewinn aus einer solchen Entwicklung zu ziehen. In Kapitel 11 zeigt Beispiele und Berechnungen für Power Buildings.

10.1 Berechnungen: Büro- und Wohngebäude

An fünf Beispielen wird im Folgenden berechnet – und nachgewiesen –, welche wirtschaftlichen Gewinne durch die Umsetzung unterschiedlicher Power-Building-Modelle erzielt werden. Alle Beispiele wurden tatsächlich umgesetzt, sodass Erfahrungswerte vorliegen. Ein- und Mehrfamilienhäuser außerhalb geschlossener Wohnbebauung in Innenstädten eignen sich ideal für die Transformation zu Power Buildings: Meist stehen größere Dach- oder Fassadenflächen und unter Umständen auch Gartenflächen für den Aufbau von PV-Modulen zur Verfügung und es gibt Möglichkeiten, Wallboxen zum Laden von E-Autos bereitzustellen.

10.1.1 Das Einfamilienhaus mit mittlerem Dämmstandard

Nachfolgend wird ein Gebäude mit mittlerem Dämmstandard dargestellt. Es ist mit Wärmepumpe, PV-Anlage und Batteriespeicher ausgestattet. Zwei Elektrofahrzeuge sind täglich im Einsatz. Der Standort des Gebäudes befindet sich in der Gemeinde Schondra im Mittelgebirge.

Die Bewertung basiert auf realen Verbrauchs- und Abrechnungsdaten des Autors aus dem Jahr 2024. Zum Vergleich wird ein System mit einer fossil betriebenen Heizung sowie Verbrennerfahrzeugen herangezogen. Die Berechnung basiert auf aktuell durchschnittlichen Beschaffungskosten für fossile Energie.

Übersicht zu den Berechnungen:

- Baujahr: 2004
- Wohnfläche 165 m^2, Energiebedarf 120 kWh/m^2
- Energieeffizienzklasse D
- Fußbodenheizung
- 13 kW Wärmepumpe (Baujahr: 2004)

Energiesektor	Bedarf/Einsatz	Kosten	Vergleichsgrößen
Verbrauchsstrom	3.543 kWh pro Jahr	0,37 €/kWh (Ladetarif home)	
Mobilität Fahrleistung gesamt (nur Home-Laden)	24.606 km unberücksichtigt: Fahrleistung nach externen Ladestationen	E-Auto zzgl. Ladeverluste: 18 kWh/100 km	Dieselauto 6,5 l/100 km → 1,67 €/l

Energiesektor	Bedarf/Einsatz	Kosten	Vergleichsgrößen
Wärme: 33 °C Vorlauf bei 0 °C 39 °C Vorlauf bei –20 °C JAZ 3,55	19.800 kWh thermisch (inkl. Verluste) 5.578 kWh elektrisch (Inkl. Warmwasser)		Ölheizung 23.296 kWh thermisch (inkl. Verluste) 1 €/l → 0,10 €/kWh
Energieerzeugung und Speicherung Kosten: nur Anteil Selbstverbrauch Erzeugung: 19.691 kWh Einspeisung: 11.654 kWh Selbstversorgung 56 % (Verbrauchstrom, Mobilität, Gebäude)	Photovoltaikanlage 20 kWp, Batteriespeicher 9,4 kWh	Stromgestehungskosten: 11,5 ct/kWh inkl. Batteriespeicher (Investition, Betrieb, Steuer etc. (Ladetarif Home)) Einspeisevergütung: 7,54 ct/kWh	

Berechnungen/Leitwerte

Art der Berechnung: Für den Kostenvergleich wird die fossile Referenzvariante **(a)** gegenüber folgenden elektrischen Varianten bewertet:

(b) Umstellung auf Strom, jedoch ohne PV-Anlage und Batteriespeicher, also vollständiger Netzstrombezug.

(c) Umstellung auf Strom mit PV-Anlage und Batteriespeicher ohne Einspeisevergütung (EV).

(d) Umstellung auf Strom mit PV-Anlage und Batteriespeicher inkl. Einspeisevergütung (EV).

(e) Umstellung auf Strom mit PV-Anlage und Batteriespeicher inkl. Einspeisevergütung (EV) und weiterer Vorteile, z. B. THG-Quote.

Diese Berechnungslogik zieht sich durch alle Berechnungen, die nun folgen.

Verbrauchsstrom		
Energie	Strom	3.543 kWh
Kosten	b) Bezug c) Bezug, PV d) Bezug, PV, EV (anteilig)	1.310 € 737 € 506 €
Stromkosten (energiebezogen)	b) Bezug c) Bezug, PV d) Bezug, PV, EV (anteilig)	37,0 ct/kWh 20,8 ct/kWh 14,3 ct/kWh

Mobilität		
Energie	Fossil gesamt Strom gesamt	15.994 kWh thermisch ⇒ 1.599 l Diesel 4.429 kWh elektrisch

Kosten	a) fossil b) Bezug Strom c) Bezug, PV d) Bezug, PV, EV (anteilig) e) Bezug, PV, EV (anteilig) – THG-Steuer	2.673 € 1.639 € 921 € 632 € 232 €
Mobilitätskosten pro 100 km (energiebezogen, home-laden)	a) Diesel b) E-Mobilität nur Bezug c) E-Mobilität, PV *(inkl. Betrieb/Kauf PV)* d) E-Mobilität, PV, EV (anteilig) *(inkl. Betrieb/Kauf PV)* e) E-Mobilität, PV, EV (anteilig) – THG Steuer *(inkl. Betrieb/Kauf PV)*	10,86 €/100 km 6,66 €/100 km 3,74 €/100 km 2,56 €/100 km 0,94 €/100 km
Investitionskostenvorteil E-Mobilität nach 10 Jahren Unter der Annahme, dass die Energiepreise 10 Jahre stabil bleiben	b) E-Mobilität nur Bezug c) E-Mobilität, PV d) E-Mobilität, PV, EV (anteilig) e) E-Mobilität, PV, EV (anteilig) – THG-Steuer	10.334 € 17.518 € 20.422 € 24.408 €

Heizen		
Energie	Fossil gesamt Strom gesamt	23.296 kWh thermisch 5.578 kWh elektrisch
Kosten	a) fossil b) Bezug Strom c) Bezug, PV d) Bezug, PV, EV (anteilig)	2.330 € 1.562 € 1.149 € 790 €
Wärmekosten (energiebezogen, thermisch)	a) Öl b) WP nur Bezug c) WP Bezug, PV d) WP Bezug, PV, EV-anteilig	10,0 ct/kWh 6,7 ct/kWh 4,9 ct/kWh 3,4 ct/kWh
Investitionskostenvorteil Wärmepumpe nach 20 Jahren (20 Jahre stabiler Energiepreis)	b) WP nur Bezug c) WP Bezug & PV d) WP Bezug, PV, EV (anteilig)	15.352 € 23.612 € 30.792 €

Die Stromgestehungskosten aus Photovoltaik und Batteriespeicher werden ermittelt, indem die Investitions- und Betriebskosten beider Systeme auf einen Zeitraum von 20 Jahren verteilt werden. Anschließend werden diese Kosten ausschließlich auf den Anteil umgelegt, der selbst verbraucht wird – ohne Berücksichtigung von Einnahmen aus der Einspeisevergütung. Durch dieses Verfahren entstehen realistische Stromgestehungskosten, die den tatsächlichen Nutzen im Gebäude widerspiegeln.

Die erzeugten Stromkosten können den Verbrauchsbereichen Haushaltsstrom, Mobilität und Wärmepumpe verursachungsgerecht zugeordnet werden.

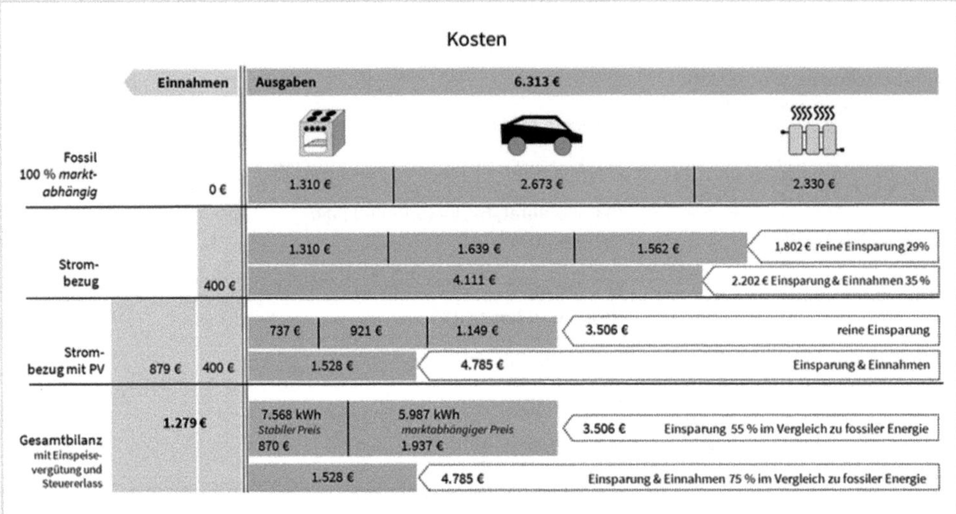

Abb. 76: Stromkosten unter Berücksichtigung von Einnahmen und Ausgaben in der Übersicht *(Grafik: th)*

Verbrauchsstrom: In diesem Bereich (beispielsweise Licht, Waschmaschine, Herd, Kühlgeräte) ergeben sich durch die PV-Anlage und den Batteriespeicher in Variante (c) Einsparungen von 573 Euro pro Jahr, entsprechend reduziert sich der Strompreis von 37 ct/kWh auf 20,8 ct/kWh. Unter Berücksichtigung der Einspeisevergütung (d) steigt die jährliche Einsparung auf 804 Euro, was einem Strompreis von 14,3 ct/kWh entspricht. **Die Einsparung liegt bei rund 65 Prozent.**

Mobilität: Für eine jährliche Fahrleistung von 24.606 km (nur Strombezug aus heimischer Ladestation) ergeben sich folgende Ergebnisse: Bereits durch den Umstieg auf Elektromobilität (b) werden 734 Euro pro Jahr eingespart. Das entspricht energiebasierten Mobilitätskosten von 6,66 Euro/100 km. Im Vergleich hierzu liegt der Verbrenner bei etwa 10,86 Euro/100 km. Unter Einbeziehung von PV-Anlage, Batteriespeicher, Einspeisevergütung und weiteren Vergünstigungen (e) erhöhen sich die Einsparungen auf 2.441 Euro pro Jahr, was einer Reduktion der Energiekosten um 91 Prozent entspricht. **Die energiebasierten Mobilitätskosten liegen damit bei nur noch 0,94 €/100 km.**

Rechnet man die Betriebsdauer eines E-Autos (b) über 10 Jahre, so darf das E-Auto bis zu 10.334 Euro teurer sein, als ein Verbrenner (a). Lädt man das E-Auto aus eigener Stromerzeugung, so könnte es in der Anschaffung sogar 24.408 Euro teurer sein (e).

Heizen: Bei einem jährlichen Wärmebedarf von rund 23.300 kWh ergeben sich durch die Wärmepumpe (b) Einsparungen von 768 Euro pro Jahr. Mit PV-Anlage und Batteriespeicher inklusive

Einspeisevergütung (d) steigen die Einsparungen auf 1.540 Euro pro Jahr. Die wärmebezogenen Energiekosten liegen bei 3,4 ct/kWh – eine **Reduktion um rund 65 Prozent im Vergleich zu einer Ölheizung, was ca. 10 ct/kWh ausmacht.**

Angenommen, eine Wärmepumpe kostet in der Anschaffung 15.352 Euro mehr als eine fossile Heizung (b), so ist doch – bei einer Betriebsdauer von 20 Jahren – die Rentabilität gegeben. Nutzt man zugleich eine eigene PV-Anlage samt Batteriespeicher, so dürfte die Wärmepumpe sogar 30.792 Euro mehr kosten als die fossile Heizung (d).

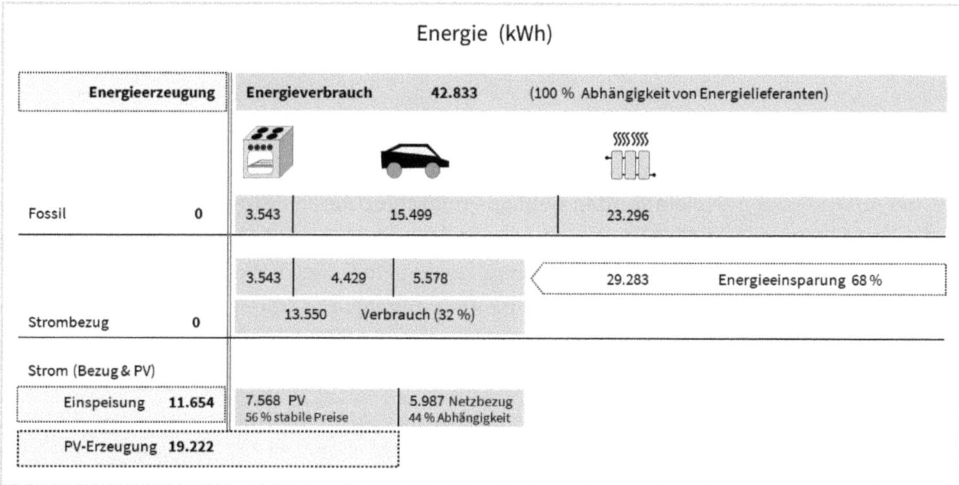

Abb. 77: Energiebedarf bzw. Erzeugung in der Übersicht *(Grafik: th)*

Gesamteinsparung (Verbrauchsstrom, Mobilität und Heizung)

Energieeinsparung: Allein durch die vollständige Umstellung auf Strom in allen Sektoren reduziert sich der jährliche Energieverbrauch von 42.833 kWh auf 13.550 kWh. Das entspricht einer **Einsparung an Energie von 29.283 kWh oder 68 Prozent**. Zudem werden durch PV-Anlage und Batteriespeicher insgesamt 7.568 kWh selbst erzeugt. Die Selbstversorgung liegt also bei 56 Prozent. So entsteht über rund 20 Jahre eine Preisstabilität für über die Hälfte der benötigen Energie. Lediglich 44 Prozent des Energiebedarfs muss extern zugekauft werden. Zusätzlich werden jährlich 11.654 kWh Strom in das öffentliche Netz eingespeist.

Kosteneinsparung: Die energiebezogenen Kosten eines fossil betriebenen Systems (Heizung und Verbrenner) liegen bei rund 6.313 Euro pro Jahr. Durch die vollständige Umstellung auf ein elektrisches Power-Building-Konzept reduzieren sich diese Kosten auf lediglich 1.528 Euro pro Jahr, sodass jährlich 4.785 Euro eingespart werden. Das entspricht einer **Gesamtreduktion der Kosten von rund 76 Prozent.**

Stellt ein Hausbesitzer komplett auf E-Mobilität und Wärmepumpe um – also auf reinen Stromnetzbezug (b) –, erreicht er eine jährliche Energiekosteneinsparung von 2.202 Euro.

Der Großteil des finanziellen Gewinns entsteht nicht etwa durch die Einspeisevergütung, sondern durch den selbst erzeugten und direkt genutzten Solarstrom. Dann kann man mit Einsparungen von insgesamt 3.906 Euro pro Jahr rechnen.

Kompakt

Eine PV-Anlage ist bei vollständiger Sektorenkopplung sehr wirtschaftlich, unabhängig von Gewinnen durch Netzeinspeisungen oder sonstigen Unterstützungen. Die Selbstversorgung mit günstiger und gesicherter Energie liegt deutlich über 50 Prozent.

10.1.2 Der Wohnblock – teilweise transformiert

Im folgenden Abschnitt werden Gebäude vorgestellt, die bereits teilweise in Richtung Power Building transformiert wurden, beispielsweise durch die Umrüstung auf eine Wärmepumpe. Bei der Auswahl der Beispiele wurden Gebäude mit schlechteren Effizienzklassen berücksichtigt, um den Effekt einer (Teil-)Umstellung der Heizung zu zeigen. Darunter zählen Altbauten sowie Objekte, in denen Wärmepumpentechnologie auf innovative Weise eingesetzt wird. Für die Berechnungen wurden ausschließlich öffentlich zugängliche Daten verwendet. Für ergänzende Berechnungen wurden Annahmen getroffen. Beides wird im Text kursiv hervorgehoben.

Quartier Schillerstraße in Maintal

Energetisch sanieren oder Wärmepumpe einbauen?
Die Ausgangssituation: Neun Wohnblöcke des Quartiers in der Schillerstraße in Maintal sind wenig gedämmt. Ihr Wärmebedarf liegt jeweils bei satten 200 kWh/m^2 Wohnfläche (Borderstep Institut, 2025). Um den Endenergiebedarf deutlich zu reduzieren, gab es zwei alternative Ansätze:

1. Dämmmaßnahmen durchzuführen (Kosten etwa 350 Euro/m^2) und damit die Halbierung des Wärmebedarfs (auf rund 100 kWh/m^2 Wohnfläche) zu erreichen oder
2. durch die Umstellung der Heizung den Endenergiebedarf um knapp zwei Drittel (auf rund 67 kWh/m^2 Wohnfläche) zu reduzieren. Dabei käme eine Wärmepumpe zum Einsatz. Deren Kosten lägen bei rund 180 Euro/m^2 (endgültige Investition für alle neun Wohnblöcke).

Die Entscheidung fiel zugunsten der Wärmepumpe aus. Das Gebäude wurde nicht gedämmt. Neben jedem der neun Gebäude mit jeweils 24 Wohneinheiten (insgesamt 1.500 m^2 Wohnfläche) wurde ein kompaktes Fertigenergiemodul aufgestellt. Optisch gleicht dieses Modul einer Fertigteilgarage mit Holzverschalung oder einem modernen Gartenhaus. Darin sind Luft-Wasser-Wärmepumpen mit einer Gesamtleistung von 77 kW für Heizung und Warmwasserbereitung untergebracht. Lieferung und Montage, Verrohrung und Anschluss an die vorhandene Hydraulik kosteten rund 270.000 Euro. Um Spitzenlasten aufzufangen und auszugleichen, blieben die alten Erdgaskessel in Betrieb.

Pro Gebäude innerhalb des Quartiers:

- Gebäudebaujahr circa 1960er-Jahre, Fenster von 1980
- Wohnfläche 1.500 m^2
- Energiebedarf 200 kWh/m^2
- Energieeffizienzklasse F
- Erdgasheizung (bleibt weiterhin für den Spitzenlastausgleich in Betrieb)

Energiesektor	Bedarf/Einsatz	Kosten	Vergleichsgrößen
Wärme: 77 kW Wärmepumpe JAZ 3,1	300.000 kWh thermisch 96.774 kWh elektrisch (inkl. Warmwasser) Erdgaskessel bleiben in Betrieb		Erdgaskessel: 300.000 kWh thermisch *Energiekosten: 0,11 Euro/kWh*
Energieerzeugung und Speicherung *Kostenverteilung nur Anteil Selbstverbrauch* *Erzeugung: 132.000 kWh* *Einspeisung: 83.613 kWh* *Selbstversorgung 50 % = 48.400 kWh*	*Photovoltaikanlage: 130 kWp* *Batteriespeicher: 66 kWh*	*Stromgestehungskosten: 11,5 ct/kWh inkl. Batteriespeicher* *Einspeisevergütung: 5,5 ct/kWh* *Strombezug: 28,0 ct/kWh*	

Berechnungen

Heizen		
Energie	*Fossil gesamt* *Strom gesamt*	*300.000 kWh thermisch* *96.774 kWh elektrisch*
Kosten	*a) fossil* *b) Bezug Strom* *c) Bezug, PV* *d) Bezug, PV, EV (Einspeisung EV = 4.599 Euro)*	*33.000 €* *27.097 €* *19.113 €* *14.514 €*
Wärmekosten (energiebezogen, thermisch)	*a) Erdgas* *b) WP nur Bezug* *c) WP Bezug, PV (inkl. Betrieb/Investition)* *d) WP Bezug, PV, EV (inkl. Betr./Invest.)*	*11,0 ct/kWh* *9,0 ct/kWh* *6,4 ct/kWh* *4,8 ct/kWh*
Investitionskostenvorteil Wärmepumpe (20 Jahre stabiler Energiepreis)	*b) WP nur Bezug* *c) WP Bezug, PV* *d) WP Bezug, PV, EV*	*118.065 €* *277.742 €* *369.716 €*

Ergebnis pro Gebäude im Quartier Schillerstraße Maintal
Durch eine Umstellung auf Wärmepumpe mit PV und Batteriespeicher (Power-Building-System ohne Mobilität und Verbrauchsstrom) können die energiebezogenen Wärmekosten von 33.000 Euro auf 14.514 Euro pro Jahr reduziert werden. Das entspricht einer **jährlichen Einsparung von 18.486 Euro beziehungsweise 56 Prozent**.

Die resultierenden wärmebezogenen Energiekosten liegen bei 4,8 ct/kWh anstatt 11 ct/kWh für Gas. Über eine Betriebsdauer von 20 Jahren ergibt sich ein **Investitionskostenvorteil von 369.716 Euro zugunsten der Wärmepumpe im Vergleich zu einer Gasheizung.**

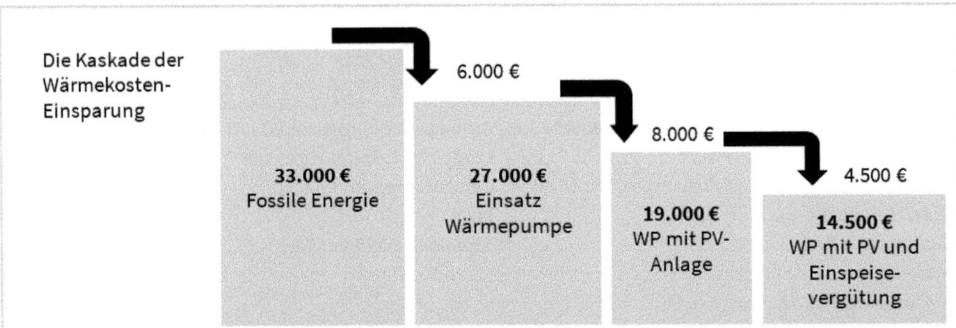

Energiebezogene Wärmekosten	11 Ct/kWh	9,0 Ct/kWh	6,4 Ct/kWh	4,8 Ct/kWh
Investitionskosten-Vorteil aus 20 Jahre	———	118.056 €	277.742 €	369.716 €

Abb. 78: Wärmekosteneinsparung – eindrückliche Kostenreduzierung am Beispiel eines ungedämmten Wohnblocks. Die Kosten reduzieren sich ausschließlich über die Wärmeversorgung des Gebäudes. *(Grafik: th)*

Besonders bemerkenswert: Die Einsparungen werden in einem Gebäude erzielt, das mit einem Wärmebedarf von 200 kWh/m^2 als energetisch ungünstig einzustufen ist. In diesem Fall wurde bewusst der Einbau einer Wärmepumpe gegenüber einer energetischen Sanierung bevorzugt. Dabei spielten die Investitions- und Betriebskosten die entscheidende Rolle.

In die Berechnungen ist der Weiterbetrieb der Gasheizung zur Spitzenlastübernahme nicht eingeflossen. Dennoch ändert sich die grundlegende Aussage nicht. Zur Abdeckung der Spitzenlast könnten Luft-Luft-Wärmepumpen (Klimasplitgeräte) eingesetzt werden, die vergleichsbare JAZ haben und im Sommer eine kühlende Funktion übernehmen könnten.

Mehrfamilienhaus mit zwölf Wohneinheiten in Donauwörth
Hier handelt es sich um ein Mehrfamilienhaus aus dem Jahr 1971 (Borderstep Institut, 2025). Insgesamt sind 12 Wohneinheiten mit Wärme zu versorgen. Der jährliche Einsatz von 130.000 kWh Gas ergibt bei einer Gesamtwohnfläche von 1.050 m^2 einen Verbrauch von 111 kWh/m^2.

Auch in diesem Beispiel wurde eine vorgefertigte Wärmepumpeneinheit – ein Cube mit mehreren einsatzfertig montierten Wärmepumpen, Pufferspeicher und Pumpen – angeschlossen. Zusätzlich müssen allerdings die Leitungen für den Heiz- und den Trinkwasserkreislauf (Heißwasser) an das Haus angeschlossen werden. Der Umschluss erfolgte tatsächlich innerhalb eines Tages und während der Heizsaison. In den Wohnungen blieben die alten Gussradiatoren erhalten.

Der Cube liefert 50 kW Wärmeleistung. Die Investitionskosten betrugen 210.000 Euro, was 200 Euro/m^2 entspricht. Damals handelte es sich um eine Pilotanlage. Laut Hersteller würden die Investitionskosten im Zuge einer Serienproduktion heute bei rund 160.000 Euro liegen. Der Investitionsaufwand läge also bei 150 Euro/m^2.

Im Überblick:

- Gebäudebaujahr 1971
- Wohnfläche 1.050 m^2
- Energiebedarf 111 kWh/m^2
- Energieeffizienzklasse D
- Erdgasheizung mit Radiatoren in den Wohnungen

Energiesektor	Bedarf/Einsatz	Kosten	Vergleichsgrößen
Wärme: 50 kW Wärmepumpe JAZ 4,0	130.000 kWh thermisch 32.500 kWh elektrisch (Inkl. Warmwasser)		*Erdgaskessel: 130.000 kWh thermisch* *Energiekosten: 0,11 €/kWh*
Energieerzeugung und Speicherung *Kostenverteilung nur Anteil Selbstverbrauch* *Erzeugung: 80.000 kWh* *Einspeisung: 62.950 kWh* *Selbstversorgung (50 %) = 16.250 kWh*	*Photovoltaikanlage: 80 kWp* *Batteriespeicher: 40 kWh*	*Stromgestehungskosten: 11,5 ct/kWh inkl. Batteriespeicher* *Einspeisevergütung: 5,5 ct/kWh* *Strombezug: 28,0 ct/kWh*	

Berechnungen

Heizen		
Energie	*Fossil gesamt* *Strom gesamt*	*130.000 kWh thermisch* *32.500 kWh elektrisch*
Kosten	*a) fossil* *b) Bezug Strom* *c) Bezug, PV* *d) Bezug, PV, EV (Einspeisung EV = 3.460 €)*	*14.300 €* *9.100 €* *6.420 €* *2.960 €*

Heizen		
Wärmekosten (energiebezogen; thermisch)	*a) Erdgas* *b) WP nur Bezug* *c) WP Bezug, PV (inkl. Betrieb/Investition)* *d) WP Bezug, PV, EV (inkl. Betr./Invest.)*	*11,0 ct/kWh* *7,0 ct/kWh* *4,9 ct/kWh* *2,3 ct/kWh*
Investitionskostenvorteil Wärmepumpe (20 Jahre stabiler Energiepreis)	*b) WP nur Bezug* *c) WP Bezug, PV* *d) WP Bezug, PV, EV*	*104.000 €* *157.625 €* *226.870 €*

Ergebnis für das Mehrfamilienhaus Donauwörth

Durch eine Umstellung auf Wärmepumpe mit PV und Batteriespeicher (Power-Building-System ohne Mobilität und Verbrauchsstrom) können die energiebezogenen Wärmekosten von 14.300 Euro auf 2.960 Euro pro Jahr reduziert werden. **Das entspricht einer jährlichen Einsparung von 11.340 Euro beziehungsweise 79 Prozent.**

Die resultierenden wärmebezogenen Energiekosten liegen bei 2,3 ct/kWh statt 11 ct/kWh für Gas. Über eine Betriebsdauer von 20 Jahren gerechnet bedeutet dies: Eine Wärmepumpe könnte in der Anschaffung tatsächlich um 226.870 Euro teurer als eine fossile Heizung sein. Selbst dann wären über die Betriebsdauer gerechnet die Kosten für den Nutzer dieselben.

Besonders bemerkenswert: Diese deutlichen Kostensenkungen entstehen durch eine Jahresarbeitszahl (JAZ) von 4. Dadurch wird trotz unveränderten Wärmebedarfs eine Reduzierung der energiebezogenen Wärmekosten um 79 Prozent erzielt.

Mehrfamilienhaus mit sechs Wohneinheiten – Umrüstung von Gas-Etagenheizung auf Luft-Luft-Wärmepumpen

Das Mehrfamilienhaus mit 6 Wohneinheiten aus den 1970er-Jahren wurde mit Gasetagenheizungen beheizt. Das Gebäude ist in die Energieeffizienzklasse F (160 bis 200 kWh/a*m^2) eingestuft (Borderstep Institut, 2025).

Die Umrüstung umfasst die Installation je einer Luft-Luft-Wärmepumpe pro Wohnung im Außenbereich. Die installierten Anlagen werden zum Heizen und Kühlen genutzt. In jedem Wohnraum sind Innengeräte angebracht. Zusätzlich wurde jeweils ein Komfortheizer (Stromdirektheizung) in Bad und Küche installiert.

Die Arbeiten für das gesamte Mehrfamilienhaus dauerten rund 2 Wochen. Pro Wohnung und ohne Berücksichtigung möglicher Förderungen kostete die Umrüstung durchschnittlich 12.000 Euro netto. Berücksichtigt man die staatliche Förderung, so schlugen die Umbaumaßnahmen mit jeweils rund 8.400 Euro pro Wohnung zu Buche. Die Gesamtkosten beliefen sich auf rund 50.400 Euro. Das sind umgerechnet 185 Euro/m^2.

Im Überblick:

- Gebäudebaujahr 1970er-Jahre
- Wohnfläche 420 m^2
- Energiebedarf 160–200 kWh/m^2 je nach Wohnung
- Gesamtgebäude: Energieeffizienzklasse F
- Gas-Etagenheizung

Energiesektor	Bedarf/Einsatz	Kosten	Vergleichsgrößen
Wärme *JAZ 3,0 (inkl. Komfort-heizer in zwei Räumen pro Wohnung)*	84.000 kWh thermisch 28.000 kWh elektrisch (inkl. Warmwasser)		Erdgaskessel: 84.000 kWh thermisch *Energiekosten: 0,11 Euro/kWh*
Energieerzeugung und Speicherung *Kostenverteilung nur Anteil Selbstverbrauch* *Erzeugung: 50.000 kWh* *Einspeisung: 35.920 kWh* *Selbstversorgung 50 % = 14.000 kWh*	**Photovoltaikanlage:** *50 kWp* *Batteriespeicher: 25 kWh*	**Stromgestehungs-kosten:** *11,5 ct/kWh inkl. Batteriespeicher* *Einspeisevergütung: 5,5 ct/kWh* *Strombezug: 28,0 ct/kWh*	

Berechnungen

Heizen		
Energie	**Fossil gesamt** *Strom gesamt*	*84.000 kWh thermisch* *28.000 kWh elektrisch*
Kosten	*a) fossil (Gas)* *b) Bezug Strom* *c) Bezug, PV* *d) Bezug, PV, EV (Einspeisung EV = 1.976 €)*	*9.240 €* *7.840 €* *5.530 €* *3.554 €*
Wärmekosten (energiebezogen; thermisch)	*a) Erdgas* *b) WP nur Bezug* *c) WP Bezug, PV (inkl. Betrieb/Investition)* *d) WP Bezug, PV, EV (inkl. Betrieb/Investition)*	*11,0 ct/kWh* *9,3 ct/kWh* *6,6 ct/kWh* *4,2 ct/kWh*
Investitionskostenvorteil Wärmepumpe (15 Jahre stabil bleibender Energiepreis)	*b) WP nur Bezug* *c) WP Bezug, PV* *d) WP Bezug, PV, EV*	*21.000 €* *55.650 €* *85.284 €*

Ergebnis für das Mehrfamilienhaus mit Luft-Luft-Wärmepumpen

Durch die Umstellung auf Wärmepumpe mit PV und Batteriespeicher (Power-Building-System ohne Mobilität und Verbrauchsstrom) können die energiebezogenen Wärmekosten von

9.240 Euro auf 3.554 Euro pro Jahr reduziert werden. **Das entspricht einer jährlichen Einsparung von 5.686 Euro beziehungsweise 62 Prozent.**

Die resultierenden wärmebezogenen Energiekosten liegen bei 4,2 ct/kWh statt 11 ct/kWh für Gas. Über eine Betriebsdauer von 15 Jahren ergibt sich ein Investitionskostenvorteil von 85.284 Euro zugunsten der Luft-Luft-Wärmepumpe im Vergleich zu einer Gasheizung.

Daran sieht man, dass diese deutlichen Kostensenkungen auch bei Luft-Luft Wärmepumpen möglich sind. Diese reduzieren trotz unveränderten Wärmebedarfs die energiebezogenen Wärmekosten um 62 Prozent.

11 Kommunale Power Buildings – Architektur und Mobilität einer Energiegeneration

Power Buildings sind Gebäude, die Energie nicht nur verbrauchen, sondern intelligent produzieren, speichern und steuern. Darin unterscheiden sie sich von Niedrigenergiehäusern. Sie funktionieren nicht aufgrund eines isolierten Ziels (Energieverbrauch reduzieren) oder einer isolierten Technologie, sondern durch das Zusammenspiel mehrerer Bausteine. Dazu gehören ein Energiemanagementsystem, eine Photovoltaikanlage mit Batteriespeicher und eine durchdachte Ladeinfrastruktur inklusive PV-geführtem und bidirektionalem Laden. Darüber hinaus kombinieren sie flexible Wärmepumpenlösungen wie Luft-Wasser-Systeme und Klimasplitgeräte mit der Nutzung flexibler Stromtarife. Sie berücksichtigen Strom-Bilanzkreise und setzen auf steuerbare Verbraucher und stehen in direkter Verbindung zu E-Mobilität, was kommunal hervorragend nutzbar ist.

Warum Power Buildings die Basis einer E-Welt darstellen

Diese Kombinationen innerhalb des Power Buildings ermöglichen ein dynamisches, elektrifiziertes Gesamtsystem, das auf erneuerbare Energien ausgerichtet ist und Verbrauch, Erzeugung und Speicher intelligent miteinander verknüpft. Die Auswahl und Reihenfolge der Technologien hängt von individuellen Rahmenbedingungen ab. Finanzielle, technische und organisatorische Möglichkeiten können bestmöglich berücksichtigt werden.

Kompakt

Der wesentliche Vorteil des Power Buildings: Das System muss nicht in einem Schritt installiert werden. Ein Power Building kann nach und nach wachsen.

Man kann Technologien sukzessive ergänzen, Erfahrungen sammeln und anschließend optimieren. Jedes zusätzliche Element erhöht den Nutzen des Gesamtsystems und verbessert Effizienz, Komfort und Wirtschaftlichkeit. Der Weg zum Power Building bringt neben vielen Vorteilen auch einige Herausforderungen mit sich.

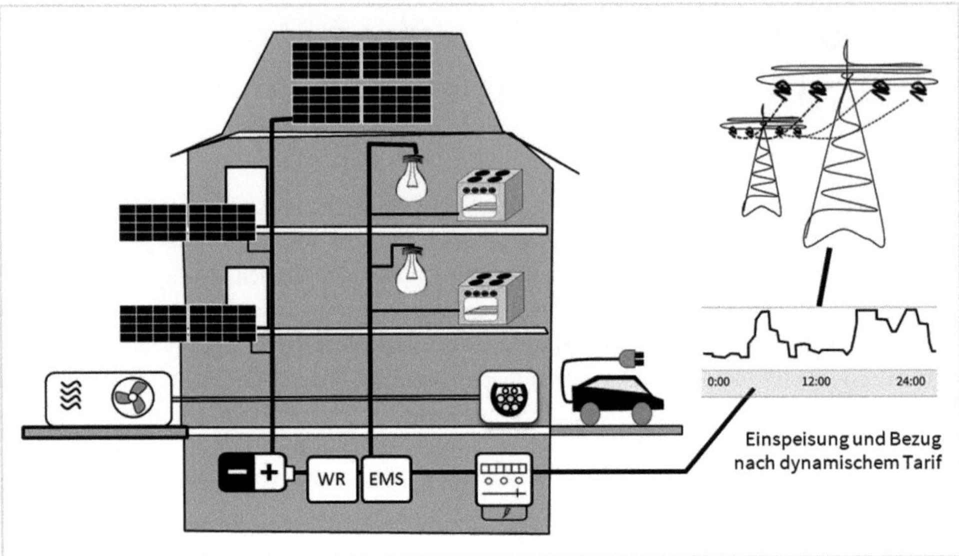

Abb. 79: Das Power Building – Beispiel eines Wohngebäudes mit idealer Sektorenkopplung *(Grafik: th)*

Überblick zur realistischen Einordnung der Umsetzungsmöglichkeiten: Die Vorteile sind mit (+), die Nachteile/Herausforderungen mit (–) gekennzeichnet:

- (+) Stromleitungen sind in den meisten Fällen ausreichend dimensioniert. Der Grundstücksanschluss spielt die wichtigste Rolle.
- (+) Die Technologien sind robust und häufig in großen Teilen vorgefertigt. Dadurch wird die Installation einfacher.
- (-) Die Anfangsinvestitionen können hoch sein.
- (+) Die (hohen) Anfangsinvestitionen werden durch niedrige Betriebskosten kompensiert.
- (+) Es entsteht ein langfristig kalkulierbarer Energiepreis, der über die Investitionsdauer von über 20 Jahren stabil bleibt.
- (+) Sehr hohe Wirtschaftlichkeit – oft bereits ab dem ersten Nutzungstag, vor allem, wenn eine PV-Anlage mit Selbstverbrauch genutzt wird.
- (+) Erweiterungen und Nachrüstungen sind einfach zu realisieren.
- (-) Aktuell ist es noch schwer, Fachfirmen zu finden, die sektorübergreifende Systeme installieren können. Dies wird mit zunehmender Nachfrage voraussichtlich einfacher.
- (+) Ein durchdachtes Energiemanagement und intelligente Steuerung ermöglichen große Einsparungen.
- (+) Ein schrittweiser Umstieg auf erneuerbare Energien ist möglich. Nach Belieben können PV-Anlage, Batteriespeicher, E-Auto mit oder ohne bidirektionaler Lademöglichkeit sowie Wärmepumpe nachgerüstet werden.
- (+) Die Technologie verfügt über großes Entwicklungspotenzial, da die stetige Weiterentwicklung steigende Effizienz ermöglicht.
- (+) Kühlsysteme und Heizung sind in einem System möglich.

(+) Notstrom- und Notwärmeversorgung sind zuschaltbar und möglich.

(+) In vielen Fällen gibt es keine externen baulichen Auflagen, die eine Umrüstung verhindern könnten.

(+) Die Systeme können in Kombination mit bestehenden Heizsystemen übergangsmäßig genutzt werden (Gas, Holz, Solar, Hybrid).

(+) Der Einsatz von Wärmepumpen ist platzsparend und wartungsarm und es ist kein Schornstein nötig. Somit ist die Technologie auch für denkmalgeschützte Gebäude geeignet.

(+) Die einmal installierte Infrastruktur (vor allem PV-Unterkonstruktionen und Stromleitungen) bleibt jahrzehntelang nutzbar.

Den vielen Vorteilen stehen nur wenige Nachteile gegenüber. **Power Buildings entwickeln sich aller Voraussicht nach zu einem neuen Standard.** Sie sind flexibel, elektrisch, wirtschaftlich, unabhängig und zukunftssicher. Sie sind keine Vision, sondern befinden sich bereits in einem laufenden Transformationsprozess. Dabei zeigt sich ihre Stärke durch die modulare Struktur, die Skalierbarkeit und die sichere finanzielle Planbarkeit. Jede Investition heute bildet die Basis für mehr Unabhängigkeit, Stabilität und Effizienz für morgen.

Folgende Abbildungen verdeutlichen die Verhältnisse zwischen der Nutzung fossiler und erneuerbarer Energie. Je mehr Energie aus erneuerbaren Quellen vorhanden und in sämtlichen Sektoren im Alltag verankert ist, desto schneller kommen Unabhängigkeit, Wirtschaftlichkeit und Preisstabilität voran.

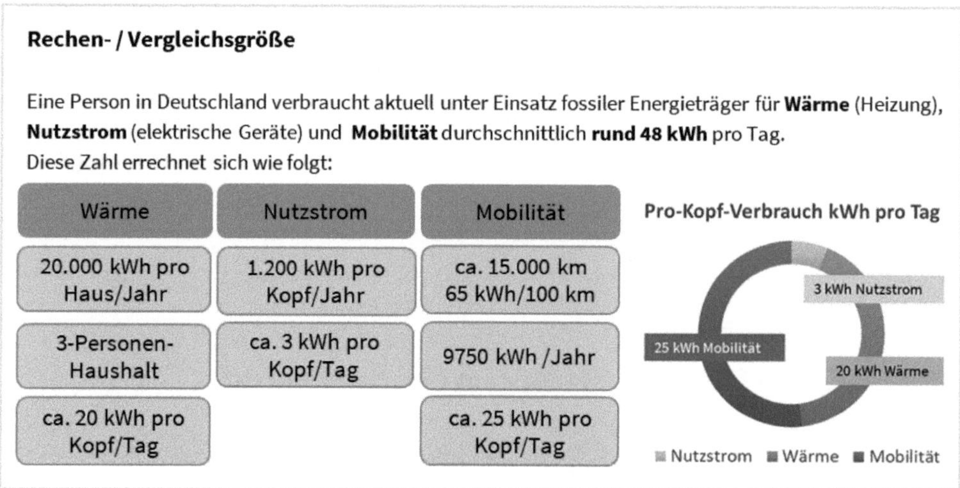

Abb. 80: Vergleichsgrößen – Energieverbrauch bei fossiler Energie *(Grafik: ggb)*

Rechen-/ Vergleichsgröße

Direkter Energieverbrauch E-Energie nach einer Umstellung auf Wärmepumpe und E-Auto:

Wärme (JAZ = 3,3)	=~ 6 kWh pro Tag Kopf
Nutzstrom	=~ 3 kWh pro Tag Kopf
E Mobilität	=~ 8 kWh pro Tag Kopf

Verbrauch: durchschnittlich ~ **17 kWh**
Einsparung: durchschnittlich ~ **31 kWh**

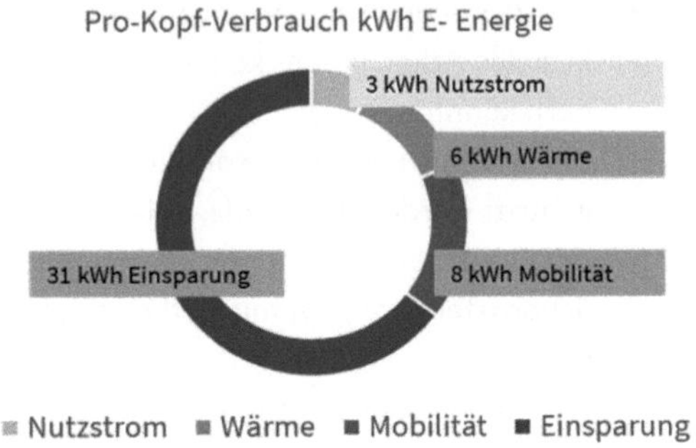

Abb. 81: Energieverbrauch nach Umstellung auf E-Mobilität und Wärmepumpe *(Grafik: ggb)*

Besonders deutlich werden die Effekte, wenn man den Selbstversorgeranteil einer kommunalen Kläranlage im Power-Building-Modus mit den Möglichkeiten verschiedener Wohngebäude vergleicht:

Sektorenkopplung, Selbstversorgung, dynamische Stromtarife:
Gebäude vs. Kläranlage

Gebäude	PV-Anlage	Batterie-speicher	Wärme-pumpe	E-Mobilität	Selbst-versorgung
Kläranlage	1.700 kWp	2.000 kWh	200 kW	-	> 95 %
Effizienzklasse B	30 kWp	11 kWh	7 kW	1 Pkw	78 %
Effizienzklasse D	30 kWp	11 kWh	14 kW	-	56 %
Effizienzklasse D	11 kWp	9 kWh	13 kW	2 Pkw	53 %
Effizienzklasse G	10 kWp	-	14 kW	-	31 %

Abb. 82: Möglichkeiten der Selbstversorgung im Vergleich – kommunale Kläranlage sowie Wohn- oder Nutzimmobilien *(Grafik: th)*

11.1 Impulse für die Umsetzung im eigenen Kontext

Die folgenden Anregungen dienen dazu, sich ein Bild von den Möglichkeiten zu machen und die Themen im eigenen Kontext weiterzudenken.

11.1.1 Heizen

Der Effizienzvorteil von Wärmepumpen gegenüber fossilen Heizungen lässt sich überschlägig einfach ermitteln, und zwar das Kostenverhältnis der Energieträger von beispielsweise Strom zu Gas mit der Jahresarbeitszahl (JAZ) der Wärmepumpe. Zusätzlich kann sich dieser Effizienzvorteil durch selbst erzeugten PV-Strom deutlich ausbauen lassen. 20 bis 30 Prozent können erreicht werden.

Beispiel

Der Kostengleichheitspunkt (Break-even-Point) ergibt sich aus folgender Rechnung:

Strompreis (28 ct/kWh) geteilt durch Gaspreis (11 ct/kWh) mal Wirkungsgrad einer fossilen Heizung (0,9) = JAZ von 2,29.

Das Beispiel zeigt, dass die Energiekosten im Vergleich zu einer Gasheizung gleich hoch liegen, sobald die Wärmepumpe eine JAZ von 2,29 erreicht.

Eine Luft-Wasser- oder eine Luft-Luft-Wärmepumpe erreichen eine JAZ von 2,5 problemlos, was den Kostengleichheitspunkt bereits übersteigt. Das gilt auch für Gebäude, die hohe Vorlauftemperaturen eingerichtet haben.

Arbeitet die Wärmepumpe unter Zuhilfenahme einer Photovoltaikanlage plus Batteriespeicher, können die realen Stromkosten nochmals reduziert werden. Zwei Situationen sind dafür entscheidend: Liegen die Stromgestehungskosten aus PV beispielsweise bei rund 9 ct/kWh (damit also bei 35 Prozent des Netzstrompreises) und fließen circa 35 Prozent des PV-Stroms in den Betrieb der Wärmepumpe, reduzieren sich die Wärmekosten um weitere rund 25 Prozent. Das auf diese Weise entstandene Kostenverhältnis aus Netzstrom und PV-Strom im Vergleich zum Gaspreis drückt die benötigte JAZ auf nur noch 1,74.

Das bedeutet: Bereits eine Wärmepumpe mit einer JAZ über 1,74 ist bei den wärmebezogenen Energiekosten günstiger als eine Gasheizung. Diese JAZ von 1,74 ist mit jeder Art von Wärmepumpe in jedem Gebäude – unabhängig von der Effizienzklasse – problemlos realisierbar.

Folgende Tabelle zeigt die zusätzliche prozentuale Einsparung durch PV-Strom mit Batteriespeicher bei Einsatz einer Wärmepumpe. Auf der y-Achse ist der PV-Anteil am gesamten Energiebedarf der Wärmepumpe angegeben. Bei den meisten Gebäuden liegt dieser zwischen 30 und 40 Prozent. Auf der x-Achse sieht man den Strompreis aus dem Netz im Verhältnis zum Strompreis aus der PV-Anlage. Zur besseren Orientierung: In den meisten heute gängigen Anwendungen liegen die Kosteneinsparungen durch Nutzung von PV-Strom bei 18 bis 28 Prozent.

Prozentuale Einsparung durch PV-Strom						
	Strompreis Netz / PV					
	2,25	2,50	2,75	3,00	3,25	3,50
Anteil PV-Strom WP 20 %	11 %	12 %	13 %	13 %	14 %	14 %
30 %	17 %	18 %	19 %	20 %	21 %	21 %
40 %	22 %	24 %	25 %	27 %	28 %	29 %
50 %	28 %	30 %	32 %	33 %	35 %	36 %
60 %	33 %	36 %	38 %	40 %	42 %	43 %
70 %	39 %	42 %	45 %	47 %	48 %	50 %

Abb. 83: Prozentuale Einsparung durch Nutzung von PV-Strom aus eigener Herstellung – Die meisten Anwendungen kommen auf Einsparungen zwischen 18 und 28 Prozent (grau eingefärbt). *(Grafik: th)*

Betrachten wir nun ein Gebäude oder einen Raum, der bei niedrigen Außentemperaturen auf eine Raumtemperatur von 20 °C geheizt werden soll. Die zugeführte Energiemenge ist immer gleich, egal ob über Öl, Gas oder durch Strom über eine Wärmepumpe. Und genau in diesem Fall zeigt sich, wie rentabel der Einsatz von Wärmepumpen ist.

Kompakt

Je höher der thermische Energiebedarf eines Gebäudes, desto wirtschaftlicher wird der Einsatz einer Wärmepumpe.

Der entscheidende Faktor ist die Jahresarbeitszahl (JAZ), die deutlich größer als 3,5 sein sollte – idealerweise über 4 –, was technisch und unabhängig vom Gebäudezustand durchaus realisierbar ist. Gerade was Altbauten betrifft, hält sich hartnäckig die falsche Behauptung, Wärmepumpen seien dort unwirtschaftlich. Diese Aussage ist technisch überholt und nur dann zutreffend, wenn das Heizsystem nicht angepasst ist. Das kann der Fall sein, wenn beispielsweise die Heizkörper unterdimensioniert sind.

Mit ausreichend großen, wärmeübertragenden Flächen – zum Beispiel größere Heizkörper, zusätzliche Heizflächen oder optimierte Heizkreise – lässt sich die notwendige Vorlauftemperatur deutlich reduzieren. Dies alles senkt den Temperaturhub, verbessert den Wirkungsgrad und steigert die JAZ.

Entscheidend ist nicht die Gebäudekategorie »Altbau« oder »Neubau«, sondern die Auslegung des Heizsystems. Zusätzliche technische und zugleich kostengünstige Optionen können die Effizienz weiter erhöhen oder Lastspitzen abfangen, unter anderem Kaskadenwärmepumpen, ergänzende dezentrale Luft-Luft-Wärmepumpen in einzelnen Räumen mit höherem Wärmebedarf oder Lüftungssysteme mit Wärmerückgewinnung. Luft-Luft-Wärmepumpen spielen hier ihren entscheidenden Vorteil aus, denn die JAZ ist gerätespezifisch manifestiert. Mit solchen Maßnahmen sind JAZ-Werte deutlich über 4 realistisch und in vielen Bestandsgebäuden auch ohne grundlegende Sanierung erreichbar (vgl. Kapitel 9).

11.1.2 Dicht bebaute Innenstädte

In dicht bebauten Innenstädten sind PV-Flächen eher rar. Dennoch können PV-Anlagen an Balkonen oder Fassaden installiert werden. Allerdings sind solche Anlagen heute noch teurer als Dachanlagen. Gleichzeitig ist das mögliche PV-Potenzial in Relation zum Energieverbrauch meist geringer. Dennoch ist eine ermutigende Entwicklung zu beobachten. Hinsichtlich Wirkungsgrad und Integration von PV-Zellen in diverse Baustoffe oder ganze Fassadenelemente geht die Entwicklung rasant voran. Mittel- bis langfristig ist mit einigen kostengünstigen Lösungen für Fassaden zu rechnen.

Zudem bieten öffentliche Gebäude, Gewerbebau, kirchliche Gebäude, überdachte Parkzonen und weitere viele Möglichkeiten, PV-Anlagen zu installieren. In historischen Innenstädten spielt der Denkmalschutz dabei eine wesentliche Rolle, doch muss sich die Gesellschaft entscheiden, welchen Stellenwert die Energiewende gegenüber anderen legitimen (Schutz-) Aufgaben einnimmt.

Werden die umfangreichen Möglichkeiten der PV-Installation nicht genutzt, können dynamische Stromtarife in Kombination mit strombasierten Anwendungen wirtschaftlich interessant sein. Dafür muss ein Smart Meter als intelligentes Messsystem installiert werden – ein Zähler, der den Energieverbrauch stundenweise genau erfasst und übermittelt. Für Haushalte mit geringem und wenig flexiblem Stromverbrauch lohnt sich das meist nicht. Denn um die Vorteile dieser Tarife nutzen zu können, müssen Verbraucher flexibel sein und ihren Stromverbrauch gezielt in günstige Preisphasen verschieben. Dennoch: Es gibt hilfreiche Apps, die Wärmepumpen, Batteriespeicher, das Laden von E-Autos oder den Einsatz von energieintensiven Haushaltsgeräten steuern. Im Grunde bildet sich hier der Einsatz eines Energiemanagementsystems ab.

Setzt man darüber hinaus Batteriespeicher ein, so lassen sich weitere Preisvorteile erzielen. Sinnvollerweise sollte man die Kosten gegenrechnen, denn bei Batteriespeichern entstehen pro Ladezyklus Verluste von etwa 15 Prozent. Auch die Investitions- und Betriebskosten sind zu berücksichtigen.

Grundsätzlich gilt: Je höher und je flexibler der Energieverbrauch ist, desto besser lassen sich günstige Strompreisphasen nutzen und desto größer ist das Einsparpotenzial mit dynamischen Stromtarifen.

Um eine befriedigende Lösung zu finden, müssen die Gegebenheiten, die Möglichkeiten und die tatsächlichen Kosten analysiert werden. Im Netz sind die ersten Vergleichsportale verfügbar, siehe zum Beispiel https://smartstromcheck.de/.

11.1.3 Wassergeführte Wärmenetze oder Ausbau des Stromnetzes?

Grundsätzlich ist jede Energieversorgung auf Leitungsinfrastruktur angewiesen. Stromleitungen sind in jedem Fall erforderlich, unabhängig davon, ob es sich um öffentlichen oder privaten Raum handelt. Sie bilden das Adersystem für die allgemeine Stromversorgung, für Elektromobilität, für den Betrieb von Wärmepumpen sowie für die Einspeisung dezentraler Erzeugungsanlagen. Mit wachsender PV-Installation nehmen auch die Anforderungen an das Stromleitungsnetz zu, sodass ein Ausbau in naher Zukunft erforderlich sein wird.

Sollte also wirklich eine zusätzliche Infrastruktur errichtet werden, um Wärme zu verteilen – beispielsweise in Form von Wärmenetzen im öffentlichen Raum oder separaten Heizungsrohrsystemen in Gebäuden? Diese zusätzliche Infrastruktur muss gebaut und unterhalten werden und ist deutlich teurer als ein elektrisches Leitungssystem.

Kompakt

Wenn das Stromleitungsnetz unabdingbar notwendig ist und ohnehin ausgebaut, verstärkt oder erweitert werden muss, stellt sich die Frage nach der Sinnhaftigkeit einer zusätzlichen Wärmenetzversorgung.

Ein vereinfachter quantitativer Vergleich verdeutlicht die Situation im öffentlichen Raum: Eine 20-kV-Stromleitung ist in der Investition etwa fünfmal günstiger als eine Wärmenetzleitung mit einem Durchmesser von rund DN 130. Gleichzeitig kann sie mehr als das Fünffache der Energiemenge einer Wärmenetzleitung transportieren. Das wirkt sich auch auf den Flächen- und Raumbedarf aus. Die Wärmenetzleitung benötigt 125-mal mehr Raum als eine vergleichbare Stromleitung. Setzt man Kosten, transportierte Energiemenge und Verluste in Relation, ergibt sich ein deutliches Bild: **Das Kosten-Energie-Verhältnis einer Stromleitung ist etwa um das 28-Fache günstiger (im Vergleich von elektrischer zu thermischer Energie) als das eines Wärmenetzes.**

Rechnet man mit einer nachgeschalteten Wärmepumpe beim Abnehmer, verbessert sich das Kosten-Energie-Verhältnis auf das 100-Fache im Vergleich zur Wärmenetzleitung. Dies ist stark vereinfacht dargestellt. Doch auch wenn man alle Randbedingungen minutiös einrechnet, bleibt es bei dieser extrem großen Diskrepanz.

Öffentlicher Raum	Stromleitung	Wärmenetz	Ergebnis Wärmenetz
Kosten/Leistung			
System	20.000 Volt	Di=130 mm, Da=250 mm 20 Kelvin	
Kosten	300 €/m	1.500 €/m	5 mal höhere Kosten
Energietransport	10.400 kWh elektrisch 36.400 kWh thermisch (COP 3,5)	 2.000 kWh thermisch	5,2 mal verminderter Energiefluss 18,2 mal verminderte thermische Energiedurchleitung
Verlust	2,0% bis 5,0%	10 bis 25%	
Kostenverhältnis			Elektrisch: 28-fach erhöht Thermisch: 100-fach erhöht
Kosten Energieerzeugung			
Netzstrom	30 ct/kWh elektrisch	10–11 ct/kWh thermisch (fossil)	
Netz/PV	20 ct/kWh elektrisch		
PV	10 ct/kWh elektrisch		
Wärmepumpe	< 10 ct/kWh thermisch		
Preistrend	fallend	steigend (fossil)	
Fixkosten	Umlage auf Sektoren	Umlage komplett	

Nutzung Infrastruktur	Stromleitung	Wärmenetz	Ergebnis Wärmenetz
Auslastung	Ganzjährig	Eher Wintermonate	
Nutzung	Wärme und Mobilität ohnehin vorhanden	Nur Wärme, keine Kopplung; zusätzlich	
Temperaturabhängigkeit	Keine	Hohe Abhängigkeit	
Skalierbarkeit	Sehr gut	Mittel bis gering	
Querschnittsfläche	80 cm^2	10.000 cm^2	125-mal mehr Raumbedarf
Richtungswechsel	Ja, möglich	Nein	

Nutzung Infrastruktur	Stromleitung	Wärmenetz	Ergebnis Wärmenetz
Redundanz/Ringverbund	Sehr hoch	Gering und teuer	
Trägheit	Keine	Sehr hoch	
Transportdistanz	Sehr groß	Gering	
Materialeinsatz	Gering	Sehr hoch	

Diese grundlegenden infrastrukturellen Unterschiede machen deutlich, dass elektrische Netze eine hocheffiziente und wirtschaftlich robuste Basis für die Energieversorgung darstellen, während Wärmenetze stets eine zusätzliche, spezialisierte und kostenintensive Parallelstruktur erfordern. Herstellung und Betrieb einer stromnetzbasierten Infrastruktur senkt die Netzkosten pro transportierter Energieeinheit deutlich. Von diesem Vorteil profitieren alle Endkunden.

Zusätzlich sollte man verstehen, dass der Ausbau der Stromnetze sämtliche Energieanwendungen umfasst. Dagegen benötigen parallel geführte Energieverteilungskonzepte für Gas, Fernwärme oder Kfz-Brennstoffe jeweils eigene Vertriebsnetze.

11.1.4 Elektrifizierung der kommunalen Flottenfahrzeuge

Der Umstieg auf Elektromobilität ist besonders dort wirtschaftlich, wo große Energiemengen umgesetzt werden. Deshalb sind Elektrofahrzeuge für kommunale Aufgaben wie Straßenreinigung, Winterdienst und den schweren Baumaschinenpark besonders interessant. Die Wirtschaftlichkeit basiert auf sinkenden Strompreisen, dem hohen Wirkungsgrad von Elektromotoren sowie den kontinuierlich fallenden Batteriekosten. Wo große Energiemengen umgesetzt und schwere Lasten bewegt werden, lohnen sich E-Fahrzeuge. Gerade im Schwerlastbereich zeigt sich, dass ein elektrifizierter 40-Tonnen-Lkw – bezogen auf den Energieeinsatz pro transportierter Tonne – nochmals deutlich effizienter ist, als ein elektrifizierter Pkw (vgl. Kapitel 3).

Wird darüber hinaus Strom direkt am Depot oder Bauhof bezogen, liegen die Kosten um rund das 1,6-Fache günstiger als beim Einsatz von Verbrennerfahrzeugen. Bezieht das Fahrzeug seinen Strom unmittelbar aus erneuerbaren Energieerzeugungsanlagen, so kann es bis zu 5-mal günstiger geladen werden. So vergrößert sich der wirtschaftliche Vorteil gegenüber Verbrennerfahrzeugen erheblich. Zwar kosten elektrische Nutzfahrzeuge häufig noch deutlich mehr als konventionelle, doch sie amortisieren sich umso schneller, je höher der Energiebedarf und die jährliche Fahrleistung liegen. Das gilt ohne Abstriche für sämtliche Bau- oder Nutzfahrzeuge und schweres Gerät.

Beispiel:

	Verbrauch pro 100 km	Energiepreis	Kosten pro 100 km	Resultat
Diesel-Lkw	30 l	1,6 €/l	48 €	
E-Lkw	100 kWh	0,30 €/kWh (Depot)	30 €	1,6-mal günstiger
	100 kWh	0,09 €/kWh (EE-Direkt)	9 €	5-mal günstiger

Kompakt

Elektrische Nutzfahrzeuge eignen sich besonders für kommunale Aufgaben wie Kanalreinigung, Abfallsammlung, Containerumschlag, Winterdienst oder Straßenreinigung. Sie bewegen sich leise, effizient und lokal emissionsfrei durch Städte und Gemeinden.

An den folgenden drei Beispielen wird dargestellt, dass Fahrzeughersteller schon längst die Vorzüge der elektrischen Nutzfahrzeuge in die praktische Anwendung gebracht haben.

Elektrische Nutzfahrzeuge von DESIGNWERK

Die Firma DESIGNWERK bietet elektrische Nutzfahrzeuge für unterschiedliche kommunale und gewerbliche Anwendungen an. Sie zeichnen sich durch mehrere Kriterien aus (DESIGNWERK, 2026 A):

- **Effizienter Stop-and-Go-Betrieb**: Gerade bei häufigem Anhalten, etwa bei der Abfallsammlung oder im Recyclingbetrieb, sind Elektroantriebe von Vorteil. Leistungsstarke Elektromotoren mit Rekuperation ermöglichen eine Rückgewinnung von Energie beim Bremsen. Je nach Einsatzprofil und Topografie können bis zu 14 Prozent der eingesetzten Energie zurückgewonnen werden.
- **Leistungsstarke elektrische Nebenantriebe**: Elektrische Nebenantriebe verschaffen Leistung von bis zu 125 kW. Damit lassen sich Container heben, Kanäle reinigen oder Abfälle einsammeln. Diese Leistung steht den gesamten Arbeitstag über zur Verfügung.
- **Emissionsfreier Betrieb in Innenstädten**: Elektro-Lkws verursachen keine lokalen Schadstoffemissionen. Umwelt, Anwohner und Mitarbeiter entgehen den bisher allgegenwärtigen Rußpartikeln, Stickoxiden und CO_2. E-Lkws brauchen brauchen keinen Leerlaufbetrieb und haben deutlich weniger beweglicher Teile. Daher arbeiten die Fahrzeuge besonders geräuscharm.
- **Hohe Alltagstauglichkeit**: Batteriekapazitäten von bis zu 500 kWh und Ladeleistungen von bis zu 350 kW verursachen kurze Standzeiten, was die Einsatzfähigkeit im kommunalen Alltag deutlich erhöht.

Elektrische Fahrmischer von DESIGNWERK

Auch im Bauwesen lassen sich elektrische Nutzfahrzeuge wirtschaftlich einsetzen. Betontransporte sind hohen Nutzlasten ausgesetzt und erfordern Zuverlässigkeit und Dauerleistung. Zwei elektrische Fahrmischer von DESIGNWERK erfüllen laut Herstellerangaben diese Anforderungen. Sie bieten bis zu 500 kWh Batteriekapazität, entsprechende Achskonfigurationen und Fassungsvermögen von bis zu 12 m^3 Beton (DESIGNWERK 2026 B).

Elektrische Muldenkipper im Bergbau von CATL

Elektrische Schwerlastfahrzeuge sind längst keine Zukunftsvision mehr, sondern im industriellen Dauereinsatz. Der Batteriehersteller CATL konzentriert sich bereits auf die nächste Generation elektrischer Muldenkipper für den Bergbau. Die neuen Fahrzeuge wurden speziell für extreme Einsatzbedingungen entwickelt. Sie trotzen steilen, felsigen Hängen ebenso wie schlammigem Untergrund und sind für den kontinuierlichen Betrieb ausgelegt.

Die elektrischen Muldenkipper verbinden hohe Leistungsfähigkeit mit einer deutlich reduzierten Lärmbelastung und emissionsfreiem Betrieb am Einsatzort. Das ist insbesondere relevant, wenn die Fahrzeuge im Minenbetrieb rund um die Uhr eingesetzt werden. Neben der nötigen Zuverlässigkeit spielen bei einem Dauerbetrieb die Energieeffizienz und die Betriebskosten die zentrale Rolle.

Technische Kenndaten und Betriebserfahrung laut CATL (CATL, 2025):

- Batteriekapazität: 801 kWh,
- ununterbrochene Betriebsdauer: bis zu 8 Stunden,
- maximale Leistung: bis zu 1.000 kW,
- Nutzlast: bis zu 90 Tonnen,
- Lebensdauer: bis zu 4.500 Ladezyklen,
- Einsatzprofil: 24/7-Betrieb,
- zuverlässige Leistung über einen Zeitraum von bis zu 6 Jahren,
- Praxiserprobung: über mehr als 300.000 km.

Hinzu kommen die deutlich reduzierten Lärmemissionen. Während konventionelle dieselbetriebene Muldenkipper im Bergbau Lärmemissionen von über 90 dB verursachen, liegen elektrische Muldenkipper bei unter 65 dB. Dies verbessert die Arbeitsbedingungen für das Personal erheblich.

11.2 Vier Beispiele für die kommunale Umsetzung

Die Wirtschaft macht es immer wieder vor – doch noch viel zu selten orientieren sich Kommunen an diesen Beispielen. Im Folgenden werden die Erfahrungen einer Spedition sowie eines kommunalen Öffentlichen Personennahverkehrs (ÖPNV) bezüglich E-Mobilität sowie anschließend ein vorbildhafter Strom-Bilanzkreis einer Kommune und die Umwandlung eines Klärwerks zum Energiewerk (ebenfalls Kommune) vorgestellt.

11.2.1 Umstellung des Fuhrparks auf E-Mobilität

Speditionen richten sich immer weiter auf E-Mobilität aus. Das hat einerseits finanzielle Gründe und auch die internationalen Anforderungen der Wirtschaft an Umweltgerechtigkeit bei Produktion und Vertrieb geben dem Betrieb von E-Lkws deutlichen Rückenwind. Andererseits wird auch in städtischen Großräumen die Einfahrt der Lastwagen in Umweltzonen erleichtert. Die folgenden Beispiele zeigen, was die Organisatoren kommunaler Fuhrparks von Speditionen lernen können.

Die Spedition W&P aus Prichsenstadt stellt ihren Fuhrpark konsequent auf Photovoltaik, Batteriespeicher und E Mobilität um (elektrive, 2025). Von den insgesamt 50 Lkws sind inzwischen 23 elektrisch unterwegs. Auf dem Firmengelände wurde ein unternehmenseigener Ladepark errichtet. Dort stehen 56 Schnellladestationen zur Verfügung, die über eine hauseigenen PV-Anlage und einen 15.000-kWh-Batteriespeicher mit Strom versorgt werden. Zusätzlich wurden Personal- und Warteräume, Toiletten, Duschen und Verpflegungsautomaten bereitgestellt.

Wie rentabel war diese Investition? Wir haben durchgerechnet. Dabei wurden einige Daten geschätzt – diese sind kursiv gesetzt, um sie von den veröffentlichten Daten abzugrenzen. Steuerliche Aspekte wurden nicht berücksichtigt.

Beispielrechnung
PV-Anlage:
- rund 3.700 kWp
- Energieerzeugung pro Jahr: rund 3.700.000 kWh

Batteriespeicher:
- 15.000 kWh
- *Stromgestehungskosten: 15 ct/kWh*
- *Anteil der Selbstnutzung: 80 %*
  - *inkl. Speicher und Ladeverluste (ohne Einspeisevergütung)*
  - *inkl. Ladepark und Infrastruktur (ohne Förderung)*

Lkw:
- jährliche Fahrleistung 100.000 km
- E-Lkw *100 kWh/100 km*
- Diesel-Lkw *30 l/100 km, 1,6 €/l*

LKW		
Diesel (a)	30 l x 1,6 €/l	48,00 €/100 km
E-Mobilität (b)	100 % Ladetarif 40 ct/kWh (Standard)	40,00 €/100 km
E-Mobilität (c)	50 % Eigenstrom 15 ct/kWh 50 % Ladetarif 40 ct/kWh	27,50 €/100 km
E-Mobilität (d)	50 % Eigenstrom 15 ct/kWh 50 % flexible Stromverträge & Depotladen (~ 20 ct/kWh)	17,50 €/100 km
Energiebezogene Mobilitätskosten pro 100.000 km pro Jahr und LKW		
Diesel (a)	30 l x 1,6 €/l	48.000 €
E-Mobilität (b)	100 % Ladetarif 40 ct/kWh (Standard)	40.000 €
E-Mobilität (c)	50 % Eigenstrom 15 ct/kWh 50 % Ladetarif 40 ct/kWh	27.500 €
E-Mobilität (d)	50 % Eigenstrom 15 ct/kWh 50 % flexible Stromverträge & Depotladen (~ 20 ct/kWh)	17.500 €
Zusätzlicher Gewinn durch Mautbefreiung		
gesetzlich gesichert bis 30.06.2031	Rund 30 ct/km	jährl. Einsparung 30.000 €
Investitionskostenvorteil E-Mobilität *Annahme: 8 Jahre stabile Energiepreise (Reinvestition LKW)*		
E-Mobilität (b)	100 % Ladetarif 40 ct/kWh (Standard)	64.000 €
E-Mobilität (c)	50 % Eigenstrom 15 ct/kWh 50 % Ladetarif 40 ct/kWh	164.000 €
E-Mobilität (d)	50 % Eigenstrom 15 ct/kWh 50 % flexible Stromverträge & Depotladen (~ 20 ct/kWh)	244.000 €
Mautbefreiung (gesetzlich gesichert bis 30.06.2031)	Rund 30 ct/km	240.000 € (150.000 €)

Die energiebasierten Mobilitätskosten eines E-Lkws sind bereits heute deutlich niedriger als bei einem Diesel-Lkw. Bei einer Ladekombination aus hälftig eigenem PV-Strom und hälftig Standardtarif (Variante [c]) ergibt sich ein Kostenvorteil von rund 20.500 Euro pro Fahrzeug und Jahr. Durch den Einsatz intelligenter, flexibler Stromtarife sind sogar Einsparungen von bis zu 30.500 Euro jährlich pro E-Lkw realistisch. Der Markt für solche dynamischen Energielieferverträge entwickelt sich aktuell und erste Anbieter haben entsprechende Produkte speziell für Logistikunternehmen eingeführt (SID – Super Impact Day, 2026).

Die Anschaffungskosten für Elektro-Lkws liegen derzeit (Frühjahr 2026) etwa 100.000 bis 150.000 Euro über denen konventioneller Dieselmodelle. Experten gehen jedoch davon aus, dass sich dieser Aufpreis durch fallende Batteriepreise, optimierte Antriebstechnik und Skaleneffekte bis spätestens zum Jahr 2030 auf rund 50.000 Euro reduzieren wird.

Wer heute einen E-Lkw kauft und die E-Mobilitätsvariante (c) nutzt, kann davon ausgehen, dass diese Mehrkosten innerhalb von etwa 5 Jahren aufgefangen werden. Nicht zu vergessen: Aktuell gibt es attraktive Förderungen und Abschreibungen für die Elektrifizierung für Nutzfahrzeuge und Ladeinfrastruktur. Über die bisherige positive Berechnung hinaus spielt der steigende Ölpreis (Stand: Frühjahr 2026) eine Rolle, der nicht in die Rechnung aufgenommen wurde. Man erwartet neben dem steigenden Dieselpreis auch stetig zunehmende CO_2-bezogene Kosten. Dies beschleunigt die Amortisierung der Mehrkosten für E-Lkws nochmals deutlich. Man muss nicht darauf warten, dass deren Anschaffungspreise sinken. Die bestehenden Vorteile und die mit der E-Technologie verbundene Unabhängigkeit von Öl-produzierenden Ländern machen einen Umstieg auf E-Mobilität für Speditionen ebenso interessant wie die Ladeinfrastruktur entlang der Autobahnen und die Vorteile, die sich für E-Lkws bei den Mautgebühren niederschlagen.

Aus strategischer Sicht hat die Spedition W&P richtig gehandelt: Durch den Einstieg in Elektromobilität sichert sie sich planbare Energiekosten aus dem Eigenverbrauch und schützt sich dadurch zu 50 Prozent gegen künftige Preissteigerungen. Günstig erzeugter oder beschaffter Strom wird damit zu einem zentralen Wettbewerbsfaktor.

Das sehen auch andere Speditionen so. Dachser als global Player führt in seinem Fuhrpark bereits über 120 E-Lkws (Koll, 2025). sennder – eine führende digitale Spedition in Europa – veröffentlichte im Juni 2025 eine Studie, die (noch) untersucht, unter welchen Umständen Schwerlast-Lkws mit Elektroantrieb eine bessere Performance und Wirtschaftlichkeit aufweisen als solche mit Dieselmotor. Als Grundlage dienten über 1,3 Millionen Kostenszenarien, basierend auf dem realen Betrieb von Fahrzeugen in ganz Europa.

> *»E-Lkw stehen kurz davor, zum Standard in der Straßenlogistik zu werden – nicht wegen politischer Vorgaben, sondern wegen ihrer besseren Wirtschaftlichkeit. Schon in naher Zukunft werden Elektro-Lkw günstiger im Betrieb sein als Dieselfahrzeuge – und das mit nur minimalen operativen Umstellungen. Die Verbesserung der Qualität von Elektrofahrzeugen sowie die Skaleneffekte entlang der gesamten EV-Wertschöpfungskette führen zu einem stetigen Rückgang der Kostenbasis von Elektro-Lkw. Produktionsprozesse werden effizienter, Komponenten günstiger und Batterien leistungsfähiger – bei gleichzeitig sinkenden Preisen.«*
>
> (sennder, 2025)

Viele dieser Argumente lassen sich direkt auf das kommunale Umfeld übertragen. Besonders interessant für den kommunalen Fuhrpark dürfte die Reichweite der Nutzfahrzeuge sein. Aktuelle E-Lkw-Modelle bieten Reichweiten von mehr als 350 km. Neuere Generationen erreichen bereits 500 km und Hersteller wie Volvo und Scania wollen demnächst Modelle mit bis zu 600 km Reichweite auf den Markt zu bringen. Der Schlüssel zu dieser Entwicklung liegt eindeutig in der

Lernrate des Batteriesektors. Deshalb werden die Veränderungen, die den Lkw-Sektor betreffen, auch auf andere Nutzfahrzeuge wie Müllfahrzeuge oder Busse des ÖPNV übertragbar sein.

11.2.2 Elektrifizierung des ÖPNV

Die VAG Nürnberg stellt um

Die Verkehrs-Aktiengesellschaft (VAG) Nürnberg, eine hundertprozentige Tochter der Stadtwerke Nürnberg, besitzt etwa 220 eigene Busse. Schon seit dem Jahr 2018 wird der Busbetrieb konsequent auf emissionsfreie E-Busse umgestellt. Stand Februar 2026 betreibt die VAG Nürnberg über 100 E-Busse –damit fahren rund 45 Prozent der Busflotte elektrisch (VAG Nürnberg, 2025). Die Umstellung ist mit hohen Investitionen verbunden, doch langfristig ergeben sich für die Betreiber Vorteile – nicht nur im Bereich Klimaschutz. Dem Geschäftsbericht 2024 ist zu entnehmen:

> *»Rund 40 Millionen Euro investierte die VAG im Jahr 2024 in Infrastruktur und Fahrzeuge – unterstützt durch Fördermittel in Höhe von 11,3 Millionen Euro. Besonders im Fokus: die Ladeinfrastruktur für die mittlerweile über 100 E-Busse der VAG. In der modernisierten Abstellhalle in der Jaeckelstraße wurden zusätzliche Ladepunkte geschaffen. Das neue Vordach mit integrierter Photovoltaikanlage liefert emissionsfreien Strom direkt vor Ort. Für ihre E-Busse bezieht die VAG Ökostrom aus einer Photovoltaikanlage der N-ERGIE in Unterfranken. Ein weiterer Schritt in Richtung klimafreundlicher Mobilität und Beleg dafür, dass Verkehrs- und Energiewende idealerweise Hand in Hand gehen.«*
>
> (VAG Nürnberg, 2024)

Diese Anstrengungen der VAG scheinen sich zu lohnen, denn die Fahrgastzahlen stiegen im Vergleich der Jahre 2023 und 2024 um über sechs Prozent. Die Gesellschaft beförderte im Jahr 2024 über 160 Millionen Fahrgäste in einem Verkehrsgebiet von 567 Quadratkilometern. Alleine die 210 Busse versorgten auf 54 Linien und einer Betriebsstreckenlänge von 330 Kilometern insgesamt 680 Haltestellen. Sie legten 14,2 Millionen Kilometer zurück. Die E-Busse – 45 Prozent der Flotte – dürften anteilig rund 45 Prozent der gefahrenen Kilometer zurückgelegt haben. Das wären im Jahr 2024 also rund 6,4 Millionen Kilometer.

Beispielrechnung

Vergleich E-Bus zu Diesel-Bus		
Diesel (a)	30 l x 1,6 €/l	48,00 €/100 km
E-Mobilität (b)	100 % Ladetarif 40 ct/kWh (Standard)	40,00 €/100 km
E-Mobilität (c)	100 % Ladetarif 20 ct/kWh (Industriestrom)	20,00 €/100 km
E-Mobilität (d)	50 % Eigenstrom 15 ct/kWh 50 % Ladetarif 40 ct/kWh	27,50 €/100 km

Der Verbrauch eines 12-Meter-Batteriebusses liegt bei etwa 100 kWh/100 km. Bei einem Preis für Industriestrom von 20 Cent pro kWh sind das 20 Euro für 100 km. Der Verbrauch bei einem Diesel-Stadtbus liegt bei mindestens 30 bis 50 Litern pro 100 km. Bei einem Dieselpreis von 1,60 Euro pro Liter sind das 48 Euro (Minimum) bis 80 Euro für 100 km. Berechnet man nun die 6,4 Millionen Kilometer Fahrwege in Nürnberg, so liegen die reinen Kilometerkosten beim E-Bus bei rund 1.280.000 Euro (Industriestrom) bis maximal 2.560.000 Euro (Standardtarif). Der Diesel-Bus erzeugt auf derselben Strecke Kosten in Höhe von 3.072.000 Euro (Dieselkosten von 1,60 €/l). **In einem einzigen Betriebsjahr spart die Nürnberger E-Bus-Flotte mindestens 512.000 Euro bis maximal 1.792.000 Euro ein.**

Auch den CO_2-Ausstoß sollte man nicht vergessen. Verursacht eine Person im Stadtverkehr im Diesel-Bus rund 96 Gramm CO_2 pro gefahrenem Kilometer, so sinkt dieser Wert auf 72 Gramm CO_2 pro Kilometer, wenn der E-Bus genutzt wird. Die Zahlen stammen aus dem Bericht des Umweltbundesamtes von 2022 (Navit, 2025)

Die Deutsche Bahn plant elektrisch

Mehr als 3.300 neue Busse hat die Deutsche Bahn für die nächsten Jahre bestellt und investiert dafür über eine Milliarde Euro. Etwa 200 Stück – dies entspricht einer kleineren Flotte von E-Überlandbussen – liefert der chinesische Hersteller BYD aus seiner Produktion in Ungarn, den Löwenanteil hingegen der Münchner Nutzfahrzeughersteller MAN Truck & Bus SE. Ein »wesentlicher Teil« dieser MAN-Busse soll vollelektrisch laufen und zwischen 2027 und 2030 geliefert werden (Bahnblogstelle, 2025).

MAN feiert den größten Auftrag in der Geschichte des Unternehmens als einen entscheidenden Meilenstein in der Förderung ökologischer Transportlösungen. Alexander Vlaskamp, Vorstandsvorsitzender von MAN, betont die strategische Bedeutung dieser Partnerschaft und sieht darin *»einen wesentlichen Fortschritt auf dem Weg zu klimafreundlicher Mobilität«* (InvestmentWeek, 2026).

Die Investitionskosten bringen den chinesischen Hersteller ins Spiel, denn BYD brachte im Jahr 2012 E-Busse für 380.000 Euro auf den Markt. Im Jahr 2025 kostete ein 12-Meter-E-Bus aus der ungarischen Produktion nur noch 285.000 Euro.

Tatsache ist, dass E-Mobilität immer günstiger wird. Nicht umsonst sind auf dem europäischen E-Bus-Markt Deutschland, Italien, Polen, Spanien und Schweden unterwegs. Dabei erhalten sie erhebliche Konkurrenz aus China, das mit zwei E-Bus-Herstellern um europäische Aufträge kämpft. Der Preisverfall in der Anschaffung – verbunden mit den immer leistungsfähigeren Batterien und dem zunehmenden Angebot an Strom – führt dazu, dass E-Busse den fossil betriebenen Fahrzeugen den Rang ablaufen.

Kompakt

Je schneller Stadtwerke auf Stromerzeugung, Stromverkauf und Eigennutzung – nicht nur bei den eigenen Flotten – umsteigen, desto höher ist auf lange Sicht der Gewinn für Stadtwerke und Bürger

11.2.3 Strombilanzkreismodell – Erfolgskonzept der Kommune Main-Taunus-Kreis

Die Kommune Main-Taunus-Kreis hat seit dem Jahr 2018 ein sogenanntes Strombilanzkreismodell eingeführt. Es basiert auf einer Empfehlung der Energieagentur Rheinland-Pfalz. Damit soll ein möglichst energieautarker, regionaler Verbund geschaffen werden, der die regenerative Eigenstromversorgung stärkt und die Einsparung von Stromkosten unterstützt.

Ein Strombilanzkreis (SBK) ist die kleinste Einheit zur Bewirtschaftung eines Stromnetzes. Im Grunde handelt es sich um eine Art »virtuelles Energiekonto«, bezogen auf eine überschaubare Anzahl an Einspeisern und Abnehmern. Dort werden Stromerzeugung und Stromverbrauch gegeneinander aufgerechnet. (Siemer, 2025)

Ausgangspunkt dieses Modells, das zunächst unter der Bezeichnung »Energieregion« bekannt wurde, war die steigende Forderung von Energieerzeugern, die hergestellte Energie nicht einfach nur in ein Netz einzuspeisen, sondern sie zum Eigenverbrauch einzusetzen. Allerdings wird nur selten der erzeugte Strom vollständig an der Stelle der Erzeugung verbraucht. Also bleibt in der Regel nur die Einspeisung des Überschusses ins öffentliche Netz.

Beispiel

Eine Kommune besitzt zehn Gebäude (u. a. Verwaltung, Schulen, Turnhallen). Auf fünf dieser Liegenschaften sind PV-Anlagen montiert, die wesentlich mehr Strom erzeugen, als das jeweilige Gebäude verbraucht. Auf den übrigen fünf Gebäuden, die Stromabnehmer (Verbraucher) sind, wird kein Strom erzeugt. Bis dato wird also der Stromüberschuss von fünf stromerzeugenden Gebäuden ins Netz eingespeist.

In aller Regel zahlt der Besitzer der zehn Gebäude – also die Kommune – deutlich mehr Stromkosten für die fünf Verbraucher, als er über die Einspeisevergütung seiner fünf Erzeuger bekommt. Die Kosten für den Bezugsstrom lassen sich allerdings erheblich senken, wenn die insgesamt zehn Gebäude als stromerzeugende und strombeziehende Einheit betrachtet und Einspeisung wie Bezug gegeneinander aufgerechnet werden. Genau diese Betrachtung ist über einen Strom-Bilanzkreis möglich.

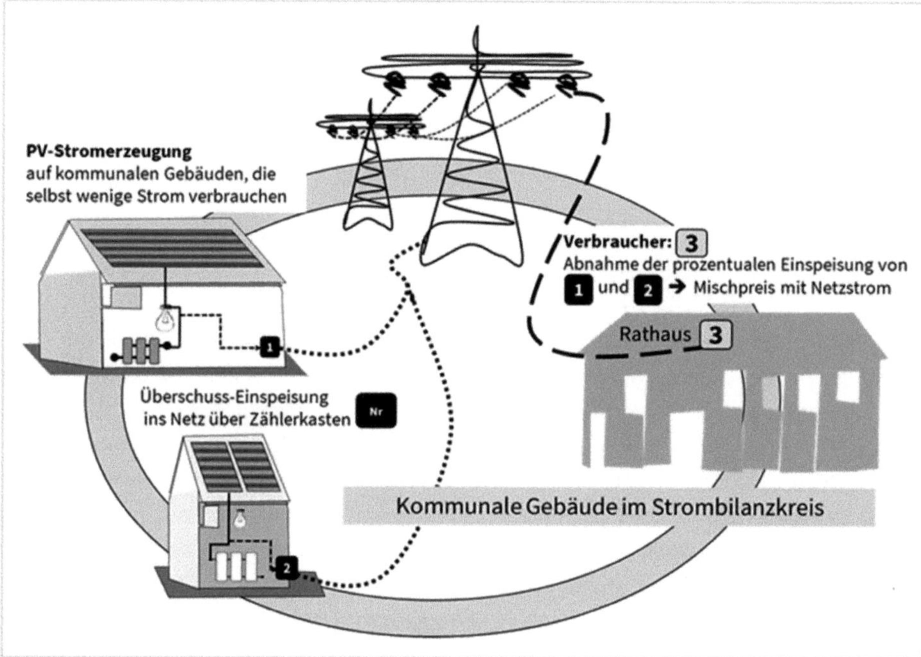

Abb. 84: Der Strom-Bilanzkreis innerhalb einer Kommune – Erzeuger und Verbraucher sind weniger als 4,5 Kilometer voneinander entfernt und werden als Einheit betrachtet. So sinken die Stromkosten erheblich. *(Grafik: ggb)*

Das Bilanzkreis-Modell hat den Vorteil, dass verschiedene Stromerzeuger und -verbraucher in einem Bilanzkreis gelegt werden können. Dies können Erzeuger wie Photovoltaikanlagen auf Gebäuden sein, aber auch Freiflächen-PV-Anlagen sowie BHKWs oder Windkraftanlagen. Ihnen gegenüber stehen Verbraucher wie Schulen und kommunale Verwaltungs- oder Betriebsgebäude. Der Stromfluss wird sowohl bei Erzeugern als auch Verbrauchern im 15-Minuten-Takt erfasst. Dafür ist bei allen Beteiligten im Strombilanzkreis ein entsprechender Zähler zu installieren.

Aktuell sehen die gesetzlichen Vorgaben wie folgt aus (Stand 02/2026): Der finanzielle Vorteil liegt darin, dass die Stromeinspeisungen aus den Erzeugeranlagen bilanziell den Verbrauchern zugerechnet werden. So erhält der Erzeuger keine Einspeisevergütung, sondern dieser Betrag wird den Verbrauchern zugerechnet – allerdings nicht in voller Höhe. Auf diesen Anteil entfallen noch Netzentgelte und eine Stromsteuer sowie sonstige Abgaben und ein bestimmter Umsatzsteuersatz. Wie viel Entgelte von der Einspeisevergütung abgezogen werden, hängt davon ab, wie weit Erzeuger und Verbraucher voneinander entfernt liegen. Hier gilt die 4,5-km-Regel. Unterhalb dieser Grenze fällt keine Stromsteuer an und die Umsatzsteuer wird reduziert. Liegen zwischen Erzeuger und Verbraucher mehr als 4,5 Kilometer, so werden die Stromsteuer und der normale Umsatzsteuersatz berechnet.

> Doch auch in dem ungünstigen Fall, dass weite Strecken zwischen Erzeuger und Verbraucher zu überwinden sind, lohnt sich das Modell.
>
> Es ist zu empfehlen, die Gesetzeslage bezüglich des Strombilanzkreismodells zu überprüfen, *bevor* man in die Umsetzung geht.

Das Bilanzkreis-Modell findet immer mehr Befürworter. Der Main-Taunus-Kreis, der das Modell seit Jahren betreibt, fasste schon im Jahr 2019 zusammen:

> *»Die Bilanz des ersten Abrechnungszeitraums 2018 zeigt bereits eindrucksvoll, dass die zu Beginn des Vorhabens gesetzten Ziele durch das Strombilanzkreismodell erreicht werden. So konnte der Kreis mit zunächst 14 Erzeugungsanlagen und 45 Lieferstellen fast 39.000 Euro einsparen. Für 2018 und 2019 rechnet der Kreis zudem mit einer Stromsteuererstattung in Höhe von ca. 18.000 Euro. Jährlich spart die Kreisverwaltung so Gelder in mindestens fünfstelliger Höhe ein, die wieder für den Ausbau erneuerbarer Energien verwendet werden können. Das Modell rechnet sich so gut, dass bereits 2019 zwei neue Photovoltaik-Anlagen in Betrieb genommen werden konnten und 2020 sogar drei Photovoltaik-Anlagen sowie drei weitere Blockheizkraftwerke errichtet wurden, wodurch die Einsparungen weiter steigen und für 2020 mit einer Gutschrift in Höhe von 100.000 Euro gerechnet wird.«*
>
> (Deutscher Städte- und Gemeindebund, 2025)

Ein weiterer großer Vorteil des Bilanzmodells besteht darin, dass Gebäude mit niedrigem Eigenstrombedarf, aber großen Dachflächen in einen Bilanzkreis einbezogen werden können. Turnhallen oder Scheunen sind die idealen PV-Anlagenträger, deren Stromerzeugung die übrigen Verbraucher in eine komfortable Kostensituation bringt.

> **Die Erfolgsgeschichte kompakt**
>
> Im Main-Taunus-Kreis kam der Ausbau erneuerbarer Energien im Jahr 2018 fast zum Erliegen. Dann führte der Bilanzkreis zu einer massiven Neubelebung. Es gab in der regionalen Politik keine Diskussionen mehr, ob eine PV-Anlage auf einem einzelnen Gebäude wirtschaftlich sei. Stattdessen wurden PV-Anlagen maximal ausgelegt und die Erzeuger in den Bilanzkreis aufgenommen. So konnte der überschüssige Strom vor Ort günstig bereitgestellt werden, was einen weiteren Beschleunigungseffekt erzeugte. Recht zügig wurde der kommunale Fuhrpark auf E-Mobilität umgestellt und in Sporthallen wurden Wärmepumpen installiert.

11.2.4 Vom Klärwerk zum Energiewerk – Bad Kissingen macht es vor

Kommunale Abwasseranlagen sind die größten Energiefresser einer Kommune. Und sie sind deutschlandweit in die Jahre gekommen. Viele Anlagen müssen in nächster Zeit saniert werden und überall schlagen die hohen Energiepreise ein tiefes Loch in die Haushaltskassen. Wie teuer fossile Energie in Zukunft wird, ist unvorhersehbar. Billiger aber wird sie sicher nicht.

Rentabler Umbau

Die Stadt Bad Kissingen hat sich zwei hohe Ziele gesetzt: Zum einen will sie den Ausstieg aus fossilen Energieträgern konsequent umsetzen. Zum anderen möchte die Stadt etablierte technische Lösungen innovativ einsetzen und damit den Betrieb der Kläranlage langfristig wirtschaftlicher und ökonomischer gestalten.

Bisher wurde an der Kläranlage »nur« energetisch saniert, der Fokus lag auf der energetischen Optimierung von Verfahrensprozessen. Diese waren meist teuer und nur wenig effektiv. Die Energieeinsparungen lagen lediglich im einstelligen Prozentbereich, was zu sehr langen Amortisationszeiten führte.

Ein Umdenken war nötig. Mit einem neuen Konzept sollen nun alle Ressourcen, die das Gelände bietet, und darüber hinaus alles, was der Kläranlage zugeführt wird, bestmöglich genutzt werden.

Die konsequente Umwandlung in Energie und ihre effektive Speicherung wird es möglich machen, die Kläranlage zu genau dem Zeitpunkt mit Energie zu versorgen, wenn diese gebraucht wird.

Das Konzept verbindet mehrere Einzelmaßnahmen zu einem optimalen Ganzen:

- konsequente Nutzung vorhandener regenerativer Energien aus Faulgas, Solarenergie und Wärme aus Abwasser,
- Speicherung von Energie mithilfe von Faulgas- und Batteriespeichern,
- Entkopplung von Energiedargebot und Energieverbrauch,
- Flexibilisierung der Stromerzeugung im Sinne der Eigenverbrauchsoptimierung (also der Selbstversorgung),
- Stromeinspeisung ins öffentliche Netz (Direktvermarktung).

Dieses Konzept fand Anklang beim bayerischen Staat, der einen Teil der Investitionskosten durch Fördermittel auffing. Das Projekt »Vollständige Dekarbonisierung einer Kläranlage« konnte sich aufgrund des innovativen Charakters in einem Wettbewerb mit 178 Teilnehmen durchsetzen und wurde im Förderprogramm »Europäischer Fonds für regionale Entwicklung in Bayern« mit rund 5 Millionen Euro bedacht. Doch letztendlich zählt der langfristige Erfolg im Betrieb der Anlage – und dieser ist im Sektor Umweltschutz ebenso hoch wie in der Wirtschaftlichkeit.

Effizienz

Der Umbau wird deutliche Einsparungen in allen Bereichen nach sich ziehen:

- ☑ Aktuell liegt der Endenergiebedarf der Kläranlage bei 3.620.000 kWh pro Jahr. Davon werden etwa 1.395.000 kWh eingespart – und damit über 38 Prozent.
- ☑ Die CO_2-Emissionen rapide gesenkt. Aktuell emittiert die Anlage etwa 501 Tonnen CO_2 pro Jahr. Mit vollständigem Umbau wird dieser Betrag um 1.025 Tonnen CO_2 pro Jahr reduziert.

Wie ist das möglich? Durch die Einspeisung von erneuerbarem Strom in das öffentliche Netz wird fossiler Strom quasi verdrängt. So entsteht eine »negative Emission«, die größtmöglichen Nutzen für die Umwelt bringt. Die städtische Webseite stellt das Projekt dar (Bad Kissingen, 2025). Auch Medien haben die Planungen bereits ausführlich veröffentlicht. (Fränkischer Tag, 2025, Bayerische Gemeindezeitung,2023)

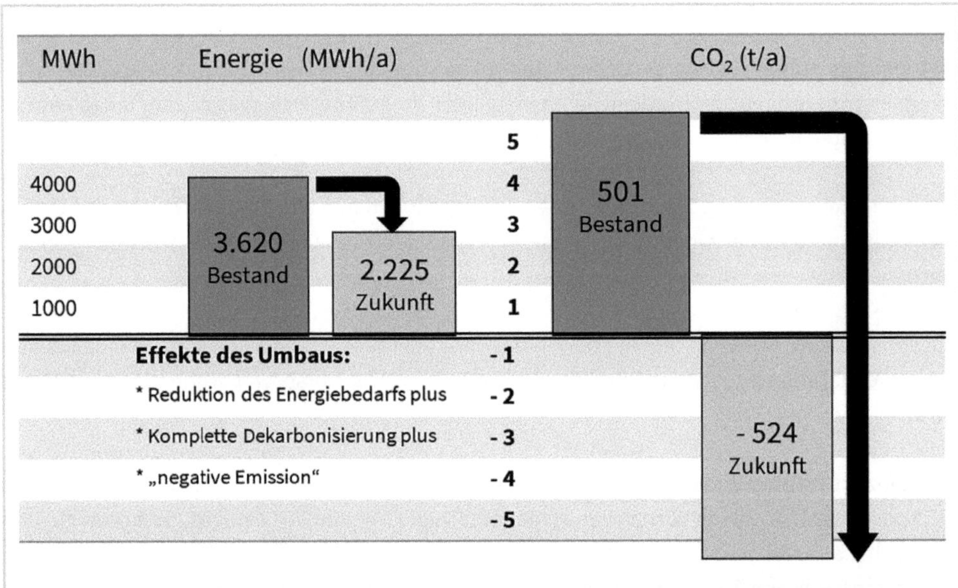

Abb. 85: Optimierung der Kläranlage Bad Kissingen – Energieeinsparung: 1.395.000 kWh/a und Vermeidung von 1.025 Tonnen CO_2 pro Jahr, Bezugsjahr: 2021. *(Grafik: ggb)*

Kosten und Wirtschaftlichkeit

Erfreulich positiv sind die Folgen für die Wirtschaftlichkeit und Kostensicherheit der Anlage und damit vor allem für die Bürger, die das Projekt über die Abwassergebühren finanzieren. Im Grunde ist der verlässliche Betrieb einer Kläranlage alternativlos. Die korrekte Reinigung der Abwässer muss stets im Vordergrund stehen und die direkten Verursacher der Abwässer –die Bürger – sind gesetzlich dazu verpflichtet, die Kosten zu tragen. Umso erfreulicher ist es für sie, dass die Kläranlage nicht nur weniger kostet, sondern auch wirtschaftliche Erträge einbringt:

- ☑ Die jährlichen Energieeinsparungen und Erlöse aus der Stromdirektvermarktung wurden bei der Planung mit jährlich 250.000 Euro beziffert. Dieser Berechnung sind die Energiepreise aus dem Jahr 2021 zugrunde gelegt. Durch die gestiegenen Energiepreise liegen die Einsparungen inzwischen deutlich über 300.000 Euro.

- ☑ Ein Nebeneffekt der Selbstversorgung dieser Anlage, die bei rund 95 Prozent liegt: Die zu erwartenden Energiepreissteigerungen spielen praktisch keine Rolle, denn 5 Prozent angekaufte Energie fallen bei der Gebührenkalkulation kaum ins Gewicht.
- ☑ Weitere betriebliche Vorteile sind eine sehr hohe Redundanz sowie die Energiesicherheit. Letztere hat oberste Priorität, da Kläranlagen zur »kritischen Infrastruktur« unseres Landes zählen.

Zudem bietet die Kläranlage Bad Kissingen nun die Möglichkeit, über einen Strom-Bilanzkreis weitere Liegenschaften wie das Terrassenfreibad günstig mit Strom zu versorgen.

Kompakt

Der größte Energieverbraucher der Stadt Bad Kissingen – die Kläranlage – wird durch die Dekarbonisierung unabhängig, kostengünstig und klimagerecht. Sie hält die Kosten stabil und sichert die eigene Energieversorgung. Sie wandelt sich vom Energiefresser und Kostentreiber sowie einer CO_2-Schleuder zu einem Energieerzeuger und CO_2-Senker.

Bad Kissingen zählt derzeit rund 23.000 Einwohner (Stand Juni 2025). Für eine fünfköpfige Familie beispielsweise bedeutet der Umbau der Kläranlage eine Gebührenentlastung, die sich aus zwei Quellen speist:

1. Aus den Energieeinsparungen ergibt sich ein Vorteil von rund 50 Euro jährlich.
2. Aus den Förderungen ergibt sich ein Vorteil von einmalig etwa 1.100 Euro.

Technische Details zum Umbau der Kläranlage

Die Kläranlage der Stadt Bad Kissingen verfügt über eine Ausbaugröße von 60.000 Einwohnergleichwerten und liegt in unmittelbarer Nachbarschaft zur Fränkischen Saale, die als Vorfluter dient.

Bisheriges Betriebsmodell

Die Strom- und Wärmeerzeugung für die Kläranlage Bad Kissingen wird heute zu einem großen Anteil über ein Blockheizkraftwerk mit Faul- und Erdgas bereitgestellt. Ein Spitzenlastkessel erzeugt den zusätzlichen Wärmebedarf im Winter. Auch er wird mit Faul- und Erdgas betrieben. Das öffentliche Stromnetz deckt den zusätzlichen Strombedarf sowie Lastspitzen ab. Stromüberschüsse aus dem Blockheizkraftwerk werden in das öffentliche Stromnetz eingespeist. Abbildung 86 zeigt die Energieflüsse im aktuellen Kläranlagenbetrieb im Jahresdurchschnitt.

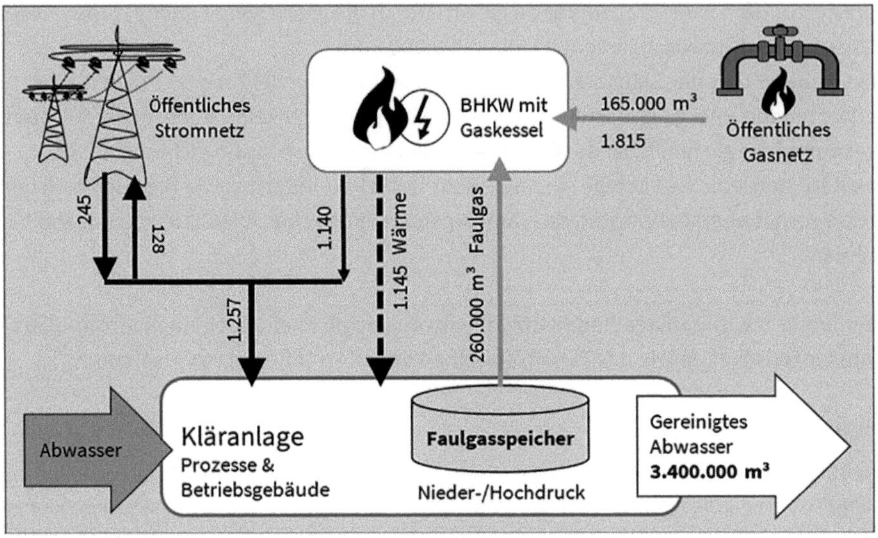

Abb. 86: Klärwerk Bad Kissingen – das bisherige Betriebsmodell. Alle Zahlen beziehen sich auf die Einheit Megawattstunden (MWh) *(Grafik: ggb)*

Das neue Betriebsmodell

Dem steht das neue Betriebsmodell gegenüber. Ziel ist es, Erdgas komplett zu ersetzen. Daher wird der Erdgasanschluss abgetrennt und auch der Strombezug aus dem öffentlichen Stromnetz maximal reduziert. Das neue Betriebsmodell stellt sich wie folgt dar:

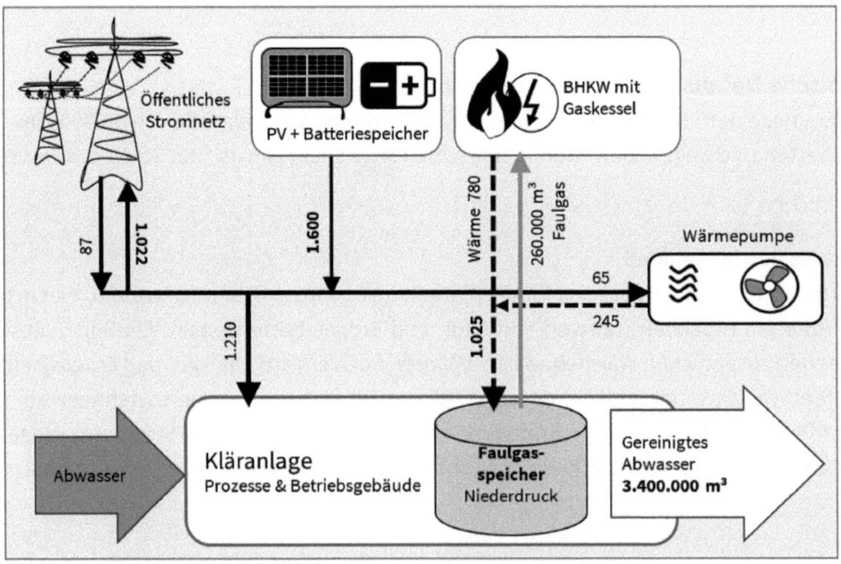

Abb. 87: Klärwerk Bad Kissingen – das neue Betriebsmodell. Alle Zahlen beziehen sich auf die Einheit Megawattstunden (MWh) *(Grafik: ggb)*

Zur Stromerzeugung sollen PV-Anlagen mit einer Gesamtleistung von 1.700 kWp errichtet werden. Durch diese Anlagen werden Stromgestehungskosten von rund 6 ct/kWh erreicht. Der direkte Eigenverbrauch ist somit ökonomisch sinnvoll. Mögliche Ertragsschwankungen aus den PV-Anlagen werden über einen Batteriespeicher mit einer Kapazität von rund 2.000 kWh im Tagesgang ausgeglichen. Dies trägt dazu bei, den Eigenverbrauchsanteil deutlich zu erhöhen.

Rechnet man die Speicherkosten für eine Kilowattstunde mit etwa 9 Cent, so kostet der selbst produzierte Strom im Durchschnitt unter 10 ct/kWh. Das unterbietet jeden Preis, der auf dem Markt für Strombezug aufgerufen wird (Stand: Frühjahr 2026).

Der Batteriespeicher kann auch als sogenannter Graustromspeicher wirken. Damit wird es möglich sein, dynamische Stromtarife auszunutzen und je nach Zeitfenster günstigen Strom aus dem Stromnetz zu beziehen oder den eigenen Strom in Zeiten hoher Strompreise ins Netz abzugeben. Eine solche Flexibilität erhöht die Wirtschaftlichkeit nochmals deutlich.

Zusätzlich soll die Faulgasspeicherung vergrößert und technisch angepasst werden. Ziel ist es, den Faulgasanfall über 3 Tage zwischenspeichern zu können. Das Energievolumen aus der Faulgasspeicherung ermöglicht es, die energetische Betriebsführung des BHKWs deutlich flexibler zu gestalten. Der energetische Direkt- und Eigenverbrauch kann dadurch spürbar erhöht und – analog zur Nutzung des Batteriespeichers – der eigenerzeugte Strom im Falle hoher Strompreise ins Netz abgegeben werden. Zudem kann Netzstrom zugekauft werden, falls dies unbedingt nötig sein sollte.

Energie und Wärme – heute und morgen

Die folgenden zwei Abbildungen visualisieren den Verlauf des Wärmeverbrauchs der Kläranlage Bad Kissingen bezogen auf den Jahresverlauf.

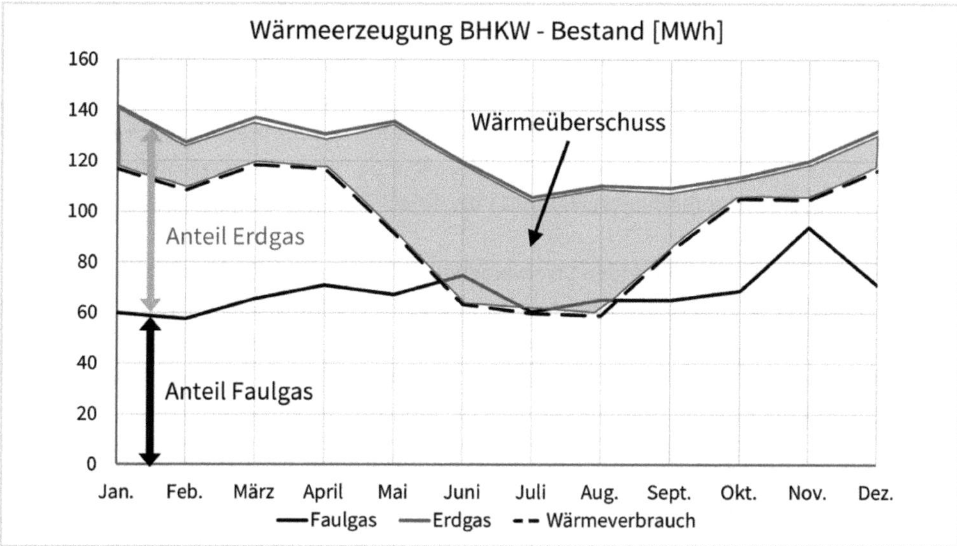

Abb. 88: Kläranlage Bad Kissingen – Wärmeerzeugung im alten Betriebsmodell *(Grafik: th)*

In **Abbildung 88** kann man kann gut erkennen, dass aufgrund der gleichzeitigen Strom- und Wärmeproduktion und der stromgeführten Fahrweise (Abdeckung Stromverbrauch) des Blockheizkraftwerks (BHKW) ein großer Teil der Wärme ungenutzt ist und über die Notkühler abgeführt werden muss. Etwa die Hälfte des Wärmebedarfes wird derzeit über Faulgas abgedeckt, die andere Hälfte über Erdgas.

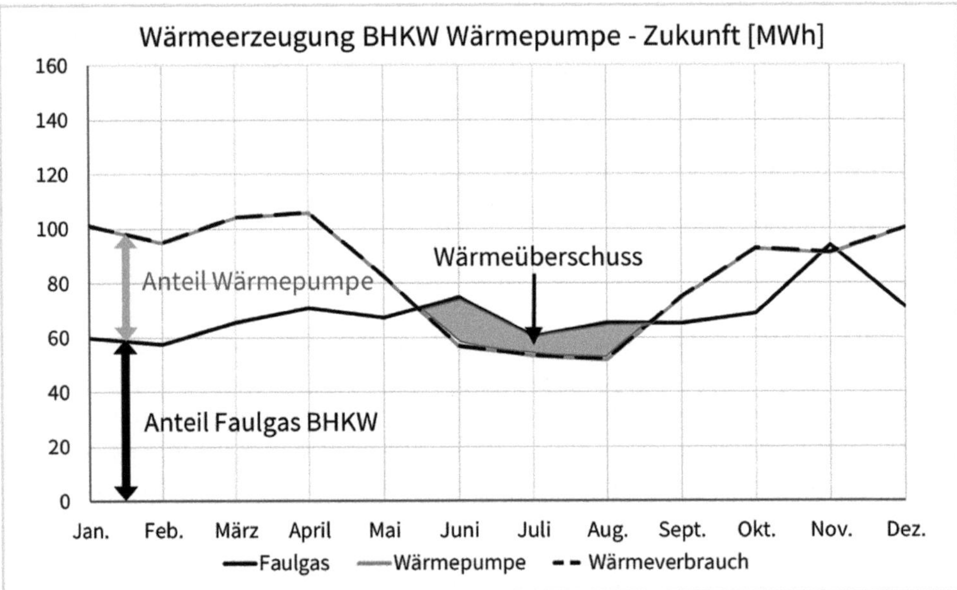

Abb. 89: Kläranlage Bad Kissingen – Veränderungen bei der Wärmeerzeugung im neuen Betriebsmodell *(Grafik: th)*

In **Abbildung 89** sieht man die zukünftige Produktion. Durch eine zusätzliche Dämmung des Faulbehälters wird der jährliche Wärmeverlust über die Behälterhülle ungefähr halbiert. Als Folge davon reduziert sich der Wärmebedarf monatlich um etwa 20 Megawattstunden. Das zu 100 Prozent mit Faulgas betriebene BHKW kann den Prozesswärmebedarf, der bei etwa 60 MWh pro Monat liegt, daher nahezu ganzjährig decken. Der zusätzliche Wärmebedarf zur Gebäudebeheizung von September bis Mai wird über eine Wärmepumpe bereitgestellt.

Gegenüberstellung der bestehenden Stromerzeugung und einer zukünftigen Lösung
Im alten Betriebsmodell wird der Strom zum Großteil über das Blockheizkraftwerk mit Erd- und Faulgas erzeugt. Rund ein Fünftel wird über das Netz bezogen. Der Bezug über das öffentliche Stromnetz liegt bei rund 10 bis 20 Megawattstunden pro Monat. Der Überschussstrom aus dem Blockheizkraftwerk wird bereits in das öffentliche Stromnetz eingespeist.

Der zukünftige Strombezug beweist die Optimierung der Selbstversorgung unter Einsatz einer PV-Anlage. Rund die Hälfte des elektrischen Energiebedarfs kann nach wie vor durch Faulgas über das Blockheizkraftwerk bereitgestellt werden. Im Durchschnitt sind das 50 Megawattstunden pro Monat. Addiert man die Energieerzeugung aus der PV-Anlage samt Batteriespeicher hinzu, ist klar erkennbar, dass der Eigenbedarf zwischen Februar und November vollständig gedeckt werden kann. Es wird nur noch sehr wenig Energie aus dem Netz benötigt. Die bilanzielle Selbstversorgung liegt tatsächlich bei rund 95 Prozent.

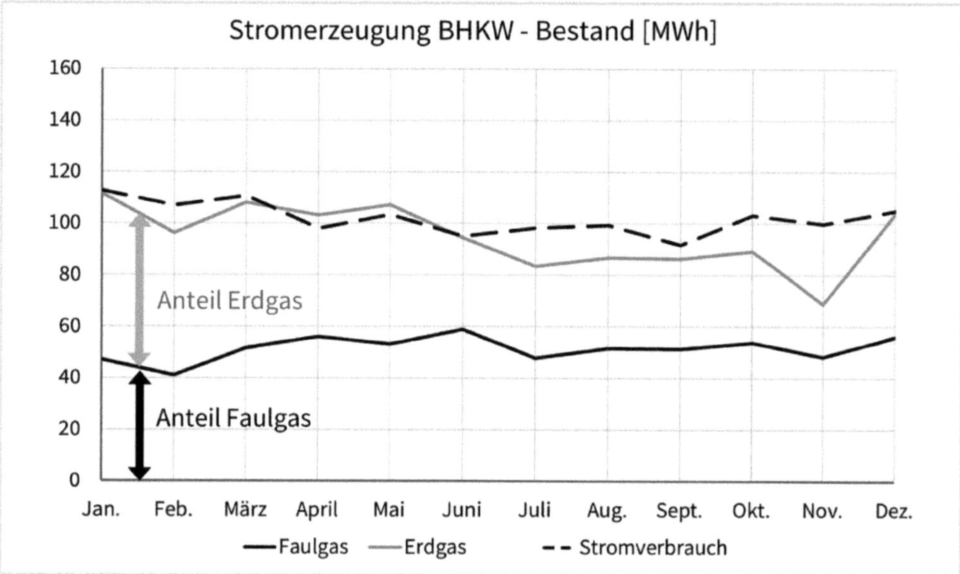

Abb. 90: Klärwerk Bad Kissingen – Stromverbrauch und -erzeugung im alten Betriebsmodell (*Grafik: th)*

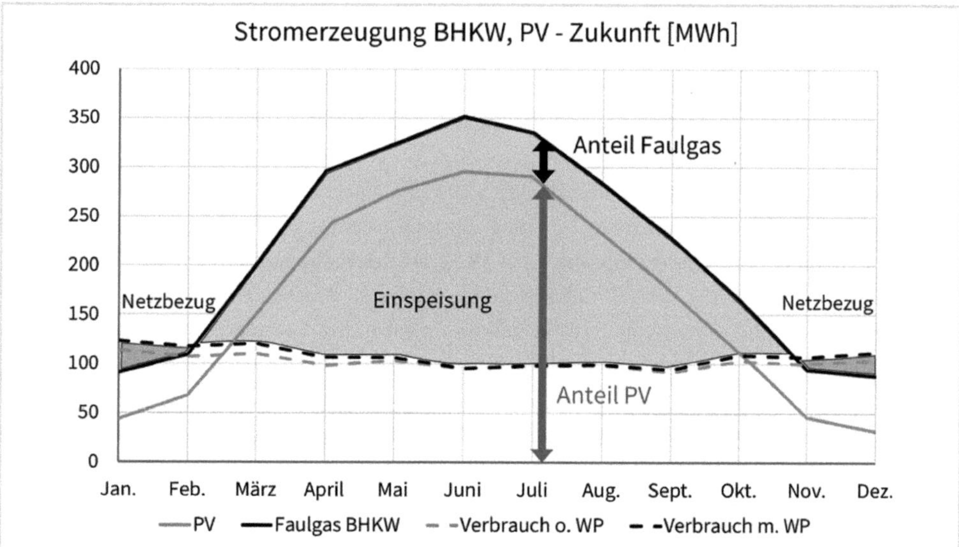

Abb. 91: Klärwerk Bad Kissingen – Veränderungen von Stromverbrauch/-erzeugung im neuen Betriebsmodell (*Grafik: th)*

Energiekosten neu denken
Für die Bad Kissinger Kläranlage macht es Sinn, am Strommarkt teilzunehmen. Durch geschicktes Agieren können Preisschwankungen – sowohl hohe als auch niedrige – gezielt genutzt werden, um erhebliche Einsparungen und zusätzliche Einnahmen zu erzielen. Je nach Bezugsjahr liegen die Gewinne zwischen 150.000 und 250.000 Euro.

Die Strompreise an der Börse unterliegen generell starken Schwankungen Die täglichen Spreizungen liegen aktuell durchschnittlich bei 12 ct/kWh. In Zeiten hoher Energieerzeugung (PV zur Mittagszeit oder Windkraft bei starkem Wind) fallen die Preise häufig auf unter 5 ct/kWh und steigen in Phasen geringer Einspeisung nicht selten auf rund 30 ct/kWh. Je anpassungsfähiger Verbraucher und Erzeuger reagieren können, desto höher ist der wirtschaftliche Erfolg. Daher ist es sinnvoll, Optionen zu identifizieren und auszubauen.

Der Batteriespeicher hat die höchste Flexibilität, da er als Graustromspeicher eingesetzt werden kann. Sie liegt bei rund 2.000 Kilowattstunden, wobei die Notstromversorgung mit 200 kWh abzurechnen ist. Dies spielt aber nur eine Rolle, wenn kein Faulgas vorhanden ist. Die maximale Leistungsabgabe liegt bei 1.000 Kilowatt.

Das Blockheizkraftwerk in Verbindung mit dem Faulgasspeicher verfügt über eine »elektrische« Kapazität von rund 5.000 Kilowattstunden. Das in Bad Kissingen vorhandene BHKW hat seine technische Lebensdauer noch nicht erreicht und ist derzeit (Frühjahr 2026) auf einen Dauerbetrieb mit 150 kW elektrischer Leistung ausgelegt. Im Rahmen der nächsten Reinvestition ist geplant, das BHKW auf die zwei- bis dreifache Leistung zu erweitern, um besser von hohen Strommarktpreisen profitieren zu können.

Die klärtechnischen Prozesse und die Einhaltung der Ablaufgrenzwerte haben zwar oberste Priorität in der verfahrenstechnischen Betriebsführung einer Kläranlage. Jedoch können einige Verbraucher zeitlich gesteuert oder deren Speicherkapazität ausgenutzt werden.

Der Faulbehälter eignet sich in vielfältiger Weise für diese Art des Betriebs:

- ☑ **Thermische Speicherkapazität**: Für eine optimale Faulung und Faulgasproduktion ist eine gleichmäßige Temperatur von rund 39 °C erforderlich. Jedoch können Temperaturschwankungen von 0,5 bis 1,0 °C stattfinden, ohne den Prozess zu stören. Bei einem Volumen des Faulbehälters von 1.700 Kubikmeter wird eine Energiemenge von 2.000 kWh benötigt. Der Faulbehälter kann also als thermischer Speicher genutzt werden. In Zeiten, in denen Strom günstig (6 ct/kWh, Frühjahr 2026) zu haben ist, kann man den Faulbehälter auf eine Temperatur von 40 °C hochheizen. Nachts, wenn Strom teurer ist (aus Batterie aktuell 15 ct/kWh, aus BHKW 18 ct/kWh, aus Netz 30 ct/kWh) lässt man den Speicher um etwa ein Grad auf 39 °C abkühlen. Auf diese Weise kann man zwischen 50 und 100 Euro pro Zyklus einsparen.
- ☑ **Schlammbeschickung in Richtung Faulbehälter**: Um den kalten, rohen Klärschlamm aus der Kläranlage auf 39 °C zu erwärmen, benötigt man extrem viel Wärmezufuhr. Rund

die Hälfte des gesamten Wärmebedarfs der Kläranlage wird für diesen Prozess benötigt. Der tägliche Energiebedarf liegt dementsprechend bei 1.800 kWh. Daher sollte man den Schlammabzug und die Beschickung in die Zeitfenster der günstigen Strompreise verlegen. Wenn das gelingt, können Kosten von etwa 50 bis 100 Euro pro Tag einspart werden. Allein durch den zeitverzögerten Bearbeitungsprozess kann der Kläranlagenbetreiber also zwischen 10.000 und 20.000 Euro pro Jahr einsparen.

☑ **Größere Schlammwärmetauscher einbauen**: Der Schlammwärmetauscher erhitzt den kalten Klärschlamm über ein Doppelrohrsystem, bevor dieser in den Faulbehälter eingeleitet wird. In der neuen Betriebsweise sind größere Schlammwärmetauscher in mehrfacher Hinsicht vorteilhaft. Zum einen ermöglichen sie deutlich reduzierte Vorlauftemperaturen, was die Effizienz der Wärmepumpe spürbar erhöht. Zum anderen führt die stromgeführte Fahrweise des BHKW – mit vorrangiger Stromeinspeisung ins Netz – zu höheren Wärmeleistungen in kürzeren Zeiträumen. Durch einen großen Wärmetauscher kann die kurzfristig anfallende Wärme optimal aufgenommen und genutzt werden, sodass der Klärschlamm zuverlässig auf die erforderliche Temperatur erhitzt wird. Der bestehende Wärmetauscher wurde daher um 36 Meter vergrößert, was mehr als einer Verdopplung gleichkommt.

Betriebskosten neu denken

Sobald energieintensive Anlagen direkt mit günstigem Strom aus erneuerbaren Quellen versorgt werden können, sinken die Stromkosten und damit die Betriebskosten spürbar. Noch effizienter ist es, wenn sich durch eine geschickte Steuerung die Laufzeiten in Zeiten niedriger Strompreise verlegen lassen.

Auf der Kläranlage Bad Kissingen erfolgt der Sauerstoffeintrag im Belebungsbecken über Oberflächenbelüfter mit Mammutrotoren. Diese gelten als äußerst robust, wartungsarm und können bei Bedarf vom eigenen Personal repariert werden. Allerdings benötigen sie eine Menge Energie. Durch die Umstellung auf erneuerbare Energien und die damit verbundenen günstigeren Stromkosten sind die Betriebskosten deutlich gesunken. Ursprüngliche Überlegungen, die bestehenden Belüftungssysteme durch energieeffizientere Alternativen zu ersetzen, wurden daher verworfen. Diese Investition ist schlichtweg nicht mehr notwendig.

Faulgas (Biomethan) richtig nutzen

Eine Kläranlage benötigt in der Regel nur geringe Temperaturen. 55 °C Vorlauftemperatur ist für die Erwärmung von Faulschlamm und 45 °C Vorlauftemperatur zur Erzeugung von Raumwärme nötig. Solche Niedertemperaturwärme kann einfach, effizient und kostengünstig durch Wärmepumpen bereitgestellt werden. Faulgas einzusetzen, um derart niedere Temperaturen zu erreichen, ist absolut übertrieben. Hier muss eine andere Nutzung in Betracht kommen, denn Biomethan wird inzwischen als sehr wertvoller Energieträger eingestuft.

Das aufbereitete Faulgas besitzt drei wichtige Eigenschaften:

1. Es kann ohne nennenswerte Verluste kostengünstig über lange Zeiträume gespeichert werden.
2. In Prozessen, die nur mit großer Anstrengung dekarbonisierbar sind, kann es – vor allem in der Industrie – bei Temperaturen bis 1.000 °C eingesetzt werden.
3. Auf Kläranlagen steht es praktisch kostenlos zur Verfügung und es ist nicht zu befürchten, dass der Nachschub ausgehen könnte.

All dies führt dazu, dass Biomethan inzwischen durchaus wettbewerbsfähig ist. Angesichts steigender Dekarbonisierungspflichten und den preislichen Auswirkungen des Brennstoffemissionshandelsgesetzes (BEHG) inklusive der Effekte aus dem Europäischen Emissionshandel hat Biomethan beste Chancen gegenüber fossilem Erdgas.

Exkurs

Biomethan entsteht aus Biogas, das durch die Vergärung organischer Materialien wie Gülle, Bioabfälle oder Energiepflanzen produziert wird. Im Zuge der Aufbereitung werden Kohlendioxid und andere Nebenbestandteile ausgefiltert. So entsteht nahezu reines Methan. Die Verwendung ist vielfältig. Es kann direkt ins Erdgasnetz eingespeist oder als Kraftstoff, Strom- oder Wärmequelle genutzt werden.

Biomethan verfügt über einen geschlossenen CO_2-Kreislauf, weshalb es als besonders klimafreundlich gilt. Die flexible Speicherung und der einfache Transport sorgen dafür, dass es gut in die regionale Kreislaufwirtschaft integriert werden kann (Deutsche Energie-Agentur, 2025).

Die Kläranlagen in Hamburg, Köln, Krefeld und Kempten – allesamt Anlagen der Größenklasse 5 (100.000 EGW) – verfügen bereits über Aufbereitungsanlagen, um aus Faulgas Biomethan zu erzeugen.

Auch wenn die Kläranlage in Bad Kissingen nicht der Größenklasse 5 angehört und lediglich eine Auslegung auf 60.000 Einwohnergleichwerten (EGW) besitzt, wurde geprüft, die Aufbereitung des Faulgases auf Biomethanqualität in Angriff zu nehmen, um das Gas anschließend an lokale Abnehmer zu verkaufen oder es in das städtische Gasnetz einzuspeisen. Die Prüfung ergab, dass sich momentan keine wirtschaftlich erfolgreiche Umsetzung realisieren lässt, denn die Kläranlage Bad Kissingen verfügt derzeit über einen Faulgasvolumen von rund 30 Normkubikmeter (Nm^3) pro Stunde, rund 190 kWh pro Stunde. Für solche vergleichsweise geringen Gasvolumina gibt es nur wenige kompakte Aufbereitungsanlagen auf dem Markt, die einen Methangehalt von über 96 Prozent erreichen. Zudem fehlen vor Ort die entsprechenden Gasabnehmer und die Investitionskosten für einen Netzanschluss wären derzeit zu hoch.

Stattdessen wurde entschieden, das Faulgas weiterhin in einem eigenen Blockheizkraftwerk zu nutzen, allerdings mit angepasster Betriebsstrategie. Ein Dauerbetrieb des BHKW auf der Kläranlage ist nicht wirtschaftlich. Die reinen Investitions- und Betriebskosten liegen bei etwa 6 ct/kWh. Bezieht man die Kosten für die Herstellung des Biomethans mit ein, so ergeben sich Gestehungskosten zwischen 14 und 18 ct/kWh. Die Höhe ist von der jeweiligen Bewertungsmethode abhängig. Im Vergleich zu den Stromgestehungskosten des Stroms aus der Photovoltaikanlage (6 ct/kWh) und der Nutzung des Batteriespeichers (rund 9 ct/kWh) ist ein wirtschaftlicher Dauerbetrieb des BHKW nicht sinnvoll.

Fazit der Prüfung: Der Fokus liegt künftig auf einer gezielten Stromvermarktung. Im Rahmen der nächsten Reinvestition soll zudem ein BHKW mit höherer elektrischer Leistung vorgesehen werden, um die Zeiten hoher Strompreise besser nutzen zu können.

Effizienz in der Betriebsphase

Die neue Betriebsweise der Kläranlage bezieht sich also auf die Erzeugung, Speicherung und Bereitstellung von Energie. Damit werden Effizienzpotenziale geschaffen, die weit über das hinausgehen, was in der Planung errechnet werden konnte. Auch der Einsatz der Mitarbeitenden und der gesamte Anlagenbetrieb werden auf flexible Energieerzeugung ausgerichtet. Dabei spielt der bedarfsgerechte Energieverbrauch eine große Rolle. Die Stadt geht davon aus, dass sich aus der Gesamtmaßnahme weitere deutliche Effizienzsteigerungen ergeben werden.

Teilprojekte im Zusammenspiel des Umbaus der Kläranlage

Da der Umbau der Kläranlage im laufenden Betrieb stattfinden muss, hat sich die Stadt entschlossen, klar abgrenzbare Teilbereiche zu planen. Dabei war darauf zu achten, dass ein Zusammenschluss aller Teilprojekte möglich sein muss, egal wann diese jeweils abgeschlossen werden können.

Abwasser-Wärmenutzung mittels Wärmepumpe

Die Wärmebereitstellung erfolgt künftig über eine Wärmepumpe mit einer thermischen Leistung von 150 kW. Dies ist als Ersatz für die bisherige Wärmeerzeugung aus Erdgas im BHKW sowie im Spitzenlastkessel zu sehen. Als Wärmequelle dient das gereinigte Abwasser der Kläranlage. Dem Ablaufwasser wird Wärme entzogen und über eine Leitung zur geplanten Wärmepumpe im Betriebsgebäude bei den Faulbehältern transportiert. Die Wärmepumpe wird als Kompaktanlage im Außenbereich des Betriebsgeländes aufgestellt. Mit dieser Planung kann wertvoller Platz im Gebäude freigehalten werden und aufwendige Installationsarbeiten entfallen.

Das geklärte Abwasser steht ganzjährig mit einem Durchfluss von ca. 50 bis 450 Liter pro Sekunde (l/s) zur Verfügung. Die Temperatur beträgt im Winter rund 10 °C und im Sommer etwa 18 °C. Zur Effizienzsteigerung werden die Vorlauftemperaturen des Heizsystems von bislang 65 °C auf etwa 55 °C abgesenkt. Unter diesen Bedingungen wird eine Jahresarbeitszahl (JAZ) von etwa 4 erreicht.

Die Auslegung der Wärmepumpe erfolgte bewusst nicht auf den maximalen Energiebedarf, sondern nur auf 95 Prozent der Betriebszustände. Das vermeidet häufiges Takten. Ein- und Ausschaltvorgänge sind auf ein Minimum reduziert. Die Wärmepumpe ist mit Inverter-Technologie ausgestattet und kann ihre Leistung stufenlos an den tatsächlichen Wärmebedarf anpassen. Die minimale Leistungsabgabe beträgt dabei rund 30 Prozent der maximalen Leistung. Dadurch werden sowohl der Stromverbrauch als auch der Verschleiß der Anlage deutlich reduziert. Ammoniak dient als Kältemittel, da es als effizient und umweltfreundlich gilt.

Im Rahmen der Ausschreibung wurden verbindliche Leistungsvorgaben für das Gesamtsystem aus Wärmepumpe und Wärmetauscher definiert. Insbesondere sind bestimmte COP-Werte für verschiedene Betriebspunkte einzuhalten, die sowohl im Werk als auch im realen Betrieb nachzuweisen sind.

Photovoltaik samt Batteriespeicher

Mehrere PV-Anlagen werden auf dem Betriebsgelände installiert. Dafür sollen Dachanlagen ebenso wie Freiflächenanlagen mit einer Gesamtleistung von rund 1.700 kWp zusammengeschlossen werden. Ihre Leistung ersetzt künftig den bislang aus Erdgas erzeugten Strom des BHKW. Um den selbst erzeugten Strom möglichst effizient und bedarfsgerecht nutzen zu können, wird zusätzlich ein Batteriespeicher mit einer Kapazität von etwa 2.000 kWh installiert.

Die Freiflächenanlage sowie der Batteriespeicher werden direkt an die Mittelspannungsanlage angeschlossen, wodurch Umwandlungsverluste minimiert werden. Die Freiflächenanlage besteht aus Glas-Glas-Modulen, die mit einer Neigung von 20 Grad in Ost-West-Ausrichtung aufgebaut wird. Diese Ausrichtung erzielt nahezu den gleichen Jahresertrag wie eine Südausrichtung, erweitert jedoch die Zeitfenster der Stromerzeugung und verbessert damit die Eigenverbrauchsquote.

Der Batteriespeicher wird als kompakter Container geliefert, in dem sämtliche technischen Komponenten einschließlich Kühlung und Steuerung vorinstalliert sind. Vor Ort sind lediglich die Herstellung der Fundamente sowie die Verlegung der Anschlussleitungen erforderlich.

Zusammengefasst: PV-Anlagen und Batteriespeicher können wirtschaftlich kaum zu groß dimensioniert werden. Die hohe Flexibilität ermöglicht eine rentable Teilnahme am Strommarkt, während die Fixkosten für Netzanschlüsse und bauliche Anpassungen auf größere Strommengen verteilt werden. Die eingesetzte Technologie ist robust und zuverlässig, was zu sehr geringen laufenden Betriebskosten führt.

Von besonderer Bedeutung ist die kurz- und langfristige Stabilisierung von rund 95 Prozent der Energiekosten über einen Zeitraum von 20 Jahren. Dies schafft ein hohes Maß an Unabhängigkeit und gewährleistet dauerhaft kalkulierbare, weitgehend konstante Energiepreise.

Faulgasspeicher

Die bestehenden Faulgasspeicher mit Nieder- und Hochdruckbereich sollen durch einen neuen Niederdruck-Faulgasspeicher ersetzt werden. Damit erhöht sich das Speichervolumen von bislang 1.600 auf künftig 2.500 Kubikmeter. Dies führt zu einer deutlich höheren Flexibilität des BHKW sowie der gesamten Faulgasverwertung und ermöglicht eine Vorhaltung des Faulgases für bis zu drei Tage. Bisher war das nur zwei Tage möglich. Der gespeicherte Energieinhalt beträgt rund 14.000 kWh. Er liefert dem BHKW genügend Energie, um etwa 5.000 kWh elektrische Energie erzeugen zu können.

Fazit

- Bei der Auslegung von PV-Anlagen und Batteriespeichern besteht kaum die Gefahr einer Überdimensionierung. Vorteilhaft sind große Anlagen, insbesondere im Zusammenhang mit der Teilnahme an der Stromvermarktung. Die Amortisationszeiten liegen meist deutlich unter 10 Jahren, da der Eigenbedarf als sichere Einsparung gesetzt ist.
- Flexibilisierung und Elektrifizierung von Verbrauchen erzielen oft höhere Effekte als aufwendige Energieeinsparungsmaßnahmen.
- Sobald der Energiebezug günstig ist, sollte man gezielt über Betriebskosten nachdenken.
- Energie – sowohl Strom als auch Wärme – aus BHKWs ist trotz vorhandenem Faulgas deutlich teurer als Energie aus PV-Anlage, Batteriespeicher und Wärmepumpe. Für die Betriebsweise des BHKWs wird die Stromvermarktung immer mehr in den Vordergrund rücken.
- Die Speicherung von Faulgas und die Auslegung des BHKWs richten sich im Wesentlichen nach dem Strommarkt. Hier spielen kürzere Laufzeiten eine Rolle. Die höhere Wärmeabgabe in kürzeren Zeiträumen sollte für die Prozesswärme genutzt werden, sofern dies wirtschaftlich und betriebstechnisch möglich ist.
- Eine mögliche Aufbereitung von Faulgas auf Erdgasqualität und die darauffolgende Einspeisung in das Erdgasnetz sind für kleinere Kläranlagen (EGW < 100.000) mit einem Volumen von nur 30 Nm^3/h heute noch nicht wirtschaftlich. Allerdings lohnt es sich, die Entwicklungen am Markt zu beobachten.

12 Kommunale Geschäftsmodelle

*Die Elektrifizierung der Welt entwickelt sich in gigantischer Schnelligkeit (*vgl. Kapitel 4*). Vergleicht man die weltweit eingesetzte Primärenergie Erdöl mit erneuerbaren Energien wie Wind und Sonne (abzüglich aller Verluste), zeigt sich, dass die tatsächlich nutzbare Energie aus Wind und Sonne das Erdöl bereits im Jahr 2027 überholt haben wird. Keine Energieform ist so schnell gewachsen wie die Photovoltaik. Der Markt hat die Vorteile erneuerbarer Energien und der Elektrifizierung (hohe Effizienz, weitgehende Unabhängigkeit und geringe Kosten) längst erkannt.*

Die Investitionen in die Elektrotechnologie steigen von Jahr zu Jahr und übertreffen die Investitionen in fossile Brennstoffe um das Doppelte. Dagegen sinken Investitionen in Öl und Gas seit 2014 kontinuierlich. Dieser Abwärtstrend zeigt sich auch bei Verbrennerautos (seit 2017), bei Industriebrennstoffen (seit 2017), bei Gebäudeheizung (seit 2018) und bei Brennstoffen im Straßenverkehr (seit 2019) (World Economic Forum, 2025).

Der Elektrizitätsmarkt boomt und den Anwendungen sind keine Grenzen gesetzt: Batterien, Elektromotoren, Generatoren, Satelliten, Prozessoren, Chips, Wärmepumpen, Kühlung, Beleuchtung, Werkzeugmaschinen, Pumpen, Haushaltsgeräte, Rechenzentren, Drohnen, Robotik, internetfähige Geräte, Kommunikationstechnologie, E-Mobilität, Logistik, Bahn, ÖPNV, Ladestationen und Stromübertragungsstationen beweisen die Nachfrage nach günstigem Strom.

Der Markt hat längst entschieden
Rund 70 Prozent des globalen Energiebedarfs können heute unmittelbar mit wenigen bestehenden Technologien elektrifiziert werden. Das macht unabhängig und spart Geld. Es sind genügend Ressourcen und Produktionskapazitäten vorhanden. Einmal installiert, bleiben die Kosten für Elektrotechnik stabil – selbst wenn globale Lieferketten ins Stocken geraten. Schon im Jahr 2023 erbrachten saubere Energietechnologien etwa ein Drittel des Bruttoinlandsprodukt-Wachstums der EU (EMBER, 2025).

Deshalb ist ein Preisschock zu erwarten
Durch den günstigen Strom aus erneuerbaren Energien und den daraus entstehenden Überkapazitäten kommt es früher oder später zu einem Preisschock. Der wiederum wird die kostenintensiven fossilen Energieträger massiv unter wirtschaftlichen Druck setzen.

Ökonomen und Finanzexperten warnen vor einem Zusammenbruch von Vermögenswerten bei fossilen Energieanlagen im kommenden Jahrzehnt. Dieser tritt ein, wenn die künftigen Gewinne aus fossilen Energieträgern nicht mehr realisiert werden können. So entstehen »Stranded Assets« – Infrastrukturen und Reserven, die wirtschaftlich wertlos werden, bevor sie abgeschrieben sind.

Da der Energiemarkt stark reguliert ist, ist nicht vorherzusehen, wann der Preisschock einsetzt. Doch er wird kommen. Bestehende Geschäftsmodelle werden derzeit noch durch regelnde Eingriffe stabilisiert. Zeitgleich versuchen Investoren neue Geschäftsmodelle über monopolartige Strukturen abzusichern. Diese beiden Entwicklungen lassen sich aber nicht auf Dauer aufrechterhalten. Gängige Energiemodelle müsse jetzt verändert werden, denn bis zum Jahr 2030 wird die neue Realität in den Märkten eingepreist sein. Dann ist es entscheidend, ob ein Unternehmen stetig steigende Kosten stemmen muss oder ob klug investiert wurde. Wer jetzt in die richtige Technologie investiert, wird in absehbarer Zeit Gewinne erzielen.

Kompakt

Erfolg im Bereich der Elektrifizierung bedeutet billige Energie für alle sowie Arbeitsplätze, Wachstum und die Entwicklung von Zukunftsbranchen.

Wer Neues will, muss sich gegen Altes durchsetzen

Trägheit und Einfluss etablierter Akteure erschweren Veränderungen. Alteingesessene Unternehmen wehren sich immer noch gegen Veränderungen, weil der aktuelle Status quo noch profitabel ist. Sie verwenden häufig nicht mehr tragfähige Argumente aus alten Energie- und Denkmodellen, die zu Fehlinvestitionen führen. Die günstige Energie wird neue Bedarfe bei Verbrauchern schaffen, die durch innovative Geschäftsmodelle erschlossen werden können. Dieser Wandel kann hervorragend auf kommunaler Ebene gesteuert und gelenkt werden.

Fünf gute Gründe:

- ☑ Unternehmen suchen sich Wettbewerbsvorteile über CO_2-neutrale Produkte. Als Beispiele können Apple (CO_2-freies iPhone), Schott (mit Ökostrom betriebene Schmelzöfen zur Glasherstellung), Google, IKEA oder Amazon dienen. Selbst Greenwashing erzeugt bei Herstellern und Zulieferern Innovationsdruck.
- ☑ 74 Prozent der Deutschen sprechen sich für mehr Klimaschutz und saubere Technologien aus. Weltweit sind es sogar 89 Prozent der Bevölkerung (Zukunft Altbau, 2025).
- ☑ Gerade in diesen unruhigen Zeiten sind Bürger offen für gemeinschaftliche Wege, die in Unabhängigkeit und eine saubere Zukunft führen.
- ☑ Junge Menschen wenden sich Green Jobs zu. Dies zeigt sich an vielen Start-ups in diesem Sektor.
- ☑ Veraltete Verhaltensweisen werden von der jungen Generation abgestraft. Das Neue wird Normalität werden.

> Die Zukunft ist nicht die Fortschreibung der Gegenwart. Deshalb ist gemeinschaftliches neues Handeln auf kommunaler Ebene unabdingbar. »Der Wettbewerb ist mehr und mehr eine Frage richtiger Beherrschbarkeit von Zeit. Nicht die Großen fressen die Kleinen, sondern die Schnellen überholen die Langsamen.
>
> Eberhard von Kuenheim

Die Aufgabe besteht darin, ein ganzes System zu verändern

Nur günstigen Strom aus erneuerbaren Energien zu erzeugen, wird nicht ausreichen. Er muss intelligent gesteuert, gespeichert, effizient verteilt und für die Bevölkerung günstig verfügbar gemacht werden.

Zwar bauen viele Städte, Gemeinden und Stadtwerke erneuerbare Erzeugungskapazitäten aus, doch nur wenige entwickeln sich zu vernetzten Energiekommunen. Erst eine breite Vernetzung von Erzeugung, Speicherung und Verbrauch bietet den optimalen Gewinn – denn nur günstiger Strom fördert Akzeptanz und bürgerliche Beteiligung. Ebenso entsteht daraus gesellschaftlicher und wirtschaftlicher Nutzen und sozialer Ausgleich. Kommunen gewinnen, wenn sie die neuen Mechanismen und Dynamiken erkennen und gestalten.

Folgende Abbildung zeigt die Notwendigkeit für Unternehmen, sich richtig zu entscheiden. Der traditionelle Markt ist nur bis zum Preisschock rentabel. Danach sind jene Unternehmen erfolgreich, die früh genug bereit waren, in die Logik der neuen Märkte zu investieren.

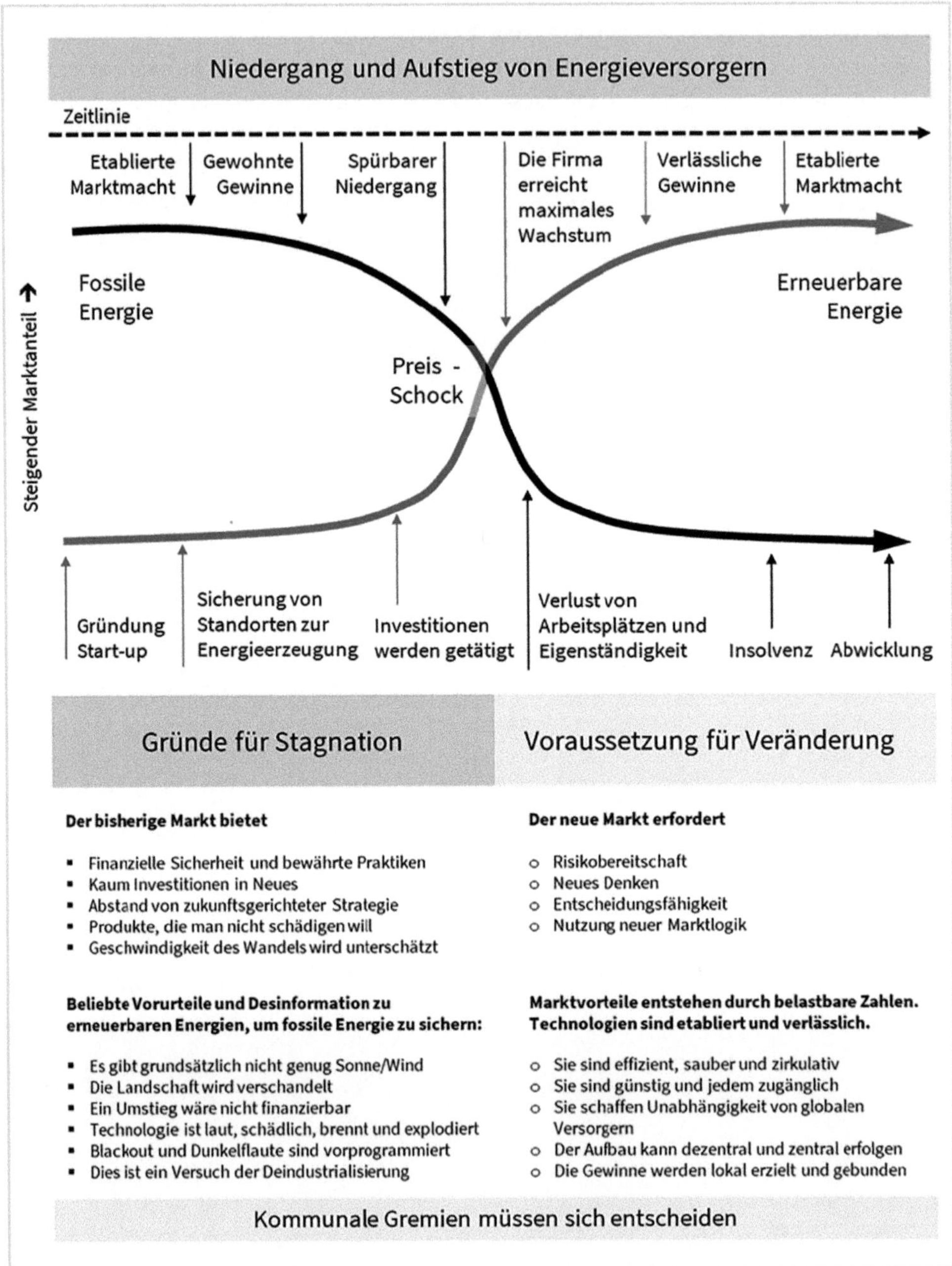

Abb. 92: Unternehmen können nicht gleichzeitig innovativ sein und den traditionellen Markt bedienen wollen. Das funktioniert nicht. *(Grafik: ggb)*

Als Kommunalunternehmen in der Energieversorgung neue Wege einzuschlagen, ist nur möglich, wenn die politische Ebene mitzieht und bereit ist, ein gewisses Anfangsrisiko mitzutragen.

Die Entscheider und Gremien müssen bereit sein, weitere kommunalpolitische Entscheidungen zu fällen, die die Entwicklung vorantreiben. Dazu gehört es auch, die neue Orientierung mit ausreichend qualifiziertem Personal auszustatten, damit eine rasche Entwicklung möglich wird.

Gängige Fehler in kommunalen Energieversorgungsunternehmen:
- Selbstzufriedenheit und Untätigkeit (Abwarten der Entwicklungen), auch aufgrund von Verunsicherung bezüglich der politischen kommunalen Ausrichtung.
- Führungskräfte erkennen neue Trends nicht, da sie sich nicht mit den Marktveränderungen auseinandersetzen beziehungsweise erst dann handeln, wenn der Druck sehr hoch geworden ist.
- Geringe Innovationsbereitschaft und Vermeidung von Ausgaben, um kurzfristige Einsparungen zu generieren.
- Orientierung an momentaner finanzieller Sicherheit und Bewährtem. Damit einher geht eine fehlende strategische Ausrichtung innerhalb der Kommunalunternehmen und auf Ebene der Gremien.
- Angst davor, eigene Produkte zu kannibalisieren, indem man neben beispielsweise der Gasversorgung andere Angebote entwickelt und auf den Markt bringt.
- Unsicherheit bezüglich der Umsetzbarkeit neuer Ideen mit den bestehenden personellen Ressourcen.

Die Angst vor einer klaren Entscheidung oder der hilflose Versuch, doppelte Strategien zu verfolgen, enden früher oder später in der Insolvenz. Wenn es den Kommunen nicht möglich ist, das traditionell arbeitende kommunale Versorgungsunternehmen von den notwendigen Entwicklungen zu überzeugen, wäre es ein probates Mittel, ein neues Unternehmen zu gründen, das den neuen Marktlogiken folgen kann – mit Entscheidungsstärke, Innovationsfähigkeit und Risikobereitschaft. Ein solches Unternehmen kann die Versorgung weiterführen, wenn das klassische Versorgungsunternehmen keine Handlungsspielräume mehr hat. So wäre die Versorgung der Bevölkerung für die Kommune rentabel über einen langen Zeitraum gewährleistet.

12.1 Kommunale Ausrichtung

Zentrale Versorgungsfragen müssen gesellschaftsübergreifend gestellt und beantwortet werden. **Abwarten ist keine Option.**

Dafür jedoch müssen sich Gremien und Fachleute mit den Dynamiken von Innovation beschäftigen. Das ist herausfordernd, da diese ständige Veränderungen bedeuten. Sich davon nicht verunsichern zu lassen, eine klare Ausrichtung vorzugeben und die Veränderung als Chance einer intelligenten Zukunftsgestaltung zu begreifen – dazu braucht es Mut. Um diesen Weg erfolgreich zu gehen, ist es mit Fokus auf reale technische Entwicklungen erforderlich, strategisch zu denken und vor allem zu handeln – und zwar jetzt –, um hohe Kosten zu vermeiden.

Jede kommunale Investition muss in nachhaltige, zukunftsfähige und gesellschaftsübergreifende Strukturen gesteckt werden.

Zentrale Fragen sind: Was benötigen die Menschen vor Ort – nicht heute, sondern morgen und übermorgen? Am Beispiel Mobilität: Wo und in welcher Güte werden Ladesäulen benötigt? Aus den Antworten lassen sich neue Geschäftsmodelle entwickeln.

Das ist für Kommunen und Unternehmen bei einem Technologiewechsel zu beachten:

- Wachstum muss an erster Stelle stehen. Einer momentanen Gewinnmaximierung nachlaufen zu wollen, führt in die Irre. Wer in diesem Markt an Größe gewinnt, gewinnt auch an Kraft.
- Um Wachstum zu ermöglichen, muss man Standorte und Flächen sichern.
- Man muss den Blick nicht auf hochinnovative Forschung legen, sondern sollte sich an etablierten Technologien orientieren. PV und Windkraft, hocheffiziente Batterien, Stromnetze, die man selbst ausbauen kann, und die realisierbare Sektorenkopplung bieten heute schon hervorragende Erfolgsmöglichkeiten.
- Marktzugänge kommen nicht von allein. Man muss vor der Konkurrenz aktiv werden.
- Die Marktvolatilität ist in der Frühphase am höchsten – und damit auch die Chancen auf Erfolg.
- Scheitern ist ein notwendiger Bestandteil des Fortschritts, aus dem man Lehren ziehen kann. Wer Fehlversuche als unverzeihlich betrachtet, kommt nicht weiter.
- Die Gewinner profitieren stark und langfristig.

Die Stromerzeugung aus erneuerbaren Energien ist lebensnotwendig

Von derzeit 530 Terrawattstunden (TWh) Strombedarf (langjährig gleichbleibend) in Deutschland wird der Bedarf nach Ansicht des Fraunhofer Instituts steil ansteigen. 2030 rechnet man mit 750 TWh, im Jahr 2045 sollen es 1.500 TWh sein (Fraunhofer-Institut, 2025). In vielen Ländern werden solche Prognosen viel schneller übertroffen, was sich auf Unternehmen und kommunale Entwicklungen auswirkt. Treiber sind in erster Linie die stromintensiven Rechenzentren für künstliche Intelligenz (KI), die E-Mobilität und Effekte aus der Wärmeerzeugung. Auch Industrien steigen kontinuierlich auf Stromabnahme um. Die sichere und günstige Stromversorgung aus erneuerbaren Energien ist der Motor für wirtschaftliches Wachstum.

So blühen neue Geschäftsmodelle auf

Eine reine EEG-Finanzierung ist Schnee von gestern. Heute sind innovative Geschäftsmodelle interessant. Wer lokal vermarktet, kann die Flexibilität lokaler Erzeuger und Verbraucher nutzen. Zudem entsteht eine finanzielle Unabhängigkeit und die Abhängigkeit von der EEG-Finanzierung nimmt deutlich ab. Die Kommunen, die bewusst in Energieparks investieren, können auch Energieerzeuger für überregionale Stromverbraucher werden (vgl. Kapitel 5).

Wer die Netze besitzt, steuert den Vertrieb
Kommunen aller Größenordnungen wie Berlin, Neckargemünd oder Neufarn kaufen bereits die Stromnetze zurück. Ihr Ziel: Die Energieversorgung wieder stärker selbst zu steuern und die wirtschaftlichen Erträge in die kommunale Hand zu bringen. Zudem ist ein notwendiger Netzausbau damit viel leichter auf lokale Bedürfnisse auszurichten. Damit sind sie strategisch in der Lage, die intelligente Netzsteuerung mit der Stromerzeugung aus erneuerbaren Energien, dem Einsatz von Batterien und der Integration lokaler Erzeuger und Verbraucher zu kombinieren. Neben den Risiken wie Investitionsbedarf, Betriebsverantwortung und regulatorische Anforderungen können zusätzliche Einnahmen erzielt werden. Beispielsweise können Netznutzungsentgelte, Gewinnausschüttungen und Pacht- oder Konzessionszahlungen direkt in die kommunalen Haushalte zurückfließen.

12.2 E-Mobilität: Kommunen strategisch ausrichten

Etwa zwei Millionen E-Pkws fahren derzeit auf deutschen Straßen. Die Elektrifizierungsrate liegt also bei knapp 6 Prozent. Damit steht das Land am Anfang der Wachstumskurve, aber diese ist sehr steil. Jeder fünfte Neuwagen ist ein E-Auto (22,2 %), hybride Fahrzeuge liegen bei 41,2 Prozent der Neuzulassungen – und alle müssen irgendwo geladen werden (Elektroauto News, 2025).

Über eine Million nicht öffentlicher Ladepunkte (Zuhause oder beim Arbeitgeber) gibt es mit Stand von Februar 2026 in Deutschland. 194.000 Ladepunkte sind öffentlich zugänglich (an Straßen oder Raststätten oder im Bereich von Supermärkten), wobei rund 145.000 Säulen Ladeleistungen von 11 oder 22 kW (AC) bieten. 49.000 Ladepunkte stellen mehr als 22 kW (DC) zur Verfügung. Das größte Wachstum an Ladesäulen zeigt sich bei Ladeleistungen über 150 kW (ecomento, 2026).

Wie viele Pkw-Ladepunkte braucht das Land?
In Deutschland gibt es entlang der Fernstraßen insgesamt 630 Ratsstätten und Autohöfe. Dort will der Autofahrer schnell laden. Wollte man die Energiezufuhr für Pkws anstelle der vorhandenen Fossilöl-Zapfsäulen komplett über E-Ladesäulen sicherstellen, so bräuchte man pro Raststätte etwa 60 E-Ladesäulen. Das wären entlang der Fernstraßen rund 38.000 E-Ladesäulen.

Im privaten Umfeld (Zuhause oder beim Arbeitgeber) werden im Jahr 2030 – ausgehend von einer bis dahin vollständigen Elektrifizierung des Pkw-Verkehrs – rund 31 Millionen Ladepunkte existieren. Hier dürften rund 60 Prozent der benötigten Energiemenge gezapft werden. Die geringen Ladeleistungen von 3,7 bis 11 kW reichen aus, da die Fahrzeuge über viele Stunden an diesen Ladestationen stehen.

An Sportstätten, Einkaufszentren und in Innenstädten stehen rund 5 Millionen Parkplätze zur Verfügung. Etwa 1,4 Millionen Ladepunkte mit Ladeleistungen zwischen 22 und 50 kW werden dort erwartet (Doppelbauer, 2025).

Kompakt

Es ergibt sich ein ungeheuer großer und lukrativer Geschäftsbereich für Energieversorgung durch Städte und Kommunen.

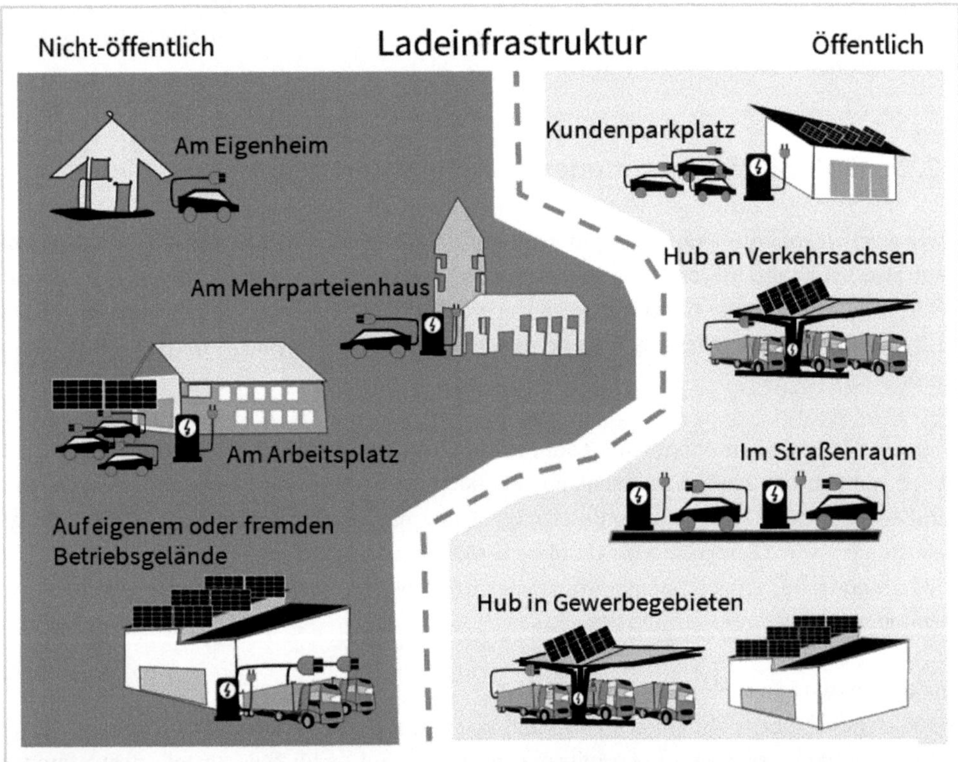

Abb. 93: Standortkarte für Ladeinfrastruktur – Überall hier können Kommunen und kommunale Stromversorger gutes Geld verdienen. *(Grafik: ggb)*

12.2.1 Zentrale Rolle der Ladeinfrastruktur

Ländliche Regionen mit Eigenheimen: Dort ist der Anschluss von Ladestationen mit 11 und 22 kW in der Regel technisch unkompliziert. Die Kosten dafür sind in den letzten Jahren deutlich gesunken. Eigentümer profitieren von ausreichenden Netzanschlusskapazitäten oder nutzen Strom aus eigenen PV-Anlagen. Rund 17 Millionen solcher privater Ladepunkte werden in Deutschland aller Voraussicht nach entstehen – das rechnet sich (Doppelbauer, 2025; Nationale Leitstelle Ladeinfrastruktur, 2024) (vgl. Kap 12.3).

Städtische Strukturen mit hohem Mieteranteil: In der Stadt ist es schwieriger, bequem und günstig Ladestrom zu beziehen. Dabei leben 44 Millionen Menschen zur Miete oder als Eigentümer in rund 23 Millionen Wohnungen in Mehrparteienhäusern. Entsprechend hoch liegt der Bedarf an räumlich nahen Ladepunkten. Der Gesetzgeber hat diesen Bedarf erkannt und im Wohnungseigentumsgesetz (WEG) einen Rechtsanspruch auf eine Ladelösung verankert. Noch kommen nur wenige Hausgemeinschaften dieser Verordnung nach, aber es werden mehr werden, wenn die Anzahl der E-Pkws steigt. Die technische Betriebsführung und die Nutzerabrechnung dürften die größte Hürde für Hausgemeinschaften darstellen.

14 Millionen Pkws werden den Mietshäusern zugeordnet. Diese Fahrzeugmenge könnte an rund 8 Millionen öffentlichen Ladepunkten Strom zapfen. Das erheblich größere Potenzial aber liegt an möglichen, nicht öffentlichen Stellplatzladepunkten. Hier werden rund 11 Millionen Ladepunkte benötigt (Doppelbauer, 2025; Nationale Leitstelle Ladeinfrastruktur, 2024).

Pkw-Ladepunkte im öffentlichen Raum

An wohnungsnahen Ladepunkten wird die größte Energiemenge – etwa die Hälfte der benötigten Strommenge – umgesetzt. Weitere 13 Prozent der Energiemenge fallen am Arbeitsplatz an. Sollten sämtliche Pkws und Transporter bis 3,5 Tonnen elektrifiziert sein, so entsteht allein in der Mobilität ein jährlicher Energiebedarf von rund 135 Terrawattstunden (TWh). Davon benötigen die Ladepunkte in Mehrfamilienhäusern etwa 34 TWh und am Arbeitsplatz 10 TWh (Doppelbauer, 2025; Nationale Leitstelle Ladeinfrastruktur, 2024).

Ladepunkte in unmittelbarer Nähe zur eigenen Wohnung beschleunigen die Entscheidung, ein E-Auto zu kaufen: Die Alltagswege bleiben ungestört und man kann sicher sein, immer einen Ladeplatz zu finden. Wenn dort genügend flächendeckende, nutzerfreundliche Ladeinfrastruktur und der Strom kostengünstig zur Verfügung stehen, ergibt sich eine sichere Nachfrage und damit ein langfristig gutes kommunales Geschäftsfeld für die Stadtwerke.

Kluge Taktik der Stadtwerke:

- ☑ Mehrparteienhäuser mit hohem Pkw-Aufkommen sollten gezielt identifiziert werden.
- ☑ Es muss Ladeinfrastruktur entstehen. Sobald sie vorhanden ist, folgt die E-Mobilität und die Stromabnahme steigt.
- ☑ Ein breites Angebot an Ladepunkten ist wichtiger als die Maximierung der Erträge einzelner Standorte. Jede zusätzliche Ladesäule schafft ein sichtbares Angebot, erhöht das Vertrauen in Verfügbarkeit und lockt neue Kunden an.
- ☑ Die Strompreise müssen wettbewerbsfähig sein. Intelligente Tarife (lokal oder regional) sind die Voraussetzung.
- ☑ Entscheidend sind ein nutzerfreundlicher Zugang (Apps) und Angebote wie ein »Zuhause-Ladetarif« im öffentlichen Raum.
- ☑ Niedrige Ladeleistungen (3,7 bis 11 kW) reichen für das überwiegende Nutzungsverhalten (laden über Nacht) aus. Damit nimmt man den Nutzern den Druck, das Auto mitten in der Nacht umparken zu müssen.

- ☑ Das »Zwischendurch-Laden« an Hochleistungsladesäulen (beispielsweise während eines Einkaufs) wird mit verbesserter Batteriekapazität moderner Pkws zunehmend uninteressant. Solche Ladesäulen werden mit zunehmender Ladeinfrastruktur für die Anbieter eher unrentabel und den Kunden sind sie inzwischen häufig zu umständlich und teuer.
- ☑ Die Investitionen der Kommunen können gesenkt werden, wenn man die Ladesäulen mit vorhandener Infrastruktur (Straßenbeleuchtung) kombiniert.
- ☑ Auch die digitale Unterstützung bei der Suche nach einem Parkplatz mit einer Ladestation könnte Geschäftsmodell sein.

Hinweis zur Umsetzung
Kommunen unterliegen der Ausschreibungs- und Wettbewerbspflicht. Deshalb sollte man entscheiden: Sollen Eigentum und Betrieb der Ladepunkte in kommunaler Hand bleiben oder extern vergeben werden? Vorteilhafter ist Ersteres. Betrieb und Abrechnung können über Dienstleister erfolgen, um eine einheitliche Ladestruktur sicherzustellen. So werden die Angebote besser angenommen und damit steigt der Ertrag.

Kluge Ausschreibungen bringen Erfolg. Wertungskriterien sollten Servicequalität, Ladetarife, Sperr- oder Ladezeiten, Zugänglichkeit per App, Nutzung regional erzeugten Stroms sowie Preisfestsetzung des Ladestroms sein. Die »Nationale Leitstelle Ladeinfrastruktur« oder »Bayern-Innovativ« helfen weiter.

Pkw-Ladepunkte im nicht öffentlichen Raum

Bei einer jährlichen Fahrleistung von durchschnittlichen 14.000 km spart ein E-Pkw-Nutzer rund 600 Euro, wenn er zuhause lädt. Stromladen am eigenen Stellplatz ist also beliebt. Deshalb rentieren sich Investitionen der Stadtwerke in Ladeinfrastruktur und Stromverkauf im privaten Umfeld. Hier vertraut der Nutzer auf die günstigsten Stromkosten. Private oder halb private Ladepunkte werden als »zur Wohnung gehörig« betrachtet, was einen sorgsamen Umgang mit dem Material nach sich zieht. Außerdem unterliegen solche Ladepunkte geringeren regulatorischen Auflagen.

Für Mehrparteienhäuser in Deutschland stehen rund 9 Millionen Pkw-Stellplätze zur Verfügung. Sie zu elektrifizieren, könnte ein rentables Geschäftsmodell für Stadtwerke sein und hätte für alle Beteiligten große Vorteile.

Vorteile für Kommunalunternehmen:
- ☑ Langfristige Pacht- oder Gestattungsverträge mit Eigentümergemeinschaften oder privaten Eigentümern. Vertragsfreiheit ermöglicht Lösungen, die für beide Parteien optimal sind. Dadurch entsteht hohe Planungssicherheit.
- ☑ Über Quartierslösungen, Miet- oder Pachtmodelle, gemeinschaftliche Mess- und Abrechnungskonzepte sowie standardisierte Servicepakete können Stadtwerke als zentraler Infrastruktur- und Energiedienstleister auftreten.

- ☑ Vertragslaufzeiten von 10 bis 20 Jahren schaffen Verlässlichkeit und fördern die Investitionsbereitschaft seitens der Eigentümer.
- ☑ Stärkere Kundenorientierung: gezielt auf individuelle Kundenwünsche eingehen, beispielsweise fest installierte Ladekabel und Beleuchtung.
- ☑ Es können separate Stromanschlüsse mit höheren Leistungen angeboten werden.
- ☑ Einsatz von »Pufferbatterien« an Ladepunkten ermöglicht Lastspitzenreduktion, Schnellladen und optimierten Netzbezug.
- ☑ Ladeinfrastruktur kann gebündelt für mehrere Parteien geplant und betrieben werden, was Skaleneffekte ermöglicht.
- ☑ Nutzung regional erzeugten Stroms stärkt die Kundenbindung.
- ☑ Optionale Festlegung einer Mindestabnahmemenge von Strom als wirtschaftliche Absicherung.
- ☑ Im privaten Umfeld sind keine Ausschreibungsverfahren nötig.
- ☑ Investitionskosten können auf mehrere Nutzer verteilt werden.
- ☑ Weitere Energiethemen können mit den Ladepunkten kombiniert werden, etwa bidirektionales Laden für das Bilanzkreismodell der Stadtwerke, Wärme-Contracting (Die Stadtwerke installieren die Heizungsanlage und betreiben sie, der Nutzer zahlt dafür Miete), Einbindung dezentraler PV-Anlagen und Batteriespeicher und angepasste Wärmepumpentarife. Bietet man solche Kombinationen an und gewährt Nachlässe, dann festigt man die Kundenbeziehung langfristig.

Mit solchen Geschäftsmodellen sind allerdings auch einige Hürden verbunden. Teilweise aufwendige Vertragsverhandlungen mit Eigentümergemeinschaften sind ebenso zu bewältigen wie die Vorfinanzierung der Installation durch die Stadtwerke. Diese wiederum benötigen internes oder externes Personal für die Projektkoordination.

Vorteile für Eigentümer: Auch die Eigentümer – wie Wohnbauunternehmen – und Vertragspartner profitieren von einer solchen Zusammenarbeit. Alle rechtlichen Verpflichtungen zur Ladepunktbereitstellung werden erfüllt und es gibt einen zentralen Ansprechpartner für Installation, technischen Betrieb und Abrechnung. So spart sich die Hausverwaltung die Einzelabrechnung und kann sich auf professionelle Serviceprozesse verlassen. Durch diese Entwicklung steigt der Wert der Immobilien.

Für die Wirtschaftlichkeit eines Ladepunkts sind in der Regel die verkaufte Energiemenge und die Höhe der Betriebskosten maßgeblich, wobei die Betriebskosten für Ladepunkte im nichtöffentlichen Raum aus den genannten Gründen günstiger ausfallen.

Richtwerte für die Umlegung der Investitionskosten auf die verkaufte Energiemenge:

- **Investitionskosten**: Hardware, Genehmigungen, Netzanschluss, Tiefbau, Montage und Inbetriebnahme belaufen sich auf 3 bis 8 ct/kWh.
- **Betriebskosten**: Wartung, Abrechnung, Backend-Services, Entstörung, Versicherung und ähnliches liegen – ohne Abschreibung und Energiekosten – bei 4 bis 10 ct/kWh (Stand: Frühjahr 2026) (Doppelbauer, 2025).

Impuls: Lademöglichkeit beim Arbeitgeber

Wer zuhause keine Ladestation hat, kann auf die Lademöglichkeit beim Arbeitgeber zugreifen. Günstiger Strom stärkt das das Image des Arbeitgebers, erhöht die Mitarbeiterbindung und nutzt der betrieblichen E-Flotte. Stadtwerke können das Laden am Arbeitsplatz als ganzheitlichen Service für Unternehmen anbieten, indem sie Planung, Netzanschluss, Installation sowie den laufenden Betrieb der Ladepunkte übernehmen. Werden Firmenladepunkte außerhalb der Arbeitszeiten öffentlich zugänglich gemacht, steigen Auslastung und Erlöse. Diese Möglichkeit sollte beim Beratungsgespräch seitens der Stadtwerke mitgedacht werden.

Impuls: bidirektionales Laden

Seit diesem Jahr (2026) werden E-Autos in Deutschland zu mobilen Stromspeichern und können Strom bei Bedarf wieder ins Netz zurückspeisen. Der Bundestag hat das Energiewirtschaftsgesetz (EnWG) entsprechend angepasst. E-Autos sind nun rechtlich als Speicher eingestuft. Ein einmaliges Netzentgelt fällt beim erstmaligen Strombezug an. Bidirektionales Laden wird somit wirtschaftlich attraktiv und nutzt Verbrauchern ebenso wie dem Energiesystem. Geeignete Fahrzeuge, kompatible Wallboxen und Smart Meter bilden die Grundlage für eine schnelle und skalierbare Umsetzung.

Autobatterien mit ihrer hohen Kapazität ermöglichen:

- ☑ Strom aus dem Netz zu laden, wenn die Preise niedrig sind,
- ☑ Strom ins Netz zurück zu speisen, wenn die Preise hoch sind,
- ☑ Strom für den Eigenverbrauch zu nutzen (Abdeckung von Lastspitzen).
- ☑ überschüssigen PV-Strom zu speichern, statt ihn abzuregeln.

Bei intelligenter Systemintegration entsteht ein hoher wirtschaftlicher Nutzen für die Haushalte und die Stabilität des Stromsystems.

Strategische Bedeutung der Ladepunkte im Portfolio der Stadtwerke

Ladepunkte sind die Energieaustausch- und Kundenkontaktflächen der Zukunft. Wer frühzeitig viele dieser Flächen erschließt, sichert sich eine langfristige Markt- und Kundenbindung. Förderprogramme für Ladepunkte (öffentlich und nicht öffentlich) existieren auf Bundes- und Landesebene. Im öffentlichen Raum werden Investitionen mit bis zu 60 Prozent der Kosten gefördert, je nach Ladegeschwindigkeit. Fördermittel und Netzanschlusskapazitäten sind aktuell noch verfügbar (Stand Frühjahr 2026) und der Ausbau ist eine frühzeitige Standortsicherung. Als zusätzliche Einnahmequelle kann die THG-Prämie für öffentlich zugängliche Ladepunkte genutzt werden.

> **Exkurs**
>
> Schnelllade-Hubs an überregionalen hochfrequentierten Verkehrsachsen gehören heute zu den bekanntesten Standorten für Ladeinfrastruktur. Man findet sie im Umfeld ehemaliger Tankstellen, entlang stark frequentierter überregionaler Straßen im Stadtgebiet, in Gewerbegebieten oder an Verkehrsknotenpunkten. Wichtig sind drei Kriterien:

- verkehrsgünstige Lage
- hohe Ladeleistung sowie
- Aufenthaltsqualität (Gastronomie und sanitäre Einrichtungen).

Der Bund schreibt potenzielle Flächen für Ladestationen entlang der Autobahnen bundesweit einheitlich aus. Damit werden Standards und Versorgungssicherheit gewährleistet.

Kommunen sollten sich attraktive Standorte mit entsprechendem Flächenbedarf (Stichwort: Lkw-Versorgung) frühzeitig sichern: Der Betrieb ist besonders profitabel, da hohe Energiemengen umgesetzt werden, und solche Ladestationen sind für Speditionen überlebensnotwendig. Sie sind von günstigem Strom abhängig, da die Energiekosten bei Logistikern den Löwenanteil des Gesamtbetriebskosten ausmachen. Das stellt eine große Chance für Kommunen wie Stadtwerke dar. Sie sollten sich von regulatorischen Rahmenbedingungen nicht entmutigen lassen. Innovative und pragmatische Modelle sind möglich.

Exkurs

Bei einer vollständigen Elektrifizierung des Lkw-Verkehrs würde der jährliche Strombedarf in Deutschland etwa 15 bis 20 TWh betragen. Bis Mitte der 2030er-Jahre ist mit dem Aussterben des Dieselbusses zu rechnen und auch die Lkws werden diesem Trend folgen (vgl. Kap. 3 und 10). Ein Großteil der Fahrten entfällt auf Streckenlängen bis zu 150 km. Somit entstehen die meisten Lade-Hubs auf Betriebsgeländen der Speditionen. Solche Lade-Hubs beziehen den Strom aus dem jeweiligen Grundstücksanschuss und soweit möglich auch aus eigener PV-Produktion. Doch in Gewerbegebieten mit hohem Schwerlastaufkommen werden die betrieblichen Lade-Hubs nicht ausreichen, um die eigenen Lkw-Flotten und die anliefernden Lkws gleichermaßen zu versorgen.

Stadtwerke und Kommunen sollten daher spezielle Lkw-Lade-Hubs in Gewerbegebieten anbieten – auf öffentlichen Grund oder Betriebsgeländen. Optimal ist die Versorgung solcher Lade-Hubs durch nahe gelegene kommunale PV- oder Windkraftanlagen und Batteriespeicher. Der kommunale Anbieter spart dadurch Netzentgelte und Abgaben (vgl. Kapital 12.2). Zudem kann er in verschiedenen Strommarktmodellen agieren.

Mithilfe entsprechender Speichertechnologie können auch Standorte mit geringerer Netzanschlussleistung erschlossen werden und kommunale Anbieter sich gegenüber Ladestationen auf Autobahnen preislich durchsetzen. Die Speditionen profitieren von günstigeren Preisen und benötigen keine zusätzliche Zeit für den Ladevorgang.

Die Standzeiten während der Be- und Entladung von Gütern, während nächtlicher Ruhezeiten oder in Güterverteilzentren eigenen sich hervorragend für Ladevorgänge. Auch bidirektionales Laden ist eine Option. Die punktgenaue Taktung im Güterverkehr ermöglicht es, Energiemengenabgabe beziehungsweise Energiemengenerzeugung über Stunden und

Tage im Voraus zu planen. Damit können Batteriespeicher im kostengünstigsten Stromtarif geladen werden, was sich positiv auf den Verkaufspreis auswirkt.

Drei Beispiele

- Einige Start-ups nutzen dies gezielt und bieten passgenaue Ladetarife für Speditionen an.
- Ein Privatmann betreibt eine Lkw-Ladestation mit 350 KW Ladeleistung inklusive einer PV-Anlage mit 200 kWp sowie einem Batteriespeicher mit 180 kWh. Er hat einen Vertrag mit einer Spedition über zwei Ladevorgänge pro Tag in dem Zeitfenster von Lenkpausen. Die automatische Steuerung erfolgt per App, die Amortisation ist auf 3,5 Jahre kalkuliert. PV-Anlage und Batteriespeicher nutzt er gleichzeitig für seine eigenen Gebäude.
- Eine Spedition fährt nur in der Nacht und lädt tagsüber – oder umgekehrt. Einsparungen pro kWh liegen bei rd. 12 ct/kWh, was allein 30 Euro pro Ladevorgang ausmacht.

Die Dimension

Die Batteriekapazitäten von Lkws liegen zwischen 300 und 600 kWh pro Fahrzeug. Bei einem Ladevorgang werden durchschnittlich 250 kWh verladen. In Industrie- und Gewerbegebieten ist ein tägliches Schwerlastaufkommen von 2.500 bis 5.000 Lkws nicht ungewöhnlich. Geht man davon aus, dass die Hälfte der Lkws Energie lädt, kommt man auf 300.000 bis 600.000 kWh täglich. Das übertrifft bei Weitem das Ladeaufkommen an Autobahnraststätten.

Exkurs

LKW-Ladestationen und standortnahe Versorgung

Die Bereitstellung günstigen Ladestroms dient nicht nur den Anbietern (im Sinne eines Geschäftsmodells). Vielmehr ist dieser Service eine pragmatische Lösung zur Wirtschaftsförderung vor Ort. Denn mithilfe der klaren Ausrichtung der Stromerzeuger und -anbieter können auch kleinere Unternehmen, die sich bisher gescheut haben, E-Lkws anzuschaffen, besser planen und kalkulieren, wenn sie vor Ort günstige Energie vorfinden. Sie bleiben daher auf dem europäischen Markt leichter wettbewerbsfähig.

Auf die Auslastung der Schnelllade-Hubs entlang der Autobahnen wollen wir an dieser Stelle nicht weiter eingehen. Schätzungen gehen allerdings davon aus, dass E-Lkws bei vollständiger Elektrifizierung des Schwerverkehrs täglich etwa 300 Ladevorgänge an einer Raststätte durchführen. Dazu wird allein im Schwerlastverkehr ein Energievolumen von 81.500 kWh pro Tag benötigt. Zählt man in gleichem Streckenabschnitt den Pkw-Ladeverkehr hinzu, kommt man auf ein Energievolumen von rund 100.000 kWh pro Tag (Doppelbauer, 2025). Diese Beispiele lassen die Größenordnung und Trends lokaler Energiebedarfe erkennen.

Es kommt nun auf die Kommunen an, die Standorte für Energieerzeugung und -verkauf zu identifizieren, zu sichern und infrastrukturell zu erschließen. Dabei müssen die Kommunen schnell sein, denn der Zugang zu günstiger Energie ermöglicht wirtschaftliches Wachstum.

Bauleitplanung und Energie-Austauschflächen

Die Kommune muss die Steuerung der Flächennutzung in der Hand behalten. Das ist die Basis der strategischen Ausrichtung. Dazu gehören neben Flächen entlang der Fernstraßen vor allem die innerörtlichen Kleinflächen. Sie alle sind für Speicherung, Energieverteilung und Energieaustausch künftig essenziell. Da sich die Energiewende noch in der Frühphase befindet, ist mit stark steigenden Flächenbedarfen zu rechnen.

Ein zentrales Steuerungsinstrument ist die Bauleitplanung. Sie sollte durch kommunale Vorkaufsrechte ergänzt werden, die es Gemeinden ermöglichen, Flächen für die Energieversorgung zu erwerben. Im Rahmen der kommunalen Daseinsvorsorge sollten Kommunen daher nicht nur Erzeugungsflächen, sondern auch Standorte für Speicherung, Energieverteilung und Energieaustausch sichern. Das können kleinere Flächen innerorts oder im Bereich von größeren Energieverbrauchern oder Gewerbegebieten sein.

Technische und strategische Bedeutung von Energieaustauschflächen

Flächen der Energieerzeugung sowie Energiespeicherung sollten in räumlichem Verbund mit den großen Stromabnehmern liegen, beispielsweise PV-Freiflächen mit Batteriespeichern in der Nähe eines Gewerbegebietes oder einer Raststätte. Das bringt Vorteile für Kommunen und Stadtwerke und erleichtert die Netzbewirtschaftung:

- Netzentgelte und Abgaben können sich reduzieren (räumlicher Zusammenhang, Nutzung verschiedener Netzebenen).
- Netz- und Bilanzkreisentlastung aufgrund reduzierter Spitzenlasten.
- Geringere Übertragungsverluste.
- Option auf bidirektionales Laden.
- Direktkopplung/-versorgung ohne Netzanschluss. Dies erbringt hohe Kostenvorteile, ist aber meist nicht vollständig realisierbar.
- Die Nähe zu Verbrauchern steigert die Chance auf höheren Gewinn und stärkt die Verhandlungsposition in der Vermarktung.

Bei der Elektrifizierung der Fahrzeuge, der Bereitstellung von Ladepunkten und bei günstigen Stromtarifen können Kommunen und Stadtwerke Aufklärungsarbeit leisten und sich als strategischer Partner der lokalen Wirtschaft etablieren. Der Markt für E-Mobilität wird dadurch nicht nur erschlossen, sondern gezielt aufgebaut.

Kommunale Fahrzeuge und ÖPNV

Die Umstellung auf Elektromobilität wird in der Anfangsphase weiterhin stark gefördert. Es gibt zahlreiche finanzielle Unterstützungen für Ladeinfrastruktur in allen bisher vorgestellten Bereichen. Weitere Informationen finden sich auf der Website www.nationale-leitstelle.de. Auch für die sukzessive Umstellung auf einen elektrifizierten Fuhrpark gibt es Förderungen. Die Bundesregierung unterstützt mit Sonderabschreibungen für E-Fahrzeuge, Förderung des gewerblichen Depotladens und Befreiung von der Mautpflicht bis 30. Juni 2031.

Der kommunale Fuhrpark sowie der ÖPNV sind nahezu ideal für die Elektrifizierung, da sie besonders gut zu den Stärken der E-Mobilität passen. E-Busse oder elektrische Müllfahrzeuge sind leise und emissionsfrei unterwegs. Da sie meist langsam fahren, sind sie besonders effizient. Die Menge an Stop-and-Go-Situationen mit hoher Beschleunigung und Rekuperation geht Hand in Hand mit geringem Verschleiß und geringen Vibrationen. Damit bieten die E-Fahrzeuge Komfort für Fahrer und Fahrgäste. Außerdem verfügen sie über niedrige Einstiegshöhen. Geringere Betriebskosten und Wartungsaufwand vervollständigen die Positivliste. Bei E-Bussen und Müllfahrzeugen lassen sich Ladestopps auch noch gut in die Tourenplanung integrieren.

Inzwischen gibt es dafür viele erfolgreiche Beispiele. So haben die Freisinger Stadtwerke gemeinsam mit der Stadt Freising im November 2025 ihre neuen Elektrobusse vorgestellt: 29 vollelektrische Busse mit mehr Fahrten, neuen Linien und 100 Prozent Ökostrom versorgen den Linienbetrieb. Die Werkfeuerwehr der Technischen Universität München hat seit Anfang 2025 Jahr zwei elektrisch betriebene Hilfeleistungslöschfahrzeuge im Einsatz. Die Feuerwehr meldete: *»Die beiden Fahrzeuge sind zuverlässig, den erheblichen Anforderungen voll gewachsen und bei den Einsatzkräften sehr beliebt.« (TU München, 2025).* Deutschland hinkt insgesamt allerdings der europäischen Entwicklung stark hinterher. Nur ein Viertel der neuzugelassenen Stadtbusse fahren elektrisch. In Europa sind es bereits über die Hälfte.

Auch kommunale Spezialfahrzeuge profitieren stark vom elektrischen Antrieb. Aufgaben wie Abfallsammlung, Straßen- und Kanalreinigung, Winterdienst, Containerlogistik oder kommunaler Umschlagverkehr lassen sich leise, effizient und ohne lokale Schadstoffemissionen realisieren. Immer mehr Unternehmen kommen auf den Markt, die sich auf elektrische Kommunalfahrzeuge und Ladesysteme spezialisiert haben (vgl. Kap. 10.3).

Kompakt

Stadtwerke sollten als Berater und Inputgeber für den kommunalen Fuhrpark lenkend eingreifen, um die E-Mobilität im allernächsten Umfeld zu unterstützen.

Ausschreibungen für Bauleistungen als Booster für E-Mobilität

Bereits heute fördern einzelne Städte den emissionsfreien Baustellenbetrieb mit gezielten Anreizen, Vorgaben und Vergaberegeln. Damit tun sie sowohl den Arbeitern als auch der Umgebung einen Gefallen und tragen dazu bei, den Stromverkauf anzukurbeln.

In Helsinki und Stockholm werden seit Jahren Elektrobagger eingesetzt. Ihre Praxistauglichkeit ist bewiesen. Dänische Bauträger haben emissionsfreie Baumaschinen als Standard in ihre

Ausschreibungen und Projekte aufgenommen. So entstand ein Marktimpuls, der branchenweit Maßstäbe setzte. Der abgasfreie Bau zeigte, dass Lärm und Luftschadstoffe reduziert werden und die öffentliche Gesundheit davon profitiert. Kommunen sollten diesen Aspekt bei zukünftigen Ausschreibungen berücksichtigen (Volvo Construction Equipment, 2026).

12.3 Aufgaben der Stadt- und Gemeindewerke

Die vier wichtigsten Geschäftsfelder der Stadtwerke sind laut Fraunhofer-Institut der Vertrieb von Gas, der Betrieb eines Stromnetzes, der Vertrieb von Strom und der Betrieb eines Gasnetzes (Fraunhofer-Umsicht, 2020). Wärmevertrieb, Wasser, Abwasser und Telekommunikation liegen im Vergleich deutlich zurück. In der Regel kommen Kunden aus dem ortsnahen Umfeld.

Durch die fortschreitende Elektrifizierung, den Ausbau lokaler Energieerzeugung sowie die zunehmende Energiespeicherung brechen die über Jahrzehnte gewachsenen, zentralen Geschäftsmodelle – insbesondere im Gas- und Stromvertrieb – zunehmend weg. Das geht schnell, denn es haben sich Unternehmen entwickelt, die den Energiemarkt übernehmen.

Beispiel

Das Unternehmen 1KOMMA5° bietet ein vollständig integriertes Produkt- und Dienstleistungsportfolio aus einer Hand an und übernimmt die Steuerung, Vernetzung und das Energiemanagement bei Photovoltaikanlagen, Stromspeichern, Ladestationen und Wärmepumpen. Gegründet im Jahr 2021, verzeichnet 1KOMMA5° heute über 100.000 Kunden und 290.000 installierte Energiesysteme. Das Unternehmen ist nicht nur in Deutschland aktiv, sondern inzwischen auch auf dem internationalen Markt tätig (PV Magazin, 2024).

Stadtwerke sollten sich für ganzheitliche Angebote und intelligente Vernetzung daran ein Beispiel nehmen. So gewinnt man Kunden und minimiert gleichzeitig die Komplexität bei Planung, Installation und Betrieb von Energiesystemen. Gibt es außerdem einen zentralen Ansprechpartner für Energiefragen vor Ort, werden die Kunden ihrem Anbieter vertrauen. Stadtwerke kennen die Bedürfnisse ihrer Kunden vor Ort. So sind sie in der Lage, Synergien gezielt zu nutzen, Systeme lokal zu vernetzen und ihren Einsatz zeitlich zu optimieren – und damit den Markt aktiv zu beeinflussen, statt nur auf externe Kräfte zu reagieren.

Kompakt

Es ist an der Zeit, über die Grundstücksgrenze des Kunden hinweg und gesamtheitlich zu denken.

In einem stärker vernetzten und regionalen Energiesystem lassen sich unternehmerische Fragestellungen zur Finanzierung von Projekten klarer beantworten, beispielsweise: Ist eine Investition in PV-Freiflächenanlagen wirtschaftlich? Durch Verträge mit lokalen Verbrauchern ist die Antwort Ja, wenn man PV-Freiflächenanlagen mit Batterietechnologie kombiniert.

Beispiel

Die Bürgerenergie Region Regensburg schließt mit drei Industriebetrieben (unter anderem Siemens) einen Abnahmevertrag für Energie. Die Mitglieder profitieren von einer attraktiven Verzinsung, die Industriebetriebe von einem günstigen Strompreis und die Kommune von einer langfristigen Sicherung des Industriestandortes. Die Aussage von Axel Kager (Siemens) beim Vertragsabschluss bringt es auf den Punkt: *»Zugleich werden wir mit dem nachhaltigen Strom aus der PV-Anlage am Standort Regensburg wirtschaftlicher.«(Bürger Energie Region Regensburg, 2026).*

Also ist es sinnvoll, Verträge zwischen lokalen Erzeugern und Verbrauchern zu schließen, ohne den Umweg über Energiedienstleister bzw. die Strombörse zu gehen – auch wenn regulatorische Hürden zu nehmen sind.

Kunden erwarten einfache, digital steuerbare Komplettlösungen. Das neue Kernmodell für lokale Energieanbieter ist daher die Bündelung von Flexibilität. Dafür muss man früh investieren, digitale Steuerungs- und Abrechnungsplattformen etablieren und Kunden als aktive Systemteilnehmer integrieren (Prosumer-Modell).

Exkurs

Der Deutsche Bundestag hat Ende 2025 eine Änderung der bauplanungsrechtlichen Zulässigkeit von Batteriespeicheranlagen im Außenbereich festgelegt. Es gibt seitdem eigenständige Privilegierungstatbestände für Batteriespeicher: Sie sollen entweder in bestehende Erzeugungsstrukturen eingebunden oder an bereits vorgeprägte energiewirtschaftliche Standorte angeknüpft werden (TaylorWessing, 2025)

Stadtwerke brauchen Batteriegroßspeicher. Deren Preise sind im Jahr 2025 nochmal deutlich gefallen. Laut EMBER kostete im Jahr 2025 ein vollständig implementiertes Batterie-Energiespeichersystem in der Summe pro gespeicherter und abgegebener Energieeinheit über die gesamte Lebensdauer des Speichersystems nur 65 US-Dollar/MWh (EMBER, 2025), das wären umgerechnet 5,5 ct/kWh (vgl. Kap. 3 und 11). Die Flexibilitätserlöse eines Stadtwerkes können so hoch ausfallen, dass sich die Investition schon nach wenigen Jahren amortisiert.

Der Wegfall von Steuern oder Abgaben im Bilanzkreis-Modell unterstützt die Entwicklung. Ziel des Modells ist nicht die physische Leitungssteuerung einzelner Anlagen, sondern die markt- und systemseitige Abbildung von Energieflüssen in einem geschlossenen, lokal optimierten Energiesystem (vgl. Kap. 11.2.3).

Energy Sharing ist Teil der Sektorenkopplung. Energiegenossenschaften oder lokale Prosumer-Gemeinschaften erzeugen Strom, der über das regionale Verteilnetz vergünstigt zur Verfügung gestellt und anschließend innerhalb der Gemeinschaft genutzt wird. Weitere Ausgestaltungs- und Umsetzungsschritte werden folgen. Lokaler Strom kann durch die sinkenden Kosten, neue Teilhabemodelle und zunehmende Eigenversorgung deutlich günstiger werden.

Kompakt

Stadtwerke müssen den Wandel aktiv begleiten und neue Geschäftsmodelle entwickeln. Nur so können sie sich gegen marktwirtschaftlich frei agierende Unternehmen behaupten und ihre Kunden halten.

Angepasster Einsatz der BHKWs

Heutige Blockheizkraftwerke dienen meist der Strom- und Wärmeversorgung in dezentralen Quartieren oder zentralen Wärmenetzen. Der überwiegende Teil ist an das Erdgas-Verteilnetz angeschlossen und nutzt den sich verteuernden fossilen Brennstoff.

BHKW werden weiterhin benötigt, doch ihre Aufgabe liegt in der Absicherung von Zeitabschnitten, in denen Windenergie und Sonnenstrom nicht in ausreichender Menge vorhanden sind. Man wird weniger solcher Anlagen brauchen, dafür aber größere. Sie werden der Netzstabilität und der Versorgungssicherheit im Stromnetz dienen. Als Brennstoffe eignen sich lokal erzeugter und gespeicherter Wasserstoff oder Biogase aus der Abfallbehandlung, Kläranlagen oder industriellen Reststoffen. Die strombedarfsgeführten BHKWs stellen dann nur noch in kurzen Zeitintervallen Abwärme zur Verfügung. Die Wärmegrundlast wird auf andere Weise sichergestellt.

Doch die etablierte Kraft-Wärme-Kopplung (z. B. Blockheizkraftwerke in Zusammenhang mit iKWK) wird weiterhin gefördert, weshalb auch noch in diese Technologie investiert wird. Doch die Wirtschaftlichkeit der KWK-Anlagen sinkt aufgrund des Ausbaus erneuerbarer Energien. Die ersten Insolvenzen der Energiedienstleister, die sich auf diese Geschäftsmodell spezialisiert haben, haben bereits stattgefunden.

Kompakt

Für Stadtwerke heißt das: keine weiteren Investitionen in überholte Geschäftsmodelle, auch wenn sie noch subventioniert werden. Es braucht den Mut, in Technologietrends zu investieren.

Energie-Contracting unter neuen Vorzeichen

In ein Contracting-Projekt können nahezu alle gewünschten Energieformen und Prozesse einbezogen werden. Dadurch bieten sich Chancen für neue Geschäftsmodelle.

Exkurs

Contracting bedeutet, dass unterschiedliche Maßnahmen auf dem Gebiet der Energiebewirtschaftung aus einer Hand erfolgen. Das sind **Planung** des Energiebewirtschaftungskonzeptes nach den Vorgaben des Auftraggebers, **Realisierung** dieses Konzeptes durch Bau energietechnischer Anlagen, **Finanzierung** des Projektes sowie **Betrieb** und **Instandhaltung** der Anlage. Aufgrund des abgeschlossenen Vertrages beliefert der Contractor den Auftraggeber mit Energie.

Einsparpotenzial und Effizienzgewinn durch die EE-Technologie ermöglichen die Finanzierung dieser Projekte (vgl. Kap. 10). Dies wird verstärkt durch weiteres Einsparpotenzial bei Sektorenkopplung, zentraler Steuerung und Zugriff auf flexible Verbräuche und Erzeuger. Die Betriebsoptimierung ermöglicht eine weitere Kostensenkung von bis zu 10 Prozent.

Schlecht gedämmte Bestandsgebäude mit hohem Energieverbrauch bieten hohes Einsparpotenzial (vgl. Kap. 10.1.2). Sie müssen aufgrund des Gebäudeenergiegesetzes schnellstens modernisiert werden. Der Umbau auf EE-Technologien kann schrittweise erfolgen, sodass sich zeitlich gestaffelte Contracting-Verträge anbieten. Ein weiterer Vorteil liegt in der Einbeziehung von Herstellern und lokalen Firmen aus dem Sektor als Investoren. So kann der Kapitalbedarf gesenkt werden.

Im Zuge dieses Vorgehens können Stadtwerke – oder neu zu gründende Kommunalunternehmen – größere Energielieferverträge mit Kliniken, Mehrfamilienhäusern und Quartieren abschließen. Auch als Drehscheibe zur Einbeziehung von Kapitalgebern wie Banken oder Energiegenossenschaften können sie fungieren. Dieses Vorgehen erhöht die Wirtschaftlichkeit und eröffnet neue Kundenbereiche.

Ein Energieliefer-Contracting, das möglichst viele Sektoren koppelt, ist für Kunden wie Versorger ein interessantes Vertragswerk. Hier können die Stadtwerke die Anforderungen beider Seiten, Front-of-the-Meter (Netzdienstleistungen) und Behind-the-Meter (Kundennutzen), erfassen und dadurch die Kosten reduzieren. Durch diese Kombination sinkt das Investitionsrisiko, das Geschäftsmodell wird langfristig abgesichert und die Gesamterlöse steigen, da die Synergien und Skalierungseffekte auf beiden Seiten des Zählers enorm hoch sind.

Behind-the-Meter	Front-of-the-Meter
PV-Eigenverbrauchserhöhung	Regelleistungsbereitstellung
Lastspitzenkappung zur Netzentgeltreduktion für industrielle Verbraucher und Ladeinfrastruktur	Stromhandel (Arbitrage)
Stromtarifoptimierung durch Lastverschiebung bei zeitabhängigen Strompreisen und -tarifen	Netzoptimierung vor Ausbau (»NOVA«)

Behind-the-Meter	Front-of-the-Meter
Back-up Power plus unterbrechungsfreie Stromversorgung	Blindleistungsbereitstellung
	Schwarzstartfähigkeit

Tab. 2: Behind-the-Meter – Front of-the-Meter

Bei Energieliefer-Contracting investiert der Anbieter in neue Anlagentechnik für den Kunden und verkauft ihm Energie- sowie Dienstleistungen. Dafür erhält er einen Grundpreis (Tilgung der Investition) und einen Arbeitspreis (Abnahme der Energiemenge). Der Anbieter behält das Eigentum (technische Anlagen) während der Vertragslaufzeit. Der individuellen Vertragsgestaltung sind keine Grenzen gesetzt. Die Stadtwerke Schwäbisch Hall beispielsweise haben sich mit den Geschäftsmodellen des Energieliefer-Contractings und des Energieeinspar-Contractings bereits ein stabiles, profitables Geschäftsfeld aufgebaut.

Batteriespeicher in Kombination mit PV-Anlagen im Behind-the-Meter-Bereich amortisieren sich durch den Eigenverbrauch sehr schnell. Dieses Potenzial lässt sich strategisch nutzen, indem solche Anlagen bewusst größer dimensioniert werden. Das ergibt zusätzliche Erlöse im Front-of-the-Meter-Bereich. Durch die Kombination beider Anwendungsfälle sinkt das Investitionsrisiko, das Geschäftsmodell wird langfristig abgesichert und die Gesamterlöse steigen. Bei steigenden Installationszahlen entstehen nennenswerte dezentrale Batteriekapazitäten. So kann man die Anzahl zentraler Einzelgroßspeicher minimieren. Je höher der Energieverbrauch, desto gewinnträchtiger und robuster sind die Geschäftsmodelle.

Exkurs

Anbieter wie Abnehmer profitieren von den nicht zu unterschätzenden Synergie- und Skalierungseffekten, die durch die Veränderungen im Energiesystem entstehen.

In der heutigen Zeit können sich Kommunen oder Stadtwerke einen großen Vertrauensvorschuss erarbeiten, wenn sie mit ihren Bürgern ins Gespräch kommen. Wer jetzt seine Ausrichtung festlegt und Beratungsangebote für die Bürger entwickelt, wird als vertrauensvoller Partner in einer Zeit extremer Veränderungen wahrgenommen. Die Themen sind vielseitig. Bürger brauchen Antworten auf Fragen rund um E-Mobilität, Heizungstausch, Förderungen und kommunaler Wärmeplanung. Wer heute handelt, kann Kunden für eine erfolgreiche Zukunft gewinnen.

12.4 Impulse für künftige Energieerzeuger

Der Ausbau einer Versorgung mit erneuerbaren Energien löst deutlich mehr Aufgaben und Probleme einer Kommune als gedacht. Sie gibt Impulse für eine zukunftsorientierte Wirtschaft, wirkt als Booster für Gewerbeansiedlung, zieht junge Familien und Selbstständige in ländliche Gebiete und kann den Tourismus stärken (vgl. Kap. 5). Die Risiken hingegen sind gering.

Basis schaffen

Kommunale Energieerzeugung im Eigentum behalten: Kommunen und Bürger profitieren nur aus im Eigentum befindlichen Anlagen. Dann bleibt mehr übrig als Pacht oder Gewerbesteuer. Den Löwenanteil macht die Rendite aus dem Betrieb der Energieerzeugungsanlagen aus. So können neue Geschäftsfelder – etwa günstige Energielieferungen direkt an die Bürger und Unternehmen – eröffnet und ausgeschöpft werden.

Schlagkräftige Organisation mit eigener Fachkompetenz aufbauen: Egal wie groß die Kommune ist: Die Energieerzeugung und -versorgung ist das wichtigste Projekt einer Kommune. Es lohnt sich, dieses riesige Geschäftsfeld mit erneuerbaren Energien selbst in die Hand zu nehmen und eine schlagkräftige Organisation mit eigener Fachkompetenz (intern oder extern) aufzubauen.

Die Organisation hat die Aufgabe, Projekte bis zur Genehmigungsreife zu entwickeln und mittels Kooperationen übergeordnete Interessensgruppen einbeziehen. Einzelne Projekte können über Untergesellschaften und Beteiligungen aufgebaut und betrieben werden.

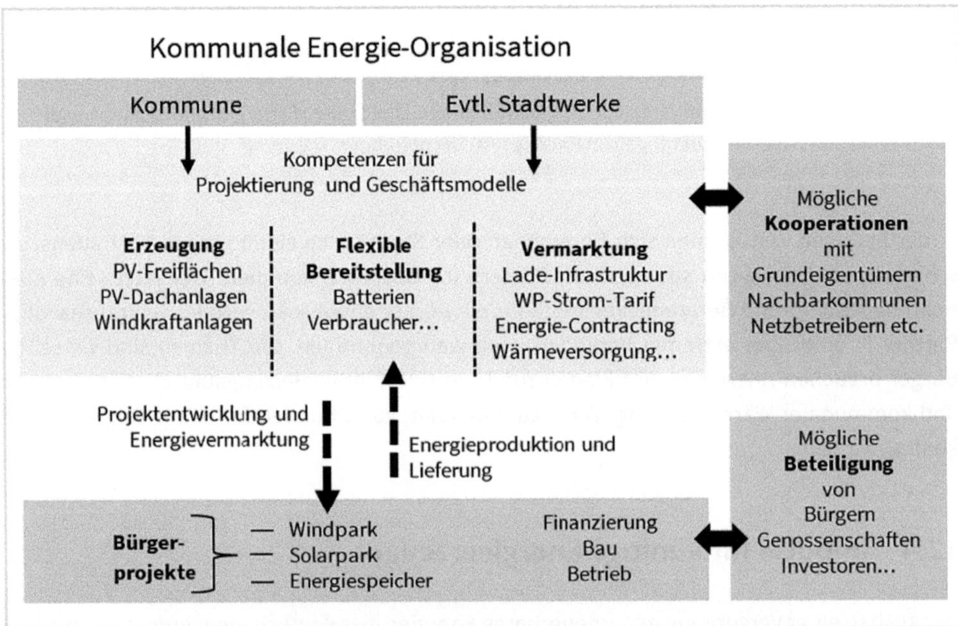

Abb. 94: Neue Organisationen, die Kooperationen schließen und Beteiligungen ermöglichen, schaffen die Flexibilität im Energiesektor, die zum Erfolg führt. *(Grafik: ggb)*

Einem solchen Kommunalunternehmen ist es möglich, Kompetenzen zu sichern und zu bündeln. Ist es mit ausreichenden Kapazitäten ausgestattet, kann es klare Projektstrukturen aufbauen und Arbeitsaufträge gezielt umsetzen. So entsteht ein kommunaler Wissens- und Erfahrungsschatz, der den Weg für Neues ebnet. Nur eine unternehmerisch denkende Institution kann Zukunftsmärkte und Potenziale erkennen und Projekte bis zur Umsetzungsreife formen und begleiten. Ein solches Unternehmen ist in der Lage, strategisches Know-how aufzubauen und neue Märkte aktiv zu erschließen. Auch die Personalgewinnung dürfte kein Problem darstellen, denn für viele Menschen soll ihr Beruf nachhaltig, sinnvoll und krisensicher sein.

Kleine Kommunen mit großen Flächen haben das größte Potenzial für ein eigenes Energieunternehmen. Sie können »Energiebauern« werden und als Versorger angrenzender Städte und Gewerbegebiete fungieren (vgl. Kap. 5). Es gibt genügend erfolgreiche Beispiele und gute Netzwerke in Deutschland.

Bevölkerung von Beginn an in den Prozess mit einbinden: Es ergibt Sinn, den Mitmenschen den gemeinsamen Weg vor Augen zu führen und ihn gemeinsam zu gehen. Deshalb muss man damit beginnen, bevor Ergebnisse oder Standorte feststehen. Denn nur wer direkt profitiert, die gemeinschaftliche Aufgabe erkennt und mitentscheiden darf, vollzieht den nötigen Schulterschluss mit seiner Gemeinde.

Flächensicherung, Netzanschluss und Genehmigungen

Flächensicherung groß denken und langfristig sichern: Wer die ertragreichen Flächen hat, hat die Zukunft in der Hand. Also muss man sichern, was für die Allgemeinheit wichtig ist – und zwar unabhängig von bestehenden Geschäftsmodellen. Nur strategisch gut ausgewählte Flächen erlauben große und viele PV- oder Windkraftanlagen. So entstehen die wichtigen Skaleneffekte, die Rentabilität und Marktwert steigen lassen. Wer die Flächen gekauft oder durch langfristige Pacht- oder Gestattungsverträge gesichert hat, hat eine gute Verhandlungsbasis beispielsweise mit Nachbarkommunen und kann flexibel auf viele Randbedingungen reagieren.

Exkurs

Die Angst vor der Investition

Viele Kommunen schrecken vor hohen Investitionen zurück, folgen herkömmlichen Wirtschaftlichkeitsberechnungen und halten deshalb erneuerbare Energien für »nicht finanzierbar«. Das ist fast immer der Grund dafür, dass Investoren gesucht – und gefunden – werden. Dabei können die klassischen Wirtschaftlichkeitsberechnungen gar nicht greifen. In der Anfangsphase sind Randbedingungen, Förderkulissen und Geschäftsmodelle noch nicht definiert, im Projektverlauf kann sich vieles ändern. Einerseits können wichtige Flächen durch Sicherungskonflikte, Planungsrestriktionen oder Genehmigungshürden entfallen. Andererseits können sich unvorhergesehene Synergien ergeben, die zu strategischer Neubewertung Anlass geben. Der Prozess ist nicht festgelegt, sondern ändert sich mit seinen Optionen. Das erzeugt bei Entscheidern häufig starke Bedenken, die Öffentlichkeit zu informieren und umfassend in den Prozess einzubinden. Doch genau in dieser Aufbruchstimmung liegt die große Chance, gegenseitiges Vertrauen aufzubauen, frühzeitig Akzeptanz der Ideen zu erzeugen und groß gedachte, vernetzte Energielösungen zu finden.

Zu Beginn stehen alle Wege offen, was bedeutet: in dieser Phase keine Projektanteile veräußern: Eine genehmigte Energiefläche birgt unterschiedlichste wertschöpfende Optionen. Vom eigenen Betrieb über Kooperationen mit Investoren bis hin zu festen Partnerschaften mit Netzbetreibern ist alles möglich. Wenn nötig, kann man auch Projektrechte veräußern. Wichtig sind die Planungs- und Genehmigungsstände, denn sie haben einen eigenständigen Marktwert. Das finanzielle Risiko in dieser Phase ist äußerst gering.

Planungs- oder Genehmigungswissen kann man extern einkaufen. Es ist keinesfalls nötig, zu Beginn der Entwicklung mit Investoren Verträge über Projektanteile zu schließen. Bindet man sich zu stark, schwächt man in der Folge seine Verhandlungsposition deutlich.

Kompakt

Nur aus einer eigenständigen, selbstbestimmten Position heraus können Wertschöpfungs- und Beteiligungsmodelle aktiv gestaltet werden.

Gemeinschaftliche, sektorenübergreifende Energieprojekte planen: Bei der Genehmigung von Windkraftanlagen besitzt die Kommune keine formale Planungshoheit. Zentrale Figur ist daher der Grundstückseigentümer. Die Kommune muss auf die Eigentümer zugehen, sie sensibilisieren und strategisch einbinden. Die Erkenntnis, dass Kombinationen aus Sonnen- und Windenergie zusammen mit Batteriespeichern deutlich mehr Gewinn abwerfen als die reinen Pachterlöse aus der Fläche, muss transparent vermittelt werden. Kooperationsvereinbarungen, die Synergien sowohl im Bau (Netzanschlüsse, Trafostationen oder Kabeltrassen) als auch im Betrieb (gebündelte Vermarktung) aktiv heben und wirtschaftlich nutzbar machen, sollten angestrebt werden. So entstehen lokale Wertschöpfungsverbünde, die nicht nur höhere Einnahmen für die Eigentümer generieren, sondern auch die Energieautonomie der Kommune stärken, Preisrisiken reduzieren, günstige Energie vor Ort liefern und die Systemeffizienz des Energiestandorts steigern.

Genehmigung und Netzanschluss sind wichtig: Die Planungshoheit über PV-Freiflächenanlagen liegt aufgrund der Bauleitplanung bei der Kommune. Ausgenommen sind beispielsweise privilegierte Vorhaben entlang von Autobahnen oder Landwirtschaftsbetriebe im Außenbereich. Bei Windkraftanlagen liegt die Planungshoheit meist auf Landkreisebene. Häufig sind Vorrang- oder Beschleunigungsgebiete ausgewiesen, die Genehmigungs- und Planungsprozesse verkürzen und Projekte priorisieren. Hier muss man schnell und klug handeln, da Planungsrecht, Gebietskulissen und Privilegierungstatbestände dynamischen Änderungen unterliegen.

In Bezug auf Netzanschlüsse ist eine integrierte, ganzheitliche Betrachtung erforderlich. Neben der maximalen Einspeisung sind lokale Verbrauchskonzepte und kombinierte Anschlusslösungen mitzudenken.

Abnahmeverträge und Finanzierung

Heutzutage erfolgt die Versorgung von Strom überwiegend über einen Energie-Vollversorger, der den Haushalten oder der Industrie die Kosten aus der Energieerzeugung und -übertragung in Rechnung stellt. Die Industrie zahlt in der Regel weniger Abgaben und Steuern als die Privathaushalte. Die Stadtwerke beschaffen ihre Energie häufig von Vorlieferanten und haben selten eigene Erzeugungsanlagen. Für eine Bilanzkreisbewirtschaftung kooperieren sie häufig mit Dienstleistern.

Über die Stromvermarktung muss man sich Gedanken machen. Die Hauptformen der Stromvermarktung (in Kombination mit Stromerzeugungsanlagen) sind heute Direktvermarktung (mit und ohne EEG) und langfristige Stromabnahmeverträge (Power Purchase Agreements, PPAs). Bei der Direktvermarktung handelt der Versorger den Strom an der Börse, mit EEG wird eine Mindestvergütung sicher gezahlt. Bei einem Stromabnahmevertrag wird mit einem Großabnehmer langfristig ein fester Strompreis ausgemacht.

Exkurs

Direktvermarktung und Hedging-Strategien von Stromkonzernen führen dazu, dass Strom zeitgleich auf den Strommarkt kommt und hierdurch die Preise unter Druck geraten. Die EEG-Mindestvergütung als Quasi-Auffangnetz reicht meist nicht mehr zur kompletten Finanzierung von EE-Erzeugungsanlagen aus. Dadurch verliert die Direktvermarktung an Attraktivität, sofern der Staat nicht mit Förderung entgegenwirkt.

Das Ziel kommunaler Energievermarktung sollte es sein, langfristige Abnahmeverträge (PPAs) zu schließen (mit Zuordnung von Erzeugungsanlagen zu Verbrauchern). Dafür muss man flexible Verbraucher (E-Mobilität, Gebäude und Industrie) einbinden. Zudem müssen regulatorische Hürden überwunden und eine regionale Marktakzeptanz aufgebaut werden.

Finanzierung und Beteiligungen sollten gekoppelt werden. Die Erfahrungen vieler Kommunen zeigen, dass es sinnvoll ist, einerseits die Finanzierung auf viele Schultern zu verteilen und andererseits die Erlöse aus der Vermarktung sozialgerecht in die Gesellschaft zurückzuführen. Wichtig ist, dass eine echte Bürgerbeteiligung über alle sozialen Schichten erfolgt. Die einen können Finanzmittel zur Verfügung stellen und davon profitieren, die andern haben einen Vorteile durch günstige Stromtarife.

Der Betrieb einer EE-Erzeugungsanlage bietet viele Möglichkeiten: Die Betriebskosten können über Betreiber- und Betriebsführungsverträge häufig stark optimiert werden. Lokale Synergie- und Kostenvorteile bietet die Zusammenarbeit mit regionalen Dienstleistern. Auch bestehende Abnahme- und Direktvermarktungsverträge sollten regelmäßig überprüft werden. Bei wesentlichen Marktveränderungen kann eine einvernehmliche Vertragsanpassung, beispielsweise was die Strommenge angeht, sinnvoll und im gegenseitigen Interesse sein.

12.5 Investitionsberechnungen – einige Beispiele

Für Kommunen lohnt es sich, zu investieren. Die folgenden Berechnungen verdeutlichen die Größenordnung von Investition und Gewinn. Sie basieren auf realen, praxisnahen und bewusst konservativ gewählten Zahlen.

Windkraftanlage (Leistung 7 MW/25 Jahre Betriebsdauer) Investitionskosten: 9,5 Mio. €	
Anteil Eigenkapital 7 %	665.000 €
Sonstige Kosten	85.000 €
Gesamtinvestition	**750.000 €**

Jährliche Einnahmen der Kommune	
Gewerbesteuer (kommunaler Anteil)	35.000 €
EEG-Zuwendungen	30.000 €
Beteiligungsgewinn	10.000 €
Pacht Kabeltrasse	1.000 €
Pacht Grundstückseigentümer (anteilig)	80.000 €
Gesamt	**156.000 €**

Der entscheidende Faktor dieser Rechnung liegt darin, dass die Kommune zu über 50 Prozent Eigentümer der Anlage ist, der Eigenkapitalanteil aber bei nur 7 Prozent liegt. Nach knappen 5 Jahren amortisiert sich die Investition. Die Wirkung in die Gesellschaft hinein hat eine noch größere Dimension. Neben der Sicherung oder Schaffung von Arbeitsplätzen können regionale Banken und Genossenschaften von den Zinseinnahmen und Ausschüttungen sowie Grundstückseigentümer von Pachteinnahmen profitieren.

Profite bei einem Betrieb der Anlage über 25 Jahre	
Gewerbesteuer (kommunaler Anteil)	1.100.000 €
EEG-Zuwendungen (Kommune)	600.000 €

Profite bei einem Betrieb der Anlage über 25 Jahre	
Zinseinnahmen aus regionalen Banken	3.000.000 €
Beteiligung von Genossenschaften (Zins/Ausschüttung)	1.200.000 €
Pachteinnahmen (Grundstückseigentümer)	3.000.000 €

Wirtschaftlichkeitsberechnungen können zukünftige Entwicklungen (veränderte gesetzliche Rahmenbedingungen) nicht vollständig verlässlich abbilden. Bei Windkraftanlagen (Onshore) sind die Ausschreibungen stark überzeichnet (Stand März 2026), was zu einem hohen Wettbewerb und sinkenden Zuschlagswerten führt. Das größte und sicherste regionale Wertschöpfungspotenzial entsteht durch die direkte Vermarktung lokal erzeugter, kostengünstiger Energie mithilfe langfristiger Abnahme- und Stromlieferverträge. In Kombination mit PV-Anlagen und Batteriespeichergroßsystemen kann dieses Potenzial zusätzlich gesteigert werden.

Beispiel: Eine Kommune mit 40.000 Einwohnern mit Gewerbe oder Industrie hat bei vollständiger Elektrifizierung einen jährlichen Energieverbrauch von 300.000.000 kWh (Mobilität, Wärme, Haushaltsstrom). Mit 20 Windkraftanlagen zu je 7 MW und PV-Anlagen mit insgesamt 100 MWp könnten rund 385.000.000 kWh jährlich produziert werden.

Profit bei Betrieb einer Energieerzeugungsanlage pro Jahr	
Gewerbesteuer (verbleibender kommunaler Anteil)	1.050.000 €
EEG-Zuwendungen (Kommune)	624.000 €
Zinseinnahmen aus regionalen Banken	3.200.000 €
Beteiligung von Genossenschaften (Zins/Ausschüttung)	1.400.000 €
Pachteinnahmen (Grundstückseigentümer)	2.700.000 €

Auch die genaueste Wirtschaftlichkeitsberechnung bringt nichts, wenn sich die Planung über 2 bis 8 Jahre erstreckt und die Rahmenbedingungen sich ändern. Eines ist jedoch sicher: Die Energie wird benötigt. Richtet man den Fokus auf die örtliche Vermarktung, so ist jedenfalls die Finanzierung gesichert, es bringt direkte Ersparnisse für Unternehmen und Bürger und erhöht die Rentabilität. Wenn man vergünstigte lokale Stromtarife anbietet und über Bilanzkreis-Modelle Netzentgelte einspart, dann ist der Effekt um ein Vielfaches größer.

Beispiel: Sinkt der Strompreis um nur 4 Cent pro Kilowattstunde, ergibt das bei einem jährlichen Stromverbrauch von 300.000.000 kWh im Gemeindegebiet Einsparungen von jährlich 12.000.000 Euro für alle Verbraucher einer Kommune.

Kompakt

Lokale EE-Erzeugung ermöglicht gesellschaftliche Teilhabe. Netze in kommunaler Hand senken den Strompreis wegen vergünstigter Netzentgelte und Abgaben. Die Einbindung lokaler Verbraucher entlastet Bürger und Gewerbe durch niedrige Energiekosten – ein gewinnbringender Kreislauf.

Fazit

Die Projekte bis zur Genehmigungsreife zu entwickeln, stellt den entscheidenden und strategisch wichtigsten Schritt dar. Ab diesem Zeitpunkt verfügt die Kommune über maximale Handlungsfreiheit. Erst nach Erteilung der Genehmigung lassen sich seriöse Wirtschaftlichkeitsberechnungen anstellen. Falls nötig, könnte man bei zu hoher Belastung Projektrechte gewinnbringend veräußern. Eine Kommune muss also nur in geringem Umfang investieren, schafft sich dadurch jedoch dauerhafte Einnahmen – ein Geschäft ohne Risiko.

Es ist höchste Zeit, zu handeln, um in Zeiten geopolitischer Umbrüche die kommunale energiewirtschaftliche Souveränität aufzubauen. Die aktuellen Rahmenbedingungen für den Einstieg in erneuerbare Energien sind günstig. Noch gibt es verfügbare Flächen, die kaum Nutzungskonflikten unterliegen. Die Transformation hat begonnen, was sich an der zunehmenden Nachfrage von Netzanschlüssen zeigt. Hinzu kommen bestehende Förderprogramme sowie kommunale Gestaltungsspielräume durch die Planungshoheit. Teilweise bestehen sogar noch Erleichterungen wie Befreiungen oder Abwägungsspielräume bei Schutzgüterprüfungen, da den erneuerbaren Energien ein »überragendes öffentliches Interesse« im EEG eingeräumt wird.

Der Druck ist groß, denn viele Mitbewerber sind auf dem Markt. Tritt allerdings eine Marktsättigung ein, so werden Förderprogramme sicherlich reduziert oder laufen aus. In der Folge könnte auch der politische und regulatorische Druck für den schnellen Ausbau sinken.

Kommunen, die die Entwicklung verschlafen, sehen sich strukturellen Nachteilen gegenüber. Höhere Energiepreise führen zu geringerer Kaufkraft, schwächen die regionale Wertschöpfung und begrenzen wirtschaftliche Entwicklungsperspektiven. Wenn gleichzeitig die Lebenshaltungskosten steigen und die wirtschaftliche Dynamik ausbleibt, wächst der öffentliche Druck auf die Politik vor Ort.

13 Projektkommunikation

Mobilität, Wärmeerzeugung und Infrastruktur für Energie seitens der Kommunen oder ihrer Dienstleistungsunternehmen (wie Stadtwerke) verändern zu wollen, greift tief in den Alltag der Menschen vor Ort ein. Ohne die Verbraucher zu überzeugen, werden Veränderungen der Infrastruktur nicht erreicht. Daher kommt einer klugen Kommunikation besondere Bedeutung zu. Die Kommunen in Deutschland sind heute schon Vorreiter für die Energiewende im Land. Ohne kommunale Weitsicht ist das Ziel einer flächendeckenden, umweltschonenden, wirtschaftlichen und unabhängigen Stromversorgung allerdings kaum zu schaffen. Dennoch hat sich das Thema noch lange nicht in der Öffentlichkeit so weit gefestigt, dass die Erkenntnis Raum gewonnen hätte, persönliche Vorteile zugunsten einer Gesamtverbesserung zurückzustellen. Deshalb protestieren Bürgerinnen und Bürger immer noch gegen Windräder, PV-Anlagen, Überlandleitungen oder Veränderungen im Hoch- und Tiefbau einer Kommune. Meist geht es dabei allein darum, dass sich die Aussicht auf die Landschaft oder das Erscheinungsbild der Stadt verändern könnte. »Nimby« – not in my backyard« lautet das Motto vieler Protestierer. »Energiewende ja – aber nicht, wenn sie meine Lebenssituation betrifft.« Es kommt also darauf an, Menschen nicht nur vom guten Zweck, sondern vor allem von der Wirtschaftlichkeit der Energiewende zu überzeugen und mit Projekten voranzugehen, die beweisen, dass es funktioniert.

Allmählich setzt sich in dem Anteil der Bevölkerung, die über Eigenheime verfügt, der Gedanke durch, tatsächlich eine Veränderung in der Energiegewinnung in Betracht zu ziehen. Der finanzielle Aspekt einer eigenen, von anderen unabhängigen Heizungsanlage steht fast überall im Vordergrund. Darüber hinaus hier gibt es neben den Fragen der Finanzierung meist Unsicherheiten bei der Umsetzung. Deshalb bieten einige Kommunen eine eigene Energieberatung an oder arbeiten mit dem Landkreis zusammen. So ist eine individuelle Hilfestellung für Interessierte gesichert. Je mehr Menschen eigene Lösungen zur Energie- und Wärmeversorgung realisieren, desto enger wird das Netz an Vorbildern, die in ihrer Nachbarschaft Nachahmer generieren.

Dennoch ist beim Thema Strom eine gewisse Distanz zu kommunaler Energieversorgung zu erkennen. Die umfangreichen Planungen zu Windkraftanlagen, PV-Anlagen und Stromtrassen erzeugen weiterhin Widerstand. Psychologen gehen davon aus, dass eine PV-Anlage auf dem eigenen Dach als Schutz wahrgenommen wird, während die großen, gefühlt »übermächtig hohen oder umfangreichen« Anlagen von Stromanbietern als Bedrohung gesehen werden. Das Große ist weniger verständlich als das Kleine. Neid (»Wer macht sich da die Taschen voll?«) und Unkenntnis über die Notwendigkeit öffentlicher Versorgung befeuern die Angst vor umfassenden Planungen. Einer Windkraftanlage sieht man nicht an, ob sie sich in Konzernhand, in Privathand oder in der Hand von Genossenschaften befindet. Viel zu selten registrieren Bürger die Möglichkeit, gemeinschaftlich zu einer verlässlichen Eigenversorgung zu kommen.

Daher tut sich eine große Kommunikationsaufgabe auf – denn es ist nötig, unterschiedliche Bevölkerungsgruppen unterschiedlich anzusprechen. Jede Gruppe hat ihre Vorstellungen und Randbedingungen. So muss eine Kommune, die die Energie- und Heizungswende voranbringen will, zunächst überlegen, wen sie wovon überzeugen muss. Zum einen geht es um die Besitzer der notwendigen Flächen, die – im Sinne einer gesamtgesellschaftlichen Sichtweise – eher mit der Kommune als mit einem Konzern langfristige Pachtverträge unterzeichnen sollten. Zum anderen sind die Stromverbraucher und all jene anzusprechen, die vor einer aktuellen Entscheidung bezüglich ihres Wärme- und Energiebezugs stehen.

Dabei wird die Vorbildfunktion der Kommunen offenbar, sobald sie die konkret berechneten und nachvollziehbaren Einsparungen durch Nutzung regenerativer Energien in eigenen Gebäuden, im ÖPNV oder im Tiefbau öffentlich darlegen. Es ist immer leichter, einem Vorbild zu folgen, als den Weg allein zu finden.

13.1 Kommunikation

Viel zu häufig werden bei kostenintensiven Umbauten oder Neubauten die Nutzungsmöglichkeiten und die Optik hervorgehoben. Die kluge energietechnische Ausstattung wird häufig nur mit einem Satz erwähnt. Dabei beeinflussen Heizung und Eigenenergieerzeugung sowohl die Bau- als auch die Unterhaltskosten. Die Kommune sollte daher die Berechnungen für eigene Projekte so erklären, dass die Bevölkerung versteht, weshalb sich eine Investition rentiert und der Eigenständigkeit nutzt – sei es auch erst nach 10 Jahren.

Exkurs

Die meisten Kaufentscheidungen im privaten und oft auch kommunalen Umfeld werden danach gefällt, wie schnell ein Feedback auf ihre Entscheidung erfolgt. Der billige Kauf wiegt oft schwerer als eine Amortisierung einer teureren Anschaffung nach mehreren Jahren – selbst wenn diese auf Dauer Vorteile bringt. Der Mensch ist so angelegt: Je schneller und klarer die Reaktion auf eine Aktion erfolgt, desto lieber ist es ihm. Dabei kann man beobachten, dass eine schnelle (auch negative) Reaktion (bei günstigem Preis) eher in Kauf genommen wird als eine positive (bei höherem Preis).

Dieses Verhalten vorausgesetzt, wird klar, dass Investitionen mit langen Amortisierungszeiträume »pädagogisch« erklärt werden und Verantwortliche sich klar positionieren müssen.

Das Wort der Bürgermeisterin hat im Alltag bisher deutlich mehr Einfluss als eine Beispielrechnung. Aber diese Rechnung muss den Bürgern gezeigt und erläutert werden, damit sie verstehen, weshalb die Riege der Entscheider sich nach ihr richtet. Durch ein solches Kommunikationsverhalten sickert auch die Erkenntnis ins Bewusstsein der Bürger, dass es einen guten und belegbaren Grund für die Pläne gibt und die Entscheider sich einer transparenten Zukunft ihrer Kommune verpflichtet sehen.

Wer über die Verbindung von Finanzen und Berechnungen spricht, dem muss bewusst sein, dass es für sehr viele Menschen schwierig ist, diesem Thema zu folgen. Das heißt keineswegs, dass die Bürgerschaft nicht fähig ist, zu verstehen – sondern es bedeutet, dass vielen Menschen die Welt des mathematischen Denkens eher fremd ist. Also muss man klug und verständlich kommunizieren.

Worte sind nicht immer das geeignete Mittel, um mathematische Sachverhalte zu erklären. Häufig sind Grafiken und Bilder nötig – und besser geeignet –, um die »Ebene der Berechnung« mit der »Ebene der Erkenntnis« zu verbinden.

13.1.1 Kommunikation ins Gremium

Wie in Kapitel 5 von erfolgreichen Projektmanagern beschrieben wird, liegt die Basis des Erfolgs darin, in erster Linie die kommunalen Entscheider zu überzeugen. Wenn die Volksvertreter im Gemeinderat, im Stadtrat und im Kreistag überzeugt sind, dann kann die Kommune Spitzenleistungen in der Energie- und Heizungswende erzielen. Also ist es für die Experten besonders wichtig, jene Ratsmitglieder anzusprechen, die noch keinen Zugang zum Thema haben. Das beste Mittel dafür sind verlässliche Zahlen – und eine Präsentation, die nicht nur den Kopf, sondern auch das Herz erreicht.

Darüber hinaus muss jede Form von Kritik, Ängsten und Bedenken der Räte erkannt und ernst genommen werden. Die Fragen aus dem Gremium bilden in aller Regel hervorragend ab, was auch die Bürgerschaft denkt oder wissen möchte. Die Präsentation im Rat ist damit eine Generalprobe für die Kommunikation mit der Bevölkerung.

Wer gut erklären will und kann, der wird Menschen überzeugen. Nur wenn sichtbar wird, dass Entscheidungen von heute Auswirkungen auf morgen und übermorgen haben, kann sich ein Gemeinwesen – auch auf dem Gebiet der Energiewende – zukunftsfähig entwickeln. Dies ist eine langwierige, anstrengende und zugleich sinnvolle Kommunikationsaufgabe für die Fachabteilungen, die unablässig stattfinden muss. Für die Kommunikation im Rat – und in der Folge auch in der Öffentlichkeit – ist es nötig, nicht nur wortreiche Beschlussvorlagen abzudrucken.

Folgende Kommunikationsmittelsind eine gute Wahl:

- **Vortragsfolien mit professionellen, verständlichen Grafiken**, die das Gehirn leicht als Bilder abspeichern kann. Denn das menschliche Gehirn ist so konstruiert ist, dass es Bilder interpretiert – weniger Worte (Max-Plack-Institut für biolog. Kybernetik, 2025)). Worte sind tatsächlich nur Krücken der Kommunikation. Bilder sind an Emotionen geknüpft und treffen ins Herz. Deshalb sollten Grafiken und Bilder von Experten erstellt oder ausgesucht werden. Dazu müssen sie die Kernbotschaft des Bildes ebenso kennen wie Kenntnisse über die Aufnahmefähigkeit von Informationen haben.

- **Flyer, die die wesentlichen Sachverhalte verständlich darstellen**: Hier reichen die allgemeinen Beschlussvorlagen nicht aus, um Bedenken und Sorgen der Gremiumsmitglieder aufzufangen. Ein aussagekräftiger Flyer, der die Zusammenhänge optisch erkennbar werden lässt, kann Wunder bewirken. Flyer haben gegenüber einem DIN-A4-Blatt einen klaren Vorteil: die geschickte Faltung, die einen Zusammenhang oder eine Trennung von Inhalten im wahrsten Sinne greifbar macht. Das Know-how zur professionellen Herstellung solcher Kommunikationsmittel liegt in der Medienabteilung oder kann extern eingekauft werden. Der typische sechsseitige Wickelfalz-Flyer spielt die Vorteile eines Flyers allerdings selten aus. Hier sollte man auf Kenntnisse der Wahrnehmungspsychologie zurückgreifen – denn es geht nicht darum, harte Fakten zu nennen, sondern eine positive Emotion zu erzeugen.
- **Taschenflyer**: Ratsmitglieder können die handlichen Produkte im Gespräch mit interessierten Bürgern weiterreichen und müssen keine eigenen Worte suchen, um ein Thema zu erklären. Flyertext und -gestaltung sollte daher ein Profi machen, der sich im kommunalen Thema auskennt. Durch eine positiv anmutende Weitergabe von Informationen können die Wählerinnen und Wähler das Engagement des Rates und die Basis der Entscheidung besser würdigen und verstehen.

Beim Fachvortrag im Gremium ist unbedingt zu beachten, dass man die Reaktion der Ratsmitglieder nicht automatisch auf die Arbeit der Verwaltung bezieht, deren Fachleute das Thema vorstellen. Es kommt durchaus vor, dass Themen oder Vorschläge aus der Verwaltung in der Ratssitzung kritisiert oder angegriffen werden – nicht wegen vermeintlicher fachlicher Fehler, sondern weil (partei-)politische Interessen eine Rolle spielen.

Dem kann die Verwaltung beim Thema Energiewende entgegenwirken, indem nach jeder Kernaussage einer Präsentation das Gremium gebeten wird, aufkommende Fragen zu dieser Aussage sofort zu stellen. Diese Fragen werden aufgenommen und sofort oder am Schluss des Vortrags beantwortet. Auch auf scheinbar »sinnlose« Fragen wird eingegangen, denn auch diese weisen auf einen Widerstand oder Zweifel hin.

Während einer Diskussion über ein komplexes Thema liegen selten alle Informationen gut überschaubar auf dem Tisch. Durch den schrittweisen Aufbau des Themas fällt es leichter, die einzelnen Punkte der Planung zu verstehen und nacheinander zu einem Gesamtbild zusammenzusetzen. Zudem ist es Kritikern, die nicht am Thema interessiert sind, sondern den Chef der Verwaltung aus welchen Gründen auch immer angreifen wollen, über die Methode des schrittweisen Aufbaus nicht so leicht möglich, die Ideenwelt in Bausch und Bogen abzulehnen. Dieses Vorgehen, Fragen zu bestimmten Aussagen im Gremium einzufordern, ist eher unüblich, bei einem so komplexen Thema aber durchaus sinnvoll. Es beeinflusst die gesamte Diskussion positiv.

13.1.2 Kommunikation in die Öffentlichkeit

Es ist grundsätzlich niemals zu früh, die Öffentlichkeit einzubinden. Sämtliche Kommunen, die die Energie- und Heizungswende erfolgreich und rentabel umsetzen konnten, berichteten übereinstimmend, dass sie die Hemmschwellen zum Thema sehr frühzeitig gesenkt hatten. Es gelang ihnen, die Öffentlichkeit mit winzigen Schritten an das Thema heranzuführen. So entgingen die Bürger dem Gefühl, urplötzlich mit einem häufig Angst behafteten Thema konfrontiert zu werden. Stattdessen näherten sie sich langsam, aber sicher der kommunalen Energiewende an.

Kern solcher Veranstaltungen war es, konkrete Vorteile für die Bevölkerung zu erzeugen, etwa der Umtausch von alten energiefressenden Leuchtmittel gegen moderne LED-Leuchtmittel. »Alt gegen neu« – ein Angebot, das viele Menschen ansprechen konnte. Oder man lud die Bürger ein, sich genau anzusehen, wie eine Wärmepumpe oder ein Klimagerät funktioniert. Der Fokus lag stets auf der Technik – niemals auf dem »Verkauf« des Themas Energiewende. Befreit von dem Zwang, sich entscheiden zu müssen, kamen viele Neugierige. Man bot eine Art Technikbildung an, häufig über Volkshochschulen. Waren die Leute vor Ort, wurde ergänzend zu der gemeinsamen Verantwortung gegenüber Umwelt und Klima informiert. Auch Berechnungen zur Rentabilität einer Investition können im Zuge solcher Maßnahmen erklärt werden. So entstehen ein Wissenspool sowie ein Verständnis aller Beteiligten, auf dem die Umsetzung der Energiewende ebenso aufbauen kann wie weitere Ideen und Gedanken.

So erreicht man die Öffentlichkeit:

- **Veranstaltungen mit spielerischem Charakter**, auf denen sich die Bürgerschaft einem Thema ohne Hemmschwellen zuwenden kann. In jedem Stadium einer Planung ist es möglich, Kernaussagen mit Eventcharakter zu verbinden. Wer sich zwanglos und spielerisch nähern darf, bringt sich in aller Regel auch konstruktiver und langfristiger ein. Gute gemachte Events erzeugen Emotionen und so lassen sich Informationen besser im Gehirn verankern.
- **Festivals:** Auf Landesebene hat das bayerische Landesamt für Umwelt im Jahr 2021 mit den »Energiesparfestivals« in bayerischen Kommunen einen Booster für das Thema generiert. In verschiedenen Landkreisen und Städten waren Kommunen aufgerufen, der Bevölkerung die Möglichkeiten der Energiewende in Form dieses Events nahezubringen. Besucher konnten sich beraten lassen, spielerisch erkunden, was für sie möglich wäre, und bekamen einen realen Eindruck von der Umsetzung des Themas in ihren Alltag. Die Bemühungen zeigten Wirkung. Energieberatungen sind inzwischen gut ausgelastet und viele Menschen verstehen die Notwendigkeit eines Umbaus der Energieversorgung.
- **Das gemeinsame Erleben** ist das wichtigste Instrument des Lernens. Welch negative Auswirkungen eine Vereinsamung oder Isolierung der Menschen hat, ließ sich in der erzwungenen Distanz während der Coronapandemie beobachten. Menschen brauchen Austausch. Sie lernen mit- und voneinander. Dieser Erkenntnis sollte man auch beim Thema Energiewende folgen.

- **Ausstellungen,** die – optisch ansprechend – überall dort gezeigt werden, wo sich Menschen aufhalten. Dazu gehören umfangreichere Ausstellungen in einem Gebäude wie dem Rathaus, dem Bürgerhaus oder der Volkshochschule sowie Pop-up-Ausstellungen, die mal hier, mal dort für wenige Tage gezeigt werden. Diese benötigen nur wenig Ausstellungsplatz und zeigen jeweils einen klar umrissenen Teilbereich eines Themas. Sie stehen den Bürgern wortwörtlich und charmant »im Weg«. Die Menschen begegnen essenziellen Informationen, ohne dass sie von ihren Alltagswegen abweichen müssen. Im Vorraum des Supermarktes oder der Bank oder auf dem Wochenmarkt: So erreicht eine Pop-up-Ausstellung große Teile der Öffentlichkeit. Essenziell ist es, ein Trägermaterial auszusuchen, das robust ist und beispielsweise vom Bauhof schnell auf- und abgebaut werden kann.
- **Broschüren** mit umfassenderen Informationen erreichen jene Mitmenschen, die sich mit dem Thema näher beschäftigen möchten. Es werden Informationen zur Umsetzung vermittelt, die von Interessenten auf den eigenen Kontext angewendet werden können. Die Broschüre bietet einen wesentlichen Vorteil gegenüber beispielsweise einer Webseite: die Haptik. Ein gutes, festeres Papier und die klare Ablaufstruktur der Information vermitteln ein Gefühl der Sicherheit. Viele Menschen fühlen sich besser informiert und klarer geführt, wenn sie ein gebundenes Produkt vor sich haben, in dem sie vor- und zurückblättern können.
- **Blogs oder Webseiten** sind vor allem für Menschen gedacht, die sich digital informieren möchten. Außerdem kann das Angebot problemlos immer wieder erweitert werden. Ein Blog oder eine Projektwebseite sind zudem der günstigste Weg, um Informationen anzubieten, die sich über einen längeren Zeitraum gesehen immer wieder ändern, zum Beispielbei einem Projekt wie der Umbau einer Kläranlage. Gleichzeitig können Teilerfolge der Fertigstellung kommuniziert werden. In einem Blog kann auch ein Bautagebuch geführt und Meilensteine des Projektes veröffentlicht werden. Das ist auch interessant für die lokalen Medien, die rund um die Uhr auf aktuelle Informationen zugreifen können.
- **Social-Media-Postings,** die Gedanken oder Themen verkürzt auf breiter Ebene streuen können. Postings erreichen Menschen, die nicht vor Ort direkt ansprechbar sind. Kernaussagen zur Energiewende und ihrer kommunalen Umsetzung können in einem Satz mit einem aussagekräftigen Bild vermittelt werden. Zu bedenken ist jedoch, dass ein Posting im rasanten Takt des Social-Media-Konsums schnell untergehen kann.
- **Eigene Apps** zur Bürgerkommunikation sind besonders gut geeignet. Sie können die User durch gezielte Pushnachrichten immer wieder auf den Baublog leiten oder Teilerfolge eines Energiewendeprojektes zeitnah kommunizieren. Zur Entwicklung einer App gibt es verlässliche Anbieter, die für eine langfristige Zusammenarbeit bestens geeignet sind.
- **Medienarbeit** ist ein Muss. Journalisten sind gute Empfehler, wenn man ihnen nahebringt, dass die Kommune weiter denkt als nur bis zur kommenden Wahl. Hat man die Redaktionen durch eine langfristige, gute Zusammenarbeit von den guten Absichten der Verwaltung überzeugt, sind die Journalisten wertvolle Informationsvermittler der anstehenden Planungen.

All diese Kommunikationsmittel und -wege sind nicht nur die Kirsche auf der Torte, sondern geben den richtigen Geschmack ab, sodass ein Thema »zum Anbeißen gut« wird. Der Bereich Energiewende inklusive Heizungs- und Mobilitätswende konkurriert um die Aufmerksamkeit der Öffentlichkeit mit den Zerstreuungsangeboten auf Streamingportalen, mit der Unterhaltungsbranche, der Produktwerbung und Nachrichten aller Art. Hinzu kommen für die Bevölkerung die Sorgen und Nöte im Berufsalltag, in den Familien und Beziehungen und das ungute Gefühl bezüglich der geopolitischen Weltlage. Niemand hat wirklich auf das Thema Energiewende gewartet. Es ist anstrengend. Es ist komplex und es ist in aller Regel nicht mit Frohsinn verbunden. Deshalb kommt der Kommunikation so große Bedeutung zu.

Kompakt

Kein Thema kann langfristig erfolgreich werden ohne eine kluge Kommunikationsstrategie.

Für Interessierte am Thema Projektkommunikation sei hier ein Buchhinweis gegeben: »Kommunale Projekte kommunizieren« von Gisela Goblirsch, Haufe 2024.

13.2 Argumente für Zielgruppen finden

Alle guten Argumente zu Wärmeplanung und Energiewende finden sich in diesem Buch. Sie sollen in diesem Kapitel nicht wiederholt werden. Was bleibt, ist die Frage, welche Zielgruppen für welche Argumente empfänglich sind und welche Argumente bei Planungen hemmend wirken können.

Ein Beispiel: Wird die Öffentlichkeit stets mit dem Argument der »Eigenversorgung und Unabhängigkeit von Energieanbietern« gefüttert, so wird sie beim Thema Wärmenetz eher skeptisch reagieren. Will man von einem einzigen Anbieter abhängig sein, der im Winter Wärme verkauft? Will man sich langfristig an ein Wärmenetz anbinden, wenn man gleichzeitig die eigene PV-Anlage zur Stromversorgung auf das Dach stellen möchte?

Auf der anderen Seite gibt es Mitmenschen, die gern an ein Wärmenetz angeschlossen werden wollen, aber den Zugang nicht bekommen, weil das Netz nur in einem bestimmten Teil der Kommune verlegt wird. Daraus entsteht Enttäuschung, die für schlechte Stimmung innerhalb der Gemeinde sorgt.

Gerade im Bereich der Wärmenetze muss sehr großes Vertrauen gegenüber dem Anbieter bestehen. Wer misstraut und es sich leisten kann, der investiert in eine eigene strombasierte Wärmeversorgung. Sobald eine gemeinschaftliche Lösung – egal ob bei Wärmenetzen oder der Stromversorgung – favorisiert wird, braucht es im Vorfeld sehr große Anstrengungen, um eine Vertrauensbasis zwischen Anbietern und Abnehmern herzustellen. Deshalb ist die Kommunikation in diesem großen kommunalen Thema die unverzichtbare Basis für den Erfolg.

Energiewende und Wärmeplanung hinter verschlossenen Türen vorzubereiten, um schließlich freudestrahlend eine Lösung auf den Tisch zu legen, ist keine gute Idee.

Für Stadtwerke bedeutet dies, dass sie als bekannte und häufig mit einem Vertrauensvorsprung ausgestattete Anbieter eine gute Ausgangsposition haben, um mittels regenerativer Energie beispielsweise von Gas- auf Stromversorgung umzusteigen. Die Umbauplanungen eines Anbieters, bei dem man bereits Energie bezieht und sich gut betreut fühlt, werden häufig wohlwollender angenommen als die Ideen eines neuen Anbieters, der noch nicht überzeugen konnte und zu dem man auch wechseln müsste. Diesen Vorteil sollten Kommunalunternehmen auch in ihrer Kommunikation nutzen und von ihren Stärken überzeugen sowie von ihren (Teil-) Erfolgen reden.

Energie und Wärme sind Grundpfeiler des Alltags – und jeder hat dazu Meinungen, Ängste und Vorbehalte. Es gibt keine Bevölkerungsgruppe, die nichts mit dem Thema zu tun hat.

Daher kann man aus Kommunikationssicht nur anraten, folgende Themen zu klären, bevor man mit Lösungen an die Öffentlichkeit geht:

- Ist eine verlässliche Vertrauensbasis zu den Planern einer neuen Energieversorgung vorhanden?
- Ist die Gemeinschaft vor Ort in kleinen Schritten auf die Möglichkeiten einer lokal funktionierenden Energie- und Wärmewende vorbereitet worden?
- Haben die Menschen vor Ort bereits verstanden, worin die Rentabilität einer veränderten Energieversorgung liegt?
- Kennen die Einwohner die finanziellen Vorteile für die Kommune – und damit für das Gemeinwesen –, wenn Veränderungen in der Energieversorgung stattfinden?
- Wird die Aufgabe als gemeinschaftlich wahrgenommen? Gibt es Ideen, wie sie in der Bevölkerung etabliert und akzeptiert werden kann?
- Sind für die einzelnen Gruppen innerhalb der Kommune die richtigen Argumente gefunden worden? Gibt es gut geplante Wege und Taktiken, um diese Argumente zu platzieren?
- Erklären die richtigen Personen das Thema in der Öffentlichkeit? Dies sollten neutrale Fachleute des Energiesektors – nicht politische Köpfe – sein.
- Haben die politischen Köpfe ihre Überzeugung in die Fachkompetenz der Fachleute offen ausgesprochen und konzentrieren sie sich bei ihren Auftritten auf die gesellschaftspolitische Bedeutung des Themas?
- Ist die angestrebte Gesamtlösung in verstehbare Teilbereiche unterteilt? Werden diese Teilbereiche einzeln kommuniziert, um ein sukzessives Verständnis zu erzeugen und am Schluss »das große Ganze« sichtbar zu machen?
- Wurden die Bürger mit ihren Gedanken und Bedenken angehört? Hatten sie die Möglichkeit, sich in den Prozess der Energiewende einzubringen?

13.3 Fazit

Energiewende und Wärmeplanung sind ohne klare und menschenorientierte Kommunikation nicht möglich. Nur wenn Vertrauen entsteht, ist Veränderung möglich. Deshalb ist es so wichtig, sich über die tragfähige Basis einer sinnvollen Energiewende klar zu sein. Diese Aufgabe, klare Entscheidungen aufgrund fundierten Wissens zu treffen, obliegt in erster Linie den Entscheidungsgremien. Sie müssen dafür sorgen, dass Verwaltungen und städtische Energieversorger langfristig planen können.

Ein ständiges Hin-und-Her bei Überlegungen und Beschlüssen torpediert jeden Erfolg. Fachliche Klarheit, durchdachte Kommunikation und beständiger Austausch von Wissen und Erfahrungen sind hier zentrale Elemente. Und man sollte wissen, dass Menschen durchaus bereit sind, Anstrengungen zu unternehmen und auch schwierige Phasen durchzustehen, wenn sie das Gefühl haben, gehört zu werden. Das Thema ist viel zu essentiell, als dass Bürger im luftleeren Raum hängen gelassen werden dürften. Es ist wirklich nötig, die Aussage zu treffen, dass ein gemeinsamer Erfolg möglich ist.

Es führt in den Abgrund, die große Linie der kommunalen Energiewende immer wieder in Frage zu stellen. Daher muss diese gut durchdacht und fachlich fundiert aufgestellt werden. Dazu braucht es die Vorarbeit eines Arbeitskreises. Details können und sollen im Zuge der Umsetzung mit allen Beteiligten diskutiert werden. Der gemeinsame Weg mit einer für alle nachvollziehbaren Orientierung ist der Schlüssel zu einer nachhaltigen und erfolgreichen Energiewende in Kommunen.

Abbildungsverzeichnis

Quellenverzeichnis

Agora Energiewende (2025): Planmäßiger Ausbau von Erneuerbaren Energien senkt Börsenstrompreise bis 2030 um bis zu 23 Prozent. https://www.agora-energiewende.de/aktuelles/planmaessiger-ausbau-von-erneuerbaren-energien-senkt-boersenstrompreise-bis-2030-um-bis-zu-23-prozent, Abruf 17.02.2026.

Bahnblogstelle (2025): Milliardenbestellung: Bahn ordert mehrere Tausend neue Busse. https://bahnblogstelle.com/244512/milliardenbestellung-bahn-ordert-mehrere-tausend-neue-busse/, Abruf 18.12.2025.

Bayerisches Staatsministerium (2020): Wärmenetze in Kommunen Leitfaden, https://www.bestellen.bayern.de/med/846c77f0-b4a5-11f0-81ee-c3fc7d0a3316/4b0e6a70-1059-11d9-4c85-9d915831e9eb/0/lfu_klima_00152.pdf, Abruf 09.03.2026.

Bayerische Gemeindezeitung (2023): Sonderdruck »Energiewende mit Vernunft« Seite 2, https://www.gemeindezeitung.de/homepage/index.php/inhalt/artikel/fachthema/6214-gz-21-2023-sonderdruck-energiewende-mit-vernunft-thomas-hornung-stadt-bad-kissingen-umbau-zur-klimaneutralen-und-energieautarken-klaeranlage und https://www.gemeindezeitung.de/epub/gz-3-2023/gz-03-2023.pdf, Abruf 09.03.2026.

Borderstep Institut (2025): Wärmepumpen Infotag in Hannover am 12.11.2025.

Borderstep Institut (2023): Woche der Wärmepumpe – Erfahrungsbericht 2023. https://www.borderstep.de/wp-content/uploads/2023/12/BerichtWdWaermepumpe-2023-final_pub-1.pdf, Abruf 09.03.2026.

Bornemann, S; Michel, H.; Harms, U. (2022): Bedingungen für gelingende Beteiligung im Rahmen von Energiewende und Klimaschutz. Ergebnisse einer Interviewstudie in der Klimakommune Saerbeck. https://www.leibniz-ipn.de/de/fuer-die-gesellschaft/themen/climate-literacy/bornemann-michel-harms-studienbericht-interviewstudie-saerbeckplus-20221024.pdf, Abruf 07.03.2026.

Brandt, M. (2024): Wie werden Wohnungen in Deutschland beheizt? https://de.statista.com/infografik/27327/anteil-der-energietraeger-beim-heizen-des-wohnungsbestandes-in-deutschland/, Abruf 04.03.2026.

Bürger Energie Region Regensburg (2026): ERO – Energieareal Regensburg Ost. https://www.berregensburg.de/ero-energieareal-regensburg-ost-starke-partner-aus-industrie-energie/, Abruf 10.03.2026.

Bundesgesundheitsblatt (2020): Thermische Belastung von Bewohnern in Städten bei Hitzewellen am Beispiel von Freiburg (Breisgau). https://www.springermedizin.de/hitzewellen/klimawandel/thermische-belastung-von-bewohnern-in-staedten-bei-hitzewellen-a/18141930, Abruf 07.03.2026.

Bundesverband Deutscher Wasserkraftwerke e. V. (2026): Wasserkraft – fakten. https://www.bundesverband-deutscher-wasserkraftwerke.de/elementor-seite-8972/; Abruf 06.03.2026.

Bundesministerium für Wirtschaft und Energie (2025): Erneuerbare Energien sind mittlerweile die wichtigste Stromquelle für Deutschland. Sie sind von zentraler Bedeutung für Klimaschutz und Versorgungssicherheit. https://www.bundeswirtschaftsministerium.de/Redaktion/DE/Dossier/erneuerbare-energien.html, Abruf 01.03.2026.

Bundesnetzagentur (2024): Ausbau Erneuerbarer Energien 2024. https://www.bundesnetzagentur.de/SharedDocs/Pressemitteilungen/DE/2025/20250108_EE.html, Abruf 01.03.2026.

Bundesverband der Energie- und Wasserwirtschaft e. V. (2025): Aktualisierte BDEW-Studie »Wie heizt Deutschland 2023?«. https://www.bdew.de/energie/studie-wie-heizt-deutschland/, Abruf 04.03.2026.

Bundesverband Solarwirtschaft e. v. (2025): Fünf Millionen Solarstromanlagen in Betrieb. https://www.solarwirtschaft.de/2025/04/05/fuenf-millionen-solarstromanlagen-in-betrieb/, Abruf 17.02.2026.

Bundesverband Wärmepumpen e. V. (2026): Absatzzahlen und Marktanteile. https://www.waermepumpe.de/presse/zahlen-daten/, Abruf 09.03.2026.

Bundesministerium für Wirtschaft und Klimaschutz (2023): Erneuerbare Energien in Zahlen. Nationale und internationale Entwicklung im Jahr 2022. https://www.bundeswirtschaftsministerium.de/Redaktion/DE/Publikationen/Energie/erneuerbare-energien-in-zahlen-2022.pdf?__blob=publicationFile&v=6, Abruf 06.03.2026.

Business Insider (2025): Mega-Auftrag für BYD: Autobauer soll in Saudi-Arabien den größten Energiespeicher der Welt bauen. https://www.dw.com/de/kaum-bekannt-pakistans-%C3%BCberraschende-solar-revolution/a-70890042, Abruf 07.03.2026

CATL (2025): The Silent Power Behind the Giants | Powered by CATL. https://www.youtube.com/watch?v=gnWLLL_cWNg, Abruf 09.03.2026.

CMBlu Energy AG (2026): Unsere Organic-SolidFlow-Technologie. https://www.cmblu.com/de/technologie/, abgerufen am 15.02.2026.

C.A.R.M.E.N (2022): https://www.carmen-ev.de/service/marktueberblick-erneuerbare-energien/marktpreise-energieholz/marktpreisvergleich/, Abruf 01.03.2026.

DESIGNWERK (2026 A): E-LKW für Recycling- und Entsorgungsbetriebe. https://www.designwerk.com/elektro-lkw-kommunal/, Abruf 25.02.2026.

DESIGNWERK (2026 B): Elektrischer Fahrmischer Betontransport neu definiert. https://www.designwerk.com/elektrischer-fahrmischer/, Abruf 25.02.2026.

Detstatis (2025): Schadholzaufkommen nimmt weiter ab: Holzeinschlag 2024 um 13,3 % gesunken. https://www.destatis.de/DE/Presse/Pressemitteilungen/2025/04/PD25_144_41.html?templateQueryString=Schadholzaufkommen, Abruf 06.03.2026.

Deutscher Verein des Gas- und Wasserfaches e. V. (2026): Import von Wasserstoff. https://www.dvgw.de/themen/energiewende/wasserstoff-und-energiewende/wasserstoff-import, Abruf 06.03.2026.

Deutsche Energie-Agentur (2025): Produktion und Nutzung von Biomethan in Deutschland. https://www.dena.de/infocenter/produktion-und-nutzung-von-biomethan-in-deutschland/, Abruf 09.03.2026.

Deutsche Physikalische Gesellschaft (2025): KLIMAAUFRUF 2025. Ein Aufruf zu entschlossenem Handeln. https://www.dpg-physik.de/veroeffentlichungen/publikationen/stellungnahmen-der-dpg/klima-energie/klimaaufruf/pix/dpg_klimaaufruf_kurzfassung.pdf, Abruf 20.12.2025.

Deutsche Welle (2024): Kaum bekannt: Pakistans überraschende Solar-Revolution. https://www.dw.com/de/kaum-bekannt-pakistans-%C3%BCberraschende-solar-revolution/a-70890042, Abruf 07.03.2026.

Deutscher Bundestag (2018): Methanverluste entlang der Prozesskette von Flüssiggas (LNG). https://www.bundestag.de/resource/blob/565016/7aad8bfcffa7575b29130435b3de6bb5/wd-8-050-18-pdf-data.pdf, Abruf 03.03.2026.

Deutscher Städte- und Gemeindebund (2025): Der »Mein-Taunus-Strom-Kreis«, https://www.dstgb.de/themen/klimaschutz-und-klimaanpassung/klimaschutz-vor-ort/der-main-taunus-strom-kreis/, Abruf 01.03.2026.

Deutscher Wetterdienst (2022): 29.03.2022 – Klima-Pressekonferenz des Deutschen Wetterdienstes (DWD), https://www.dwd.de/DE/presse/pressekonferenzen/DE/2022/PK_29_03_2022/pressekonferenz.html?nn=509470, Abruf 06.03.2026.

Deutscher Wetterdienst (2026): Wetter und Klima aus einer Hand. https://cdc.dwd.de/portal/, Abruf 31.12.2024.

Deutscher Wetterdienst (2025 A): Klimapressekonferenz des Deutschen Wetterdienstes (DWD) am 1. April 2025 in Berlin. https://www.dwd.de/DE/presse/pressekonferenzen/DE/2025/PK_2025_04_01/rede_becker_2025.pdf?__blob=publicationFile&v=4 und https://www.youtube.com/watch?v=mxlWr7OmbMY, Abruf 07.03.2026.

Deutscher Wetterdienst (2023): Entwicklung der Globalstrahlung 1983–2020 in Deutschland. https://www.dwd.de/DE/leistungen/solarenergie/download_dekadenbericht.pdf?__blob=publicationFile&v=6, Abruf 07.03.2026.

Deutscher Wetterdienst (2025 B): Energiewetter im Jahr 2024: Meteorologischer Jahresrückblick auf energierelevante Wetterelemente. https://www.dwd.de/DE/presse/pressekonferenzen/DE/2025/PK_2025_04_01/energiewetter_2024.pdf?__blob=publicationFile&v=2, Abruf 10.04.2025

DWI (2024): Klimaschutz im Straßengüterverkehr: Die Zukunft ist batterieelektrisch. https://www.diw.de/documents/publikationen/73/diw_01.c.927089.de/24-47-4.pdf, Abruf 07.03.2026.

Doppelbauer, M. (2025): Grundlagen der Elektromobilität. 2. Auflage. Springer Verlag.

ecomento (2026): Bundesnetzagentur: Jetzt 193.985 öffentliche Ladepunkte in Deutschland. https://ecomento.de/2026/02/04/bundesnetzagentur-jetzt-193985-oeffentliche-ladepunkte-in-deutschland/, Abruf 10.03.2026.

electrive (2025): Spedition W&P fährt mit jedem zweiten Lkw elektrisch. https://www.electrive.net/2025/05/26/spedition-wp-faehrt-mit-jedem-zweiten-lkw-elektrisch/, Abruf 09.03.2026.

Elektroauto News (2025): Neuzulassungen: Anteil von E-Autos steigt auf 22,2 Prozent. https://www.elektroauto-news.net/news/kba-neuzulassungen-november-2025-eautos, Abruf 10.03.2026.

EMBER (2025): The Electrotech Revolution. https://ember-energy.org/app/uploads/2025/09/Slidedeck-The-Electrotech-Revolution-PDF.pdf, Abruf 03.03.2026.

Energie-Experten (2011): Fürther Rathaus heizt mit Abwasser-Wärmepumpe. https://www.energie-experten.org/projekte/fuerther-rathaus-heizt-mit-abwasser-waermepumpe, Abruf 09.03.2026.

Enkhardt, S. (2024): Jinko Solar plant 10 Gigawatt Zell- und Modulproduktion in Saudi-Arabien. https://www.pv-magazine.de/2024/07/16/jinko-solar-plant-10-gigawatt-zell-und-modulproduktion-in-saudi-arabien/, Abruf 01.03.2026.

European Heat Pump Association (2023): In Finland heat pumps sales increased 50 % in 2022. https://ehpa.org/news-and-resources/news/in-finland-heat-pumps-sales-increased-50-in-2021/, Abruf 09.03.2026.

Expertenkommission zum Energiewende-Monitoring (2024): Monitoringbericht. https://www.bundeswirtschaftsministerium.de/Redaktion/DE/Publikationen/Energie/monitoringbericht-expertenkommission-zum-energiewende-monitoring.pdf, Abruf 04.03.2026.

Fachagentur Nachwachsende Rohstoffe e. V. (2024): Gärsubstrate. https://biogas.fnr.de/biogas-gewinnung/gaersubstrate, Abruf 06.03.2026.

Fichtner, M. (2019): Nachhaltige Batterien für die Speicherung Erneuerbarer Energie – wohin geht die Reise? https://www.youtube.com/watch?v=gz4KtmBKE9Y, Abruf 02.03.2026.

Fränkischer Tag (2025): Viele Bad Kissinger interessierten sich für die Kläranlage. https://www.fraenkischertag.de/lokales/stadt-bad-kissingen/umwelt-natur/tag-der-offenen-tuer-in-der-klaeranlage-bad-kissingen-art-483348), Abruf 09.03.2026.

Frankfurter Rundschau (2025): Pflicht zur Fernwärme: Trotz Zwang haben Eigentümer diese Rechte beim Heizungstausch, https://www.fr.de/wirtschaft/pflicht-zur-fernwaerme-trotz-zwang-haben-eigentuemer-diese-rechte-beim-heizungstausch-93541971.html, Abruf 20.06.2025.

Fraunhofer-Institut (2024): Photovoltaik mit Batteriespeicher günstiger als konven- tionelle Kraftwerke. https://www.ise.fraunhofer.de/de/presse-und-medien/presseinformationen/2024/photovoltaik-mit-batteriespeicher-guenstiger-als-konventionelle-kraftwerke.html, Abruf 05.03.2026.

Fraunhofer-Institut für Solare Energiesysteme ISE (2024): Stromgestehungskosten Erneuerbare Energien. https://www.ise.fraunhofer.de/de/veroeffentlichungen/studien/studie-stromgestehungskosten-erneuerbare-energien.html, Abruf 06.03.2026.

Fraunhofer-Institut (2025), WEGE ZU EINEM KLIMANEUTRALEN ENERGIESYSTEM: Bundesländer im Transformationsprozess. https://www.ise.fraunhofer.de/de/veroeffentlichungen/studien/wege-zu-einem-klimaneutralen-energiesystem.html, Abruf 06.03.2026.

Fraunhofer Umsicht (2020): Abschlussbericht des Forschungsvorhabens TrafoSW. Transformation von Stadtwerken als wichtige Säule der Energiewende. https://www.umsicht.fraunhofer.de/content/dam/umsicht/de/dokumente/referenzen/trafosw/TrafoSW_03ET1518A_Abschlussbericht_UMSICHT.pdf, Abruf 10.03.2026.

Gruber, M. (2016): Luft/Luft-Wärmepumpe auf Burg Rabenstein – Analyse von Monitoringdaten und verschiedener Heizstrategien. https://repository.tugraz.at/publications/3y5zk-m4697, Abruf 09.03.2026.

Handelsblatt (2023): US-Ölmulti Exxon Mobil macht Rekordgewinn von 55,7 Milliarden Dollar. https://www.handelsblatt.com/unternehmen/energie/oelindustrie-us-oelmulti-exxon-mobil-macht-rekordgewinn-von-55-7-milliarden-dollar/28954612.html, Abruf 01.03.2026.

Hans Böckler Stiftung (2024): Gut 650 Milliarden Euro bis 2045: Studie berechnet Investitionsbedarf in deutsche Stromnetze. https://www.imk-boeckler.de/de/pressemitteilungen-15992-studie-berechnet-investitionsbedarf-in-deutsche-stromnetze-65371.htm, Abruf 05.06.2026.

Haug, C. (2025): Batteriespeicher-Revolution: Hunderte Gigawatt Speicherleistung kommen. https://www.mdr.de/wissen/umwelt-klima/batteriespeicher-revolution-voraus-energiewende-100.html, Abruf 10.02.2026.

Hochschule für Technik und Wirtschaft Berlin (2021): Solarstromausbau für den Klimaschutz. Wie viel Photovoltaik ist in Deutschland zur Einhaltung des Pariser Klimaschutzabkommens erforderlich? https://solar.htw-berlin.de/wp-content/uploads/HTW-Studie-Solarstromausbau-fuer-den-Klimaschutz.pdf, Abruf 06.03.2026.

HYPAT (2024): HYPAT Abschlussbericht: https://hypat.de/hypat-wAssets/docs/new/publikationen/HYPAT-Abschlussbericht.pdf, Abruf 06.03.2026.

InvestmentWeek (2026): Deutsche Bahn und MAN sichern bedeutenden Auftrag zur Förderung künftiger Mobilitätslösungen. https://www.investmentweek.com/deutsche-bahn-und-man-sichern-bedeutenden-auftrag-zur-forderung-kunftiger-mobilitatslosungen/, Abruf 09.03.2026.

IRENA (2022): Erneuerbare Stromerzeugungskosten im Jahr 2021. https://www.irena.org/Publications/2022/Jul/Renewable-Power-Generation-Costs-in-2021-DE, Abruf 05.03.2026.

IEA (2000 bis 2025): World Energy Outlook. https://www.iea.org/reports/world-energy-outlook-2025, Abruf 06.03.2026

IWR (2024): Preise für Lithium-Ionen-Akkus verzeichnen 2024 stärksten Rückgang seit 2017 und fallen auf Rekordtief. https://www.iwr.de/news/preise-fuer-lithium-ionen-akkus-verzeichnen-2024-staerksten-rueckgang-seit-2017-und-fallen-auf-rekordtief-news38971, Abruf 06.03.2026.

IEA DHC (2021): Annex TS2 Implementation of Low-Temperature District Heating Systems. https://www.iea-dhc.org/fileadmin/documents/Annex_TS2/IEA_DHC_Annex_TS2_Transition_to_low_temperature_DH.pdf, Abruf 06.03.2026.

Kahle, C. (2024): Saudi-Arabien: Erdöl-Staat geht massiv ins Geschäft mit Solarstrom. https://winfuture.de/news,146266.html, Abruf 01.03.2026.

Koll, S. (2025): Dachser: Mehr Laderaum für den emissionsfreien Fernverkehr. https://trans.info/de/dachser-man-e-lkw-406052, Abruf 09.03.2026.

Kraft, N.; Böhm, J. (2023): Energie vom Acker – lohnt sich das?. https://www.thuenen.de/de/newsroom/mediathek/faktencheck/energie-vom-acker-lohnt-sich-das, Abruf 06.03.2026.

Krumenacker, T. (2024): Warum der Wald als Klimaschützer ausfallen wird. https://www.spektrum.de/news/neue-bundeswaldinventur-wald-ist-zur-kohlenstoffquelle-geworden/2235791, Abruf 06.03.2026.

Liebreich, M. (2025): Wasserstoff vs. Realität: Teurer Hype? Michael Liebreich | H2-Strategie | Geladen Podcast. https://www.youtube.com/watch?v=KJo3gvgUqF4, Abruf 06.03.2026.

Max-Plack-Institut für biolog. Kybernetik (2026): Visuelle Wahrnehmung. https://www.kyb.tuebingen.mpg.de/43647/visual-perception, Abruf 02.01.2026. Weitere Quelle für direkte Anwendung Akademie für Lernmethoden: https://akademie-fuer-lernmethoden.de/allgemein/warum-dein-gehirn-bilder-mehr-liebt-als-worte/, Abruf 02.03.2026.

Meyer, T. (2025): So viele Schiffe überqueren die Weltmeere für 50 TWh Stromproduktion in Deutschland. https://de.linkedin.com/posts/tim-meyer-466a7626_k%C3%BCrzlich-machte-eine-eindrucksvolle-grafik-activity-7262713414534266880-XiF_, Abruf 05.03.2026.

Mieterbund (2025): Überhöhte Heizkosten durch Wärmelieferung – Mieter:innen besser schützen. https://mieterbund.de/app/uploads/2025/08/DMB_WaermeLV_kurz_070825.pdf, Abruf 09.03.2026.

MVV Energie AG (2026): Kompass für unseren #klimapositiv-Kurs. https://www.mvv.de/ueber-uns/strategie/mannheimer-modell, Abruf 10.02.2026.

Nationale Leitstelle Ladeinfrastruktur (2024): Ladeinfrastruktur nach 2025/2030: Szenarien für den Markthochlauf. https://www.now-gmbh.de/wp-content/uploads/2024/06/Studie_Ladeinfrastruktur-2025-2030_Neuauflage-2024.pdf, Abruf 10.03.2026.

Navit (2025): Bus, Bahn, Auto oder E-Scooter: Wie viel CO_2 stoßen die Verkehrsmittel aus? https://www.navit.com/ressourcen/bus-bahn-auto-e-scooter-wie-viel-co2-stossen-verkehrsmittel-aus, Abruf 09.03.2026.

Österreichisches Ökologie-Institut (2011): Energiebilanz der Nuklearindustrie. https://wua-wien.at/images/stories/publikationen/studie-energiebilanz-nuklearindustrie-kurzfassung.pdf, Abruf 03.03.2026.

Ostschweizer Fachhochschule (2026): Wärmepumpen-Testzentrum Buchs (WPZ). https://www.ost.ch/de/forschung-und-dienstleistungen/technik/systemtechnik/ies/wpz, Abruf 10.02.2026.

PV Magazin (2024): Der europäische Marktführer 1KOMMA5° überschreitet die 100.000 Kundenmarke und setzt Wachstum fort. https://www.pv-magazine.de/unternehmensmeldungen/der-europaeische-marktfuehrer-1komma5-ueberschreitet-die-100-000-kundenmarke-und-setzt-wachstum-fort/, Abruf 10.03.2026.

Reibsch, R. (2024): Mehr Flexibilitäten im Niederspannungsnetz wagen. https://www.reiner-lemoine-stiftung.de/pdf/RLS_Mehr-Flexibilitaet-im-Niederspannungsnetz-wagen_Impuls_Ricarco%20Reibsch_2024_final.pdf, Abruf 06.03.2026.

RethinkX (2020): Understanding Stellar Energy. https://www.rethinkx.com/energy, Abruf 06.03.2026.

RMI (2024): The Cleantech Revolution. https://rmi.org/insight/the-cleantech-revolution/, Abruf 05.03.2026.

RMI REPORT (2024): The Battery Mineral Loop. The path from extraction to circularity. https://rmi.org/insight/the-battery-mineral-loop/, Abruf 01.03.2026.

Roser, M. (2020): Why did renewables become so cheap so fast? https://ourworldindata.org/cheap-renewables-growth, Abruf 06.03.2026.

ScienceDirect (2018): Response to ‹Burden of proof: A comprehensive review of the feasibility of 100 % renewable-electricity systems›. https://www.sciencedirect.com/science/article/pii/S1364032118303307, Abruf 05.03.2026.

Scientists for Future (2022): Heizen mit Holz. https://info-de.scientists4future.org/heizen-mit-holz/, Abruf 06.03.2026.

Sebald, C. (2023): 40 Windräder für das Chemiedreieck. https://www.sueddeutsche.de/bayern/bayern-windkraft-energiewende-chemiedreieck-gruene-windpark-bayerische-staatsforsten-oettinger-forst-landkreis-altoetting-1.5900094, Abruf am 01.02.2026.

sennder (2025): ELEKTRIFIZIERUNG DER LOGISTIK, WARUM ELEKTRO-LKW DIESEL BIS 2030 ÜBERHOLEN WERDEN. https://a.storyblok.com/f/341309/c1f57c40b1/sennder_white_paper-ev-de.pdf, Abruf 09.03.2026.

SID – Super Impact Day (2026): https://www.youtube.com/@superimpactday/videos

Siemer, J. (2025): https://www.pv-magazine.de/2025/04/17/strombilanzkreise-energieagentur-rheinland-pfalz-wirbt-fuer-kommunalen-eigenverbrauch-aus-photovoltaik-anlagen/, Abruf 09.03.2026.

Solarbranche (2025): Solarmarkt Indien boomt: Indien erreicht historischen Meilenstein von 100 GW Solarstromleistung. www.solarbranche.de/news/ticker/solarmarkt-indien-boomt-indien-erreicht-historischen-meilenstein-von-100-gw-solarstromleistung-artikel7253, Abruf 07.03.2026.

Spiegel Mobilität (2025): Chinesischer Batteriegigant kündigt Massenfertigung von Natrium-Akkus an. https://www.spiegel.de/mobilitaet/elektroauto-technik-batterie-marktfuehrer-catl-aus-china-kuendigt-massenfertigung-von-billigakku-an-a-e1bdf8e6-1ad8-46fe-864e-edd2cb0bad14, Abruf 06.03.2026.

Spirlet T. (2025): 122 Meter lang, 250 Tonnen schwere Batterie: Diese Elektro-Fähre revolutioniert aktuell den Schiffsverkehr. https://www.businessinsider.de/wirtschaft/batterie-wiegt-ueber-250-tonnen-diese-elektrofaehre-revolutioniert-die-schiffahrt/, Abruf 07.03.2026.

Stadt Bad Kissingen (2025): Bad Kissingen als Vorreiter: Die Stadt saniert ihre Kläranlage, https://www.badkissingen.de/bauen-wirtschaft/bauen/bauprojekte/was-laeuft-gerade/klranlage-bad-kissingen/47692.Bad-Kissingen-als-Vorreiter-Die-Stadt-saniert-ihre-Klaeranlage.html, Abruf 09.03.2026.

Statistisches Bundesamt (2024): Wald und Holz. https://www.destatis.de/DE/Themen/Branchen-Unternehmen/Landwirtschaft-Forstwirtschaft-Fischerei/Wald-Holz/aktuell-holzeinschlag.html; Abruf 06.03.2026.

Stegmaier, G. (2026): Riesenreichweite bei Kälte und supersicher. https://www.auto-motor-und-sport.de/tech-zukunft/catl-natrium-batterie-in-serie-billig-grosse-reichweite-bei-kaelte-changan-nevo/, Abruf 06.03.2026.

Süddeutsche Zeitung (2025): Die fossilen Energien waren immer günstiger. https://www.sueddeutsche.de/muenchen/fuerstenfeldbruck/aschheim-geothermie-gebuehren-kosten-fernwaerme-li.3343987?reduced=true, Abruf 09.03.2026.

Szigetvari, A. (2023): MAN-Chef: »Wir sehen, dass Wasserstoff viel zu teuer ist«. https://www.derstandard.de/story/3000000175025/man-chef-wir-sehen-dass-wasserstoff-viel-zu-teuer-ist. Abruf 07.03.2026.

Tagesschau (2024): Der Ausbau im Staatswald stockt. https://www.tagesschau.de/inland/innenpolitik/windkraft-bayern-100.html; Abruf am 01.02.2026.

TaylorWessing (2025): Batteriespeicher im Außenbereich – aktuelle bauplanungsrechtliche Einordnung nach § 35 BauGB. https://www.taylorwessing.com/de/insights-and-events/insights/2025/12/batteriespeicher-im-aussenbereich, Abruf 10.03.2026.

Thoe Nobel Prize (2019): They created a rechargeable world, Press Release. https://www.nobelprize.org/prizes/chemistry/2019/press-release/, Abruf 15.02.2026 und ins Deutsche übersetzt.

TU München (2025): Erfolgreicher Einsatz von Elektro-Feuerwehrfahrzeugen, https://www.tum.de/aktuelles/alle-meldungen/pressemitteilungen/details/erfolgreicher-einsatz-von-elektro-feuerwehrfahrzeugen, Abruf 12.12.2025.

Umweltbundesamt (2010): Energieziel 2050: 100 % Strom aus erneuerbaren Quellen. https://www.umweltbundesamt.de/system/files/medien/378/publikationen/energieziel_2050.pdf, Abruf 06.03.2026.

Umweltbundesamt (2022): Wasserstoff im Verkehr: Häufig gestellte Fragen (FAQs). https://www.umweltbundesamt.de/themen/verkehr/kraftstoffe-antriebe/wasserstoff-im-verkehr-haeufig-gestellte-fragen#einleitung, Abruf 06.03.2026.

Umweltbundesamt (2023 A): Installierte Leistung von Photovoltaik- und Windenergieanlagen in Deutschland sowie Ziele der Bundesregierung bis 2030. https://www.umweltbundesamt.de/system/files/medien/479/bilder/dateien/installierte_leistung_von_photovoltaik-_und_windenergieanlagen_in_deutschland_sowie_ziele_der_bundesregierung_bis_2030.pdf, Abruf 01.03.2026.

Umweltbundesamt (2023 B): Flächenverfügbarkeit und Flächenbedarfe für den Ausbau der Windenergie an Land. https://www.umweltbundesamt.de/system/files/medien/11850/publikationen/32_2023_cc_flaechenverfuegbarkeit_und_flaechenbedarfe_fuer_den_ausbau_der_windenergie_an_land_0.pdf, Abruf 06.03.2026.

Umweltbundesamt (2023 C): Einführung eines Emissionshandelssystems für Gebäude, Straßenverkehr und zusätzliche Sektoren in der EU. https://www.umweltbundesamt.de/system/files/medien/11850/publikationen/factsheet_einfuehrung_eines_emissionshandelssystems.pdf, Abruf 06.03.2026.

Umweltbundesamt (2024): Wasserstoff – Schlüssel im künftigen Energiesystem. https://www.umweltbundesamt.de/themen/klima-energie/klimaschutz-energiepolitik-in-deutschland/wasserstoff-schluessel-im-kuenftigen-energiesystem#wasserbedarf, Abruf 06.03.2026.

Umweltbundesamt (2025 A): Primärenergieverbrauch. https://www.umweltbundesamt.de/daten/energie/primaerenergieverbrauch#definition-und-einflussfaktoren, Abruf 01.03.2026.

Umweltbundesamt (2025 B): Emissionsbilanz erneuerbarer Energieträger. Bestimmung der vermiedenen Emissionen im Jahr 2023. https://www.umweltbundesamt.de/system/files/medien/11850/publikationen/03_2025_cc_emissionsbilanz_erneuerbarer_energien_2023.pdf, Abruf 06.03.2026.

Umweltbundesamt (2025 C): Energieverbrauch für fossile und erneuerbare Wärme. https://www.umweltbundesamt.de/daten/umweltzustand-trends/energie/energieverbrauch-fuer-fossile-erneuerbare-waerme, Abruf 07.03.2026.

Uniper (2022): UNIBLU: Uniper und CMBlu kooperieren beim Aufbau eines innovativen Großstromspeichers am Uniper-Standort Staudinger. https://www.uniper.energy/news/de/uniblu-uniper-und-cmblu-kooperieren-beim-aufbau-eines-innovativen-grossstromspeichers-am-uniper-standort-staudinger, Abruf 06.03.2026

UNIVERSITY OF OXFORD (2021): Empirically grounded technology forecasts and the energy transition. https://www.inet.ox.ac.uk/publications/no-2021-01-empirically-grounded-technology-forecasts-and-the-energy-transition, Abruf 06.03.2026

VAG Nürnberg (2025): VAG erzielt neuen Fahrgastrekord und baut Marktanteil weiter aus – Mehr Menschen setzen auf Bus und Bahn in Nürnberg – Qualität und Kundenzufriedenheit steigen. https://www.vag.de/presse/aktuelle/vag-erzielt-neuen-fahrgastrekord-und-baut-marktanteil-weiter-aus-mehr-menschen-setzen-auf-bus-und-bahn-in-nuernberg-qualitaet-und-kundenzufriedenheit-steigen, Abruf 09.03.2026.

VAG Nürnberg (2025): AG-GESCHÄFTSBERICHT 2024. https://www.vag.de/fileadmin/user_upload/06_dokumente/Daten_und_Fakten/Geschaeftsbericht_2024.pdf, Abruf 09.03.2026.

Verbraucherzentrale (2026): Heizen mit Wasserstoff: Zukunftstechnologie oder Sackgasse? https://verbraucherzentrale-energieberatung.de/heizen/neue-heiztechnik/heizen-mit-wasserstoff/, Abruf 01.03.2026.

Verbraucherzentrale (2025): Energieausweis: Was sagt dieser Steckbrief für Wohngebäude aus? https://www.verbraucherzentrale.de/wissen/energie/energetische-sanierung/energieausweis-was-sagt-dieser-steckbrief-fuer-wohngebaeude-aus-24074, Abruf 07.03.2026.

Verbraucherzentrale (2026 B): Fernwärme als Beitrag zum Klimaschutz? https://verbraucherzentrale-energieberatung.de/heizen/fernwaerme/, Abruf 07.03.2026.

Verbraucherzentrale Bundesverband (2025): Teure Fernwärmepreise: Verbraucherzentrale fordert Preisdeckel. https://www.vzbv.de/pressemitteilungen/teure-fernwaermepreise-verbraucherzentrale-fordert-preisdeckel, Abruf 09.03.2026.

Vereinte Nationen (2025): Emissions Gap Report 2025. https://www.uncclearn.org/wp-content/uploads/library/EGR2025.pdf, Abruf 07.03.2026.

VDE ETG (2024): Höherauslastung von Betriebsmitteln im Netz der Energiewende. https://www.vde.com/resource/blob/2354236/97cf00aeb5a93af09000a0d5951c6228/studie-hoeherauslastung-von-betriebsmitteln-im-netz-der-energiewende-data.pdf, Abruf 10.02.2026.

Volvo Construction Equipment (2026): Auf Elektromobilität umsteigen. https://www.volvoce.com/deutschland/de-de/products/electric-machines/going-electric/, Abruf 10.03.2026.

Weigl, B. (2026): Wie teuer werden Tanken und Heizen in Zukunft? https://www.finanztip.de/co2-steuer/, Abruf 04.03.2026.

Weinand, J. (2025): Mehr Platz für Golfplätze als für erneuerbare Energien. https://www.fz-juelich.de/de/aktuelles/news/meldungen/2025/mehr-platz-fuer-golfplaetze-als-fuer-erneuerbare-energien, Abruf 06.03.2026.

Wissenschaftlicher Dienst (2022): Gestehungskosten von Strom im Vergleich. https://www.bundestag.de/resource/blob/887090/1867659c1d4edcc0e32cb093ab073767/WD-5-005-22-pdf-data.pdf, Abruf 05.03.2026.

Wikipedia (2025): Stromnetz. https://de.wikipedia.org/wiki/Stromnetz, Abruf 05.03.2026.

Wikipedia (2025 C): Tropennacht. https://de.wikipedia.org/wiki/Tropennacht, Abruf 10.11.2025

Wirth, H. (2026): Aktuelle Fakten zur Photovoltaik in Deutschland https://www.ise.fraunhofer.de/de/veroeffentlichungen/studien/aktuelle-fakten-zur-photovoltaik-in-deutschland.html, Abruf 06.03.2026.

World Economic Forum (2025): The top 5 energy technology trends of 2025. https://www.weforum.org/stories/2025/09/the-top-5-energy-technology-trends-of-2025/, Abruf 02.02.2026.

Zandt, F. (2023): Wo in Deutschland mit Gas geheizt wird. https://de.statista.com/infografik/30669/anteil-der-mit-gas-beheizten-haushalte-pro-bundesland/, Abruf 04.03.2026.

Zajonz, D. (2025): Der stille Siegeszug der Wärmepumpe. https://www.tagesschau.de/wirtschaft/energie/waermepumpen-heizung-energie-100.html, Abruf 24.02.206.

ZDFheute (2025): Geht Klimaschutz ohne die USA? https://www.zdfheute.de/politik/ausland/cop30-brasilien-klimakonferenz-verhandlungen-usa-100.html, Abruf 10.11.2025.

Zukunft Altbau (2025): Herbstforum Altbau 2025: Christian Stöcker – Mit Lösungen für Erneuerbare und Effizienz gewinnen. https://www.youtube.com/watch?v=cDhElC49hMk, Abruf 10.03.2026.

Danksagung

Die Autoren danken sehr herzlich ihren Familien für deren Geduld, während dieses Buch entstand. Die gute Betreuung seitens unserer Lektorin Juliane Sowah und des Teams des Haufe-Verlags war uns eine große Hilfe. Wir danken unseren Interviewpartnern, die ihre Lösungs- und Erfolgsmodelle mit uns geteilt und gestattet haben, dass wir sie in diesem Buch zeigen. Auch all jenen, die das Thema Energiewende mittels Aktionen und Veranstaltungen kontinuierlich begleiten und die das Thema in der Öffentlichkeit widerspiegeln, gilt unser Dank.

Stichwortverzeichnis